Manfred Liebscher

Im Paradies der Erinnerungen ...

Mit herzlichen Grüßen
und den besten Wünschen
für Ernst Bürschik

von Manfred Liebscher
Neubrandenburg
29. X. 2008

Manfred Liebscher

Im Paradies der Erinnerungen ...

Autobiographie

Novitäten & Raritäten
NoRA

ISBN (13) 978-3-935445-78-8
ISBN (10) 3-935445-78-4

3. Auflage (2007)

Torstraße 145, D-10119 Berlin

Herstellung: GGP media on demand, Pößneck
Printed in Germany

Vorwort

Eigentlich braucht dieses Buch kein Vorwort. Es erschließt sich dem Leser unkommentiert. Der Verfasser hat unterschiedliche Berufe ausgeübt, war Knecht beim Bauern, Bergarbeiter in der Wismut, lernte Sattler, wurde Volkspolizist und schließlich Offizier des Ministeriums für Staatssicherheit. Es war ihm nie in den Sinn gekommen, sich als Schriftsteller zu versuchen, obwohl er Talent dazu besitzt. Er kann schreiben, weil er denken kann.

Jedes Leben ist ein Roman, wenn man im Stande ist, seine Dramatik so packend darzustellen, daß es andere aufhorchen lässt. Es ist eine Zeit, in der sich viele Menschen darin versuchen, ohne Chance bei den Markt beherrschenden Verlagen und mit unterschiedlichem Erfolg. Sie befürchten, daß alles, was sie geleistet haben, in der Bedeutungslosigkeit versinkt, kratzen Erspartes zusammen, um ihr Buch selbst zu finanzieren und es den Nachkommen schriftlich zu geben, weil ihnen kaum jemand zuhört in dieser schwatzhaften, medienüberfluteten Welt.

Manfred Liebscher prüft den Wert seiner Erinnerungen, überzeugt, daß sein Dasein, sein Hiersein Spuren hinterlässt, »so wie die Papillarlinien der Finger«, sagt er als Kriminalist. Er besteht darauf, daß die Familiengeschichten der kleinen Leute nicht weniger spannend sind als die der Monarchen. Als wir uns Anfang der neunziger Jahre zum ersten Mal begegneten, schilderte er mir die Überlegungen, die der Dresdener Fürstenzug bei ihm ausgelöst hat, jene überdimensionale Darstellung der Ahnenreihe des sächsischen Adels weckte in dem unehelich geborenen Häuslersohn die trotzige Frage nach den eigenen Vorfahren.

Der Mann aus dem Erzgebirge, der als Junge durch Berge und Wälder stromerte und davon träumte, Förster zu werden, geriet über die Volkspolizei in jene heute dämonisierte Berufsgruppe, für die man sich nicht bewerben konnte. Von der Staatssicherheit wurde man geworben, und Liebscher, in seiner Bescheidenheit erstaunt über das Vertrauen, das ihm entgegengebracht wurde, sagte nicht nein. Er hat es nach dem Studium an der Juristischen Hochschule in Potsdam-Eiche bis zum Oberstleutnant gebracht. Wie, das beschreibt er mit erfrischender Selbstironie.

Nach dem Erscheinen meines Dokumentarbandes »Stasiprotokolle«, für den er mir neben dreizehn anderen ehemaligen Offizieren ein offenherziges Tonbandinterview gegeben hat, bekam er Lust, sich selbst an die Schreibmaschine zu setzen. Sein durch die Hasskampagnen gegen Seinesgleichen angeschlagenes Selbstwertgefühl war durch unsere Gespräche genesen, er hatte endlich einmal zusammenhängend über seinen

Werdegang und die Motive seiner Entscheidungen reden können und entschritt ein Stück aufrechter, als er gekommen war. »Was soll ich eigentlich verbrochen haben?« fragte er mich und sich. Das Staats-Archiv, in dem er gearbeitet hatte, wurde vom Bundesarchiv als gut funktionierende Einrichtung geschätzt und übernommen, auch er noch für eine kurze Zeit. Dann ging er in Rente.

Er weiß viel, und was er nicht wußte, hat er recherchiert und nachgelesen. Sein Buch enthält neben dem Familiären Wissenswertes über die deutsche Geschichte, über Kriegsgründe und Kriegsverbrechen, mit denen er als Referatsleiter der MfS-Behörde in Berlin-Hohenschönhausen befaßt war. Dort lagerten Akten der Gestapo, der SS, des Freislerschen »Volksgerichtshofes«, eine für ihn erschütternde Lektüre, die über das Ausmaß des Terrors gegen antifaschistische Widerstandskämpfer Auskunft gab. Neuntausend laufende Meter Akten des dritten Reiches, zu großen Teilen von der sowjetischen Besatzungsmacht an die DDR übergeben, standen zur Verfügung. Mit Hilfe dieses Beweismaterials konnte noch so mancher untergetauchte Nazi-Verbrecher dingfest gemacht werden, zum Beispiel der SS-Strolch Henry Schmidt, der Verantwortliche für die Deportation der Dresdener Juden. In den neunziger Jahren wurde gegen den Ermittler Liebscher ermittelt, da er auch mit der Verfolgung politischer Straftaten in der DDR zu tun hatte. Ein bei einem Fluchtversuch geschnappter ehemaliger Grenzoffizier hatte ihn angezeigt. Interessant zu wissen, daß von den rund 20 000 Verfahren der ZERV (Zentrale Erfassungsstelle für Regierungskriminalität in der DDR) 19 000 eingestellt wurden. Nicht alle rachsüchtigen Denunziationen hatten vor sachlich prüfenden Richteraugen Bestand. Manfred Liebscher wurde bestätigt, daß er sich keines Rechtsbruches schuldig gemacht hat. Das war das Ende einer Periode schlafloser Nächte. Er kann heute mit Gelassenheit darüber schreiben.

Sein Buch ist wohltuend unaufgeregt, doch von einem stillen Schmerz durchzogen über den Untergang der Republik, der Heimat der kleinen Leute. Er hat es für seine Enkel gedacht. Auch andere werden es mit Gewinn lesen, meine ich.

Gisela Karau
Juli 2002

Der Dresdner Fürstenzug und meine Familiengeschichte

»Die Kunst des Erinnern ist das Beste, was das Alter bereithält.«

Hanns Eisler

Ein frischer Morgenwind streicht vom nahen Elbufer heran und bringt einen neuen Tag mit. Die Steinmauern der Dresdner Großstadtsiedlung verwehren den Blick auf die südlich gelegenen, bewaldeten Höhenzüge des heimatlichen Erzgebirges. In Familie haben wir uns aufgemacht, den Sehenswürdigkeiten einen Stadtbummel zu gönnen. Zwinger, Frauenkirche, beziehungsweise was eine Bombennacht im Februar 1945 davon übrig ließ. – Wie unbedacht wird mit den Worten Bombenstimmung, Bombenwetter umgegangen, denke ich dabei.

Am Stallhofgebäude des Schloßes lassen wir das überdimensionale Wandbild des Fürstenzuges auf uns wirken, eine in Kratzputz-Technik (Sgraffito) ausgeführte Arbeit. Davon beeindruckt sinne ich nicht ganz neidlos darüber nach, wie weit sich die Ahnenreihe des sächsischen Adels zurückverfolgen läßt. Fürst für Fürst, von grauer Vorzeit an, reihen sich die Herrscher der kurfürstlich-königlichen Linie der Wettiner aneinander. Urahnen, Väter, Söhne, Enkel ... »Die« konnte sich Chronisten, Geschichtsschreiber leisten – Geschichtenschreiber aber auch, die der Fürsten Taten eine höhere Weihe verliehen, wenn es denn gewünscht war.

Auch wenn sich meine Ahnenreihe in keinem Adelskalender findet, hätte ich doch gern gewußt, wer meine Vorfahren waren und woher sie kamen. Wie haben jene gelebt, die ich für meine guten und vielleicht weniger guten Anlagen und Eigenschaften verantwortlich machen könnte? Weshalb wurden mir eigentlich keine Privilegien vererbt? Ich könnte sie viel nötiger gebrauchen als alle Erbprinzen dieser Welt.

Solche und ähnliche Gedanken beschäftigen mich angesichts des kunstvollen, mosaikähnlichen Bildes. Ja, ja, der Stachel des Neides sitzt tief im Fleisch der Eitelkeit, weil es von mir und meiner Sippe kein Wandbild geben wird. Die Aussicht, mich vielleicht doch zu irren, ist ausgesprochen gering. Aber muß es denn unbedingt ein Wandbild sein, um mich in Erinnerung bringen zu können?

Ich komme zu dem Schluß, mich aufs Schreiben zu verlegen. Ein solches Privileg ist mir nicht zu nehmen und muß mir nicht eingeräumt werden. Bei Erwin Strittmatter habe ich gelesen: »Wer fortgeht und das Zeugnis darüber, daß er hier war, nur der Erinnerung von Zeitgenossen überläßt, ist bald vergessen. Man muß alles schriftlich machen.«

Der Schöpfer des eindrucksvollen Wandbildes stammt aus Cämmerswalde, einem, meinem Geburtsort Holzhau benachbarten Bauerndorf. Es ist der 1826 geborene Wilhelm Walther, Sohn eines Försters. In Neuhausen besuchte er die Schule und in Seiffen erhielt er seinen ersten Zeichenunterricht. Als Maler und Professor der Dresdner Kunsthochschule schuf er auch den Entwurf zu den Altarfenstern der Neuhausener Kirche, die zu den bedeutendsten neugotischen Kirchenbauten des Erzgebirges gehört.

Ob Wilhelm Walther auf eine ebenso lange eigene Ahnenreihe verweisen kann, wie von ihm im Fürstenzug für seinen Auftraggeber dargestellt? Die »einfachen« Leute, die eigentlichen Produzenten aller materiellen Güter für Reichtum und Wohlstand, sahen meist keine Möglichkeit, den nachfolgenden Generationen eine auskunftsfähige Familienchronik zu hinterlassen. Es wird teils dem harten und langen Arbeitstag, auch dem Bildungsrückstand und vielleicht einem geringen Selbstwertgefühl zu schulden sein, daß aus den Schichten des mit der Bürde von Armut und Existenznot belasteten Volkes so wenig authentisch Schriftliches über das eigene Leben überliefert worden ist.

Mit solchen Überlegungen näherte ich mich der Idee, über mein Leben zu schreiben. Kein mit seelenlosen Worten verfaßter Lebenslauf, der wäre rasch zu Papier gebracht. Lebenserinnerungen sollten es werden, verwoben mit meinen Wahrnehmungen des Alltagsgeschehens und eingebettet in die Geschichte. Denkbar wäre, daß meine Nachkommen daran interessiert sind.

Ich will versuchen, ein Bild über meine Herkunft zu zeichnen und dabei das wenige Wissen über meine Altvorderen mit einfügen. Deren »Taten- Ruhm« hält sich dabei wohl in Grenzen. Es sollte jedoch bei aller gebotenen Bescheidenheit auch nicht achtlos mit Details von Lebenserinnerungen umgegangen werden.

Ein Blick in die Familiengeschichte und Erkenntnisse über die Vergangenheit erleichtern Antworten auf Fragen zur Gegenwart und Zukunft. So abgenutzt diese Worte durch den häufigen Gebrauch sein mögen, Binsenweisheiten sozusagen, sie sind richtig.

Ich kenne die bescheidene Bedeutung meiner Herkunft – nicht zu verwechseln mit Bedeutungslosigkeit – bedauere aber um so heftiger, so wenig über meine Vorfahren zu wissen. Daher will ich mein Leben schildern, damit die Nachkommen etwas mehr von uns erfahren.

Meine Erinnerungen werden nicht wertfrei, nicht jenseits von Gut und Böse sein, dennoch soll es keinen wissentlichen Verlust an Wahrheitsgehalt geben.

Die Rückschau wird geprägt von erworbenen, zu meiner Zeit gültigen Denkmustern, von meiner Weltanschauung und reflektiert nicht zuletzt auch eigene Lebenserfahrungen. Ich möchte die nicht einfache Frage aufzuhellen versuchen, wie ich zu meiner Weltanschauung, die eine wichtige Voraussetzung für meine Urteilsfähigkeit und die Tendenz meiner Entscheidungen ist, gelangte

Auch wenn ich mich streng an die Wahrheit halte, meine Schilderungen und Schlußfolgerungen werden nicht frei von Denkfehlern sein, denn auch die oft zu hoch bewerteten Lebenserfahrungen sind nicht fehlerfrei und daher kritiklos nicht übertragbar. Nicht jedem Schritt im Leben, nicht jeder Entscheidung ging tatsächlich gründliches Nachdenken voraus. Nein, so geht's im Leben nicht zu. Vieles wird intuitiv, spontan entschieden. Es muß deswegen nicht falsch sein. Außerdem darf man nicht übersehen, daß unser Tun oder Lassen häufig von anderen Menschen, von außen bestimmt wird.

Es macht Freude, beim Schreiben den Wert der Erinnerungen zu prüfen und dabei frei von Zwang zu sein. Niemandem bin ich verpflichtet, nur dem eigenen Gewissen, das jede Aussage getreulich prüft. Beim Nachdenken und Grübeln erscheint mir manche Episode, die scheinbar schon im schwarzen Loch des Vergessens verschwunden war, ganz neu im Gedächtnis. Es überrascht mich, mit welcher Schärfe bestimmte Details hervortreten. Andere Ereignisse wiederum scheinen sich im Dunstschleier der vergangenen Jahrzehnte zu verlieren.

Im Gegensatz zu professionellen Bücherschreibern folge ich keiner fest umrissenen Konzeption. Mein Leben allein soll mir Leitfaden sein. Die Schriftstellerin Inge von Wangenheim hat einmal gesagt: »Man kann über alles schreiben, wenn man es kann«, für mich eine ermutigende Botschaft. Mich treibt kein in Aussicht stehender Schriftstellerruhm, ich kann die Sache unbefangen angehen. Will nun endlich so etwas wie einen Stammbaum meiner Familie, soweit ich darüber etwas in Erfahrung bringen konnte, zu Papier bringen. Natürlich weiß ich, aufs Schreiben allein kommt's nicht an, sondern aufs Leben! Aus zeitlicher Distanz betrachtet ist es gar nicht so uninteressant, das Leben, auch wenn bei oberflächlichem Urteil voreilig angenommen wird, das alles sei gar nicht so aufregend und in »geordneten«, vorgezeichneten Bahnen verlaufen. Auch mein Leben hat ganz individuelle, unverwechselbare Spuren, Eindrücke und Muster hinterlassen; so wie die Papillarlinien der Finger, die als Spuren zeigen, daß hier eine ganz bestimmte Person anwesend war. Die Welt, in der ich meinen Platz finden mußte, hat mich geprägt, unverwechselbar.

»Optimist oder Pessimist – in bezug auf die Zukunft der Menschheit ist das reine Glaubenssache.
Ohne den Menschen wäre die Welt ganz passabel.«

Juri Brezan

Während eines Erfahrungsaustausches zwischen den Planeten wird die Erde gefragt, wie es ihr gerade gehe. »Ach, nicht besonders«, meinte sie. »Ich habe Homo sapiens.« – »Das macht nichts«, erwidert ein Planet aus einem fernen Sternensystem, »diese Krankheit hatte ich auch, die wird man aber wieder los!« Ein bissiges Bonmot, das wenig für die Gattung Mensch spricht, nicht grundlos, meine ich. Seit die Erde bewohnbar ist und sich organische Materie zum Homo sapiens entwickelte, kommen Menschen »zur Welt« und verlassen sie wieder. Die einen früher, die anderen später. Und jeder hat während seines Aufenthaltes auf Erden dort das eine oder andere verändert. Wie es scheint, mehr zum Schaden als zum Nutzen.

Das Zur-Welt-kommen, gewollt oder versehentlich verursacht, ist für den Ankömmling kein freiwilliger Vorgang und der nachfolgende Lebensablauf leider nicht so von ihm beeinflußbar, wie es wünschenswert wäre, oder wie gern in frommen Sonntagsreden behauptet wird. Die Chancen, die man sich durch individuelle Zielstrebigkeit und Willensleistungen eröffnen kann, sollen hier nicht kleingeredet werden, sie haben schon einen beachtlichen Stellenwert. Aber der Mensch ist das »Ensemble der gesellschaftlichen Verhältnisse«, soll heißen, sein ganzes Leben wird zwangsläufig von den gesellschaftlichen Umständen geprägt und beeinflußt. Wer dem Spruch, daß jeder seines Glückes Schmied sei, vertraut, der sieht sich oft arglistig getäuscht. In Wirklichkeit ist die freie Entscheidungsmöglichkeit des Erdenbürgers begrenzt und sein Lebensweg häufig mit Mühsal beladen. Was der Mensch erlebt, erduldet, was ihm im Leben widerfährt, ihn glücklich oder traurig macht, ihn hoffen oder verzweifeln läßt, Erfolge oder Niederlagen beschert, ist nicht immer gewollt oder vermeidbar. Denn der scheinbar so unberechenbare Verlauf jedes Lebens ist nun einmal an die gesellschaftlichen Umstände gebunden. Und diese wiederum sind vom Einzelnen nicht beherrschbar. Allerdings stellen sie auch keine unausweichliche Fügung dar. Ich finde es wunderbar, wie, ich glaube Hölderlin oder Rilke, mit poetischen Bildern das »Schicksalhafte« im Leben beschreibt: »Es schäumte nicht so hoch die Lebenswoge, wenn nicht ein dunkler Fels, das Schicksal ihr entgegen stünde.«

Die Gläubigkeit an ein Schicksal vernebelt aber die Sicht auf die Ursprünge der Not. Die tatsächlichen Hintergründe für menschliches Elend, Obdachlosigkeit, Arbeitslosigkeit, Bildungsnotstand zum Beispiel, sie wären schon zu finden, wenn man sie denn auch finden wollte. Schonungslos hingegen beschreibt der Begründer der Psychoanalyse, Siegmund Freud, die gesellschaftlichen Fallstricke, die das Leben schwierig, ja lebensgefährlich gestalten können. Von ihm stammt das bemerkenswerte Urteil: »Das Leben, wie es uns auferlegt ist, ist zu schwer für uns, es bringt uns zuviel Schmerzen, Enttäuschungen und unlösbare Aufgaben. Um es zu ertragen, können wir auf Linderungsmittel nicht verzichten.« Meine in zurückliegenden Jahrzehnten gesammelten Erfahrungen führten mich zu einem gewissen Verständnis für diesen düsteren Freudschen Satz, ohne ihn völlig akzeptieren zu können.

Wie viele Menschen meiner Generation erlebte auch ich in der Geschichte wilde Eruptionen und radikale Brüche: Den barbarischen Faschismus und sein Ende als Folge des mörderischsten aller Kriege seit Menschengedenken. Millionen Tote, kolossale Vernichtung materieller Werte, Deformierung ideeller Güter, heimatlos gemachte Völker. Wer denkt da nicht an Bertolt Brechts Worte: »Außer diesem Stern, dachte ich, ist nichts und er ist so verwüstet. Er allein ist unsere Zukunft und die sieht so aus!« Danach, auf der Suche nach sozialer Gerechtigkeit und politischer Mitgestaltungsmöglichkeit, die Formung sozialistischer Verhältnisse zur Veränderung verhärteter Klassengesellschaften. Und schließlich die Auflösung des Traumes von einer humanen Ordnung. Was folgte, war die Rückkehr zur Vermarktung des Menschen an der Schwelle ins 21. Jahrhundert.

Wie Millionen Menschen meiner Zeit habe ich diese Etappen der Gemeinschaft »vernunftbegabter Wesen« miterlebt und war mittel- und unmittelbarer Zeuge von Erscheinungen dieser Entwicklung. Die »vernunftbegabten Wesen« haben, abgesehen davon, daß sie Umwelt und Natur ziemlich ruinierten, Bedingungen hervorgebracht, die im wahrsten Sinne des Wortes unerträglich sein können. Sozial-politische Strukturen verselbständigen sich, Wertnormen scheinen ihren Sinn zu verlieren und was sich wissenschaftlich-technischer Fortschritt nennt, ist oft nicht mehr beherrschbar, irreparabel schädlich und gesellschaftsfeindlich. Während ich dies schreibe, erreichen uns neue Horrormeldungen.

Wohl dringen wir immer tiefer in das Verborgene der Menschheitsgeschichte ein, versuchen Herkunft und Alter des Weltalls zu ergründen. Der Urknalltheorie nach soll das Universum vor etwa zwanzig Milliarden

Jahren seinen Anfang genommen haben. Was aber war vor dem Urknall? Wir erforschen und erkennen die kompliziertesten physikalischen Gesetze und Erscheinungen. Akribisch untersucht der Mensch Gesetzmäßigkeiten seiner Psyche – aber er erweist sich als unfähig, friedlich, vernünftig mit seinesgleichen leben zu können. Liegt es daran, daß dem Menschen ein Trieb zur satanischen Boshaftigkeit innewohnt? Nein, was die Menschen am humanen Denken und Handeln hindern kann und in den Abgrund einer möglichen Selbstzerstörung gleiten läßt, sind die im Ergebnis der Produktionsverhältnisse entstandenen Strukturen und die unsoziale, ungerechte, oft gar kriminelle Art und Weise der Aneignung des gesellschaftlichen Reichtums.

Will man der »Heiligen Schrift« vertrauen, hat der Herrgott die Welt in sieben Tagen geschaffen. Zufrieden sei er hernach mit seinem Werk gewesen. »Und er sah, es war gut so!« Ein kritischer Blick auf die von ihm geformte Welt rechtfertigt wohl den vorsichtigen Einwand, daß der Meister sich mit seinem Werk möglicherweise zu wenig Zeit genommen hat. Jedenfalls wäre bei der Erschaffung des Homo sapiens wirklich mehr Sorgfalt angebracht gewesen. Das Weltall existierte ja bereits Milliarden von Jahren, auf ein paar Jahre früher oder später wäre es bei der Menschwerdung 'bei Gott' nicht angekommen. Weshalb nur diese Eile? Mit der Vertreibung von Adam und Eva aus dem Zustand ungetrübten Glücks und der später inszenierten Sintflut waren die Mängel bei der Erschaffung der Welt offenbar nicht nachzubessern. Es folgten Sklaverei, Leibeigenschaft, Ausbeutung, Mord und Totschlag, Lüge, Übergriffe auf schwache Menschen und Völker. Wo war der barmherzige Vater zur Zeit der Christenverfolgung im Römischen Reich, hat er das Wehklagen der sechstausend längs der Via Appia ans Kreuz geschlagenen Sklaven nicht gehört? War ihm die blutige Christianisierung Lateinamerikas entgangen, hörte er nicht die verzweifelten Schreie der aufs Rad geschlagenen leibeigenen Christenmenschen und warum hatte er kein Erbarmen mit den Kindern, Frauen, den Armen und Schwachen, mit den Männern, die qualvoll umkamen auf Schlachtfeldern der Kriege, die seit Menschengedenken, seit dem Brudermord von Kain, geführt worden sind, geführt vielfach in Gottes Namen.

Nicht die Kirche, kein Papst erhob jemals machtvoll das Wort für die Unterdrückten und Geschundenen. Das solche unchristlichen Erscheinungen im Entwicklungslauf der menschlichen Gesellschaft möglich sind und auf Erden ungesühnt bleiben, läßt sich logisch nur damit erklären, daß es sie nicht gibt, die göttliche, gütige väterliche Allmacht, die Gutes wie Böses beherrscht! Mein Fazit dieser Überlegung:

Die gesellschaftlichen Mängel sind nicht gottgegeben, sondern unten auf Erden hausgemacht. Man muß den Ursachen auf den Grund gehen. Und sich eine Weltanschauung bilden! Und die Welt verändern helfen.

Cogito, ergo sum – Ich denke, also bin ich.

Renè Descartes

Auch ich kam in die rauhe Wirklichkeit dieser Welt, um einmal ein denkendes Wesen zu werden. Mein Weg begann im knapp fünfhundert Einwohner zählenden Gebirgsdorf Holzhau. Um genau zu sein, mein Geburtshaus stand in dem etwas abseits gelegenen Ortsteil Oberholzhau, einem in achthundert Metern Höhe gelegenen, schwer zugänglichen Winkel des Osterzgebirges. Das am Ausgang des Ortes liegende Häuschen, weniger als tausend Meter von der Grenze zur damaligen Tschechoslowakei entfernt, die damals nur von einem Weg und Bach markiert wurde, war zwar nicht mein Vaterhaus, wurde mir aber Heimat. Daß ich mich nach einem Platz auf dieser Erde nicht gedrängt hatte, schützte mich leider nicht davor, im weiteren Leben für vielerlei die Verantwortung aufgebürdet zu bekommen.

Nach Millionen Jahren Abwesenheit gehörte nun also auch ich seit Dienstag, dem 18. November 1930, zu den Einsteigern dieser Welt. Reichlich vier Wochen vor Weihnachten und dennoch kein Christkind. Nicht einmal ein herbeigewünschtes Weihnachtsgeschenk. Ja, wenn es eine ehrbare Familie mit Vater und Mutter gewesen und ich glücklich erwartet worden wäre! Das wurde ich aber nicht. Mutter wird eines unguten Tages eher unwillig als freudig gewußt haben, was sich in fortschreitender Zeit weder verheimlichen noch vermeiden ließ. Es sei denn, sie hätte sich entschließen können, Gesetze und gute Sitten zu ignorieren. Davon einmal abgesehen – was gute Sitten sind, legen gewöhnlich jene fest, die sich diesen Luxus leisten können oder davon profitieren. Zum Beispiel gehört der Glaube an einen allmächtigen Vater, an ein Leben im Paradies oder auch in der Hölle oder wenigstens der sonntägliche Kirchgang zu den guten Sitten und soll die Moral befördern. Treue, Gehorsam und Demut gegenüber der Obrigkeit sind die Eintrittspreise in das paradiesische Leben im Jenseits nach Mühsal und Plage im Diesseits. Der Allmächtige erheische solche Tugenden von seinen Kindern. Ja, auch Liebe wird erwartet, aber die höhere geweihte, moralisch geläuterte ist gemeint, nicht die animalische, auf sinnliche Reize gerichtete Liebe. Auf ihre Unschuld und den Heiligen Geist konnte sich zwar einst die Jungfrau Maria berufen, nicht aber später die ledigen Mütter auf Erden. Josef nahm halt die unbefleckte Empfängnis seiner Verlobten für bare Münze. Das macht Religionen auf dieser Erde so einflußreich. Sie setzen Normen, richten und befinden sich meistens mit der weltlichen, staatlichen Macht in Übereinstimmung, sozialistische Verhältnisse ausgenommen. Nachdem der römische Kaiser Konstantin I im Jahre 313 die christliche Religion als gleichberechtigte Lehre neben anderen Religionen anerkannt hatte, verstanden sich Staat und Kirche immer besser. Das Christentum honorierte des Kaisers gütige Entscheidung und einigte sich im Jahre 314 zur Synode von Arelate (Arles) in Südgallien darauf, daß Christen den Militärdienst im römischen Heer nicht mehr verweigern durften. Wie sich Christen der weltlichen Macht gegenüber verhalten sollen, geht aus der Bibel, Römer 13 unmißverständlich hervor: »Jeder Mann sei Untertan der Obrigkeit, die Gewalt über ihn hat.« Da jubeln die Herzen der Herrschenden, die Regierenden können zufrieden sein, angesichts solcher Grundsätze ist man doch gern gottesfürchtig. Und die Kirche versteht es auch, dafür zu danken. So ergibt sich, daß das Gebot, »Liebet Euere Feinde« geringere Wertschätzung erfährt als der drohende Bibelspruch: »Wer das Schwert erhebt, wird durch das Schwert umkommen!«

Aber doch nicht über Gott und die Welt und die Jungfrau Maria, sondern von meiner tugendarmen Mutter und meiner Geburt sollte erzählt werden. Wie leicht zu erkennen ist, hängt alles irgendwie zusammen. Man nennt das Dialektik. – Also, der allgemeine Jubel über den familiären Zuwachs durch mich wird sich seinerzeit trotz Weihnachtsvorfreude in Grenzen gehalten haben. Warum? Weil Mutter, neunundzwanzigjährig aber immer noch ledig, zum zweiten Mal in ihrem Leben, ein sündiges Resultat einer von der Natur geforderten Lebensfreude ins Haus gebracht hatte. Fünf Jahre zuvor, am 4. November 1925, war mein Halbbruder Heinz geboren worden. Auch damals wollte sich der Erzeuger nicht öffentlich zu seiner Vaterschaft bekennen und eine ordentliche Familie gründen, um so die Titel Vater und Ehemann zu erwerben. Ich vermute, sowohl dieser als auch mein mir unbekannt gebliebener Vater waren Söhne mehr oder weniger vermögender Bauern. Mutter dürfte wohl in beiden Fällen nicht die Wunschschwiegertochter gewesen sein. Denn eine eheliche Verbindung sollte Geld mit Geld und Land mit noch mehr Land zusammenzubringen. Mit beidem konnte die Familie meiner Mutter nicht dienen. Es wäre allerdings weltfremd, darüber zu moralisieren. Die Verhältnisse, sie waren nun einmal so. Auch meine Mutter hatte jedes Mal wohl einfach, ohne viel zu grübeln, dem Leben ein paar angenehme Stunden abgewinnen wollen. Und jene jungen Männer, die sich vor ihren moralischen Pflichten drückten, dürften es nicht anders gesehen haben. Sie waren jung, wer will da den berühmten ersten Stein werfen. Das Ganze geschah eben innnerhalb der stillschweigend anerkannten Regeln einer von Geld und Standesdünkel beherrschten Welt.

Ohnehin war das Leben mit meiner Mutter nicht besonders rücksichtsvoll umgegangen und bot wenig Freundliches. 1915 verlor sie ihren Stiefvater im Krieg. Spätestens von diesem Moment an fielen der Vierzehnjährigen alltäglich harte Pflichten zu. Obwohl sie viel lieber ein Buch gelesen hätte, wurde sie zwangsläufig die entscheidende Stütze ihrer Mutter. Denn die kleine Landwirtschaft mußte ja auch ohne den Mann so weitergeführt werden, daß die Familie davon einigermaßen existieren konnte. Zur Familie gehörten die häufig kränkelnde Schwester Hulda und der erst zehnjährige Bruder Emil. Selbst der kleine Emil war fortan für alle möglichen Aufgaben, die in einer Bauernwirtschaft anfallen, verantwortlich und mußte für ihn noch viel zu schwere Feldarbeit leisten. Mitleidig, aber zugleich auch stolz auf den Kleinen, erzählte Großmutter später, daß ihr Emil beim Pflügen kaum über die Holme des Pfluges, vor den zwei klapperdürre Kühe gespannt waren, blicken konnte. Weil ihm die Kraft fehlte, brachte er natürlich keine ordentlichen Furchen zustande. Müller Ernst, der Nachbar, soll spöttisch gefragt haben, ob die Kühe denn auch wüßten, daß jemand den Pflug führt.

Ein kleines Häusleranwesen, wie das der Großmutter, ernährte eine Familie mehr schlecht als recht. So schickte man die Heranwachsenden in der Regel zum Dienst bei einer »Herrschaft«. Sie sollten sich dort, auf fremden Grund und Boden, das tägliche Brot und was dazu gehörte verdienen. Damit saß zu Hause ein Esser weniger am Tisch. Die schwächliche Schwester Hulda kam dafür nicht in Frage, Emil war zu jung. So verstand es sich von selbst, daß sich Mutter, wie üblich nach der Einsegnung, als Magd verdingte. Zum Gesinde eines der wohlhabenderen Bauern zu gehören, brachte nicht nur das Brot und das eine oder andere Stück für die Aussteuer ein – üblicherweise erhielten Mägde von der Herrschaft Bettwäsche als Weihnachtsgeschenk – sondern nährte auch Mädchenträume: Wenn man mit ledigen Söhnen des Bauern unter einem Dach lebte, da war es schon verführerisch, sich vorzustellen, einen davon für sich zu gewinnen. Welches arme Mädchen mochte nicht in eine reiche Wirtschaft einheiraten ... Ich weiß nicht, ob meine Existenz und die meines Bruders mit derartigen Träumen meiner Mutter zusammenhängen. Vielleicht war ich ein Kind der Liebe und dennoch nicht beliebt. Mutter sprach niemals darüber. Letztlich hätte nur eine richtige Familie, mit Vater und Mutter, unser Leben anders verlaufen lassen.

Der Alltag einer Gesindemagd wurde ohnehin nicht von romantischen Mädchenträumereien bestimmt, sondern von einem festen Regelwerk, das auch die moralischen Normen festlegte, in unserer Gegend war das die »Gesindeordnung des Königreiches Sachsen«. Nach deren Paragraph 30 war das »... Gesinde der Herrschaft Treue, Ehrerbietung und Gehorsam schuldig, ... es hat sich stets fleißig, reinlich, anständig und ordentlich zu verhalten und sich gottesfürchtigen, sittlichen Lebenswandels zu befleißigen und hat auch nach Kräften bei allen Gelegenheiten der Dienstherrschaft Schaden zu verhüten, dagegen derselben Nutzen zu fördern. Die Befehle der Herrschaft und ihre Verweise muß das

Gesinde mit Ehrerbietung und Bescheidenheit hinnehmen.« So lauteten die Regeln. Allein, daß meine Mutter der Dienstherrschaft Schaden verhütete und wohl auch Befehle wie Verweise mit Ehrerbietung entgegen nahm, hatte nicht vermeiden können, daß sie ein zweites Mal »Pech« hatte. So nannte man das eben, wenn eine unverheiratete junge Frau schwanger wurde. »In gute Hoffnung« kamen nämlich nur die verheirateten. Dabei soll nicht gesagt sein, daß die Existenz nichtehelicher Kinder lediglich auf Dienstmädchenverhältnisse zurückzuführen ist.

Wäre Mutter bei meiner Geburt verheiratet gewesen (später war sie es, aber wie noch zu erzählen sein wird, erwies sich diese gesetzliche Bindung als eine dauerhafte Beschädigung ihres Lebens), meine Geburt hätte ein freudiges Ereignis sein können, an Glück- und Segenswünschen wäre kein Mangel gewesen, so war's halt nur ein unerwünschtes. Später wurde mir erzählt, mein zum Zeitpunkt meiner Geburt fünfundzwanzigjähriger Onkel Emil hätte meinen fünfjährigen Bruder angeregt, mich in Nachbars Teich zu ertränken. Eine recht unchristliche Einstimmung auf das zu erwartende Geschwisterchen, was sich wie eine Version der biblischen Legende um Kain und Abel anhört. Mein Bruder wird kaum seelischen Schaden daran genommen haben. Möglicherweise hatte er schon gesehen, daß auch neugeborene, überzählige Kätzchen schlicht und einfach ertränkt wurden. Daß der kleine Heinz den Vorschlag seines Onkels nicht in die Tat umsetzte, dürfte daran gelegen haben, daß Emil ihn eher als Jux und nicht mit Nachdruck gemacht hatte. Sonst wäre möglicherweise meine Ankunft zugleich das Ende des Erdendaseins gewesen. Immerhin verdeutlicht diese Anekdote, sollte sie wahr sein, die mäßige Begeisterung der Familie über den Zuwachs.

Kurzum, ich kenne weder den Namen noch den Beruf meines Vaters. Sicher wäre meine Herkunft aufzuklären gewesen. Zu gegebener Zeit hätte ich meine Mutter direkt fragen sollen, wer mein Vater sei. Vorsichtige Ansätze in dieser Richtung wehrte Mutter meist schweigend ab. Irgendwann wurde einmal erwähnt, daß mein leiblicher Vater aus der Gegend von Seiffen stamme, verheiratet und Vater einer Tochter meines Alters sei. Aber zu einem vernünftigen Gespräch über all dies ist es zwischen der Mutter und mir nie gekommen. Ich lebte ja kaum bei ihr. In der Jugend erschien es mir auch nicht so wichtig, meine Herkunft zu klären. Selbst dann nicht, als ein sonderbarer Zufall hätte hilfreich sein können: Mit Beginn meiner jugendlichen Sturm-und Drangjahre zog es mich heftig zu allen erreichbaren Tanzsälen. An einem Wochenende war ich in einem Lokal am Fuße des Schwartenberges zum Tanz. Eine der Dorfschönen, ein Erzgebirgsmädel aus der Seiffener Gegend, fiel mir an diesem Abend besonders auf. Ich holte sie mir zum Tanz und was mir bis heute unklar geblieben ist, wird ihr kein Geheimnis gewesen sein. Jedenfalls hatte sie mich offenbar beobachtet und wird mit weiblicher List meine Aufmerksamkeit auf sich gelenkt haben. Mit den Worten: »Ich kenne Dich«, eröffnete sie beim Tanz eine bedeutungsvolle Unterhaltung. »Wir haben einunddenselben Vater, Du bist mein Bruder, ich Deine Schwester!« Vergeblich versuche ich heute, mich daran zu erinnern, wie ich seinerzeit auf diese umwerfende Erklärung reagierte. Vermutlich unbeholfen, mit meinen siebzehn Jahren. War ich nun überrascht, ungläubig oder belustigt von dieser Mitteilung? Vielleicht lag in den Worten des Mädchens zu viel Scherz und zu wenig Ernsthaftigkeit. Zum Teufel, es ärgert mich heute noch heftig, daß ich den Faden damals nicht aufnahm. Warum auch immer, die Offenbarung meiner vermutlichen Halbschwester rief damals keine tiefere Wirkung hervor und so verpaßte ich diese Gelegenheit. Solche Momente sind wie Sternschnuppen, sie kehren nicht zurück. Leider!

Ob nun erwünscht oder nicht; nachdem ich der Familie aufgedrängt worden war, wurde ich Nesthocker mit hinreichender Fürsorge und Zuwendung aufgezogen. Ich nehme an, daß schon damals Großmutter den gewichtigeren und für mich spürbaren Anteil daran hatte.

Nun empfinden alle einen Geburtsvorgang, den kreatürlichen Eintritt ins Leben, als Vorgang von elementarer Wucht. Später verblaßt die Erinnerung, die Sache verliert an Bedeutung und wird dann nur noch jährlich mit einem »Geburtserinnerungstag« gefeiert, in Erinnerung an ein nicht nur biologisches, sondern, im Normalfall jedenfalls, freudiges Ereignis. Da von der Geburt die Rede ist, soll etwas darüber meditiert werden. Ich sinne nun einmal gern über die Dinge des Lebens nach, bemüht, sie von den verschiedensten Seiten zu beleuchten. Denn tieferes Nachdenken, auch über scheinbar Selbstverständliches, kann zu nützlichen Erkenntnissen führen. »Man darf nie aufhören, sich die Welt vorzustellen, wie sie am vernünftigsten wäre«, beschreibt Dürrenmatt solche Gewohnheiten.

Man wird geboren, die gebräuchlichste Bezeichnung für diesen Vorgang ist von Amtswegen brauchbar. Dann kommt man in das Geburtenregister. Ich bin darin beim Standesamt Rechenberg unter der Nummer 21/1930 eingetragen, mit dem Hinweis: »Vater unbekannt«. Poetischer wirkt dagegen die Formulierung, daß jemand »... das Licht der Welt erblickt ...«. Das klingt gut, hat aber nichts mit den Tatsachen zu tun. Kein Neugeborenes »erblickt« das Licht der Welt. Ich denke, »zur Welt gebracht« oder »zur Welt gekommen« ist treffender. Die Welt war so, wie sie von Tausenden Generationen vor mir gestaltet wurde. Nun mußte ich damit zurechtkommen und niemand fragte, ob und wie mir das gelingen würde. Dabei ist es eine so grundsätzlich wichtige Frage. Von jeher bemühten sich Philosophen aller Denkschulen, auf solche Fragen überzeugende Antworten zu finden. Die

Lebensbedingungen auf Erden haben sich nach besonderer Gesetzmäßigkeit und Logik, aber auch nach blinder oder spontaner Zufälligkeit in einer Art und Weise entwickelt, für die der neu hinzugekommene Mensch nicht verantwortlich war und mit denen er sich doch irgendwie arrangieren und das, was seine Vorgänger begonnen hatten, auf seine Weise fortsetzen mußte. Denn für den Fortbestand der Menschheit ist die Verantwortlichkeit der Lebenden für die nachfolgenden Generationen unerläßlich! Die Religionen und Gesellschaftsordnungen, die unterschiedlichen Produktionsweisen, Besitzverhältnisse, Rechts – und Moralnormen, die jeweils herrschenden oder vorherrschenden Weltanschauungen, Staatsformen, die entstandenen Einteilungen in arm und reich – kurzum, alles, was sich bisher auf dieser Erde herausbilden konnte, war schon existent, als ich zur Welt kam. Leider waren die von den Menschen geschaffenen Verhältnisse weder zu dieser noch zu irgendeiner anderen Zeit für eine deutliche Mehrheit der Erdenbürger in einem freundlichen oder christlichen Zustand, ich sprach schon darüber. Gemessen am Alter der Menschheitsgeschichte ist man ihr ja nur über eine kurze, kaum meßbare Wegstrecke zugehörig. Wäre es angesichts dessen unbescheiden zu wünschen, daß die Menschen sich ihre Lebensverhältnisse erträglich gestalten dürften? So, daß den Bedürfnissen der Allgemeinheit, aber auch denen der Schwachen Rechnung getragen würde. Wer oder was hindert uns eigentlich daran, die Welt nach dem Maß der Menschlichkeit einzurichten? Die gegenwärtigen gesellschaftlichen Bedingungen erzeugen Tag für Tag auf der einen Seite unfaßbaren Reichtum auf der anderen lebensbedrohliche Armut. Von jeher formten die Einflußreichen – der Reichtum an Macht folgt aus der Macht des Reichtums – die besiedelte Erde nach ihren Interessen und Willen. Und gaben das Ergebnis als die gerechte, von Gott gewollte Ordnung aus: Unantastbar und für die Ewigkeit gemacht.

Zurück zu meinem Geburtshaus in Oberholzhau. Es gehörte der Großmutter. Sie hatte dieses Grundstück nach der Hochzeit von ihrem Vater bekommen, als späte Mitgift sozusagen. Vier Wochen nach meiner Geburt, am 28. Dezember, wurde Großmutter fünfundfünfzig Jahre alt und vier Monate zuvor, am 28. Juli, vollendete meine Mutter ihr 29. Lebensjahr. Meine Großmutter ist eine geborene Liebscher. Aus der Tatsache, daß auch meine Mutter unter dem Namen Liebscher geboren wurde, folgt, daß auch sie ein uneheliches Kind war. Erst durch Großmutters Ehe mit Hermann Dietrich kam sie zu ihrem Stiefvater.

Der Name Liebscher ist ohne Zweifel slawischen Ursprungs und war in Böhmen einst stark verbreitet. Daraus läßt sich zumindestens mutmaßen, woher meine Familie stammt. Unter welchen Umständen mögen meine Vorfahren ins Erzgebirge nach Oberholzhau, gelangt sein?

Über die Wurzeln meines »Stammbaumes« ist nichts auszumachen. Die Liebschers sind nun einmal kein Adelsgeschlecht mit akribisch geführter Familienchronik. Trotzdem läßt sich aus der Historie des Landes Sachsen und unserer Erzgebirgsgegend einiges ableiten. Denn es geschieht nun einmal nichts außerhalb der Gesellschaft und bei der Suche nach Mosaiksteinen aus der eigenen Vergangenheit gibt es keinen besseren Weg, als sich am Lauf der Geschichte zu orientieren. Auch wenn sich bei derartigen Nachforschungen viele Details im Dunkel weit zurückliegender Zeiten verlieren, das Leben der Liebscher-Generation hatte immer auch mit dem zu zun, was im Land passierte.

Bekannt ist, daß das Leben an den Hängen des Erzgebirges aufblühte, nachdem man 1168 in der Nähe des heutigen Freiberg Silber gefunden hatte. Familien aus dem Frankenland, aus Thüringen und Bergleute von der Silberhütte in Goslar wanderten in die neuerschlossenen Bergbaugebiete ein und begannen zu siedeln. Vom Süden her kamen Mönche vom Kloster Ossegg in Böhmen. Sie legten auf der anderen Seite des Gebirges Siedlungen an, und Schutzburgen. Viele Orte verdanken ihre Entstehung aber auch deutschen Siedlern aus Böhmen, die über den Gebirgskamm in die nördlichen Nachbarorte abwanderten oder Orte neu gründeten. Holzhau wurde 1534 erstmals urkundlich erwähnt, da war die »Neuzeit« bereits zweiundvierzig Jahre alt. Für den Beginn der »Neuzeit« steht heute der 12. Oktober 1492, das Datum von Kolumbus' Landung auf einer Insel der Bahamas. Ob zu Recht oder nicht, sei dahin gestellt. Man denke nur an die zwanzig Millionen Sklaven, die in den nachfolgenden dreihundert Jahren von Afrika aus nach Amerika verfrachtet wurden. Wenn das Neuzeit war ...

Die Anlage des Dorfes Holzhau weist auf eine besondere Art der Gründung hin, nämlich lange nach jenen großen Rodungen zur Zeit der Silber-Entdeckung. Holzhau, das bedeutet Holzschlag, der Ort ist von drei Seiten von dichten, zusammenhängenden Wäldern umgeben, also praktisch in den Wald hineingeschlagen worden. Hier oben im Gebirge wurde zunächst für die Freiberger Bergwerke Grubenholz gefällt. Um für den steten Holzbedarf Vorrat zu schaffen, kaufte Herzog Georg der Bärtige 1534 von Caspar III. von Schönberg den Holzbestand eines Waldstückes »... hinter Rechenberg«. Dort wurde dann das Holz »gehauen« und die Bäume auf der Mulde nach Freiberg geflößt. Gleichzeitig erhielten Holzarbeiter die Erlaubnis, sich auf den gerodeten Flächen, »im Gehau«, ihre kleinen Wohnhäuser zu errichten. Er dehnte sich zunächst der Freiberger Mulde entlang aus, dann steil aufwärts einem kleinen Bach folgend, der von den Dorfbewohnern Bitterbach genannt wurde. Dorthin also, in eines der letzten Häuser vor der Grenze, wo die bunten Hangwiesen zu Ende sind und der weite, dichte Fichtenwald beginnt, hat es mich verschlagen.

Gut vorstellbar, daß nach Gründung des Ortes auch ein Liebscher zu den von Unternehmungslust erfüllten Kolonisten gehörte. Sie mühten sich, den steinigen, kargen Boden einigermaßen ertragreich zu machen, um ihre Familien ernähren zu können. Nach Lage des Liebscher-Grundstückes in Oberholzhau ist es allerdings eher wahrscheinlich, daß sich meine Vorfahren frühestens zur Mitte des 17. Jahrhunderts, also nach Ende des Dreißigährigen Krieges hier seßhaft machten. Erst zu dieser Zeit begann sich der Ort bis in die hohen Kammlagen auszudehnen. 1668 gab es im Oberdorf sechs sogenannte Neuhäuser. Ein Liebscher könnte dabei gewesen sein, jedenfalls ist für reichlich hundert Jahre dort ein Liebscherbauer aktenkundig. Aber es wäre auch eine andere Variante denkbar: Nachdem 1648 das Feldgeschrei des Dreißigjährigen Krieges verklungen war, wurden Menschen, die an ihrem evangelischen Glauben festhielten, aus dem erzkatholischen Böhmen vertrieben. Es handelte sich um eine massive Gegenbewegung zur Lutherschen Reform. Die selbstgerechten Katholiken waren überzeugt davon, daß sie gottgefällig handelten, wenn sie andere Christen, die ebenfalls davon überzeugt waren, ihrem Gott auf die richtige Art und Weise zu dienen, dazu zwangen, die Heimat zu verlassen. Wieder wanderten Menschen aus Böhmen auf der Suche nach einer neuen Bleibe über die Kämme des Erzgebirges. Dieses Mal waren es keine Kolonisten, sondern Exulanten. Die Annahme, daß zu den Vertriebenen ein Liebscher gehörte, ist berechtigt. Die geflüchteten »Evangelischen« konnten in der nicht freiwillig gewählten neuen Heimat nach ihrem Glauben selig werden. Vom lieben Herrgott wurden sie aber trotz der erwiesenen Standhaftigkeit nicht besser behandelt als die Katholiken, von denen sie vertrieben worden waren. Not und Elend, Krankheiten, Kriege und nicht zuletzt die von weltlichen wie kirchlichen Herrschaften aufgebürdeten Lasten trafen unterschiedslos.

Gleichgültig, wie die Liebschers nun nach Oberholzhau gekommen waren, sie mußten sich anstrengen, um trotz der damals geforderten Frondienste ihren Hof so zu bewirtschaften, daß sie davon leben und ihn an die nächste Generation weitergeben konnten. Vierundvierzig Tage im Jahr hatten die Bauern für die Herrschaft in Rechenberg und Frauenstein unentgeltlich zu arbeiten. Eine solche Knechtschaft fördert aufrührerische Gedanken. Friedrich Schiller kleidete sie in folgende Verszeilen:

»Wenn der Gedrückte nirgends Recht kann finden,
wenn unerträglich wird die Last,
greift er hinauf getrosten Mutes in den Himmel
und holt herunter seine ew'gen Rechte,
die droben hangen, unveräußerlich und unzerbrechlich, wie Sterne selbst.

Der alte Urstand der Natur kehrt wieder,
wo Menschen den Menschen gegenüber stehen,
zum letzten Mittel, wenn kein anderes mehr verfangen will,
sei ihm das Schwert gegeben.«

Nun, die Holzhauer griffen nicht zum Schwert. Aufruhr dürfte in der Abgeschiedenheit dieses Dorfes ohnehin leichter gedacht als getan gewesen sein. Es fand sich wohl auch kein Wilhelm Tell unter ihnen. Immerhin hofften sie im 19. Jahrhundert einmal, wenn schon nicht auf Vernunft, so doch auf Nachsicht der Mächtigen. Auf die Macht des geschriebenen Wortes vertrauend, verfaßten Bauern der Orte Holzhau, Rechenberg und Nassau am 18. Januar 1831 eine Bittschrift an das sächsische Königshaus, um Klage gegen unangemessene Frondienste zu führen: »Wir werden von Frühjahr bis Herbst bei günstiger Witterung alltäglich zur Leistung dieser Dienste von Morgen bis Abend angefordert, und so bleiben uns dann nur diejenigen Tage frei, an welchen, wegen ungünstiger Witterung, auf dem Felde nicht gearbeitet werden kann, und die Tage sind darum auch für uns von gar keinen Nutzen, weil wir dann ebenfalls unsere Felder nicht bestellen können.« Diese Petition wird sicherlich auch namens des um 1800 in Oberholzhau lebenden Vaters (ich konnte noch keine Urkunde mit seinem Namen finden) des Johann Christoph Liebscher verfaßt worden sein. Die Bauern schickten sie an die königliche Residenz in Dresden. Der Zeitpunkt war zur Beschwerdeführung nicht ungünstig gewählt. Die Regierung selbst bemühte sich damals darum, den in Sachsen aufgekommenen Volkszorn zu besänftigen. Im Jahr zuvor war es in Dresden zu blutigen Tumulten gegen die Regentschaft des unfähigen Sachsenkönigs Anton und dessen Minister Bernhard Lindenau gekommen. Lindenau stand der Landesregierung vor. Um das Volk zu beschwichtigen, bildeten Lindenau und Prinz Friedrich August, der 1836 zum König gekrönt wurde, eine Kommission, die geschickt vorgab, sich gütigst der Wünsche, Sorgen und Beschwerden der Landeskinder anzunehmen. Die Petitionsverfasser aus Holzhau allerdings wurden von dieser Kommission bitter enttäuscht und waren um eine leidvolle Erfahrung reicher. Niemand in der Landeshauptstadt nahm von ihrem Anliegen Notiz, einer Antwort wurden sie nicht für wert befunden. Sind Schillers Worte über das Schwert, das man ergreifen müsse, wirklich so falsch? Und waren diejenigen zu kritisieren, die zum Schwert griffen?

Christoph Liebscher, dessen Vater gewiß von der ergebnislos gebliebenen Beschwerde enttäuscht war, müßte, wie sich rekonstruieren läßt, ungefähr 1825 geboren worden sein. Es ist zu ihm nichts Bemerkenswertes überliefert worden. Etwa im Jahre 1850 heiratete Christoph Liebscher eine gewisse Christiane Karoline Göhler. Sie wurden die Erben des kleinen Bauerngehöfts am sogenannten Liebscherberg, der letzten Anhöhe auf dem Gebirgskamm in Oberholzhau. Von da an lag es in ihren Händen, für sich und Christophs Eltern dem Land ausreichende Erträge abzuringen. Vom Landesvater war keine Erleichterung zu erwarten, wie die Geschichte um jene ergebnislose Bittschrift beweist. Wenn Großmutter in ihren Erinnerungen die Namen ihrer Großeltern, Christoph und Karoline, erwähnte, fand ich als Junge lediglich die mir seltsam vorkommenden Vornamen ulkig. Hätte ich doch nur gefragt, was genau sie über deren Leben und vielleicht noch über deren Vorfahren wußte.

Bis ins 20. Jahrhundert hinein waren Land-und Forstwirtschaft und einfache Holzverarbeitung die Haupterwerbsquellen der Dorfbewohner. Großmutters Neffe Erich Liebscher, im Dorf Christoph Erich genannt, worüber noch zu reden sein wird, verstand es beispielsweise noch zu meinen Kindertagen, hölzerne Wasserleitungsrohre herzustellen. Kam ich an seinem Anwesen vorbeikam und sah, daß er am arbeiten war, schaute ich ihm gern bei seinem schwierigen Handwerk zu. Weil die Erinnerung an solche alten Techniken inzwischen immer mehr verloren geht, soll sie hier kurz beschrieben werden:

Für ein Wasserleitungsrohr brauchte man zirka drei Meter lange Fichtenstämme. Waren sie trocken genug, wurden sie auf zwei Holzböcken mit einer Kette festgezurrt und mit einem Kernbohrer von ungefähr fünf Zentimetern Durchmesser aufgebohrt. Die handwerkliche Fertigkeit bestand darin, den Bohrer entlang der Längsachse des Stammes zu führen. Von Zeit zu Zeit zog Christoph Erich die Bohrstange aus dem Stamm und warf einen prüfenden Blick auf den Bohrkern. Auf eine Abweichung vom Zentrum des Stammes, vom Stammkern, reagierte er mit einem kritischen leisen Pfiff durch die tabakgefärbten Zähne und einem unzufriedenen Kopfschütteln. Die Richtung der Bohrstange wurde entsprechend verändert, das Werk fortgesetzt. Die so entstandenen Holzröhren legte man in einen Teich, wo sie sich gründlich mit Wasser vollsaugten. Dadurch wurden sie haltbarer. Mittels an der Stirnseite eingeschlagener Eisenringe konnten die einzelnen Röhren miteinander zu einer beliebig langen Leitung verbunden werden. Zum Schutz vor Frost tief in die Erde eingegraben, wurden die Zuleitungen vom jeweiligen Hausbrunnen zum Verbraucher hergestellt. Waren sie gut verlegt worden, so blieben die Holzröhren in der Regel jahrzehntelang funktionstüchtig und garantierten eine zuverlässige Hauswasserversorgung.

Doch zurück zu meinem Stammbaum. Aus der Ehe von Christoph und Karoline ging der am 28. November 1850 geborene Sohn Ernst hervor, der nachfolgende Besitzer des Liebschergutes und Großmutters Vater – mein Urgroßvater demnach. Im heiratsfähigen Alter lenkte er seine Schritte in das benachbarte Hermsdorf, von dort stammte die zwei Jahre ältere, am 7. November 1848 geborene Ernstine Wilhelmine, die er 1873 zur Frau nahm und nach Oberholzhau ins Liebscherhaus führte. Ernst und Ernstine – der Gleichklang fällt auf, man könnte mutmaßen, sie hätten sich deshalb gesucht und genommen ... Ernstine war die Tochter der Eheleute Karl Gottlieb Fischer und Johanne Friedericke, geborene Dittrich. (Nicht zu verwechseln mit dem Namen Dietrich, den meine Großmutter nach ihrer Hochzeit trug.) Aus dieser Ehe gingen zwei Mädchen und ein Junge hervor. Alma, meine Großmutter, war die Älteste, geboren am 28. Dezember 1875. Auch ihre Schwester Anna machte sich, ebenso wie ein Jahr zuvor Alma, als lediges Mädchen eines Fehltritts schuldig. 1902 brachte sie einen Jungen zur Welt, der zwar auf den Namen Erich Paul getauft, aber im Dorf, wie schon erwähnt, allgemein mit dem Namen seines Urgroßvaters Christoph als Christoph Erich angesprochen wurde. Dies rührte wohl daher, daß er bei den Großeltern aufgewachsen war und später deren Hof übernahm. Anna heiratete nämlich bald den Landwirt Louis Schneider in Steinhübel auf dem Schwartenberg, wovon noch zu berichten sein wird.

Wäre noch der einzige Sohn, Bruno, zu erwähnen. Bruno opferte auf einem der zahllosen Schlachtfelder des Ersten Weltkrieges für Kaiser und Vaterland seine rechte Hand und kam damit als Erbe des Liebschergutes nicht mehr in Frage. Anstelle der Hand, die er als Bauer so nötig gebraucht hätte, trug er einen Lederstumpf mit einem verchromten Eisenhaken. Entschädigt wurde Bruno mit dem Status eines Reichsbahnbeamten. Da war es ihm immer noch besser ergangen als seinem Schwager Hermann, denn der kehrte nie mehr vom Schlachtfeld auf das eigene Feld heim. Bruno bediente fortan in Grünhainichen bei Augustusburg eine Eisenbahnschranke.

Die meisten Dorfbewohner von Holzhau waren Häusler, mit ein paar Scheffeln Wind ums Haus, einem Schwein, Ziegen, Hühnern – Kleinvieh eben – und Kühen, die zugleich Zugtiere und Lieferanten einer bescheidenen Menge Milch sein mußten. Die Häusler konnten sich zwar von dem, was ihre Felder und Ställe hergaben, so halbwegs ernähren, aber ohne einen zusätzlichen Nebenerwerb war ein einigermaßen erträgliches Auskommen nur schwer denkbar. Wir lebten eben im sprichwörtlich armen Erzgebirge.

Auch meine Altvordern mühten sich unverdrossenen, vom steinigen, rotbraunen, kargen Ackerboden ein Maximum an Erträgen zu erwirtschaften und übten gleichzeitig recht unterschiedliche Erwerbstätigkeiten aus. Unter ihnen gab es Waldarbeiter, Steinbrucharbeiter oder auch Stuhlsitzhersteller. Solche mit Rohr geflochtenen Sitze wurden wohl in Heimarbeit gefertigt, jedenfalls lagen noch etliche auf dem verstaubten Dachboden unseres Hauses. Lange Zeit fanden sie im Haushalt der Großmutter bei der Reparatur von Küchenstühlen Verwendung. Das konnte ich schon als Junge: Man legte einfach einen solchen Sitz auf den alten, zerschlissenen und nagelte ihn an den vier Ecken an. Die Sitzposition erhöhte sich damit zwar, das störte aber niemanden. Jedenfalls lobte Großmutter mein Geschick für diese kleine Reparatur über den grünen Klee.

Meine Großmutter entstammte also einer alteingesessenen, kleinbäuerlichen Erzgebirgsfamilie. Als junges Mädchen verdingte sie sich als Dienstmagd bei einem Großbauern in Reichenau. Die dortigen Arbeits-und Lebensbedingungen müssen unzumutbar schwer gewesen sein. Noch Jahrzehnte später, selbst schon Bäuerin auf eigenem Hof, erzählte sie mir sehr anschaulich, wie hartherzig und ungerecht sie von ihrer Herrschaft behandelt wurde. Im Winter, so schimpfte sie, schneite es wegen des schlecht schließenden Kammerfensters in ihr Bett: »Früh, wenn 'ch uffgewacht wor, hatt' ch Schneewehen im Bett, dort war mehr Schnee als off der Stroß.« Mich beeindruckte diese sarkastische Schilderung sehr und ich drängte Großmutter, weiterzuerzählen. »De Bauersfrau hot bluß gelocht, wenn' ch mich beschwert hob. Nam en Basen (Besen) und kehrn Schnee wag, hot se gesocht.« Wenn es unerträglich wurde, verbrachte sie die Nächte im Kuhstall, wo die dunstige Wärme der Tiere sie vor der klirrenden Kälte bewahrte. »Nee, nee, Manfred, bei dem Bauern wors ne zum aushalten, da hot mich mei Voter im Winter mit den Kastenschlitten hemgeholt.« Ich hätte tausende Geschichten dieser Art hören können. Wenn Großmutter erzählte, war's spannend und lehrreich obendrein. Und Großmutter selbst fand sichtlich Gefallen daran, sich die Dinge von der Seele zu reden. Es erleichtert im wahren Sinne des Wortes das Herz – oder eben die Seele – wenn man sich aussprechen kann und verständnisvolle Zuhörer hat. Kinder sind das allemal. Nicht solche erwachsenen Besserwisser, die noch bei der belanglosesten Plauderei ihre hochwichtigen Ansichten und korrigierenden Erwiderungen parat haben. Auf diese Weise wird zwar jedes lockere oder vergnügliche Gespräch ruiniert, aber sie haben ihre Weisheiten zur Kenntnis gebracht.

Die Großmutter jedenfalls wurde seinerzeit vom mitfühlenden Vater gegen den Willen des Dienstherren aufs elterliche Anwesen heimgeholt. Das dürfte nicht ohne Streit gegangen sein. Schließlich hatte sie das sogenannte Handgeld für eine ganzjährige Dienstzeit bekommen. Dieses Handgeld – in der Regel ein Taler im Wert von drei Mark – wurde bei Dienstantritt bezahlt, was seinerzeit einem schriftlich fixierten Arbeitsvertrag gleichkam. Ich denke, bei dieser vorzeitigen Vertragslösung dürfte die Tatsache eine Rolle gespielt haben, daß Großmutter, fünfundzwanzigjährig und ledig, am 28. Juli 1901 ein Mädchen zur Welt brachte. Es wurde auf den Namen Frieda getauft und knapp dreißig Jahre später meine Mutter. Die Indizien sprechen für meine Hypothese.

Anscheinend nahmen die Eltern den Fehltritt ihrer Tochter gelassen hin. Noch wußten sie nicht, daß sich bereits ein Jahr darauf ihre zweite Tochter Anna, gleichfalls als Sünderin offenbaren mußte. Almas Eltern werden erleichtert gewesen sein, als sich bald ein junger Mann einstellte, Stuhlbauer von Beruf, ein gewisser Hermann Dietrich aus Cämmerswalde. Dem war ein schon vorhandenes Kind kein Hinderungsgrund, im April 1903 die drei Jahre ältere Alma zur Frau zu nehmen. Zumal dann nicht, wenn als Zugabe eine kleine Bauernwirtschaft zu bekommen war. Hermann, Mutters Stiefvater also und somit gewissermaßen mein Großvater, bewohnte fortan mit seiner Alma das Häusleranwesen am oberen Dorfende von Oberholzhau. Es lag dem Hochwald noch ein Stück näher als Großmutters Elternhaus am Liebscherberg. Weil es nur wenige hundert Meter waren, blieb es im Blickfeld.

Übrigens hätte Herrmann Dietrich, selbst wenn er ein penibler Moralist gewesen wäre, gegen die mit in die Ehe gebrachte kleine Stieftochter Frieda kaum etwas vorbringen können. Schließlich war er ebenfalls das Kind einer ledigen Mutter, nämlich der 1859 in Cämmerswalde geborenen neunzehnjährigen Amalie Dietrich. Bekennender Vater war ein aus dem böhmischen Georgendorf stammender Ferdinand Köhler. Der war Waldarbeiter und verdiente sich nebenher ein Zubrot als Kellner im tschechischen Grenzgasthof »Baddeleck«, mitten im Wald an der sächsisch-böhmischen Grenze gelegen, nur dreißig Minuten Fußweg vom Liebscherhaus entfernt. Das Gasthaus war ein bevorzugter Ort für illegale Grenzübertritte und Schmuggler. Es dürfte in den Augen der Dörfler durchaus ein sozialer Aufstieg gewesen sein, als Sohn eines Waldarbeiters und Aushilfskellners in eine kleine Bauernwirtschaft einzuheiraten.

Der Vollständigkeit halber, weil ja nun der Name Dietrich in die Sippe der Liebscher gelangte, wäre noch zu sagen, daß Hermanns Mutter die Tochter von Adolf Heinrich Dietrich und dessen Frau Caroline Emilie, geborene Müller war. Ein Urenkel dieses Heinrich Dietrich unterhielt in den dreißiger und vierziger Jahren des vorigen Jahrhunderts in Rechenberg einen kleinen Dorfladen, in dem es von Schnürsenkeln, Hustenbonbons und Sahnemalze bis zur besten Strickwolle fast alles zu kaufen gab. Der nach seinem Urgroßvater genannte Dietrich, Heinrich oder wegen des in großer Menge angebotenen Zuckerzeugs auch als süßer Heinrich geläufig, war ein weit über den Ort hinaus bekanntes Unikum und Original. Hauptsächlich seiner schrulligen Einfälle wegen ging ich gern mit Großmutter in seinen Laden. Unnachahmlich gestikulierend, Grimassen schneidend und dabei ständig schwadronierend, lief er, Geschäftigkeit vortäuschend, ruhelos hinter seiner Ladentafel hin und her und redete geradezu beschwörend auf die Kunden, darunter viele Urlaubsgäste, ein: »Bitt'schön, meine Dame, was darf's denn heute sein, suchen sie sich was aus, ich und der Laden stehen ihnen immer zur Verfügung, für's Kind ein Malzel fürs Halsel oder ein biss'l Luftschutzkellerfensterkitt …« (Damit waren Sahnebonbons gemeint.) »Oder was für den Herrn Gemahl« und so ging es pausenlos weiter. Als Kasse diente ihm eine aufgeschnittene Bratheringsbüchse, in der er bei der Suche nach Kleingeld hastig herumscharrte. Auch sonst gab es eine Menge Kuriositäten. An seiner Ladentür standen nicht einfach auf einem Schild die Öffnungszeiten, sondern in umständlichem und auffallend fehlerhaftem Deutsch: »Alle Läden sind von eins bis drei geschlossen und auch mein Geschäft ist von eins bis drei überhaupt nicht auf!« Im Schaufenster war ein Damenschlüpfer schön breit ausgelegt, darunter konnte man lesen: »Sonntag Ruhetag!«

Nach dieser Abschweifung sei die Recherche zu meinen Vorfahren abgeschlossen. Im Vergleich mit dem prächtigen königlichen Fürstenzug in Dresden wirkt das Resultat meines Versuches, einen Blick in meine Familiengeschichte zu werfen, etwas mager. Aber, es ist immerhin sehr viel mehr, als bisher dazu vorlag. Jetzt kann man die Liebscher-Linie bis etwa 1825 zuverlässig zurückverfolgen. Die Geburt von Christoph Liebscher, dem Sohn des wahrscheinlichen Petitionsunterzeichners, dürfte etwa zwischen 1795 und 1805 liegen. Unsere jetzt lebenden Enkel wären demnach die siebente Generation. Das wäre schon etwas für die Familienchronik, aber gemessen an der Geschichte meines Geburtsortes Holzhau nur eine kurze Zeitspanne. Dennoch, die Liebscherfamilien beziehungsweise die Dietrichs haben dort, in und um den kleinen Erzgebirgsort, ihre Spuren hinterlassen.

Anstelle eines eindrucksvollen Wandbildes steht mir ein mittlerweile vergilbtes Foto, vermutlich aus dem Jahre 1903, zur Verfügung: Das junge Paar Alma und Hermann, aufgenommen vor dem Geburtshaus der Großmutter. Alma, etwa siebenundzwanzigjährig, sitzt in einer reich mit Fältchen verzierten langärmligen und hochgeschlossenen dunklen Bluse, über die ein feines weißes Faltenkrägelchen aus Tüll gelegt ist, auf einem Stuhl. Vermutlich hatte sie ihre beste, mit einer breiten Druckkante versehene Schmuckschürze, weiß und frisch gestärkt, umgebunden. Streng und feierlich blickt die junge Frau ins Objektiv, was aber über ihre Stimmung nichts sagen muß, da ihr gewiß die Erfahrung fehlte, sich fotogen in's Bild zu rücken. Im Schoß hält Alma ihre etwa zweijährige Tochter, meine Mutter Frieda. Mit dem netten hellen Kinderschürzchen kann sie sich sehen lassen. Der junge Hermann steht mit ernster Miene neben seiner Frau und strahlt feierliche Würde aus. Ich glaube in seinem Blick vielleicht etwas Skepsis zu erkennen. Er trägt seinen guten Anzug, mit Weste, das Jackett absichtlich leicht geöffnet, damit die Uhrkette sichtbar ist. Die Krawatte ist akkurat über ein weißes Hemd mit Stehkragen gebunden. In der linken Hand hält er lässig einen dunklen Hut. Im Bildhintergrund, kompositionswidrig und etwas unscharf, ein alter Mann mit langer Tabakspfeife, ebenfalls in Festtagskleidung, was am weißen Hemd und der Weste auszumachen ist. Hier hat sich vermutlich Großmutters Vater, der Liebscher Ernst, ins Bild geschmuggelt. Aus respektvoller Entfernung verfolgt er den Vorgang des Fotografierens. Wahrscheinlich wußte er nicht, daß das gewissenhafte Okular auch ihn für alle Zeiten einfing.

Nach Lage der Dinge ist das Familienbild anläßlich der Hochzeit von Alma und Hermann gemacht worden. Das Bild kam unter Glas und wurde mit einem schönen handgeschnitzten, dunkelbraun gebeizten Rahmen versehen. Solange Großmutter lebte, hatte es seinen Platz in ihrem Schlafstübchen.

Daß auch die kleine Frieda ganz selbstverständlich mit auf dem Hochzeitsbild erscheint, ist als eine anständige Geste ihres Stiefvaters zu bewerten. Meine Mutter behielt ihren Geburtsnamen Liebscher, wurde aber vom Stiefvater nie als fremdes, unerwünschtes Kind behandelt. Wenigstens hörte ich darüber weder Klagen noch Andeutungen. Sie mußte also in der Kindheit nicht jene schlimmen Erfahrungen machen wie später ihre zwei eigenen Söhne.

Mutter bekam bald Geschwister, genau genommen Halbgeschwister. Am 15. Mai 1904 wurde die schon erwähnte Schwester Hulda geboren, eineinhalb Jahre später, am 3. Dezember 1905, kam mein Onkel Emil, über den noch viel zu berichten sein wird, zur Welt. Ihm folgte als Nachzügler später noch ein Junge namens Max. Der starb jedoch schon im Vorschulalter an einer Kinderkrankheit. Wenn meine Großmutter mit mir über diesen Sohn sprach, benutzte sie stets die Koseform »unser Maxel«. Es war selten, daß Großmutter, die ihr Leben lang selbst wenig Zärtlichkeit erfahren hatte, offen ihre Gefühle zeigte.

In ihrem Leben hatte es mehr Ängste und Kummer als glückliche Momente gegeben. Zumal ihr Hermann in wirtschaftlichen Dingen ehrgeizig war und dabei zu riskanten Entscheidungen neigte. Eine für die Familie nahezu ruinöse Geschichte entwickelte sich aus Hermanns Idee, ein benachbartes Grundstück zu erwerben, auf dem ein durch Blitzschlag entzündetes Haus niedergebrannt war. Das war unnötig, lebte die Familie doch in dem eigenen, um ein Stockwerk angehobenem Häuschen, recht ordentlich. Was auch immer der Großvater sich davon versprach, es war von vornherein ein aussichtsloses Unternehmen. Trotzdem verfolgte er es ziemlich starrköpfig und war von seinem Erfolg überzeugt. Alle noch so gut gemeinten Ratschläge schlug er in den Wind. Hermann kaufte also das Grundstück und machte sich daran, die Brandstätte wieder aufzubauen. Als Großmutter mir, ihrem neunjährigen Enkel, Jahrzehnte später davon erzählte, war sie immer noch so bewegt, als sei das alles erst am Vortage geschehen. Ihr Mann nahm also einen

Kredit und belastete dafür das eigene Grundstück mit einem im Grundbuch eingetragenen Pfandrecht. Wäre Hermann irgendwann tatsächlich schuldenfreier Eigentümer des aufzubauenden Hauses geworden, hätte ihm sein Unternehmungsgeist recht gegeben. Da er aber keineswegs über die für ein solches Unternehmen notwendige finanziellen Basis verfügte, wurde es eine halsbrecherische Transaktion. Nachdem Großvater das Brandgrundstückes fast wieder aufgebaut hatte, war er eines Tages zahlungsunfähig. Das mit seiner Kraft und seinem Geld, aber auch mit finanziellen Zuschüssen einiger Verwandter errichtete Haus ging an die lachenden Geldverleiher, die in dieser Situation jeden weiteren Kredit verweigerten. Voller Empörung wiederholte Großmutter eins ums andere Mal: »Nur noch de Ofen hätt' mer einbauen müssen, dann hätt'ers geschafft, der Hermann. Aber die ihm 's Geld geborcht ham, wolten ne mehr warten: 's Geld oder 's Haus, hamse gesocht. Geld wor kens mehr da, da hamse das Haus genomm. – Der Hermann, konnte doch nicht hören, laß de Fingern davon, hot dr Voter gesocht, aber, aber ...«, schloß sie am Ende kummervoll. Dabei zog sie ihr »aaaber« anklagend in die Länge und nickte dabei vielsagend. Ob damals tatsächlich nur noch die Öfen in den Stuben einzubauen gewesen wären, oder ob Großmutter zum probaten Mittel der Übertreibung griff, um dem Enkel ihre Empörung zu vermitteln, ist nicht so wichtig. Wichtig ist das Lehrstück der Kapitalwirtschaft. Hermann hatte die Erfahrung machen müssen, daß nur Geld Geld heckt. Vor dem Gesetz – den Spielregeln – sind wir alle gleich, es begründet nur die Ungleichheit! Natürlich wäre es für einen Mann in seiner bescheidenen wirtschaftlichen Lage besser gewesen, den eigenen kleinen Familienbesitz sorgfältig zu hüten, statt sich mit kühnen Plänen zu verspekulieren. Großvaters Aktion führte statt zu mehr Wohlstand auf Jahrzehnte hinaus zu finanzieller Belastung und Einschränkungen für die ganze Familie. So geht's in einer Ordnung zu, wo das Grundbuch einen höheren Stellenwert hat als die Bibel.

Später wurde dieses Haus auf dem Nachbargrundstück eine Ferienpension, für Sommerfrischler, wie die Feriengäste seinerzeit genannt wurden. Die Dörfler nannten die Pension nur »das Heim«. Großmutter erzählte, daß Mutter zeitweise im »Heim« eine Anstellung als Küchenhilfe oder etwas ähnliches gefunden hatte.

Eine wichtige Person in meinem kleinen Familienuniversum war Onkel Emil, Mutters Halbbruder. Er übernahm, wie erwähnt, die Wirtschaft seines Vaters, der aus dem Ersten Weltkrieg nicht zurückgekehrt war. Das kleine Answesen konnte die Familie jedoch nicht ernähren, daher arbeitete er später im Kalkwerk Hermsdorf, meist auf dem Verladebahnhof Holzhau. Der in Hermsdorf geförderte Kalkstein wurde über den Bergkamm mit einer etwa fünf Kilometer langen Drahtseilschwebebahn, allgemein Kähnelbahn genannt, zum Bahnhof Holzhau transportiert und in Schüttgut-Güterwagen abgekippt. Obgleich die Seilbahn kein Personenbeförderungsmittel war, wurde sie vorschriftswidrig hin und wieder von den Kalkwerkarbeitern für eine Luftfahrt über die Wipfel der Fichtenwälder benutzt. Natürlich auch von Onkel Emil, der in seiner Jugendzeit ein Draufgänger war. Mit etwas gespielter Empörung, aber auch stolz erzählte mir Großmutter von ihrem Sohn Emil erstaunliche Dinge: »Manchmal kam er vom Tanz erst am frühen Morgen, wenn's hell wurde, heme (nach Hause), hat nichts gegessen und fuhr in wilder Fahrt mit dem Rad den Berg runter zur Arbeit, das einem Angst und Bange werden konnte.« Die Straße in das Niederdorf war wirklich halsbrecherisch steil. Wolf Max, der unten im Dorf ein Lebensmittelgeschäft führte, soll morgens extra an der Straße gewartet haben, um das Schauspiel zu beobachten. So handelte sich mein Onkel den Namen »wilder Emil« ein, wurde aber seiner dunklen Haare wegen im Dorf auch »schwarzer Emil« genannt. Emil wurde nicht nur für mich, sondern auch für die Dorfbevölkerung ein Original, eine auffällige und beliebte Persönlichkeit von enormer Tatkraft und gewitzter Lebensfreude. Mit seiner universellen Geschicklichkeit, seiner handwerklichen Begabung und mit solchen wertvollen Eigenschaften ausgestattet, die schwer erklärbar sind, aber den Menschen oft in bemerkenswerter Weise hervortreten lassen, spielte er für mich eine Art Vaterrolle. Es mag sein, daß Emil selbst das gar nicht so empfand. Ich hatte ihm diesen Status eher unbewußt verliehen, eben weil ich den leiblichen Vater vermißte, ihn mir herbeiwünschte.

Emil, der keinen Beruf gelernt hatte, war in meinen Augen ein Genie. Er schnitt mir und anderen Dorfleuten die Haare, tischlerte Möbel, fertigte Rodelschlitten und Schneeschuhe an, die jeden Vergleich mit den im Handel erhältlichen Produkten stand hielten. Hatte der Nachbar einen Stallhasen zu schlachten, brachte er ihn in einem Sack zu Emil und schon bald ward das blutige Werk vollbracht. Das Opfer hing mit den Hinterläufen an einem Stock und das Fell lag »ausgezogen« daneben.

Frühe Erinnerungen

»Die Erinnerung ist das einzige Paradies,
aus dem wir nicht vertrieben werden können«

Jean Paul

Das Bild meiner frühen Kindheit bleibt teilweise recht unscharf. Nicht selten verlieren sich die suchenden Gedanken auf dem Weg in die weit zurückliegenden Zeiten im Nebel der Vergangenheit. Manchmal bin ich mir nicht sicher, ob ich mich an wirklich Erlebtes erinnere oder nur an das, was mir von anderen erzählt wurde. Oder sind es gar nur Wünsche und Träume, die sich durch häufige Wiederholung in der Erinnerung zu einem tatsächlichen Erlebnis fügten?

Beim intensiven Bemühen, die Erlebnisse der Kindheit in die Gegenwart zu holen, wird mir der sonderbare Umstand bewußt, daß sich die Erscheinung der Großmutter deutlicher markiert als Eindrücke von der Mutter. Aus der mit ihr gemeinsam in Holzhau verlebten Zeit finde ich in mir so gut wie keine beschreibbaren Situationen oder Geschichten. Selbst Fotos aus jener Zeit helfen meiner Erinnerung kaum weiter.

Ich fühlte mich wohl im großelterlichen Haus. Ohnehin sind die Freundlichkeit und Geduld der Großeltern für die Enkel so wichtig, vermitteln sie doch jene Harmonie, die jedes Kind zum glücklichen Heranwachsen braucht. Darüberhinaus bringen Großeltern, mehr noch als Eltern, die Vergangenheit in die Gegenwart und zeigen den Enkeln Wege in die Zukunft. Großmütter und Großväter sind wie lebende Brücken zur übernächsten Generation. Im Bemühen, meine Vergangenheit aufzuhellen, bedauere ich heute das nicht mehr korrigierbare Versäumnis, Großmutter nicht sorgfältiger ausgefragt zu haben. Sicherlich hätte sie so manches über zurückliegende Zeiten und die Familienverhältnisse ihrer Vorfahren gewußt.

Wie weit reichen meine eigenen Erinnerungen hinein in meine Kindheit? Ich muß, wie von Mutter und Großmutter zu erfahren war, drei Jahre alt gewesen sein, als eine angeborene Hüftgelenkluxation erkannt und chirurgisch behandelt wurde. Nach dem damaligen medizinischen Erkenntnisstand war es für einen erfolgreichen Eingriff fast zu spät. In der Familie wurden meine Schwierigkeiten mit dem aufrechten Gang fehlgedeutet. Mutter glaubte, ich hätte noch mit den Folgen einer Operation zu tun, die wegen einer schweren Drüsenvereiterung in der Leistenbeuge notwendig gewesen war. Auch später beharrte sie noch darauf: »Der Doktor Schneider hat Dir nach der Drüsenoperation das Bein zu hoch gebunden und da hat sich Deine Hüfte ausgerenkt.«

Natürlich hatte Mutter, wenn auch gut gemeint, (gut gemeint ist nicht immer gut getan) mit ihrer von medizinischer Sachkenntnis ungetrübten Diagnose dem ansonsten sehr geschätzten, weit über die Ortsgrenzen hinaus auch als Soziologen und Schriftsteller bekannten, Doktor Schneider aus Bienenmühle Unrecht getan. Heute kann jeder Zweifel ausgeschlossen werden, mein Hüftschaden war angeboren. Eine linksseitige Hüftluxation war die Ursache für meine Laufbeschwerden. Wenn es noch eines Beweises bedarf, auch unser Sohn Achim wie auch wiederum dessen Sohn kamen mit diesem bedauerlichen Fehler zur Welt.

1895 entdeckte der Physiker Wilhelm Röntgen die nach ihm benannten Strahlungen, die von der fluoreszierenden Glaswand von Kathodenstrahlröhren ausgingen. Reichlich dreißig Jahre danach verhalfen sie den endlich doch zu Rate gezogenen Fachärzten zu der Erkenntnis, daß mein linkes Hüftgelenk seiner Aufgabe nicht gewachsen war. Immerhin wurde seinerzeit der Segen von wissenschaftlich-technischem Fortschritt in der Medizin auch mir zuteil. An die Untersuchungen und Behandlungen meiner Hüftgelenkverrenkung – wie die Luxation von Laien gern bezeichnet wird – kann ich mich kaum erinnern. Außerdem vermischen sich meine Wahrnehmungen mit den Situationsberichten der mich umsorgenden Personen. Hätte ich später beim Herumstöbern in Großmutters Schlafkammer nicht eine aus Metall und Leder zusammengesetzte, wahrlich einem Folterinstrument ähnelnde Vorrichtung gefunden, mit der die Beine des Kleinkindes zu einer gespreizten Zwangshaltung gebracht wurden, wäre mir wohl erst viel später der eigentliche Grund heftiger Hüftgelenkschmerzen bei Belastungen bewußt geworden. Großmutter erklärte mir, wie das Gestell angelegt wurde, erinnern konnte ich mich nicht.

Der meine Hüfte behandelnde Arzt war Doktor Elsner, ein seinerzeit angesehener Orthopäde einer Dresdner Klinik. Zu den wenigen, blassen Eindrücken aus dieser Zeit gehören die Fahrten nach Dresden. Dort mußte man mich regelmäßig zur Kontrolle vorstellen. Nun war aber meine Hüfte eingegipst, die Beine rechtwinklig abgespreizt. Damit konnte ich nicht im normalen Kinderwagen transportiert werden, also benutzte Mutter einen Wäschekorb. Ich soll schon wie am Spieß gebrüllt haben, wenn der Korb nur herbeigeholt und für die Reise vorbereitet wurde. Wenn ich mir heute die Prozedur vorstelle: Der Weg zum Bahnhof, zu Fuß etwa dreißig Minuten, die Fahrt nach Dresden mit Umsteigen in Freiberg, die anschließende Weiterfahrt mit der Straßenbahn zur Klinik, all das wird für Mutter reichlich strapaziös gewesen sein. Einmal verursachte ich sogar eine Zugverspätung: Aus irgendwelchen Gründen schaffte es Mutter nicht, mit mir rechtzeitig zum Holzhauer Bahnhof zu kommen. Kurzerhand fuhr Onkel Emil mit dem Fahrrad voraus und beschwor den Bahnhofsvorsteher, den Zug warten zu lassen. Und tatsächlich, der Mann hatte ein Einsehen. Erst als Mutter und ich im Zug saßen, erhielt der Lokführer mit Verspätung das Abfahrtssignal. Der Zugverkehr war wohl in jenen Tagen noch keinem so strengen Reglement unterworfen.

Das Eisenbahnfahren wird mir Vergnügen gewesen sein. Wie Mutter mir erzählte, hätte ich einmal mitreisende Soldaten verblüfft, weil ich die Lieder, die sie unterwegs anstimmten, begeistert und ziemlich textsicher mitsang. Nun ja, viele der damals gängigen Schlager und Soldatenlieder kannte ich. Onkel Emil besaß als einer der wenigen Dorfbewohner bereits ein Grammophon mit Federaufzug und eine stattliche Anzahl von Schallplatten, die häufig aufgelegt wurden: »Tante Anna, Tante Anna, Du bist die schönste Frau der Welt«, oder »Lore, Lore, Lore, schön sind die Mädchen von siebzehn, achtzehn Jahren« waren neben vielem anderen im Repertoire. Ich kann mir schon vorstellen, daß der Vierjährige den Zuhörern als unbefangener Sängerknabe gefiel. Wie mir meine Familie allerdings ebenso regelmäßig wie unsensibel mitteilt, hat sich die Begabung, die Umwelt mit Gesang zu erfreuen, leider verloren. Ich würde mich doch zu weit von der eigentlichen Melodie entfernen ... Zugegeben, ich verfüge weder über musikalisches Gehör noch stimmliche Begabung. Und obwohl ich gern ein Musikinstrument spielen würde, wenigsten für den Hausgebrauch, reicht mein Talent auch dafür nicht. Über recht bescheidene Versuche, Mundharmonika zu spielen, bin ich nicht hinaus gekommen.

Die Kindheit im Hause der Großmutter und die Jahre danach lassen sich nicht lückenlos, und schon gar nicht chronologisch geordnet, aus dem Nebel der Vergangenheit holen. Manchmal ist es nur die Erinnerung an einen Geschmack oder Geruch. Wir hatten wunderbar weiches Trinkwasser. Es floß unaufhörlich vom etwa hundert Meter entfernt gelegenen Brunnen in einen im Wasserhaus befindlichen Zementtrog und von dort als Überlauf schließlich in den Bitterbach, der nahe am Haus vorbei dem Muldental entgegen plätscherte, mal laut gurgelnd, mal sachte murmelnd, je nachdem, welches Gefälle zu überwinden war. Im Wasserhaus war es gleichbleibend kühl. Die goldgelbe, leicht gesalzene, mit silbrig glänzenden Wassertröpfchen auf der Oberfläche geschmückte Landbutter aus eigener Produktion blieb auch bei größter Sommerhitze frisch und wohlschmeckend. Die in runden, mit geschnitzten Mustern verzierten Holznäpfen geformten Butterstücke schwammen frei auf dem Wasser im Trog. »Nimm nicht gar so viel gute Butter, sonst stoßen Dich die Kühe«, mahnte Großmutter, wenn ich die gute Butter ihrer Auffassung nach allzu verschwenderisch auf das frische Bäckerbrot auftrug, oder einen anscheinend zu großen Happen zu den Pellkartoffeln, unseren Erdäppeln, die wie erblühte Rosen im verrußten Eisentopf lagen, verwendete. Nicht, daß Großmutter mir den Genuß mißgönnte. Aber sie mußte doch haushalten und Butter an die Kunden aus der Nachbarschaft verkaufen. Schließlich hatten wir nur zwei Kühe. Die waren zwar fleißig, Wunder konnte man aber von ihnen nicht erwarten. Dennoch wurden sie von Großmutter hin und wieder für ihren guten Willen gelobt. »Du Gute, hast mir aber viel Milch gegeben«, hörte das anstellige Tier. Wie aber die Kühe meinen zu hohen Butterverbrauch hätten erkennen sollen, war mir rätselhaft. »Du bekommst gelbe Augen«, klärte mich Großmutter auf. Ja, so konnte es sein, guckten mich doch die Kühe oft mit ihren großen runden Augen streng, oder gar vorwurfsvoll an. Ein Blick in Onkel Emils Rasierspiegel, der immer auf dem Küchenfensterbrett lag, zeigte zu meiner Erleichterung, daß ich mir durchaus noch etwas mehr Butter gönnen könnte. Dem Spiegel vertraute ich, war er doch ein vielseitig verwendbarer Gegenstand. Mit etwas Geschick hielt man ihn derart in die Sonne, daß damit unser Nachbar, der Wagner Martin, durch die Werkstattfenster geblendet wurde. Meinen Erfolg hörte ich promt: »Verfluchter Bengel, hör mit dem Gefunzel auf, sonst gibt's was auf'n Arsch!« Nein, da ging ich schon lieber zum benachbarten Böttcher Otto, um zuzuschauen, wie Waschwannen, Butterfässer und andere Böttcherartikel entstanden. Otto war viel umgänglicher und duldete uns Kinder in seiner Werkstatt, vorausgesetzt, es liefen keine Maschinen.

Von 1935 an werden die Konturen meiner Welt schärfer. In diesem Jahr, am 8. Juni, heiratete meine Mutter den damals arbeitslosen Hilfsarbeiter Erich Schmieder. Eine Notlösung, die ihr mehr Kummer denn eheliche Freude brachte. Knapp vierunddreißigjährig verließ Mutter unwiderruflich das Elternhaus. Ich wurde in die neugegründete Familie mitgenommen. Wie sich bald herausstellen sollte, ein für mich auf Dauer höchst glückloses, schmerzhaftes Unternehmen, das eine Eigendynamik entwickelte, aus der für mich in den nachfolgenden Lebensjahren viel Kummer entstand. Mit dem Ehekontrakt kam zwar rein formal endlich alles in Ordnung, doch keiner der Beteiligten gewann damit für sein Leben etwas wirklich Wertvolles.

Mutter heiratet – was wird aus mir?

Mutters Situation dürfte vor dieser Hochzeit ziemlich schwierig gewesen sein. Zwar hatte sie mit den Söhnen in ihrem Elternhaus bleiben dürfen, aber das Zusammenleben dort bedrückte die Erwachsenen. Der Raum wurde für alle immer enger und die Vorwürfe an das liederliche Frauenzimmer immer unverhohlener. Der

Unmut wuchs. Denn Mutter belastete mit ihren beiden Kindern den schmalen Etat einer Häuslerfamilie schwer. Außerdem wollte ihr Halbbruder Emil, inzwischen der Eigentümer des Grundstückes, eine Braut in's Haus holen. Irgendetwas mußte geschehen. Nun wußte Mutter sehr genau, daß sie mit ihren zwei Kindern etwaige Ehekandidaten kaum zu Pilgerreisen nach Oberholzhau animieren würde. Die bunten Träume vom guten Ehemann und einem eigenen Hausstand schwanden wie der Märzschnee in den Kammlagen. Angesichts dessen erscheint ihr Entschluß zur Ehe mit Erich Schmieder folgerichtig. Trotzdem war es ein fataler Schritt mit geschlossenen Augen ins Dunkle. Denn Schmieder war alles andere als ein Wunschpartner für unverheiratete Töchter. Er stammte aus einer im Ort geachteten Familie, seine zahlreichen Geschwister lebten in ordentlichen Verhältnissen, nur er war die Ausnahme. Nicht einmal das sprichwörtliche schwarze Schaf, nein, er war die Ausnahme! Es war sein ungezügelter Jähzorn mit einem nahezu paranoidem Erscheinungsbild, das ihn für die Mitmenschen unerträglich machte. Schon belanglose Widersprüche, harmlose Ärgernisse reizten ihn, lösten urplötzlich Wutanfälle aus, bei denen er hemmungslos spuckend herumschrie. Jeder im Ort kannte seine tobsuchtartigen Brüllorgien, die Nachbarn nahmen genüßlich Anteil. Sie blieben vor dem Haus stehen und hörten sich die groben Beschimpfungen von Frau und Kindern an. Zur Vernunft brachte ihn jedoch niemand. Mutters Ehe mit Erich Schmieder stand von vornherein unter keinem guten Stern. Schmieder war viel länger als andere im Ortes ohne feste Arbeit. Nicht wegen der Anfang der dreißiger Jahre grassierenden Massenarbeitslosigkeit oder weil er vielleicht nicht arbeitswillig gewesen wäre. Nein, er war wegen seiner Reizbarkeit unbeliebt und fand daher nur schwer Arbeit. Einmal griff er in einem Wutausbruch einen Kollegen mit dem Beil an. Fortan weigerten sich die Arbeiter vom Sägewerk, weiter mit ihm zusammen zu arbeiten. Es wäre jedoch nicht ganz gerecht, ihn allein als Urheber solcher Attacken anzusehen. Wegen seines Sprachfehlers, er stotterte, und seiner leicht auszulösender Reizbarkeit wurde er oft provoziert und das Opfer von Bosheiten. So hatte man ihm den Spitznamen »Sonnenschein« angehängt, Schmieder war ja alles andere als das. Es machte ihn unbeschreiblich wütend, wenn Erwachsene oder gar Jugendliche und Kinder ihn auf der Straße mit diesem Wort verspotteten. Es kam dann zu wilden Verfolgungsjagden, bei denen Schmieder in aller Regel der Verlierer war. Ob er nun lauthals und grob Beschimpfungen herausbrüllte oder die »Sonnenschein«-Rufer mit Schlägen bedrohte, es stachelte sie nur an. Seine Erfolglosigkeit in derartigen Situationen machte Schmieder aber auch nicht klüger oder gelassener. Dies alles wohl wissend, willigte Mutter in die Ehe ein. Ihr blieb scheinbar keine Wahl.

Von einem Hochzeitsfest, das dieser Ehe, die von Anbeginn mit sozialen Konflikten und moralischen Hypotheken belastet war, als freundlicher Start gut getan hätte, ist mir nicht der Hauch einer Erinnerung geblieben. Möglicherweise gab es eine solche Festlichkeit überhaupt nicht. Der Ortswechsel meiner Mutter von Oberholzhau nach dem benachbarten, kleinstädtisch wirkenden Bienenmühle wird mangels Masse an Umzugsgut kaum problematisch gewesen sein. Wenn ich meiner Erinnerung vertrauen kann, dann möchte ich meinen, daß die wenigen Habseligkeiten vom frisch vermählten Paar schlicht mit einem großen Handwagen zum neuen Heim gefahren wurden.

Wir bezogen eine Dachgeschoßwohnung in einem Mietshaus, das als »Lichtgöhler-Haus« bekannt war. Im Erdgeschoß befand sich das Geschäft und die Lagerräume des Elektrikers Göhler. Die Wohnung bestand aus einer spartanisch möblierten Wohnküche, einer Schlafstube und einer Bodenkammer. Dort stand mein Bett.

Erich Schmieder übernahm mit dem Ehevertrag für mich Vaterpflichten, wurde nach Recht und Gesetz mein Stiefvater. Selbst wenn er ernsthaft diese anspruchsvolle Aufgabe hätte lösen wollen, er wäre ihr nicht gewachsen gewesen.

Ich erinnere mich, daß von mir erwartet wurde, meinen Stiefvater vertrauensvoll Papa zu nennen. War es denn eigentlich meine Aufgabe, auf den Mann meiner Mutter zuzugehen und in ihm Vatergefühle zu wecken? Nun stellte diese ungewohnte Anrede, als Ausdruck einer gewissen Zuneigung zu einer immerhin fremden und auch nicht gerade Vertrauen erweckenden Person, für mich kein unüberwindliches Hindernis dar. Leicht wird es mir nicht gefallen sein, das Wort war mir fremd. Aber ich sprach es aus, erst unhörbar leise, dann vernehmlich genug, nicht offen und ungezwungen, sondern unter dem Küchentisch hervor, der sollte mir für dieses Wagnis Deckung geben. »Haste es gehört?« wandte sich Mutter erleichtert ihrem Mann zu. »Jetzt hat er Papa gesagt, der Junge!« Mein guter Wille erwies sich als nutzlos. Erich Schmieder hat mir mein Bemühen nicht mit Zuneigung honoriert. Ich denke, meine Anwesenheit löste bei ihm von vornherein keine Begeisterung aus. Wenn ich die bei Mutter und Großmutter aufgeschnappten Gesprächsbrocken richtig interpretiere, hatte Schmieder bei seiner Brautwerbung erklärt, daß nur ich, nicht aber mein Halbbruder Heinz, »mit in die Ehe gebracht« werden dürfte. Abgesehen davon, wie gefühlsarm es war, der zukünftigen Frau eine solche Bedingung zu stellen, zeigt der Vorgang, wie chancenlos die Situation meiner Mutter seinerzeit war. Heinz durfte vorerst weiterhin bei der Großmutter in Holzhau bleiben, von den denkbaren Varianten die allerbeste.

Es ist nur schwer möglich zu schildern, wie Schmieder die Familie durch hemmungsloses Brüllen und Toben aus dem Schlaf riß. Die Kinder waren verängstigt und reagierten darauf mit Weinen und Schreien. Im Vergleich zu dem, was sich in solchen Situationen in der Schmiederfamilie einem heimlichen Zuschauer dargeboten hätte, wäre ein Tollhaus eine friedliche Oase gewesen. Der als Vater unfähige Mann verlor bei diesen dramatischen Auftritten in der Regel völlig die Kontrolle über sich. Dann wurde er gewalttätig, gegen Mutter und mich zuweilen lebensbedrohlich handgreiflich. Heutzutage würden einer solchen Person vermutlich erheblich eingeschränkte Bildungsfähigkeit attestiert werden. Nachdem die Ehe 1947 geschieden worden war, veranlaßten Schmieders Geschwister dessen Entmündigung. Zum Vormund wurde einer seiner Brüder bestellt. Ich erlebte diesen Stiefvater bis zu meinem siebenten Lebensjahr und später noch einmal in den Jahren 1944 bis 1947, nur in diesen Zeiträumen gehörte ich zur Familie.

Am 11. Dezember 1935, einem Mittwoch, legte sich Mutter zu einer unüblichen Tageszeit ins Bett und ihre Schwiegermutter Alma besuchte uns. Was man sonst weniger gern sah, wurde mir plötzlich sehr empfohlen. Ich sollte nicht zu Hause herumsitzen, sondern zur Nachbarfamilie Hegewald gehen. Mir konnte das nur recht sein, hatten die Jungs dort doch eine prächtige Dampfmaschine. Wenn eine Spirituslampe unter den Kessel gestellt wurde, dauerte es nicht lange und das Maschinchen begann zu zischen, die Kolben bewegten ein Schwungrad mit einer Getriebewelle und wenn das Überdruckventil geöffnet wurde, ertönte lautes Pfeifen. Außerdem, das ist ja die ureigentliche Aufgabe einer Antriebsmaschine, konnte sie eine Drehbank, eine Bohrmaschine und andere Geräte antreiben. Das war für mich selbstredend viel interessanter als mein Holzschaukelpferd, das ich bei einer Weihnachtsfeier des »Winterhilfswerks« bekam. (Das Winterhilfswerk war eine soziale Einrichtung in der Hitlerzeit.) Also ging ich zu den Nachbarsleuten hinüber.

Nach geraumer Zeit rief mich die Schmieder-Oma und ich mußte nunmehr die Erfahrung machen, daß man oft wichtige Dinge im Leben aus eigenem Verschulden versäumt. Während meiner Abwesenheit war nämlich ein geheimnisumwitterter Besuch bei uns gewesen, ein Storch. Und ich hatte ihn nicht gesehen – der Dampfmaschine wegen!

Einen solchen Vogel kannte ich bislang nur aus Erzählungen der Erwachsenen und vielleicht als Abbildung in einem Buch. Nunmehr war er in unsere Wohnung geflogen und hatte gar Mutter ins Bein gebissen. Beißt ein Storch überhaupt? Egal, auf alle Fälle mußte derartiges geschehen sein, denn Mutter lag im Bett, daneben in einem Korb ein Baby. Es war ein Junge, Johannes, der dann aber nur in der Kurzform Hans gerufen wurde. Aus ihm sollte ein gutsorgender Familienvater, ein vielleicht zu gutgläubiger Ehemann und zugleich ein fleißiger Gleisarbeiter bei der Eisenbahn werden.

Auf das besagte Klapperstorch-Ereignis war ich allerdings schon lange zuvor eingestimmt worden. »Wünschst Du Dir denn Brüderchen oder eine kleine Schwester?« hatten mich verschiedene Leute immer häufiger scheinheilig gefragt. Ja, weshalb eigentlich nicht, wenn ich damit irgend jemanden gefällig sein konnte. Man erklärte mir auch, wie ich zu dem Geschwisterchen kommen könnte: »Ein Stück Würfelzucker mußt Du auf das Fensterbrett legen, dann kommt der Klapperstorch, nimmt den Zucker und bringt das Baby.« Mit diesen Hinweisen wurden entscheidende Wissenslücken geschlossen. Ich hatte erfahren, daß es nichts umsonst gibt. Der Wunsch allein nützte gar nichts, man mußte den Storch anfüttern. Außerdem wußte ich nun, woher die Kinder kommen, vom Storch also ... Lange Zeit gehörte das zu meinem Grundwissen. Natürlich blieben noch viele Fragen offen. Aber wie es im Detail auch immer sein mochte, das Unternehmen sollte nicht an meiner mangelnden Tatkraft scheitern. Es machte mich übrigens kein bißchen stutzig, daß die Erwachsenen nicht selbst den Storch mit Zucker ins Haus lockten, sondern mich beauftragten. Ich mußte dieses Naschwerk schließlich auch erst erbetteln.

Nachdem uns der Storch nun tatsächlich besucht hatte, stellte ich bald fest, daß ich mir selbst mit dem Zucker auf dem Festerbrett keinen Gefallen getan hatte. So machte auch ich die Erfahrung, daß es gewöhnlich nichts einbringt, sich in fremder Leute Angelegenheiten einzumischen. Seit der Storch sich bei uns bemüht hatte, traten meine Belange noch mehr in den Hintergrund. Großen Ärger gab es für mich im Jahr darauf zu Weihnachten. Ich hatte mir voller Vorfreude aus Zeichenkarton eine Weihnachtsmann-Maske gebastelt und Hans damit offenbar heftig erschreckt. Er war kaum zu beruhigen. Ich bekam daraufhin eine Tracht Prügel, so daß auch ich einen Grund zum Schreien hatte. Eine wunderbare Weihnachtsstimmung zog ein. Damit sind auch meine Erinnerungen an Weihnachten zur damaligen Zeit erschöpft.

Jene ersten Jahre bei meiner Mutter in Bienenmühle wurden zwar vor allem von den heftigen Konflikten der Erwachsenen bestimmt, trotzdem finden sich auch ganz gewöhnliche Kindheitserlebnisse. An der Vorderseite des Hauses führte die Eisenbahnstrecke der Bahnlinie Freiberg-Bienenmühle-Hermsdorf-Moldau vorbei. Moldau war die erste Haltestation in Tschechien. Wenige Meter vom Haus entfernt überquerte die Dorfstraße die Eisenbahngleise. Von dort aus gelangte man zur nahegelegenen Wohnung der Alma Schmieder, der Mutter des Stiefvaters. Ein kurzer Fußweg dorthin war mit einem Metallgeländer versehen, an dessen Handlauf wir Kinder riskante Übungen, wie einfache oder doppelte Kniewellen turnten. Den fast auf Tuchfühlung vorbeifahrenden Güter-und Personenzügen, die von mächtig Dampflokomotiven gezogen wurden, schenkten wir auf Dauer nur mäßiges

Interesse. Es sei denn, wir kannten den Lokführer oder einen der Mitreisenden, denen winkten wir zu. Manchmal legten wir Steinchen oder kleine Metallgegenstände, einen Nagel oder einen Kupferpfennig, auf die Schiene und begutachteten anschließend die Wirkung der darüber gerollten tonnenschweren Maschinen.

An der Rückfront des Hauses lag ein kleiner Wäscheplatz, dahinter floß die Freiberger Mulde vorbei. Wegen der Nähe zum Wasser besiedelten Ratten von beträchtlicher Größe die Kellerräume. Mit gewöhnlichen Fallen kam man denen nicht bei. Die Bekämpfungsmethoden waren grausam und wir Kinder wurden verscheucht, wenn man die Tiere tötete: Die noch lebenden Ratten kamen mitsamt der Falle in einen Eimer mit kochendem Wasser. Angeblich würde das fürchterliche Zischen und Schreien der Ratten deren Artgenossen vertreiben.

Die Schmieder Alma besaß im Erker unter dem Dach eines stattlichen Mietshauses eine recht geräumige Wohnung. Der Zufall wollte es, daß Mutter nach ihrer Ehe 1947 zum Mißfallen ihres Ex-Ehemannes mit meinen Halbgeschwistern Hans und Bernd sowie mit mir, diese Wohnung bezog. Mit der Schmieder-Großmutter stellte sich nie jene schöne Vertrautheit zwischen Enkeln und Großeltern her. Ich weiß nicht, ob sie das überhaupt gewollt hätte. Ich war ja nun mal nicht ihr richtiger Enkel und die Mutter keine standesgemäße Schwiegertochter. Soweit ich mich erinnere, wurde Mutter von ihrer Schwiegermutter wie auch von Geschwistern ihres Mannes immer etwas herablassend behandelt. Aber Erich Schmieder hatte ja angesichts seines Rufes bei der Brautschau auch keine übertriebenen Ansprüche stellen können. Alma Schmieder war eine gescheite Frau. Sie strahlte Kühle aus, war streng und, was nicht als Vorwurf gemeint ist, sehr reinlich, ihre Stube stets blank gebohnert und aufgeräumt. Kam ich zu Besuch, sah man ihr die Sorge an, daß ich irgendetwas beschmutzen könnte.

Auch sonst war sie für ordentliche Verhältnisse, die Witwe des auf dem Bienenmühler Bahnhof tödlich verunglückten Eisenbahnbeamten. Die schlimmen Streitigkeiten und dadurch verursachten Ehekrisen beunruhigten am meisten Alma Schmieder. Sie nahm ihren ungeratenen Sohn, den sie endlich im sicheren Hafen der Ehe wähnte und sich von dieser Sorge befreit glaubte, wiederholt streng ins Gebet. Vor seiner Mutter hatte Erich Schmieder Respekt. Auch bei heftigsten Vorhaltungen von ihrer Seite habe ich von ihm nie Grobheiten oder Widerspruch gehört. Es war schon erstaunlich, daß das Wort der Mutter diese Wirkung hatte. »Ja, ja, Mutter, Du hast recht, recht hast Du, es kommt nicht wieder vor, nein, kommt nicht mehr vor, ja, ja.« Gebetsmühlenartig, wenn auch stotternd, konnte er ununterbrochen die gleichen Worte und Sätze von sich geben. Dabei zeigte er sich etwas ängstlich, trotzdem schien das Feuer niedergekämpfter, verhaltener Wut in seinen Augen zu flackern.

Wurden die Klagen meiner Mutter über ihren unerträglichen Ehemann gar zu laut, dann drohte Alma ihrem ungeratenen Sohn mit dem Strafgericht seiner Geschwister. Aus begreiflichen Gründen hatten die Schmieders kein Interesse daran, daß die Ehe zerbrach, war der Bruder doch nur mit Mühe unter die Haube gebracht worden. Sie wollten ihn auf keinen Fall wieder im eigenen Hause ertragen müssen und erwarteten von meiner Mutter, daß sie das Übel auf sich nahm. Wenn der Familienrat tagte, um Erich Schmieder wieder einmal die Leviten zu lesen, wurde Mutter überredet, die Ehe »in Gottes Namen« fortzuführen. Der Schmieder würde sich vielleicht ändern, heuchelte man. »Friedel, versuch's doch noch einmal, der Erich wird sich's bestimmt zu Herzen nehmen, was wir ihm gesagt haben«, lautete die übliche Redensart. Dabei wußten alle sehr genau, daß es für Mutter und uns Kinder nur auf neue Demütigungen, Grobheiten und Gewalttätigkeiten hinauslief. Während meines fünften, sechsten Lebensjahres dürften die Brutalitäten des Stiefvaters Ortsgespräch gewesen sein. Einmal schritten Wohnungsnachbarn ein, als mich Schmieder im Treppenhaus am Hals würgte. Ein anderes Mal kam Mutter hinzu, als er versuchte, mich aus dem Fenster zu stürzen. Zur Rede gestellt, brachte er vor, er habe doch nur verhindern wollen, daß ich aus dem Fenster falle. Solche Vorfälle haben meine Großmutter wohl veranlaßt, mich dann später doch wieder bei sich aufzunehmen. Wahrscheinlich hoffte sie und auch Mutter, damit die Ehe zu retten.

Daß es im Haushalt mehr als kümmerlich zuging, war einem harmonischen Familienleben nicht gerade förderlich. Armut und Hunger sprangen zu Hause auf dem Fensterbrett herum. Schmieder war zwar arbeitslos, doch Bequemlichkeit oder gar Trägheit konnte man ihm nicht nachsagen. Was beispielsweise an Feuerholz gebraucht wurde, holte er sich Ast für Ast aus dem Wald. Fast täglich, wenn es das Wetter zuließ, machte er sich auf den Weg, ohne Wagen oder ein Behältnis, lediglich mit einem festen Seil in der Tasche. Hatte er genügend Holz zusammengetragen, schnürte er es zum Bündel und schleppte es auf dem Rücken nach Hause. Hilfreich für den Lebensunterhalt der Familie waren Schmieders Aushilfsarbeiten bei der Fleischerei Kirschen in der Nachbarschaft. Schmieder reinigte dort das Schlachthaus und erledigte andere einfache Handlangerdienste. Wenn er nach Hause kam, förderte er meistens aus Jacken- und Hosentaschen Fleischstücke und Wurstreste zutage. Manchmal waren die in Zeitung eingewickelt, manchmal nicht. Mutter schimpfte zuweilen. Wahrscheinlich hatte sie Zweifel daran, daß Schmieder immer auf redliche Weise zu diesen Lebensmitteln gekommen war. Vielleicht fand sie den Transport zu unhygienisch. Wie auch immer,

Fleisch und Wurst kamen ins Haus und somit in Topf und Pfanne. Schmieder brauchte das, denn er war ein starker, hastiger Esser. »Schling das Fressen nicht so runter, es nimmt Dir doch niemand weg, Du wirst noch daran ersticken«, lauteten häufig die mahnenden Worte der Mutter, wenn einigermaßen Frieden unter den Eheleuten herrschte. War das der normale Ton an ruhigen Tagen, so läßt sich vorstellen, mit welcher Schärfe Streitgespräche verliefen.

Sonnabends ging die Familie in die Biermannfabrik zum Wannenbad. Möglicherweise war Schmieder zu dieser Zeit dort bereits wieder Betriebsangehöriger und daher Nutznießer eines solchen Angebotes. Der Biermannbetrieb, auch Brettmühle genannt, befand sich gegenüber dem Bienenmühler Bahnhof, lediglich durch die Mulde, die dort ihren Lauf nach Freiberg nimmt, getrennt. Interessiert sah ich dort dem Brückenkran zu, an dessen Laufkatze die aus Baumstämmen mit der Gattersäge produzierten Bretter und Bohlen hingen. Die schwere Lasten schwebten über den Fluß zum Verladebahnhof. Sowohl diese Krananlage als auch der Maschinenpark des Sägewerkes wurden in den Jahren 1945/46 als Reparationsleistungen für die im Krieg von den Deutschen angerichteten Zerstörungen an die Sowjetunion ausgeliefert.

Zurück zum Thema Körperhygiene! Das sonnabendliche Familienbaden in einer richtigen weißemaillierten Wanne mit viel warmem Wasser war nur in einem werkseigenen Waschraum möglich. In Arbeiterwohnungen fand sich zur damaligen Zeit kaum ein Badezimmer. Wer von den einfachen Leuten sich aber dennoch den Luxus eines Vollbades gönnen wollte, legte sich eine transportable Zinkbadewanne zu. Die wurde bei Bedarf in die Küche geholt. Das Wasser machte man in großen Töpfen auf dem Küchenherd heiß. Die Küche wurde zum Dampfbad. Da die Kapazität des Herdes begrenzt war, mußte mit dem heißen Wasser sparsam umgegangen werden. Also stiegen sämtliche Familienmitglieder nacheinander in das von Mal zu Mal trüber werdende Badewasser. Es wurde lediglich etwas heißes Wasser zum Warmhalten nachgegossen. Anschließend wurde das Wasser mit einem Schöpftopf in Eimer gefüllt und zum Ausguß im Treppenhaus getragen. Für diese aufwendige Prozedur war bestenfalls einmal pro Woche Kraft und Zeit. Im Alltag mußte für die tägliche Körperreinigung eine Schüssel Wasser genügen. Unter solchen Umständen erfüllte das Baden »beim Biermann« schon gehobene Ansprüche. Da ich mich an die Einzelheiten recht gut erinnere, müssen mich diese Badetage doch recht beeindruckt haben.

Wenn ich nun auch nicht in der harmonischsten aller Familien lebte, die guten wie die schlechten Tage verstrichen unmerklich und es näherte sich Ostern 1937 mit dem Auftakt zu einem neuen Lebensabschnitt: die achtklassige Volksschule begann. Als Entscheidungshilfe für Überlegungen, ob sich der Aufwand lohnte, wurde eine mit Naschwerk gefüllte Tüte in Aussicht gestellt. Man könnte ein solches Angebot durchaus als Bestechung bezeichnen. Für eine Belohnung war es ja noch zu früh. Die üblichen Bedenken der Erwachsenen, ob der »Zuckertütenbaum« dieses Mal Früchte trage, schließlich hätten wir doch einen strengen Winter gehabt, und ähnliche Miesmachereien begleiteten meine Vorfreude auf die Schulzeit. Eines Tages war es dann soweit. Das Schulgebäude, Hort meines beginnenden kometenhaften Aufstieges, war in mittelalterlichen Zeiten das Herrenhaus der Rechenberger Burg gewesen. Entgegen allen negativen Prognosen trug der »Zuckertütenbaum«, der mir später als Kartenständer wiederbegegnete, Früchte für zwölf Jungen und neun Mädchen, die Abc-Schützen von Rechenberg-Bienenmühle im Jahr 1937.

Aufwühlende Eindrücke von etwaigen barmherzigen wie auch hartnäckigen Bemühungen unserer Lehrer, uns für das Leben anscheinend unverzichtbares Wissen zu vermitteln, sind mir aus den Anfängen der Schulzeit kaum erinnerlich. Mühevoll, dafür tief und nie wieder auszulöschen, gravierte ich meine ersten Schreibversuche in die Schiefertafel ein. Für einen gutwilligen Betrachter mochten sie Ringen und Spiralen ähneln oder entfernt an Hieroglyphen der Pharaonenreiche erinnern. Wogen der Begeisterung lösten meine Schreibübungen offenbar bei niemandem aus. Selbst Frau Arlt, meine erste – und Kummer gewohnte – Lehrerin, ließ sich einmal zu der nicht sonderlich pädagogischen Bemerkung hinreißen, meine Buchstaben seien durcheinander »geklappert« wie bei der Hexe Klapperbein. Damit, und weil ich überdies in der nächsten Hofpause wie irre herumsprang und prahlte: »Ich bin die Hexe Klapperbein, ich bin die Hexe Klapperbein«, hatte ich meinen ersten Spitznamen erworben. Was nun eigentlich eine Hexe dieses Namens mit meinen Schreibkünsten zu tun haben könnte, blieb mir verborgen. Auch dem Lehrer Krause in Holzhau hatten es ein Jahr später meine Schriftzüge angetan. Mit einem Bildwerfer projizierte er eine Seite aus meinem Schreibheft auf die großflächige Leinwand, offenbar, weil nach seiner Überzeugung ein besonders gelungenes Schriftbild der Klasse nicht vorenthalten werden durfte. Ehrfurchtsvolles Staunen kam unter meinen Klassenkameraden auf, aber auch Mißbilligung konnte man dem Gemurmel entnehmen. Die Buchstaben, vom Bildwerfer um ein vielfaches vergrößert, waren scheinbar mit einem abgebrochenen Streichholz geschrieben worden. Mir gelang diese graphische Leistung, weil sich in der Schreibfeder eine Papierfaser verfangen hatte, die ich nicht entfernte, sondern als eine Schleifspur über die Heftseite zog. Ein großer, verwischter Tintenklecks rundete das Bild ab. Wenn ich mich recht erinnere, wurde ich dafür mit einigen Rohrstockhieben auf den Hintern belohnt, obgleich dieser Körperteil in keiner Beziehung zu der vorgeführten Schriftprobe zu bringen war.

Mit dem Beginn der Schulzeit zogen für mich dunkle Wolken am Horizont auf. Ein tiefer Einschnitt, vielleicht von niemandem in der Familie ernsthaft so gewollt und in den Folgen für mich nicht bedacht, bahnte sich an. In jenen Monaten muß meine Anwesenheit in der Schmieder-Familie die Situation dort bis ins Unerträgliche verschärft haben. Meine Mutter erklärte es mir mit dem schlichten Satz: »... der Schmieder wollte Dich nicht haben.« Letztendlich kulminierte dessen bösartige Abneigung in den schon erwähnten Handgreiflichkeiten. Vermutlich begünstigten seine begrenzten intellektuellen Einsichten eine vollkommene Abwesenheit von moralischer Verantwortung.

Ich weiß nicht, weshalb und von wem letztlich entschieden wurde, daß ich nach reichlich zweijähriger Zugehörigkeit zur Familie der Mutter zunächst einmal zur Großmutter nach Holzhau zurückgeschickt und anschließend als »Pflegekind« zu fremden Leuten gegeben wurde. Für mein weiteres Schicksal waren damit die Weichen gestellt worden.

Was ist das überhaupt, ein Pflegekind? »Pflegekinder sind Minderjährige, die sich in Durchführung von Maßnahmen der Organe des Jugendamtes in einer anderen Familie als der ihrer Eltern befinden. Die Aufsicht über ihre Erziehung üben die Jugendhilfekommissionen aus, es können Pflegegeldzuschüsse und einmalige Zuschüsse gewährt werden.« So stand es im Gesetz! Jedenfalls waren Mutter und Stiefvater fortan aus ihrer Verantwortung für mich entlassen. Ich verlor quasi für immer einen Anspruch auf das Elternhaus. Nur noch als Gast konnte ich zur Mutter kommen. Schmieder war von der Verantwortung eines Familienvaters völlig überfordert und Mutter wird, wie die Dinge nun einmal lagen, in ihren Entscheidungen bis zu einem gewissen Grade unfrei gewesen sein. Wer oder was auch immer in Sachen meiner Ausbürgerung aus der Familie Schmieder den berühmten Punkt auf das – i – gesetzt haben mag – , ich denke, es waren Gleichgültigkeit und ein gut Stück Egoismus, die über mein weiteres Schicksal entschieden. Vielleicht glaubte man aber auch ernstlich, daß es das Beste für mich wäre, zur Großmutter nach Holzhau zurückzugehen. Eine Lösung auf Dauer konnte das aber nicht sein, alle daran Beteiligten hätten das wissen können, Großmutter war zu diesem Zeitpunkt bereits 62 Jahre alt.

Im Sommer 1937 war meine Gastrolle in der Schmiederfamilie beendet und Großmutter in Holzhau nahm mich wieder auf. Ich empfand den Ortswechsel vorerst als einen unbeschreiblichen Gewinn. Es sollten die allerbesten Jahre meiner Kindheit werden, selbst der tägliche etwa zweistündige beschwerliche Schulweg war keine spürbare Bürde.

Die Heimkehr nach Holzhau

Großmutter war eine warmherzige, lebensbejahende, praktisch veranlagte und rastlos tätige Frau. Sie hatte eine ruhige, zurückhaltend Art, die man häufig bei Menschen findet, die ihr schweres Leben ohne Beschädigung ihrer Persönlichkeit zu bewältigen verstanden. Großmutter hatte Charakter! Sie war nicht fromm, jedenfalls nicht im herkömmlichen Sinn, schon gar nicht gottesfürchtig. Man konnte sich daher mit ihr sehr gut über die Unvollkommenheit der göttlichen Allmacht unterhalten. Ihr Respekt gegenüber einem Schöpfer aller Dinge fand sich in ihrem natürlichen Verhältnis zur Natur und deren Geheimnisse wieder. Das Gotteshaus, die Kirche, war für sie eine ebenso notwendige Einrichtung wie der Körnldoktor, wie der homöopathische Heilpraktiker in Rechenberg genannt wurde. In eine Kirche ging man zur Trauung, Kindtaufe, Konfirmation und Beerdigung. Den Körnldoktor brauchte man, wenn es einem an der Gesundheit fehlte. So hielt sie es.

Ich erinnere mich nicht, daß Großmutter je die mehr als zwei Wegstunden in die Rechenberger Kirche auf sich genommen hätte, nur um einer Sonntagspredigt zuzuhören. Zum Friedhof, ja, um nach der Grabstelle ihres Maxel zu sehen. Was den Kirchgang betraf, so sah sie wohl keinen großen Nutzen darin, die Zeit war ihr zu kostbar.

Solche Bußgänge nahm man auf sich, wenn ein Vorteil heraussprang oder weltlicher Wert davon abhing. Beispielweise, als Kaiser Heinrich IV. im Jahr 1077 nach Canossa pilgerte, um vom Bannfluch des Papstes erlöst zu werden. Der lange Weg lohnte sich für ihn, für den deutschen Kaiser und der Kniefall vor Papst Gregor VII. war keine Zeitvergeudung. Auch wenn Großmutter wahrscheinlich von jenem Canossa-Gang nichts wußte und selten in die Kirche ging, war ihr eine im Sinne des Religionsstifters als gottlos zu bezeichnende Gesinnung nicht vorzuwerfen. Jener Glaubenseifer, mit dem meist eine freimütige und ehrliche Gesinnung untergepflügt wird, ist in meiner Ecke des Erzgebirges »gottlob« nicht zu Hause.

Daß die Menschen ganz unterschiedliche, oftmals sich gegenseitig ausschließende Auffassungen von den Bewegungsgesetzen der Gesellschaft vertreten, ist etwas Normales im Leben. Daran mag der große Humanist und Missionsarzt Albert Schweitzer gedacht haben, als er in seinen Schriften vermerkte: »Jesus denkt nicht dogmatisch, er formuliert keine Glaubenslehre ... nirgends verlangt er von seinen Hörern, daß sie ihr Denken dem Glauben opfern«. Weiter kritisiert er sehr scharf, das Christentum habe jahrhundertlang Liebe und Barmherzigkeit gepredigt, ohne sich gegen Sklaverei, Hexenverfolgung, Folter und andere Unmenschlichkeiten aufzulehnen. Eifernde Intoleranz ist lähmend und zerstörerisch für die Gesellschaft. Dem Menschen gegenüber sollte man tolerant sein, aber nicht gegenüber deren Dogmen.

Großmutter verfügte über Lebenserfahrungen und ein vom Alltag geprüftes Wissen. Daraus leitete sie für sich ein brauchbares Regelwerk ab und traf danach ihre Entscheidungen. Sie hatte feste Standpunkte und fand sichere Urteile. Das Schicksal war mit ihr hart und nicht selten ungerecht umgegangen, weshalb sie wohl keine Veranlassung hatte zu glauben, daß womöglich ein Weltlenker, der Gutes schafft und Böses verfolgt, über allem wacht. Wer also die Welt erschaffen haben könnte und demzufolge auch für die zahllosen Unvollkommenheiten verantwortlich sein müßte, waren für Großmutter keine Fragen, über die sich nachzudenken lohnte. Solche philosophischen Ausflüge mit weltanschaulichen Konsequenzen, das unterstelle ich ihr mal ganz respektlos, waren in ihren Augen keine praktische Lebenshilfe. Sie dürfte darüber kaum nachgegrübelt haben. Niemals verlangte sie von mir, an irgendwelche Mächte oder Wesen ein Dank – oder Bittgebet zu richten. Sicher wußte sie, daß man nur auf sich selbst vertrauen konnte. In ihrer einfachen, ehrlichen Lebensweise und ihrer praktischen Nähe zur Natur und zu ihren Mitmenschen war sie durchaus das, was man gottgefällig nennen könnte.

Eine Bibel war im Haus, eine ziemlich neue Ausgabe, in braunes Leinen gebunden. Bestimmt wurde sie bei einem Handelvertreter, der durch die Dörfer zog, erworben. Jedenfalls kann ich mir nicht vorstellen, daß Großmutter je eine Buchhandlung betreten hat. Vielleicht war es auch ein Geschenk. Aber wie die »Heilige Schrift« auch immer ins Haus gekommen sein mochte, sobald ich einigermaßen Lesen konnte, befaßte ich mich regelmäßig mit diesem Buch der Bücher. Das machte mich etwas bibelfest aber nicht gläubig. Großmutter habe ich nie darin lesen sehen. Soweit ich mich erinnere, machte sie ein einziges Mal in hohem Alter von der Bibel Gebrauch: Weil sie Geräusche im Raum wahrgenommen hatte und Geister fürchtete, legte sie das Buch auf die Türschwelle ihrer Schlafstube. Sie hoffte, damit das Böse vertreiben zu können.

Krieg und Zusammenhänge

»Ihr, die ihr überlebtet in gestorb'nen Städten,
habt doch nun endlich mit euch selbst Erbarmen,
zieht aus in neue Kriege nicht, ihr Armen,
als ob die alten nicht gelanget hätten.«

Bertolt Brecht

Hermann Dietrich, Großmutters Ehemann mußte in den Krieg ziehen – in einen Weltkrieg, der später zur Unterscheidung von seinem noch schrecklicheren Nachfolger mit der Zahl »Eins« versehen wurde. Es mag sicher tausend Gründe für den Beginn von Kriegen geben, aber keinen einzigen vernünftigen Grund, den Frieden zu beenden. Jenen Ersten Weltkrieg sollen Schüsse auf einen Erzherzog in Sarajevo ausgelöst haben. Mit dem hatte mein Großvater, wie alle anderen Kriegsteilnehmer, nicht das Geringste zu tun. Aber selbst wenn es sein leiblicher Vater gewesen wäre, einen Krieg, einen Weltkrieg gar, hätte Hermann Dietrich deswegen den Menschen sicher nicht aufgebürdet.

Das zur Maschinerie gewordene Kriegsgerät des Ersten Weltkrieges forderte etwa neun Millionen Tote. Allein durch erstmals in der Geschichte aller Kriege eingesetztes Giftgas kamen 30 000 Menschen um. Das Massenmorden war kühl einkalkuliert. Schon bevor der erste Schuß fiel, hatten die Generalstäbler der deutschen kaiserlichen Armee – wie gewissenhafte Buchhalter – errechnet, daß sie in einer sechsmonatigen Offensive zirka 500 000 Mann oder 300 000 Soldaten in einem gewöhnlichen Grabenkampf »verlieren« würden. Hatte man auch herausgefunden, wieviel Witwen und Waisen und trauernde Mütter und Väter das waren?

Dieser Krieg, der 1914 begann und von den mächtigsten Industriestaaten ausschließlich aus wirtschaftlich-politischen Machtansprüchen geführt wurde, war kaum ein Jahr alt, als Großmutter vierzigjährig Witwe wurde und ihre drei minderjährigen Kinder Halbwaisen.

Obwohl sich Großmutter im praktischen Leben an ihren alltäglichen Erfahrungen orientierte, war sie nicht frei von Aberglauben. Erinnert sei an die Bibel auf der Schlafstubenschwelle. Sie achtete schon auf gewisse Anzeichen, Wahrnehmungen, die ihr vielleicht auf telepathischem Wege von besonderen Ereignissen kündeten. Im Fall von Großvaters Tod auf dem Schlachtfeld glaubte sie fest daran, eine solche Botschaft erhalten zu haben. Dieser Gedanke wird ihr in schweren

Stunden Trost und Hilfe gewesen sein, abgesehen davon, daß es auch Dinge zwischen Himmel und Erde geben mag, die unser Verstand nicht erreicht. Jedenfalls berichtete Großmutter mit der größten Selbstverständlichkeit davon, daß in jener verfluchten Nacht, in der ihr Mann im weit entfernten Frankreich auf dem Altar des Vaterlandes geopfert wurde, auf dem Hof ihres Hauses die Ketten des Zuggeschirrs der Kühe rasselten und klirrten, geradeso, als würde ihr Hermann den Kühen das Geschirr anlegen, um aufs Feld zu fahren. Aufs friedliche, eigene und nützliche Feld, wie er es viele Jahre lang getan hatte, bis er auf das Schlachtfeld mußte. Die Geräusche, die das Einschirren der Tiere verursachen und die männliche Stimme dabei sei so deutlich gewesen, daß Großmutter sich vom Bett erhob und zum Fenster hinaus auf den Hof schaute. Es wäre aber alles ganz still gewesen, dort auf dem Hof, der vom Licht des Mondes beleuchtet war. »Es war Vollmond, auf dem Hof war es taghell«, erinnerte sich Großmutter.

Ich empfand als Kind noch nicht den vom Krieg verursachten Kummer, die schmerzhafte Traurigkeit dieser Erzählung. Für mich war es schaurig-schön, im warmen Bett neben der Großmutter zu liegen, mit Blick auf das Fenster, durch das seinerzeit das Klirren und Rasseln von Metallketten zu hören gewesen sei, das Großvaters Sterben signalisierte, bevor Wochen später die amtliche Nachricht »... auf dem Felde der Ehre gefallen« bei seiner in Angst und Sorge lebenden Frau eintraf. »Ich wußte schon, daß was passiert war mit meinem Hermann, ich hatte doch die Zeichen gehört«, erklärte mir Großmutter.

Seit dieser Nachricht blieb sie allein im Schlafzimmer, ausgenommen jene Jahre, in denen ihre beiden Enkel, zunächst Heinz und später auch ich, in Großvaters Bett schlafen durften. Geborgen fühlte ich mich in diesem Bett, das hochbeinig war und an den Bettpfosten zum Schmuck große Holzkugeln trug. Deren alte braune Lackschicht war von feinen Rissen durchzogen, die wie Spinnengewebe wirkten. Ein dickes Gänsefederbett schützte mich nicht nur gegen Nachtkälte, sondern polsterte mich auch gegen jene knackenden, knorzenden Geräusche ab, die nun einmal ein altes Bauernhaus hat, die einen kleinen Jungen aber wohl das Fürchten lehren können.

Das frühe Aufstehen lag mir überhaupt nicht. Wenn Großmutter längst auf den Beinen war, im Haus herumwirtschaftete, die Tiere versorgte, aus Milch Butter, Quark oder Käse herstellte und auch mein Frühstück nicht vergaß, genoß ich das dicke Federbett. Stand das Schlafzimmerfenster, ein einfaches Schiebefenster, offen, drangen die vielfältigen Laute des dörflichen Lebens und das unablässige Rauschen des nahen Fichtenwaldes bis zu mir in's Zimmer; allerdings auch der kräftige aromatische Duft des Misthaufens im Hof. Die Schlafstube befand sich direkt über dem Stall, in dem zwei Kühe, ein Kälbchen, das Hausschwein wie auch etliche Hühner nebst Hahn untergebracht waren. Recht bald war ich in der Lage, die Laute und Stimmen, die zu mir drangen, zu deuten. Ich erkannte, wessen Hahn da krähte und welcher Nachbar seine schnatternden Gänse heraus gelassen hatte. Bald kamen auch die Frauen aus der Nachbarschaft, um Milch oder ein paar Eier vom Bauernhof zu holen oder auch nur zu einem kleinen Schwatz mit Großmutter. Geduldig ging sie auf die Gespräche ein, auf ein paar Minuten kam es ja nicht an – wenn nicht gerade Erntezeit war und sie aufs Feld mußte. Gemütlich war es, so im Bett zu liegen, ein bißchen schlummern und zu lauschen. Geräusche aber, wie Großmutter 1915 sie als Todesnachricht von ihrem Hermann nächtens durchs Schlafzimmerfenster wahrnahm, hörte ich nie. Für mich gab es wohl noch keine Botschaft von schwerwiegender Bedeutung.

Mit dem unstillbaren Bedürfnis eines Achtjährigen, Gruselgeschichten zu hören, fragte ich in abendlicher Stunde die Großmutter immer wieder, wie das damals war, als Großvater gefallen sei. Wenn ich das Wort gefallen benutzte, war mir natürlich nicht bewußt, daß in einer geradezu listigen Art mit dieser Formulierung die im Krieg übliche Todesart verschleiert und zugleich heroisiert werden sollte. Nicht etwa umgebracht, nein, Großvater war nur gefallen! Aus dem Kampf war er nicht zurückgekehrt, er opferte sich für das Vaterland oder fiel auf dem Felde der Ehre, ein Feld, das ihm nicht gehörte und für das er auch keine Verwendung gehabt hätte. Daß dieses Feld, das Schlachtfeld, auch seinem Vaterland oder dem Kaiser nicht gehörte, wer dachte schon darüber nach. Für alle Kriegsopfer wäre es ohne Zweifel besser gewesen, das eigene Feld im Frieden bestellen zu können. Jeder hält es für selbstverständlich, daß nach geltendem Recht Mörder und Totschläger ihres gesellschaftsgefährlichen Tuns wegen zur Verantwortung gezogen werden. Und in einem erklärten oder nicht erklärten Krieg? Unbedingt moralisch verpflichtet sei ein jeder, den Christenmenschen des anderen Volkes umzubringen, egal wie, tot muß er sein. Wer nicht töten will, muß befürchten, daß er von seinen Landsleuten wegen »Feigheit vor dem Feind« mit dem Tode bestraft wird. Wie sich der Bürger auch immer entscheidet, er befindet sich auf jedem Fall hochgradig in Lebensgefahr.

Auf dem Kopf gestellte Moralnormen sollen das Totschlagen, Totschießen auf dem Schlachtfeld adeln. In makabrer Weise stimmt hier das Wort vom Schlachtfeld! Das Abschlachten wird zur moralischen Kategorie. Religionslehren lassen keine Gelegenheit aus, den Kriegseifer der Menschen zu begleiten und anzufachen. Um genau zu sein, das ist weniger der Religion geschuldet, sondern der Art und Weise ihrer Auslegung. Es sei Christenpflicht, das Vaterland und seine christlichen Werte zu verteidigen! Es wird niemanden meiner Generation geben, der nicht solche Sprüche gehört hat. Auf den Koppelschlössern der deutschen Soldaten war seit dem 19. Jahrhundert der Spruch »Gott mit uns« eingeprägt, ein Bibelwort, das bereits König Gustav Adolf von Schweden als Schlachtruf aufgenommen hatte. »Gott strafe England und schütze die Deutschen«, war eine gängige Parole im Ersten Weltkrieg. Weltliche wie kirchliche Macht sahen schon immer einen Vorteil darin, den Menschen die Köpfe zu vernebeln. »... um Sein oder Nichtsein deutscher Macht und deutschen Wesens gehe (es),« wie Kaiser Wilhelm II. am 6. August 1914 im »Öffentlichen Aushang« verbreiten ließ. Wie viele Menschen, die sich in dem Gestrüpp von Demagogie und Heuchelei in diesem Leben zurechtfinden müssen, verfügte auch Großmutter über ein natürliches Rechtsempfinden. Gewiß lag es nicht in ihrer Natur, sich ständig mit den Mängeln dieser Welt anzulegen. Wenn es jedoch um Dinge ging, die sie persönlich heftig berührten, reagierte sie entschlossen und emotional eindrucksvoll. Bleibend eingeprägt hat sich mir ihr scharfes, treffsicheres Urteil zum Soldatentod ihres Enkels Heinz, knapp dreißig Jahre nach dem Verlust ihres Mannes:

1937 wurde mein Bruder Heinz, der bis dahin auch bei der Großmutter lebte, von einer Großbauernfamilie im Nachbardorf Hermsdorf als Pflegekind aufgenommen. Es sei ihm dort nicht schlecht ergangen, sagt man, aber was heißt das schon bei einem »Pflegekind«. Als er das entsprechende Alter erreicht hatte, war er als kriegsverwendungsfähig gemustert worden. Es ist keine liederliche Wortwahl, es hieß tatsächlich von Amts wegen kriegsverwendungsfähig. Das bedeutet, Menschen wurden nach dem Grad ihrer Verwertbarkeit für den Krieg unterschieden. Dem Siebzehneinhalbjährigen attestierte man die Verwendungsfähigkeit für das Schlachtfeld. Zur Vorbereitung dafür wurde er am 16. April 1943 zum Grenadier Ersatzbataillon 315, Standort Leitmeritz, einberufen. Zuvor hatte Heinz noch seine dreimonatige Arbeitsdienstzeit auf der Insel Sylt als Arbeitskraft für den Staat abzuleisten. Der Staat achtete darauf, daß ihm nichts verloren ging, im Krieg könnte dem jungen Mann ja etwas zustoßen. Anschließend blieb Heinz nur noch eine Woche Heimaturlaub, um Abschied zu nehmen. Ein Abschied für immer.

Heinz besuchte mich in Clausnitz, wo ich inzwischen ebenfalls als Pflegekind bei einer Großbauernfamilie lebte. Es war an einem warmen Frühlingstag. Wir beide liefen über die weiten Felder des Bauern, entlang der jungen Getreidesaat. Heinz mit seinem Sinn für die Landwirtschaft erklärte mir, daß hier im Erzgebirgsvorland die Vegetation viel weiter fortgeschritten sei, als auf den Kammlagen in Hermsdorf. Er sprach es nicht aus – aber es berührte ihn offensichtlich mit Wehmut, sich aus der Heimat in die Ungewißheit verabschieden zu müssen. Er erzählte mir von der Insel Sylt, wo er als Arbeitsdienstmann Anlagen errichtet hatte, die der Landgewinnung und der Küstenbefestigung dienten. Schließlich verabschiedete er sich mit festem Handschlag vom zwölfjährigen Bruder. Kräftige, schwielige Hände hatte er, bei denen man die schwere Arbeit, die sie leisten mußten, spüren konnte. Was waren wir doch für arme Hunde, kein Elternhaus, aber zum Totschießen für das Vaterland immerhin brauchbar.

Seit Heinz' Einberufung war ein Jahr vergangen. Da kam die Nachricht, daß er am 19. April 1944 nach einem Lungendurchschuß im Feldlazarett verstorben und auf dem Gemeindefriedhof Sarata in Bessarabien beigesetzt worden sei. »Möge Ihnen das stolze Bewußtsein zum Trost gereichen, das Ihr tapferer Sohn sein Leben im heldenhaften Kampf um den Bestand und die Größe unseres Vaterlandes geopfert hat«, stand in der Todesnachricht an die Mutter. Wiedereinmal war es die vermeintliche Not des Vaterlandes, die den gewaltsamen Tod eines Menschen zu legitimieren hatte. Achtzehn Jahre, fünf Monate und fünfzehn Tage hatten meinem Bruder fürs Leben zur Verfügung gestanden. Vor seinen Erfahrungen mit Frauen mußte er die Erfahrung des Sterbens machen. Was er bis dahin kennengelernt hatte, war die Entfremdung von seiner Familie und Arbeit auf fremden Grund und Boden. Die »Größe des Vaterlandes« nutzte ihm nichts. Er fand noch nicht einmal in heimatlichem Boden seine letzte Ruhe. Das Vaterland hatte nur Erde in einem fremden Land für ihn bereit. Am Ende nichts, aber auch gar nichts, was dem geopferten Leben einen Sinn hätte geben können.

So ähnlich mag Großmutter gefühlt haben, als sie erfuhr, ihr Enkel Heinz würde nie wieder zurückkehren. Erst hatte ihr Mann, jetzt ihr ältester Enkel ein sinnloses Opfer gebracht. Und ihr Sohn Emil war noch im Krieg, seine Rückkehr nicht gewiß.

Um das Folgende zu verstehen, muß man wissen, daß die Menschen damals genötigt wurden, Bilder von Hitler und anderen Nazi-Größen, unter Glas und gerahmt, zu kaufen und in ihre Wohnungen zu hängen, quasi als eine Art von Götterbildern. Auch Großmutter erstand schließlich ein solches Bild. Nicht, daß sie Geld zu vertun gehabt hätte oder gar von patriotischen Gefühlen geplagt worden wäre. Wenn ich mich recht erinnere, wurden diese Bilder über die Schule verkauft und Großmutter erwarb eines, weil ich sie dazu drängte. Also habe ich selber ihr den Führer ins Haus geschleppt. Wahrscheinlich schien es ihr nicht ratsam, das Porträt jenes Mannes abzulehnen, den angeblich die Vorsehung selbst zum Wohle des deutschen Volkes gesandt hatte. Ihr war schon klar, daß sie sich sonst dem Argwohn oder gar der Mißbilligung der wachsamen Obrigkeit ausgesetzt hätte. In unserem Schul-Angebot waren auch Abbildungen anderer Größen des »Dritten Reiches«, das auch gern Großdeutschland oder Tausendjähriges Reich genannt wurde. Zum Beispiel der Reichsfeldmarschall und Reichsforstminister Hermann Göring.

Leider hatte er sich bei jenen Dorfbewohnern unbeliebt gemacht, die sich ihr Holz für den Winter aus den nahen Wäldern sammelten. Göring ließ solche alten Gewohnheitsrechte verbieten. Alles, was da liegen blieb, sollte dem deutschen Wald zu Liebe zu Humus werden. So habe man es einst auch mit den starken germanischen Wäldern gehalten. Als dann allerdings der Krieg zu seinem Ursprung nach Deutschland zurückkehrte, verdiente im Kampf »bis zum letzten Mann« auch der deutsche Wald keine Schonung mehr.

»Nee, nee, so'n Göringbild nehm'ch nich«, empörte sich die Böttcher Ida, »wegen dem sollch nich in'd Busch gehen, um mei Holz zu hol'n.« Ja, die Leute sind nachtragend. Ein solches Holzsammelverbot konnte die Böttcher Ida nicht ohne Protest hinnehmen. Schließlich hatte man den Leuten von Holzhau schon im Jahre 1603 für immer »freie Hutung«, also das Sammeln von Leseholz und Reisig, zugesichert. Übrigens deswegen, weil die Männer für den Rechenberger Grundherren, der einen Händel mit den Grafen Lobkowitz auf Bilina in Böhmen ausfocht, dort siegten.

Kurz und gut, Großmutter hielt nichts davon, das Geld zum Fenster hinaus zu werfen. Da dieses verdammte Hitlerbild nun einmal gekauft worden war, mußte es auch seinen Zweck erfüllen. Fortan hing es über dem Küchentisch an der Wand der leicht vom Herdrauch verräucherten Stube. Man gewöhnte sich, fand nichts Besonderes mehr daran, daß der galgenstrickreife Hitler neben den Steinguttöpfen für Salz, Zucker und Mehl an einem lieblos eingeschlagenen Nagel hing.

An einem Wochenende im Mai 1944 machte ich mich auf den Weg von Clausnitz zur Großmutter nach Oberholzhau. Die Pflegeeltern hatten es mir erlaubt. In Bienenmühle fragte mich ein Dorfbewohner, ob ich schon wüßte, daß mein Bruder Heinz gefallen sei. Nein, ich wußte es selbstverständlich nicht und wollte es auch nicht glauben. Hatte ich doch erst vor kurzem noch einen Feldpostbrief von Heinz bekommen, in dem er von den verlustreichen Rückzugskämpfen seiner Einheit berichtete und erleichtert war, »noch einmal davongekommen« zu sein. Ich setzte meinen Weg fort, mußte dabei am Haus vorbei, in dem Mutter mit ihrer Familie wohnte, ging aber nicht hinein. Nach meinem damaligen inneren Gefühl erschien meine Mutter mir offenbar nicht kompetent. Heinz hatte ja nicht bei ihr gelebt. Das mag hart klingen, und war meiner Mutter gegenüber sicherlich nicht ganz gerecht. Aber so empfand ich damals eben. Nach anderthalb Stunden Fußweg traf ich bei Großmutter ein. Ich sah es sofort: eine schwarze Bluse und Schürze, also war diese schreckliche Nachricht bei ihr angekommen. Ihr ältester Enkel, dem sie, solange sie durfte ein zu Hause bot, war tot. »Ach Gott, ach Gott, unser Heinz ist gefallen.« Voller Schmerz sah sie mich an, die dunklen Augen voller stummer Trauer.

Irgendwie fiel es mir sofort auf. Dort, wo sonst das Hitlerbild gehangen hatte, markierte sich an der Wand ein heller Fleck. »Wo ist denn das Bild?« fragte ich. Wo sie das Bild gelassen hatte, erfuhr ich von Großmutter nicht, wohl aber, warum es entfernt worden war. »Der Lump ist daran schuld, daß unser Heinz gefallen ist«, lautete die ebenso deutliche wie zornige Antwort. Ich bin mir ganz sicher, sie hatte das Foto unverzüglich in den Ofen gesteckt. Großmutter war scheinbar unpolitisch. Dennoch begriff sie in diesem Moment, wer am Krieg und Heinz' Tod schuld war. Weil Großmutter mit dem demagogischen Gerede über den Heldentod nicht zu beirren war, konnte sie mit sicherem Gespür sehr wohl den Hauptschuldigen für das ihr zugefügte Leid ausmachen und darauf entschlossen reagieren. Sie tat das sofort und für jedermann, der in ihre Küche trat, erkennbar. Der »schuldige Lump« hatte von nun an für sie weder als Person noch als Abbildung eine Daseinsberechtigung.

Es ist bemerkenswert, daß Großmutter es für richtig hielt, mir ohne Umschweife ihre Meinung zu sagen. Sie sah keinen Grund, ihr Denken und Tun zu verschweigen. Der Enkel wurde gleichberechtigt sowohl in ihr schweres Herzeleid als auch in ihr konsequentes Urteil einbezogen. Um das richtig bewerten zu können, muß man wissen, daß seinerzeit Menschen wegen ungleich harmloseren Bemerkungen vom »Volksgerichtshof« oder anderen Sondergerichten zum Tode verurteilt wurden. Der Strafvorwurf lautete in der Regel: »Zersetzung des Wehrwillens«. Wer in der Öffentlichkeit seine Bedenken äußerte, ob der Krieg von Deutschland noch gewonnen werden könne, hatte sein Leben verwirkt. Es wird seinerzeit nicht viele Menschen gegeben haben, die es wagten, Hitler offen einen Lumpen zu nennen.

Daß hingegen für die Luftwaffenhelferin Helene Schwärzel noch nach Kriegsende ein Hitlerbild Erinnerungswert besaß, wäre für Großmutter, hätte sie davon erfahren, völlig unverständlich gewesen. Die Schwärzel war in der Lohnstelle des Fliegerhorstes Konradswalde bei Königsberg eingesetzt und verriet der Gestapo den steckbrieflich gesuchten ehemaligen Leipziger Oberbürgermeister, Dr. Carl Goerdeler, den sie aus der Vorkriegszeit als häufigen Feriengast in ihrem Heimatort kannte. Goerdeler gehörte mit zu der Verschwörung des 20. Juli 1944 gegen Hitler, die von Oberst Claus Graf von Stauffenberg organisiert worden war. Auf der Flucht erreichte Goerdeler am 12. Juli Konradswalde, wo er in einen Gasthof einkehrte und dort von der Schwärzel wieder erkannt wurde. Vier Wochen nach seiner Verhaftung wurde Goerdeler vom Volksgerichtshof zum Tode verurteilt und am 2. Februar 1945 hingerichtet. Die Schwärzel erhielt die für den Verrat ausgesetzte Belohnung von einer Million Mark. Nach Hitlers Selbstmord nähte sie sich außer einem Teil des Kopfgeldes ein Foto des Selbstmörders in das Futter ihrer Handtasche ein. Während Großmutter also in ihrem Gerechtigkeitsempfinden die Hitler-Ikone verbrannte, hielt die Denunziantin Schwärzel ihrem Führer die Treue. Nach Kriegsende zog sie nach Berlin, wo sie erkannt, vor Gericht gestellt und zu einer mehrjährigen Haftstrafe verurteilt wurde, die sie bis 1952 im Zuchthaus Waldheim verbüßte. Diese Geschichte wäre unvollständig, würde nicht eine Kuriosität erwähnt. Der die Schwärzel seinerzeit festnehmende Kriminalbeamte Jean Blomê hatte sich 1945 als angebliches Opfer des Faschismus und vorgebliches Mitglied der kommunistischen Partei in den Polizeidienst eingeschlichen. In Wirklichkeit handelte es sich um den Kriminellen Hans Blume, der im Konzentrationslager Buchenwald Spitzeldienste für die SS geleistet hatte.

Leben und Lehre in Holzhau

Das Haus muß so sein, daß die Kinder darin ihr Glück, die Jugend ihre Liebe und die Alten ihre Stille finden.

Ich weiß nicht, von wem diese klugen Worte stammen und ich fühle mich auch nicht zu einem Urteil berufen, ob Großmutters Haus alle Altersgenerationen auf diese Weise glücklich machen konnte. Als Kind war ich es unbestritten und auch Großmutter wird froh gewesen sein, dem Enkel in ihrem Erzegbirghaus ein Zuhause bieten zu können. Rundum hatten wir Wiesen, Felder und Wälder, vorm Haus einen klaren Bach mit Quellwasser und Bornkresse fürs Butterbrot und einen Teich mit Fischen und Fröschen und die ganze Natur pur – alles war für mich ein unbeschreibliches Vergnügen, freizügig und abenteuerlich in einem. Dazu die Großherzigkeit einer lebensklugen Frau, die den Enkel nicht verwöhnte, aber ihm Freiraum ließ, ihm zeigte, was nützt. Hirsch und Kuckuck hörte man bis ins Haus und der Fuchs schlich aus dem Wald, um unaufmerksame Hühner zu jagen. Aus mittelstarken saftigen Zweigen des Vogelbeerbaumes stellte ich Pfeifen her oder baute einen Bogen, mit dem man die Pfeile bis über das Haus schießen konnte. Mit Geschick ließ sich als Pfeilspitze ein angeschärfter Nagel befestigen, der sich dann, wenn der Bogen kräftig genug war und stark gespannt wurde, tief in die Holzwand des Schuppens einbohrte. Mit den Stengeln der Pusteblume haben wir meterlange Kleinstwasserleitungen zusammengefügt, mit denen bei Beachtung physikalischer Gesetze die Flüssigkeit aus einem großen Gefäß sogar bergauf geleitet werden konnte.

Auf dem Hausdachboden stand Onkel Emils Hobelbank mit einer Vielzahl von Werkzeugen. Dort konnte man sägen, feilen, schnitzen, bohren und hämmern, Wasserräder, Schiffchen oder Vogelfutterhäuschen bauen und niemand mahnte: »... mach nicht so viel Dreck und Unordnung.«

Im Garten hinter dem Haus, wo die Sonne anlag und die Hauskatze ihr Fell wärmte, gab mir Großmutter ein kleines Stück Land für ein Gartenbeet. Meine Anbauerfolge hielten sich jedoch bei der relativ kurzen Vegetationszeit und der mageren Gartenerde in Grenzen. Unser Liebstöckel gedieh trotzdem und lieferte die Basis für eine würzige und schmackhafte Suppe, wie übrigens auch die Blätter der jungen Brennesseln.

Über die heimische Pflanzen- und Tierwelt wußte Großmutter sehr viel, sie kannte sich genauestens aus und versorgte mich ständig mit praktischen Ratschlägen. Zum Beispiel sei, der giftigen Kreuzottern wegen, im Wald hohes, festes Schuhwerk zu tragen. Sie selbst aber lief nur in Holzpantoffeln.

Gewissenhaft sammelte Großmutter alle möglichen Naturheilpflanzen, die getrocknet und gut aufbewahrt wurden, um mit den Tees gegebenenfalls verschiedenste Gesundheitsprobleme zu kurieren. Getrocknete Heidelbeeren zum Beispiel halfen gegen Durchfall. Sie waren in einem Glasstiefel mit der Aufschrift »Gruß aus Gottleuba« deponiert und schmeckten mir, auch wenn ich nicht krank war.

Gelegentlich sündigte Großmutter auch ein wenig gegen die Regeln des Naturschutzes. So sammelte sie zur Herstellung eines duftigen Badezusatzes die jungen hellgrünen Triebe der Fichten, Mailinge genannt. Sicher schädigt das die kleinen Fichtenbäumchen in ihrem Wachstum, doch so etwas war letztlich unerheblich, vergleicht man es mit den dramatischen Waldschäden, die nunmehr durch Industrie und Autoverkehr angerichtet werden. Bedenklich mag vielleicht die besondere Art der Anfertigung eines Hausmittels gegen das Reißen, sprich den Rheumatismus, gewesen sein: In eine leere Weinflasche wurden möglichst viele schwarze Waldameisen gelockt, die dann, in Spiritus aufgesetzt, eine wirksame Einreibe-Mixtur entstehen ließen. Großmutter war sich offensichtlich dieses Frevels bewußt, denn man spürte ihre Ängstlichkeit, wenn sie mit der Flasche zu Werke ging und sie sorgfältig im Holzkorb verbarg. Diese Verfehlung wurde jedoch durch ihre sonst der Natur gegenüber erwiesene Sorgfalt aufgehoben und sollte vergeben sein, weil Großmutter ihr Schmerzlinderungsmittel tatsächlich brauchte.

Bei unseren Waldgängen lernte ich viel über die Natur und über das Leben. Was Großmutter sah, tat oder auch mied, erklärte sie. Ein bißchen Aberglaube war auch mit dabei. Hatte sie etwas vergessen, war sie nur schwer zu bewegen, noch einmal umzukehren. Begegnete uns auf dem Weg in den Wald jemand mit einem leeren Behältnis oder Gefährt, dann fürchtete sie, an diesem Tag auch keinen Erfolg zu haben: »Heut find' m'r nischt« klagte sie dann schwarzseherisch. Sie brachte es fertig, einen anderen Weg einzuschlagen, um der Person mit dem leerem Korb oder Wagen auszuweichen. Begegnete uns aber ein vollgeladener Heuwagen oder kam uns gar ein Wagen mit Stroh entgegen, war sie guter Dinge.

Großmutter schien im Wald aufgewachsen zu sein. Kreuz und quer lief sie dort, stieg über Stock und Stein, ohne sich jemals zu verirren. Sie liebte den Wald. Sie kannte die ergiebigsten Pilzflecke und die besten Schwarzbeerstellen und wußte, wo Holz und Reisig zu finden war. »Komm, wir gehn in' Busch!« war eines der häufigsten Freizeitangebote.

Der Busch, das ist der Fichtenwald im Erzgebirge. Es sind schöne, dichte, weit ausgedehnte Wälder, aber schon lange kein Miriquidu, Dunkelwald mehr, wie zu Zeiten, als das Gebirge noch nicht besiedelt war. Vorzugsweise diente unser Gang in den Busch der Brennholzbeschaffung. »Feuerung reinholen« nannte man das. Großmutter hat sämtliches Brennholz für ihre Stube selbst gesammelt, zerkleinert und griffbereit im Schuppen gestapelt. Sie nahm einen großen Tragekorb, band sich eine alte Schürze um und ging in Holzpantoffeln los. Schöne trockene Äste, mittelstarke Holzkloben, die bei den Forstarbeiten abfallen, Tannenzapfen und Reisig füllten den Korb. Zapfen und Reisig wurden zum Feuer anmachen benötigt. Vom Ergebnis ihres unermüdlichen Fleißes fühlte sie sich ausgiebig belohnt, wenn in Herd und Ofen die Flammen züngelten. Ewig lang konnte sie an Wintertagen auf einer Hitsche, so hieß die Fußbank, vor der halboffenen Herdtür sitzen. In sich gekehrt, nachdenklich sah sie in die flackernde Flamme und hielt ihre verarbeiteten, runzligen Hände ganz nahe an das Feuerloch. Herausfallende glühende Holzreste schob sie mit bloßer Hand in den Ofen zurück. Niemand erfuhr, mit welchen Gedanken sich die zusammengeduckte, scheinbar immer kleiner werdende Person in diesen Stunden des Dämmerlichts beschäftigte.

Eigentlich war Großmutter die Anspruchslosigkeit in Person, sparsam, aber nicht geizig. Aber im Busch fand sie angesichts des reichen Angebotes kein vernünftiges Maß. War der Tragkorb bereits übervoll, wurde er auf einen Baumstumpf gestellt und die über den Korbrand hinausragenden Äste mit einem Seil festgebunden. Wenn Großmutter sich dann die breiten Tragegurte über die Schultern geführt und mit den Schlaufen eingehakt hatte, gelang es ihr nur mühsam, sich mit dem schweren Korb auf den Rücken aufzurichten. Dann mußte sie meine bescheidene Hilfe in Anspruch nehmen und ich den Korb anheben. Obwohl sie nun schwer beladen war, ging es auf dem Heimweg selten zügig voran. Immer wieder fand sie Holzstücke, trockene, harzige Äste, die sie nicht zurücklassen mochte. Mit dem schweren Korb auf den Rücken wurde »das schöne Holz« aufgeklaubt und mit Schwung hinterrücks auf den Korb geworfen. Dann war ja noch ihre Schürze. Sie wurde hochgerafft und mit Tannenzapfen gefüllt. Zu guter Letzt zog sie noch einen Reisigast hinter sich her. Das Laufen in Holzpantoffeln wurde unter solchen Lasten gefährlich. Sie zog dann die Pantinen aus, klemmte sie unter den Arm und setzt den Heimweg in ihren selbstgestrickten Strümpfen fort. Großmutter war sich sehr wohl ihrer ungewöhnlichen Sammelleidenschaft bewußt und warb daher mit einem alten Spruch um mein Verständnis: »Der Geizhals trägt's zusammen, der Faulpelz kann's nicht erschleppen.« Dabei lächelte sie verschmitzt. Für viele Sommerfrischler war die Dietrich Alma in ihrem Aufzug nicht nur ein bevorzugtes Fotomotiv sondern zugleich (und sehr gegen ihren Willen) Gegenstand des Mitgefühls, weil sich die alte Frau so plagen mußte.

Beim Pilzesuchen und Beerensammeln bewies Großmutter ebensolche Emsigkeit. Es verdroß sie, wenn der Zwei-Liter-Emaillenkrug und auch der kleinere Lesetopf am Gürtel bereits gefüllt aber rundum noch Schwarzbeeren zu sehen waren, die sie also ungepflückt hängenlassen mußte. Aber wenigstens war auf dem Rückweg noch eine Hand für einen dicken Reisigast frei. Das Schwarzbeerensammeln begeisterte mich weniger. Es war sehr mühselig, auch wenn mir Großmutter aus Mitgefühl ein sehr kleines Behältnis zum vollpflücken gab. Lieber sah ich dann zu Hause in der Küche, wie die glänzenden dunkelblauen Beeren wie Perlen in die große, uralte braun-schwarze Steingutschüssel rollten. Dazu kamen Milch und Zucker, dann wurden Brotstücke hineingebrockt. Eine Delikatesse.

Als Pilzsucherin hingegen schien Großmutter dämonischen Einflüssen zu unterliegen. Mit Eifer, fast süchtig, verfolgte sie ihr Ziel. Es läßt sich schwer erklären, was sie in den frühen Morgenstunden in den Wald hinaus trieb. Beim Pilzesammeln weiß man nie, ob es sich lohnt. Pilzflecke werden wie Staatsgeheimnisse gehütet und mit allerlei Tricks und Schlichen wird versucht, Stellen, an denen man selbst fündig geworden war, vor den Blicken anderer Sammler zu verbergen. Allerdings kam bei uns im Erzgebirge wohl jeder Pilzsucher, vorausgesetzt, er war ein Pilzkenner, auf seine Kosten. Hat man die gefundenen Pilze zubereitet und gegessen, beschleicht einen dumpfe Unruhe und man hofft, daß kein giftiges Exemplar in der Mahlzeit war. Was auch immer zu einem solchen risikoreichen Unternehmen motivieren mag, es ist ungemein aufregend, kreuz und quer, jedoch nicht ziellos, durch den Wald zu laufen und Pilze zu suchen. Die nämlich scheinen sich versteckt zu halten. Man muß dafür ein Pilzauge haben. Bald kannte auch ich die ergiebigsten Fundstellen und lernte dank Großmutters Unterweisung genießbare Pilze zuverlässig von giftigen zu unterscheiden. Großmutter geriet gern in's Schwärmen darüber, wie viele Pilze es früher gegeben habe. Ihr Hermann habe täglich vollgefüllte Körbe nach Hause gebracht. »Alle Tage mußt 'mer Pilze assen, wir kunnten gor ne mehr rann,« erzählte sie und schimpfte, daß Hermann darauf bestanden habe, alle Pilze zu verwenden, auch die alten und madigen. »Ich hab'n trotzdem beschummelt, ich hob nämlich die schlachten waggeschmissen und hob gesocht, wenn er sich gewundert hot, worum's nich mehr sein, de Pilz kochen ahmd zesamm.«

Bei unseren weitläufigen Waldgängen lernte ich bald das ganze Gebiet rund um Holzhau kennen. Der Wald rings ums Haus herum war für uns Kinder Spiel- und Abenteuerplatz. Morgenstein, Abendstein, Katzenstein, das waren drei bis vier Meter hohe Steinrücken im Wald und für uns beliebte, aber auch nicht ganz ungefährliche Orte. Auch der Rote Steinbruch, insbesondere jedoch die Steinkuppe, die höchste Erhebung von Oberholzhau, nur etwa fünfhundert Meter vom Haus entfernt, zählten dazu. Die Steinkuppe mit vulkanischem Basaltgestein ist ein stillgelegter Steinbruch. Beim Herumstrolchen entdeckten wir dort hinter dichtem Strauchwerk einen Eingang zu irgendeinem Raum, verschlossen von einer stark verrosteten Eisentür. Zu gern hätten wir gewußt, was dahinter verborgen war. Unsere Phantasie ging auf Reisen. Konnte das nicht der Eingang zu einem unterirdischen Gang oder zu einer Pulverkammer sein? Alles hatten wir schon versucht die verflixte Eisentür zu öffnen, um endlich das Rätsel zu lösen. Aber sie widerstand jedem Werkzeug und allen Kraftanstrengungen. Da erinnerte ich mich, daß Onkel Emil manche verrostete Schraube mit Petroleum wieder gängig gemacht hatte. Heimlich füllte ich aus Großmutters Petroleumlampe, die am Fensterstock ihren festen Platz hatte, etwas in eine Flasche ab. Damit wurden die Türbeschläge getränkt. Und tatsächlich, nachdem das Lösungsmittel über Nacht eingewirkt hatte, ließ die Tür sich öffnen. Wir fanden eine kleine zementierte Kammer vor, etwa 60 Zentimeter tief, 40 Zentimeter breit und ebenso hoch. Was wir sahen, war weder das Petroleum noch die Mühe wert gewesen. Ein angefaultes, vermodertes Holzbrettchen mit zahlreichen Bohrungen lag dort, sonst nichts. Im Holzbrett waren ursprünglich die Sprengkapseln aufbewahrt worden. Selbst eine geplünderte Schatzkammer wäre dagegen ein Sensationsfund gewesen.

Die Verwandten

Aus dem Kinderalltag heraus hoben sich unsere Besuche bei den Verwandten in den Nachbarorten. In Hermsdorf wohnte Hulda, Großmutters jüngste Tochter, ihr kränkliches Sorgenkind. Sie war mit Bruno Altmann verheiratet. Zu den Altmanns mußten wir anderthalb Stunden zu Fuß gehen, öffentliche Verkehrsmittel führten nicht dorthin. Der Weg war anstrengend. Wenn es sich ergab, nahm mich Onkel Emil mit dem Fahrrad mit. Aber auch zu Fuß war's nicht langweilig. Die Strecke führte, berg auf, berg ab, durch den Wald und Großmutter hatte immer etwas zu erzählen oder zu erklären. Einmal begegnete uns an der Teichdelle, an der Verbindungsstraße nach Hermsdorf, ein kapitaler Hirsch. Allein hätte ich Angst gehabt, aber Großmutter war ja dabei. Sie klopfte einfach mit einem Ast an einen Baumstamm und mit großen eleganten Sprüngen verschwand der Herr der Wälder im Gebüsch.

Bruno Altmann besaß eine kleine Landwirtschaft. Sein Wohnhaus war wohl eines der ältesten Gebäude des Ortes. Später stand es unter Denkmalschutz. Das einstöckige, noch mit einem Strohdach gedeckte Häuschen war eine Seltenheit im Erzgebirge. Die ungewöhnlich niedrigen Räume hatten teilweise beängstigend schiefe Fußböden. Aber sonst war es dort urgemütlich. Zur Altmannfamilie gehörten drei Kinder, Else, Thea und Willi. Thea war in meinem Alter. Sie soll an dieser Stelle ausdrücklich erwähnt werden: Es muß wohl ein Feiertag gewesen sein. Wir saßen bei Altmanns an einer gut gedeckten Kaffeetafel. Hulda stellte einen Teller mit einem hohen Berg übereinander geschichteter Kuchenstückchen auf den Tisch. Zuckerkuchen, Streuselkuchen, Quarkkuchen und eben auch Schokoladenkuchen. Auch in einem kleinen Bauernhaushalt wurde bei uns im Erzgebirge gut gebacken und den Gästen tüchtig angeboten. Niemand wollte ärmlich erscheinen oder gar als Geizhals dastehen. »Greift tüchtig zu«, ermunterte Hulda und das taten alle mit Hingabe. Bei der ersten Schicht Schokoladenkuchen war ich nicht mit dabei, ich war nicht aufmerksam genug gewesen. Glücklicherweise entdeckte ich noch ein Einzelstück davon in der Mitte des Kuchenberges. Also wartete ich darauf, daß sich die Gäste, wie im Schlaraffenland, an das Objekt meiner Begierde herangegessen hatten. Nur noch eine einzige Schicht unterschiedlicher Kuchenstücke war abzutragen und mein sehnlichster Wunsch hätte sich erfüllt. Da geschah das Unglaubliche, Thea machte vom Heimrecht Gebrauch und griff nach der wiederholten Aufforderung ihrer Mutter »tüchtig zu«. Sie zog jenes Schokoladenkuchenstück, das meiner Ansicht nach mir zustand, einfach aus der unteren Schicht heraus und legte es, quasi als Vorrat, auf ihren Teller. Diese Untat entzweite mich aber nicht mit Thea und schränkte auch nicht mein Interesse an weiteren Besuchen bei Hulda ein. Es war ein fröhliches, kinderfreundliches Haus, das sich spürbar von dem abhob, was ich zuvor bei Mutter und Stiefvater erlebt hatte. Der gutmütige, nachgiebige Bruno machte mit uns Kindern gern seine Späße.

Bei solchen Besuchen in Hermsdorf sahen wir stets bei meinem Bruder Heinz vorbei, der, wie erwähnt, mittlerweile an diesem Ort bei der Großbauernfamilie Clausnitzer als Pflegekind lebte. Daß auch ich bald zu Pflegeeltern ziehen mußte, ahnte ich damals natürlich nicht. Unvorstellbar wäre mir das gewesen, lebte ich doch bei Großmutter in einer behüteten Welt. Trotzdem sollte ich bald dort herausgerissen werden.

Großfeuer auf dem Schwartenberg

Was sollte man zuerst hinaustragen,
wenn das Haus brennt?
Das Feuer!

Großmutters Schwester Anna, die Mutter von Erich Liebscher, heiratete Louis Schneider, der in Steinhübel bei Seiffen, fast auf dem Gipfel des Schwartenberges, ein mittelgroßes Bauerngut besaß. Wollten wir dorthin, mußten wir von Neuhausen an zu Fuß gehen. Der Weg über den 789 Meter hohen Schwartenberggipfel nach dem Ortsteil Steinhübel war für meine kurzen Beine nicht weniger anstrengend als für Großmutter, der das Gehen im Alter schon etwas beschwerlich wurde.

Bei einem dieser Besuche, es dürfte ungefähr im Jahr 1938 gewesen sein, hörte ich zum ersten Mal von jenem schweren Unglück, das die Familie heimgesucht hatte und das nun meine Großtante Anna und deren Tochter ausführlich und mit starker Anteilnahme besprachen. Manche Details dieser aufregenen Geschichte wurden dabei wieder und wieder einer besonders mystischen Auslegung unterzogen, deren tieferer Sinn mir verborgen blieb. Aber ich spürte schon den dunklen, geheimnisvollen Hintergrund der Gespräche. Anna war entweder stark religiös oder besonders abergläubisch. Aber wo ist da der Unterschied?

Was war geschehen? Das Wohnhaus unserer Verwandten war aus Gründen, die ungeklärt blieben oder verschwiegen werden sollten, in Brand geraten. Wohl konnten die Bewohner unversehrt flüchten und das Vieh aus dem Stall treiben, aber das Wohnhaus brannte bis auf die

Grundmauern nieder. Um den Erlös eines am Vortage abgeschlossenen Handels zu retten, hatte sich der Bauer nochmals ins brennende Haus gewagt. Er kam nicht zurück, solange auch Frau und Tochter verzweifelt vor der Brandstelle warteten. »Bleib doch hier, bleib da, laß das Geld, hab' ich den Louis noch nachgerufen, aber er hat nicht hören wollen«, berichtete Anna tränenreich. Man fand ihn später auf der Brandstelle unter den verkohlten Resten der ins Obergeschoß führenden Treppe – neben einer Holztafel mit dem eingeschnitzten Spruch: »Gott beschütze dieses Haus.« Nach Annas Schilderung war diese Spruchtafel, die über der Wohnzimmertür gehangen hatte, vom Feuer unversehrt geblieben. Mich beeindruckte diese Geschichte natürlich ungemein. Meine Blicke richteten sich immer wieder respektvoll zur Tür. Dort nämlich hatte die Holztafel im neu erbauten Haus wieder ihren Platz gefunden. Und tatsächlich, an diesem braunlackierten beschrifteten Holzbrett konnte ich keine Brandspuren bemerken. Wunder oh Wunder! Aber wäre es nicht christlicher gewesen, Gott hätte das ganze Haus verschont, anstatt nur die Spruchtafel? Oder den Eigentümer des Hauses? Hatten die Frauen auch daran gedacht?

Das Behältnis mit dem Geld war übrigens auf der Brandstätte nicht gefunden worden. Recht nebelhaft erinnere ich mich noch daran, daß diese Brandgeschichte mit vielen Spekulationen umwoben wurde. Man munkelte von Diebstahl, aber auch von Brandstiftung und Versicherungsbetrug. Daß der Bauer verbrannte, während die Tafel mit dem Gottesspruch von der Feuersbrunst verschont blieb, ließ bei frommen Gemütern vielerlei Deutungen zu. Der Ansicht, es handele sich um eine Art Gottesurteil, wurde von niemandem im Schneiderschen Haus ernsthaft widersprochen.

Meine Erinnerungen an diese Brandsache in Steinhübel erwiesen sich – wie sich sechs Jahrzehnte später zu meiner Überraschung zeigen sollte – als sehr zuverlässig. Lange hatte ich einen Besuch an diesem Ort meiner Kindheit aufgeschoben. Zu unsicher schien mir mein Wissen zur Örtlichkeit und zu dort vielleicht noch lebenden Personen. Selbst der Familienname von Anna und Louis fiel mir nicht mehr ein. Dann kam mir, hier in Berlin, ein Zufall zu Hilfe. Mein Arzt, Doktor Seifert, erzählte mir bei Gelegenheit, daß er aus Seiffen im Erzgebirge stamme. Ich berichtete nun von meinen Verwandten in Steinhübel und dem Brandunglück, bei dem Großmutters Schwager umkam. »Das war doch der Schneider Louis«, wußte mein Doktor sofort, »dort habe ich meine Hochzeit gefeiert!« Die Welt ist klein, denkt man da. Unklar nur, wieso mein Arzt gerade beim Schneider Louis seine Hochzeit feierte. Aber auch das ließ sich klären. Das Haus war später ein Betriebsferienheim geworden, daher die Feier dort. Mit der Abwicklung volkseigener Betriebe nach der Wende wurde staatliches Eigentum privatisiert und somit auch dieses Betriebsferienheim. Eine Familie aus Hessen – woher auch sonst als aus dem Westen – wurde Eigentümer und führte es als Pension »Diana« weiter.

Bei meinem nächsten Aufenthalt im Erzgebirge, im Juli 1997, suchte ich nach dieser Pension, dem ehemaligen Grundstück des Schneiderbauern. Ein steiniger Feldweg führte mich bergaufwärts bis nahe an den Gipfel des Schwartenbergs zu dem einsam abseits vom Ort gelegenen Anwesen. Ja, jetzt, als ich den Hof betrat, konnte ich mich in die Zeit von damals gut zurückversetzen, erkannte die Lage von Haus und Nebengebäuden, die Umgebung, den imposanten Ausblick über's Land und zum Städtchen Seiffen hinüber. Und meine Gedanken wanderten zurück. Ein gutes Menschenalter war seither vergangen, seit ich zum letzten Mal an Annas Tisch gesessen hatte.

Ich suchte den Wirt und fand ihn, wie es sich gehört, hinter dem Schanktisch. Von einer überfüllten Gaststätte konnte keine Rede sein. Lediglich ein arbeitsloser Dorfbewohner saß neben der Theke und man merkte sogleich, daß er dem Wirt ein nützlicher Gast war. Der Hausherr, dem ich meine Beziehung zu diesem Grundstück erklärte, war recht aufgeschlossen. Als habe er mich seit langem erwartet, griff er in ein Fach und gab mir die Kopie der Regionalzeitung »Sächsischer General-Anzeiger« vom 2. November 1937 mit der Spitzenmeldung: »Brandunglück am Schwartenberg, Erbhof in Steinhübel brennt nieder, der Bauer des Hofes, Louis Schneider verbrennt in der Dachkammer.« Ich muß sagen, eine solche präzise Bestätigung meiner Erinnerungen hätte ich nicht erwartet. In einem zweispaltigen Artikel auf der ersten Seite der Zeitung wurde detailliert über das Brandunglück am 1. November, die mühevollen, aber erfolglosen Löscharbeiten von insgesamt acht Feuerwehren sowie von Louis Tod im Feuer seines Hauses berichtet. Ergänzend erfuhr ich nun, daß Louis, das Brandopfer, am Tage vor dem Unglück fünfundsechzig Jahre alt geworden war. An diesem Tag hatte er mit dem Verkauf von Kartoffeln 60.- Mark eingenommen. Es war das Geld, das ihm den Tod brachte. Von dem seinerzeit so lebhaft erörterten Gotteszeichen in Gestalt des vom Feuer verschont gebliebene Holztäfelchen war im Zeitungsartikel nichts zu finden. Wer weiß, vielleicht hatten sich die Frauen das nur zusammengereimt. Auf alle Fälle war diese Feuersbrunst in Steinhübel nicht nur ein Unglück für meine Verwandtschaft, sondern versetzte die Öffentlichkeit weithin in Aufregung. Für mich war es sechzig Jahre später vor allem wichtig, meine Kindheitserinnerungen so genau bestätigt zu finden. Also konnte ich wohl meinem Gedächtnis auch bei Fragen nach Details aus weit zurückliegenden Zeiten einigermaßen vertrauen. Auf Bitten des Pensions-Wirtes legte ich ein Gästebuch an und eröffnete es mit einem längeren Eintrag.

Die vier Jahreszeiten und andere Ereignisse

Kinder können von erheblichem Kummer gequält werden. Die im Leben gereiften Erwachsenen müssen Kindersorgen feinfühlig erkennen und ihnen mit ehrlichem Verständnis begegnen. Im Haus der Großmutter ist mir das spürbar widerfahren. Bei ihr erlebte ich weder Kränkungen noch schmerzende Gleichgültigkeit. Meine bescheidene Hilfe im Haushalt oder auf dem Feld beschränkte sich auf altersgemäße Handreichungen. Und vor allem, ich half vollkommen freiwillig. Das Landleben war mir vertraut und durchweg gewogen. Im Sommer, zur Heuernte und wenn später das Getreide in die Scheune zu bringen war, ließ ich mich auf hoch beladenem Wagen nach Hause fahren. Wurde die Ernte vom Pachtfeld an der »Alten Landstraße« geholt, lohnte sich die Fahrt. Mindestens eine halbe Stunde lang konnte ich auf dem schwankenden Fuder sitzen und schauen. Schneller bewältigten die Kühe, die auch unsere Zugtiere waren, diese Strecke nicht. Der Erntewagen wurde rückwärts an die Abladeluke, die sich in Höhe der ersten Etage des Scheunenteils unseres Hauses öffnete, gefahren. So konnte ich bequem vom Wagen aus ins Haus springen. Für Onkel Emil, Tante Martha – seine zweite Frau – und Großmutter waren die Erntearbeiten fraglos eine Plackerei.

Die Kartoffelernte hat ihren besonderen Reiz – allerdings nur für diejenigen, die nicht selbst krumm über das Feld laufen und die Ardäppeln einsammeln müssen. Auf dem abgeernteten Acker flackerten die Feuer des brennenden Kartoffelkrautes. In der roten Glut garten die frischen, noch mit der Ackerkrume behafteten Kartoffeln. Wenn man die angekohlte Schale entfernte, kam der hellgelbe, mehlige Kartoffelinhalt von feinstem Geschmack zum Vorschein. Nach und nach wurde dem Feuer weitere Nahrung gegeben, bis die Funken hoch in den Herbsthimmel stoben. Wir Kinder holten uns dünne, biegsame Vogelbeerbaumruten, spießten damit die Knollen vom Kraut oder kleine unausgereifte Kartoffeln an und schleuderten sie weit weg. Der weißgraue Rauch zog über die Felder bis in das Dorf hinein und verbreitete den würzigen Duft von Herbst und Landleben. Wenn der scharfe Herbstwind über den Acker fegte und den nahen Winter ankündigte, konnte es aber auch ungemütlich kalt werden und gern kehrte man ins Haus zurück.

Einert Albin besaß wohl in Oberholzhau das größte Bauerngut, was allerdings für die Höfe auf der Kammlage nicht viel besagen will. Ich weiß nicht, wie es dazu kam, daß er mich zum Kühe hüten geworben hatte. Im Herbst, wenn das Grumt, der zweite Heuschnitt, eingebracht worden war, wurden die Kühe aufs Feld getrieben, man sagte Austreiben dazu. Dafür, daß das Vieh nur dort hinkam, wohin es sollte, hatte ein Hütejungen zu sorgen. Mir brachte diese Aufgabe einen gewissen Bekanntheitsgrad im Oberdorf sowie täglich gut belegte Bemmen, Butterbrote also. Kühe hüten war eine den Jungen vorbehaltene Aufgabe. Nicht sonderlich schwer, aber bei schlechtem Wetter recht unbehaglich. Aber der Herbst bot ja meist viele sonnige Tage. Was hatte der Hütejunge zu tun? Beim Aus – und Eintreiben gab er einen Singsang von sich, der sich eigentlich recht jämmerlich anhört: »Joh – hei – joh – hei joh, joh, joh« und so weiter. Die Kühe verstanden diese Abart des Jodelns. Bei den ersten Tönen hoben sie ihre Köpfe und lauschten mit den großen Ohren, dann trabten sie mehr oder weniger eifrig los. Ansonsten war darauf zu achten, daß die Herde auf dem vorgesehenen Feld blieb und nicht des Nachbars Gras fraß, das offenbar immer besser als das zugewiesene schmeckte. Auch Kühe wollen ihre Leckerbissen. Da konnten sie störrisch wie Rindviehcher sein, was kein besonderer Unterschied zu uns Menschen sein muß.

Belanglose Alltagsgeschichten. Ich erlebte als Kuhjunge jedoch auch einen Moment der Weltgeschichte! Es war um die Mittagszeit des 1. Oktober 1938. Ich saß auf einen am Wegrand herausragenden großen roten Porphyrstein am »Steinweg« in der Nähe der Fischerbaude. Ein Lieblingsplatz, sozusagen »mein« Stein. Von dort aus sah man weit über die Kammlagen des Erzgebirges hinaus. Ein schöner Herbsttag konnte es werden. Ich sah zum etwa 500 Meter entfernten Zollhaus am Waldrand hinüber. Dort gabelt sich die Straße, eine führt durch den Wald nach Neuhausen, in entgegengesetzter Richtung gelangte man in die etwa einen Kilometer entfernte Tschechoslowakei. Als Staat existierte sie schon nicht mehr, denn durch das Münchner Abkommen vom 29. und 30. September 1938 war das sogenannte Sudetenland eingedeutscht worden. Natürlich wußte ich als knapp Achtjähriger nichts von diesen geschichtlichen Entwicklungen im Vorfelde des Zweiten Weltkrieges. Selbst wenn ich davon gehört hätte, die Tragweite und die Folgen dieses Abkommens hätte ich sicher nicht erfaßt.

Ich wurde Zeuge eines wohl bedeutungslosen, aber für mich sehenswerten Vorganges am Rande weltbewegender historischer Ereignisse! Bewegung am Zollhaus weckte meine Aufmerksamkeit: Ein Militärauto fuhr an der Spitze einer langen Fahrzeugkolonne auf der Ringelstraße aus dem Wald. Am Zollhaus bog die Straße fast rechtwinklig in Richtung Grenze ab. Verwundert sah ich, daß plötzlich der direkt in der Kurve am Wegesrand stehende alte, sturmzerzauste Vogelbeerbaum umkippte und eine große Staubwolke aufwirbelte. Das Auto hatte die Kurve nicht bekommen und war mit dem Baumstamm kollidiert. Erst nachdem der

Schall an mein Ohr gelangt war, vernahm ich das entsprechende Geräusch. Zum ersten Mal erlebte ich ganz praktisch, daß der Schall sich langsamer als das Licht ausbreitet.

Das Führungsfahrzeug der Deutschen Wehrmacht – sagen wir, jenes Teils der Wehrmacht, der sich in Oberholzhau auf der Ringelstraße in Richtung Tschechei auf Okkupationskurs befand – war auf den Vogelbeerbaum aufgefahren. Mit geringem Schaden, weil der alte Baum, ebenso wie das tschechische Heer, kaum Widerstand geleistet hatte. Allerdings war das Auto außer Gefecht gesetzt. Vielleicht der erste Materialverlust der großdeutschen Wehrmacht beim Überfall auf das Nachbarland. Und ich war dabei gewesen! Große Ereignisse verlangen entschlossenes Handeln! Ich rannte quer über das Feld zum Tatort, wo sich Soldaten um den Kraftfahrer und einen Offizier bemühten und erste Hilfe leisteten. Was ich da sah, erschien mir so interessant, daß ich alle meine Pflichten vergaß und die Herde ihrem Schicksal überließ. Schließlich war ich der erste Zivilist und Ortskundige an der Unfallstelle und erklärte den Soldaten, daß sich der Militärkonvoi in Oberholzhau, kurz vor der tschechischen Grenze, befinde. Der Troß setzte seinen Marsch fort und das Unfallauto blieb mit einer Bewachung zurück.

In den nachfolgenden Herbstwochen des Jahres 1938 verfolgte die Grenzbevölkerung die sich von Tag zu Tag verschärfende Lage zwischen Deutschland und der Tschechoslowakei mit Sorge. Selbst wir Kinder spürten das. Die Erwachsenen sprachen voller Unruhe und Ängste miteinander. »Hoffentlich gibt's keinen Krieg«, diese besorgten Worte hörte man täglich. Die Leute im Grenzgebiet wußten sehr wohl, daß die Menschen beiderseits der Grenze vernünftig miteinander leben wollten und konnten. Schließlich funktionierte ihr kleiner Grenzverkehr. Lediglich die Zöllner waren nicht so beliebt, das wird wohl an jeder anderen Grenze so sein, wo ein bißchen gepascht – geschmuggelt – wird. Die Leute nannten die Zöllner bissig die Fichtelscheißer. Diesen Ausdruck hörte ich von Großmutter!

Eine bestimmte politische Gruppierung der Sudetendeutschen machte seit den dreißiger Jahren Stimmung gegen die tschechische Regierung. Deren Politik sei angeblich deutschfeindlich gewesen. Hier ist kein Raum für weitere Ausführungen dazu. Jedenfalls flüchteten im Ergebnis des Unfriedens, den Politiker schürten, immer mehr junge Sudetendeutsche über die Grenze, auch nach Oberholzhau. Dort bildeten sie Einheiten eines sogenannten Freikorps. Die mit Karabinern ausgerüsteten jungen Männer bereiteten sich auf dem Gelände hinter der »Fischerbaude« auf einen militärischen Einsatz vor. Neugierig sah ich diesem Treiben zu, wurde aber weggescheucht, wenn ich zu nahe kam. Einmal beobachtete ich gespannt, wie die Freikorpsleute in geschlossener Linie über das Feld stürmten, sich hinwarfen, robbten, ihre Gewehre anlegten und auf einen imaginären Feind zielten. »Gleich wernse schießen«, sagt plötzlich jemand hinter mir. Der Einert Albin war unbemerkt hinzugekommen und verfolgte ebenfalls den Eifer der jungen Männer. Geschossen wurde zum Glück nicht. Nach dem Einmarsch der Wehrmacht und der Abtrennung des Sudetenlandes vom tschechischen Staat waren die Freikorpsmänner verschwunden; sie hatten ihren Auftrag, ihr Land an Deutschland auszuliefern, erfüllt.

Sicherlich blieb den Menschen im Erzgebirge am politischen Hintergrund dieser Ereignisse vieles unklar. Was sie nicht wissen konnten – auch nicht die Einwohner des Grenzstädtchens Neuhausen – war aber einem gewissen Paul Thümmel aus erster Hand bestens bekannt. Er wußte auch an welchem Tag die deutsche Wehrmacht, diverse Regeln des Völkerrechts verletzend, in die Tschechoslowakei einmarschieren sollte. Paul Thümmel, Sohn eines Bäckermeisters in Neuhausen, ein Duzfreund Heinrich Himmlers, Abwehroffizier bei Admiral Canaris' »Fremde Heere Ost« – dem faschistischen militärischen Nachrichtendienst – Außenstelle Dresden, war ein wichtiger und erfolgreicher Spion für Prag und London während des Zweiten Weltkrieges. Unter anderem lieferte er detaillierte Nachrichten über den Einmarsch der Deutschen in die Tschechoslowakei und Polen und informierte über den bevorstehenden Überfall auf Norwegen, Holland, Belgien und Frankreich. Der 25jährige Thümmel war 1927 Mitbegründer der NSDAP-Ortsgruppe Neuhausen. Zur Gründung reiste als prominenter Redner der Reichsführer der SS, Heinrich Himmler an. Himmler erhielt im Hause Thümmel Nachtquartier. Nach 1936 wurde Paul Thümmel Hauptvertrauensmann der Abwehrstelle Dresden.

Eines Tages im Februar 1936 fuhr Paul Thümmel aus eigenem Antrieb mit einem Nachtzug über die deutsch-tschechoslowakische Grenze, um in Brüx einen Brief in den Postkasten zu werfen. Mit Poststempel vom 8. Februar 1936 traf dieser Brief beim tschechoslowakischen Nachrichtendienst ein. »Ich bin in der Lage, Nachstehendes zu beschaffen ...«, schrieb Thümmel eingangs. Er wollte über die Arbeit des deutschen Sicherheitsdienstes in der Tschechoslowakei und über Umsturzpläne der sudetendeutschen Henlein-Partei, einem Ableger der NSDAP berichten. Rückantwort erbat er sich schriftlich an »FM 137, postlagernd, Annaberg/Erzgebirge.«

Am 6. April 1936 um 10.30 Uhr kam es dann zwischen den Ortschaften Weipert und Ceske Hamry an der Kreuzung in Neugeschrei zum ersten persönlichen Kontakt mit dem tschechischen Nachrichtendienst. Thümmel erhielt zunächst die Decknummer »A 54«. Die vielleicht wertvollste Nachricht übermittelte A 54 am 3. März 1939 bei einem Treff in Turnau. Seinem Verbindungsmann, Oberst Fryc, teilte er mit: »In Berlin ist die Entscheidung gefallen, spätestens am 15. März wird die Tschechoslowakei nicht mehr existieren!« Daraufhin wurde die britische Gesandtschaft in Prag verständigt und die Überführung von Geheimakten an den Bevollmächtigten des Secret Service vorbereitet. Am 14. März konnte der Stab des tschechoslowakische Nachrichtendienstes mit einem Flugzeug das Land nach London verlassen. Am 15. März 1939 marschierten deutsche Truppen in die Rest-Tschechoslowakei ein. Thümmel wurde mit der Abwehrstelle Dresden nach Prag verlegt. Von dort aus arbeitete er weiter für den tschechischen- und englischen Nachrichtendienst, bis er durch Funkaufklärung enttarnt und am 13. Oktober 1941 festgenommen wurde. Da er der Gestapo versprach, ihr eine Verbindung zum englischen Geheimdienst herzustellen, wurde er auf sein Ehrenwort hin freigelassen. Letztlich traute man ihm nicht und verhaftete ihn am 20. März 1942 neuerlich. Sieben Tage später schrieb der Chef der Sicherheitspolizei und des Sicherheitsdienstes, Reinhard Heydrich, seinem Parteifreund Martin Bormann: »Lieber Parteigenosse Bormann! Am 20. März 1942 wurde in Prag durch die Staatspolizeileitstelle Prag der deutsche Reichsangehörige Paul Thümmel, geboren am 15.Januar 1902 in Neuhausen (Erzgebirge), zuletzt wohnhaft in Prag-Breunau, Markus-Marcigasse 8, wegen dringenden Verdachts des Landesverrates festgenommen. Thümmel ist Ehrenzeichenträger der NSDAP unter der Mitgliedsnummer 61 574 und wird unmittelbar bei der Gauleitung Sachsen geführt. Thümmel hat gestanden, bis zu seiner Festnahme für den ehemaligen tschechischen Nachrichtendienst in Prag beziehungsweise für den britisch-tschechischen Nachrichtendienst gearbeitet und mindestens 40 000 Reichsmark Verratsgeld erhalten zu haben.« Ein Gnadengesuch von Thümmels Mutter, der Bäckermeisterin aus Neuhausen, an Himmler beantwortete der am 12.September 1944:

»Sehr geehrte Frau Thümmel! Ich habe Ihr Schreiben vom 25. 8. 1944 wegen Ihres Sohnes Paul erhalten. Ihrem Wunsch vermag ich leider nicht zu entsprechen. Ihr Sohn muß wegen seines landesverräterischen Verhaltens dem Reichskriegsgericht zur Aburteilung überstellt werden, sobald die notwendigen Ermittlungen zum Abschluß gekommen sind. Heil Hitler, gez. H.Himmler.« In Wirklichkeit brachte man Paul Thümmel nicht vor das Reichskriegsgericht sondern unter den Namen Peter Toman zunächst in das Polizeigefängnis Prag-Pankrac. Am 20. April 1945 wurde er dann auf dem Erschießungsstand Theresienstadt hingerichtet – ohne Urteil!

Man muß schon einige Phantasie aufbringen, um sich vorzustellen, daß in dem Moment, als Vorausabteilungen der Wehrmacht das kleine Städtchen Neuhausen im Vormarsch auf den nördlichen Teil der Tschechoslowakei passierten und ihnen Thümmels Mutter vielleicht zuwinkte, ihr Sohn längst die Prager Regierung über diesen Plan informiert hatte. Leider ohne nachhaltigen Nutzen, wie im nachhinein zu konstatieren ist. Darüberhinaus läßt diese Geschichte erkennen, wie leicht sich geschichtliche Abläufe und persönliche Erlebnisse kreuzen können.

Als ich bei meiner Archivtätigkeit in den achtziger Jahren auf die mutige Arbeit des Spitzenspions Paul Thümmel gestoßen war, wollte ich, weil ich den Dingen gern auf den Grund gehe, dessen Elternhaus, die Bäckerei Thümmel in Neuhausen ausfindig machen. Das meinem Heimatort benachbarte Neuhausen mit Schloß Purschenstein am Fuße des Schwartenbergs war mir wohl vertraut, aber von einer Bäckerei Thümmel wußte ich nichts. Es versteht sich, daß ich mich nicht einfach bei den Straßenpassanten des Städtchens nach einem Spion Thümmel, oder nach einer Bäckerei gleichen Namens, die es offenbar nicht mehr gab, erkundigen konnte. Da war journalistische Pfiffigkeit gefragt, dachte ich! Mir kam ein Zufall zu Hilfe. Während einer meiner häufigen Fahrten ins Erzgebirge hielt ich 1997 in Neuhausen an einem an der Straße zum Schwartenberg gelegenen Cafe. Es schien mir neu eröffnet zu sein. Ich kam mit dem sich recht leutselig gebenden Wirt ins Gespräch. Natürlich wollte ich nicht mit der Tür ins Haus fallen und so fragte ich harmlos: »... gab's in Neuhausen nicht mal 'ne Bäckerei Thümmel?« Wie sich zeigte, war das wohl die dümmlichste Frage, die man in diesem Haus stellen konnte. Der Wirt wurde sofort hellhörig, er war augenblicklich im Bilde, roch den Braten, den ich so pfiffig servieren wollte. »Ach, A 54?« erwiderte er mit Verschwörermiene, als würde er ein vereinbartes Losungswort nennen. Agent 54, der erste Deckname. Später trat Paul Thümmel auch als Doktor Holm, Doktor Paul Steinberg sowie unter den Namen Rene und Franka in Erscheinung. Der Wirt also wußte von A 54. Nun brauchte es keine konspirative Zurückhaltung mehr. War ich schon überrascht, daß man hier von Paul Thümmel und dessen Agententätigkeit wußte, so verblüffte mich die Auskunft, daß sich die Bäckerei Thümmel eben in jenem Haus befunden hatte, in dem ich jetzt bei Kaffee und Kuchen saß, erst recht. »Ja«, meinte der auskunftsfreudige Wirt, »ich kenne die Geschichte. Paul Thümmel's Schwester lebt noch, manchmal kommt sie in mein Café.« Eher nebenher fügte er hinzu: »Und wo seinerzeit der Himmler übernachtete, dort ist jetzt mein Schlafzimmer. Ich schlafe ziemlich ruhig, vom bösen Geist ist nichts zurückgeblieben!«

Ich aber fand es großartig, daß sich bei mir zu dem, was ich aus den Archivunterlagen der Gestapo wußte, nun ein Bild zu Paul Thümmels Haus, der Umgebung, in der er gelebt hatte, fügte. Wie immer, wenn ich bewegenden Ereignissen nachspüre und mich mit Fakten aber auch Gefühlen den jeweiligen Abläufen und handelnden Personen nähere, überkommt mich eine eigenartige Spannung. Ich finde es erregend, sich in das »Damals« hineinzuversetzen. Hochinteressantes geschieht und wir sind mittendrin – wenn wir wollen. Man muß nur seine Sinne benutzen, aufmerksam und aufnahmebereit sein, um es zu spüren.

Die in Oberholzhau verbrachte Kindheit wäre unvollkommen beschrieben, wenn ich nicht von einer bleibenden Leidenschaft erzählen würde – vom Skifahren. Man muß nicht unbedingt im Erzgebirge zum Manne gereift sein, um sich an der faszinierenden Pracht tief verschneiter Landschaft und dem Wintersport begeistern zu können. Trotzdem, ich empfinde es als ein Privileg, dort aufgewachsen zu sein, wo im Winter die Bretter oder Latten, wie sie auch genannt wurden, mehr als ein Fortbewegungsmittel sind. Es ist nicht unbescheiden wenn ich sage, daß ich damals mit meinen Brettern auf Hängen und Schanzen einen Vergleich nicht zu scheuen brauchte. Und dabei sollte ich eigentlich meiner Hüfte wegen gar nicht Skifahren. Ich weiß jedoch nicht, ob das eine ärztliche Anordnung war oder nur die Meinung einer besorgten Großmutter. »Er hat mir keine Ruhe gelassen, bis ich ihm die alten Bretter gegeben habe«, entschuldigte Großmutter ihre Nachgiebigkeit, als meine Mutter ihr Vorhaltungen machte. Tatsächlich lag ich Großmutter solange in den Ohren, bis ich die alten Schneeschuhe, mit denen schon Onkel Emil und später auch Heinz gefahren waren, vom Dachboden holen und die Bindung passgerecht für meine Schuhgröße einstellen durfte. Onkel Emil hatte sie irgendwann für sich selbst aus gutem, astfreien Eschenholz gebaut. Diese Bretter wurden in Holzhau und Umgebung regelrecht berühmt. Vom jahrelangen intensiven Gebrauch waren sie von der Spitze an ungemein dünn geschliffen und dadurch außergewöhnlich elastisch, nahezu unzerbrechlich; der Traum eines jeden Skiläufers. Wie konnten andere neidvoll staunen, wenn ich die Skispitzen anfaßte und fast bis zu den Bindungen hoch zog. Bei einer derartigen Qualität konnte man getrost Nachteile in Kauf nehmen. Zum Springen taugten sie nicht so recht. Weil sie zu leicht waren, trugen sie den Springer nicht und waren beim Aufsprung nicht spurtreu. Da die Kanten vollkommen abgefahren waren, hatte ich beim Aufstieg quer zum Hang Mühe, dafür kamen die Schwünge bei der Abfahrt weich und elegant.

Ich bekam also die Bretter und übte darauf zunächst allein vorm Haus, in Sichtweite der Großmutter. Bald konnte ich damit ganz gut umgehen und stand von nun an, solange es Schnee gab, Tag für Tag darauf. Bald gab es bei uns keine Abfahrt, die ich nicht ausprobiert hätte. Im nahegelegenen Steinbruch – wo uns im Sommer jene alte Sprengkammer Rätsel aufgegeben hatte – fielen die Wände steil ab. Dorthinunter stürzten wir uns und bemühten uns um eine ganz schmale Spur – die hohe Schule des Skifahrens. Um extrem schmal zu spuren, muß man die Füße hintereinander versetzten, damit zwischen den Skiern kaum Zwischenraum bleibt. Immer waghalsigere, fast senkrechte Abfahrten versucht wir. Natürlich war auch ein wenig Wichtigtuerei dabei, denn es wärmt die Seele, wenn sich zeigen läßt, was für ein toller Kerl man doch ist. Ich finde diese Form von Eitelkeit ist erlaubt, weil leistungsfördernd.

Im Steinbruch stand uns Burschen eine zwar kleine, aber sehr gut angelegte Sprungschanze mit Anlaufturm und Kampfrichterstand zur Verfügung. Man hatte diesen Standort gewählt, weil es dort auch bei böigem Wind ruhig blieb und überhaupt zum Springen gute Bedingungen herrschten. Unsere Idole hießen Sepp Bradel und Birger Ruud, der 1932 und 1936 für Norwegen Olympiasieger wurde. Lauthals riefen wir vom Anlaufturm: »Achtung, Sepp Bradel kommt!«

Mich kränkte, daß meine schäbige Wintersportkleidung im krassen Mißverhältnis zu meinen Fähigkeiten und meinem guten Ruf als Sportler stand. Neidisch sah ich auf die Skilehrer in ihren gutsitzenden Keilhosen und festen Skistiefeln. Wie angegossen paßten sie in der Bindung und am Schaftrand waren sie mit weißem Leder eingefaßt. Ich hingegen mußte mich mit einer mehrfach ausgebesserten, ehemals schwarzen, ausgewaschenen Baumwolltrainingshose mit lächerlich weiten Pluderhosenbeinen begnügen. Und von sportlichen Stiefeln konnte schon gar keine Rede sein. Ich war froh, einfache hohe Schnürschuhe zu besitzen, die ziemlich locker von den altmodischen Riemenbindungen gehalten wurden. Damit sich die Bindung beim Springen und den Abfahrten nicht vom Schuh lösen konnten, nagelte ich mir am Absatz kleine Lederstücke an. Um etwas mehr Schick in die Sache zu bekommen, zog ich die schlottrige Hose, die ich persönlich mit einem Fußsteg versehen hatte, straff hoch und band sie anstelle eines Gürtels mit einer Schnur fest. Es fehlten nur noch die weiß eingefaßten Stiefel und ich wäre den Skilehrern fast ebenbürtig gewesen. Aus Großmutters Kommode suchte ich weiße Stoffbänder und band sie derart um die Fußknöchel, daß ein schmaler Streifen aus meinen abgeschabten Lederschuhen hervor lugte. Ich fand, es sah verdammt gut aus. Meine Altersgefährten machten große Augen. Da jedoch auch sie von Neid nicht frei waren, gab es auch Spott. Also trennte ich mich bald wieder von meinem Mode-Ersatz.

Meine Skier hingegen hielt ich gut in Schuß! Großmutter wußte, was ich brauchte und sammelte für mich Kerzenreste. Mit dem Bügeleisen – dessen Eisenkern mußte im Ofen glühend gemacht werden – wurde das Wachs auf die Lauffläche aufgebügelt. So erhielten die Schneeschuhe für die Abfahrt eine beträchtliche Gleitfähigkeit, um so beschwerlicher war aber damit der Wiederaufstieg.

Traurige und andere Weihnachtsgeschichten

Der Winter mit seinem arktischen Angebot an Schnee, Eis, Rauhreif und Kälte scheint eigens für die Weihnachtszeit gemacht worden zu sein. Weihnachten wird im Erzgebirge besonders hingebungsvoll und nach ziemlich festem Ritual vorbereitet und gefeiert. Ob es nun christlichen oder heidnischen Ursprungs sei, ist nicht so wichtig, es ist zu allererst ein Fest der Familie.

Zwischen die Doppelfenster werden geschnitzte oder gedrechselte Holzfiguren gestellt und der Räuchermann erhielt uneingeschränkt Raucherlaubnis. In der Vorweihnachtszeit brachte das Semmelgretel, die Austrägerin der Dorfbäckerei, zusätzlich zu Brötchen und Semmeln in ihrem Korb auch Pfeffernüsse, mit Zuckerguß bestrichene Pflastersteine, braune und weiße Pfefferkuchen bis ins letzte Haus. Keine Frage, daß Großmutter einige Leckereien für mich erstand. Aber es war nun auch die Zeit der Nüsse. Abends setzte sich Großmutter an den Küchentisch und löffelte genüßlich die auf einer Mandelreibe zerkleinerten und mit etwas Zucker vermischten Walnüsse. Ich konnte noch die eigenen Zähne einsetzen, um die Kerne der Nüsse zu zerkleinern.

Nachhaltig beeindruckte mich eine Weihnachtserzählung, die Großmutter alljährlich zur Adventszeit mit gewissenhafter Regelmäßigkeit aus einem Hundertjährigen Kalender, nicht ohne innere Bewegung vorlas. Dieser Buchkalender, dem man das Alter und den häufigen Gebrauch ansah, lag griffbereit im Küchentischkasten neben Garn- und Zwirnrollen, Heftpflaster und Schere, blieb jedoch während des ganzen Jahres mehr oder weniger unbeachtet, es sei denn, Großmutter interessierte die Wetterprognose des Hundertjährigen Kalenders. Zur Weihnachtszeit holte sie den Kalender hervor und vertiefte sich in die ihr wohlbekannte Geschichte. Sie sah es gern, wenn ich ihr beim Lesen andächtig lauschte. Zum traurigen Inhalt ein paar Stichworte: Eine kinderreiche, arme Waldarbeiterfamilie konnte sich keinen Weihnachtsbaum leisten. Der Vater war zu redlich, um heimlich einen Baum von der Arbeit im Wald mit nach Hause zu nehmen. Alle Familienmitglieder waren am Heiligen Abend wegen des fehlenden Lichterglanzes traurig, die Kinder weinten. Da faßte der Vater einen Entschluß, nahm sein Beil und ging in den Wald, um doch noch ein Weihnachtsbäumchen zu holen. Alles war tief verschneit, nur mühevoll konnte sich der Mann den Weg durch die hohe Schneedecke bahnen. Es wurde dunkel und Sturm zog auf. Inzwischen leuchteten in den Fenstern der Nachbarhäuser längst die Weihnachtskerzen, aber im Waldarbeiterhaus wartete man bang auf den Vater, der nicht zurückkam. Spät in der Nacht begannen um Hilfe gebetene Dorfnachbarn mit Lampen nach Spuren und dem Mann zu suchen. Schließlich fanden sie ihn tot auf dem Grund eines Steinbruches, den Weihnachtsbaum, den seine Kinder sich so sehr gewünscht hatten, noch fest in der Hand. Im Schneesturm hatte er den Weg verfehlt und war in die Tiefe gestürzt. – Großmutter beeindruckte das tragische Geschehen jedes Mal neu und sie war voller Mitgefühl. Kummervoll sinnierte sie, daß es nun für die Kinder ein viel traurigeres Weihnachten geworden war und es doch besser gewesen sei, auf den Baum zu verzichten. Für sie war die Geschichte jedes Mal gerade geschehen und sie kommentierte bekümmert: »... ach, wär' er doch im Haus geblieben, oder wäre er biss'l früher gegangen, da war's noch hell draußen.« Anschließend an diese alljährliche Lesung erzählte sie meist echte Weihnachtsgeschichten aus ihrem eigenen Leben. Einmal sei zum bevorstehenden Weihnachtsfest kein Geld für Geschenke vorhanden gewesen. Der Vater habe gesagt, wenn es keine Geschenke für die Kinder geben kann, gibt es auch keinen Christbaum. Ersatzweise wollte die Mutter das Spinnrad schmücken. »Mit einem angeputzten Spinnrad wird kein Weihnachten gefeiert«, hätte der Vater ärgerlich erklärt. Schließlich habe er doch ein Bäumchen aus dem nahen Wald geholt, genau wie in der Kalendergeschichte, nur nicht mit einem so traurigen Ende. Großmutter konnte sich noch erinnern, daß sie zu diesem Weihnachten selbstgestrickte Fausthandschuhe und Socken bekommen hatte.

Heimlichkeiten, Geschenke auswählen und beschaffen, Stollen backen, ängstliches Prüfen, nichts vergessen zu haben, was in die Vorratskammer und auf die Festtafel kommen soll – die Menschen verhalten sich in diesen Vorweihnachtszeiten eigenartig. Manchmal wurde es wirklich kurios. Zum Beispiel die Sache mit den Skistiefeln, sie passierte in Holzhau in den fünfziger Jahren und wurde von Onkel Emil ausgelöst. Diese Weihnachtsgeschichte ist nicht weniger spannend als die Kalendergeschichte und hat den Vorzug, wahr zu sein. Also, Emil und Martha kauften als Weihnachtsgeschenk für ihren wintersportbegeisterten Sohn Reiner ein Paar Skistiefel. Natürlich heimlich, schließlich kommen Weihnachtsgeschenke doch vom Knecht Ruprecht. Nach einer gewissen Zeit nagten allerdings an Martha Zweifel, ob die Schuhe auch passen würden. Wie ärgerlich und enttäuschend, wenn das wertvolle Geschenk auf dem Gabentisch dann nicht zu gebrauchen gewesen wäre. Eines Tages nahm sie ihren Sohn beiseite und ließ ihn die Schuhe anprobieren. Gleichzeitig ermahnte sie ihn, diese Anprobe sofort wieder zu vergessen! Gott sei Dank, die Stiefel paßten. Emil erfuhr nichts von der eigenmächtigen Anprobe und blieb daher weiter in Sorge, ob die Schuhe dem Sohn wohl passen würden. Schließlich klärte Martha ihren Emil doch auf: »Kannst beruhigt sein, ich habe dem Reiner die Schuhe anprobiert, sie passen wie angegossen«. Emil war außer sich. »Was, Du hast ihm das Geschenk verraten?« Es ist kein richtiges Geschenk mehr, wenn man es schon vorher gesehen hat. Emil war eben am Schenken die freudige Überraschung des Beschenkten wichtig. Um die hatte ihn nun seine voreilige Martha gebracht. Dieses Gespräch fand am späten Abend statt. Vor dem Haus lag, wie es sich in der Weihnachtszeit gehört, viel Schnee, Neuschnee. Vom Hof aus ging es einige Meter steil bergab. All das bedachte Emil nicht, als er mit heiligem Zorn im Herzen und den Schuhen in der Hand zur Haustür rannte und das verratene Weihnachtsgeschenk mit kraftvollem Schwung soweit den Berg hinunter schleuderte, wie es seiner Empörung angemessen erschien. Mit diesem Wurf hatte er allerdings das Problem nicht aus der Welt geschafft. Das leuchtete ihm nach einiger Zeit der Besinnung ein, Marthas Beredsamkeit dürfte das ihre getan haben. Ein Paar passende Skistiefel ohne Geheimnis wären doch allemal besser als ein gut gehütetes Geheimnis und Schuhe, die zu nichts nutze, weil zu groß oder klein, gewesen wären. Oder Schuhe, die irgendwo im Schnee lagen. Also nahmen Martha und Emil zur mitternächtlicher Stunde Sturmlaternen zur Hand und suchten im tiefen Schnee nach den Schuhen. Die wurden nach ewig langem Herumstapfen gefunden und am heiligen Abend standen sie, wie vorgesehen, unterm Weihnachtsbaum. Reiner staunte brav und war vor Überraschung über das »unerwartete« Geschenk ganz aus dem Häuschen. Unverzüglich wurden die Schuhe anprobiert und zur Freude aller Beteiligten paßten sie wie angegossen. Emil aber staunte, wie sehr sich sein Sohn verstellen konnte. Das wiederum durfte er den Sohn nicht wissen lassen. Und so hatte jeder, wie es sich für den Heiligen Abend gehört, ein wohlgehütetes Geheimnis.

»... ich muß fort von dr ham.«

»Als Gung bi ich gange, übern Barch nauf in Wald,
hoh gepfiffen und gesunge, dos wie weit hot geschallt,
ham die Lering getrillert, huch drum in der Luft
und im Wald do hot halt immer dr Kuckuck geruft.

De Zeit is vergange, ich muß fort von dr ham,
muß mei Hamit verlassen, 'n Wald und de Baam,
doch ich konns net vergassen, mich ziehts immer hie,
wu ich als klenner Gunge nauf in Wald gange bie.«

Anton Günther

Was das Leben mir in Großmutters Haus, meinem Geburtshaus, auch immer bot und für mich noch bereithalten mochte, meine Tage in dieser vertrauten Welt waren gezählt, die Zeit war für mich bald abgelaufen – ich wußte es nur noch nicht. Aber wer wußte es zuerst?

Onkel Emil heiratete 1938 zum zweiten Mal. Seine erste Frau Gertrud war nach nur wenigen Ehejahren gestorben. Seine zweite Frau Martha, die Tochter eines Kleinbauern aus Friedersdorf, übernahm nun selbstbewußt das Zepter im Haus. Kam etwa von dieser Seite die Anregung, meine Erziehung Pflegeeltern zu übertragen, weil Großmutter inzwischen dafür zu alt sei? Niemand weiß noch, was ehemals dazu besprochen wurde. Mein Leben wäre nicht anders verlaufen. Dennoch würde ich viel darum geben, wenn ich wüßte, wie die Entscheidung zustande kam, daß nicht mehr Großmutter mich erziehen und ich Pflegeeltern erhalten sollte, obwohl die verheiratete Mutter im Ort meiner ersten Pflegeeltern wohnte. Irgendjemand muß die Dinge doch in Bewegung gesetzt haben. Großmutter war es nicht und es erscheint schwer vorstellbar, daß Mutter dies veranlaßt haben könnte. Andererseits kamen Jahre später von Mutter mir gegenüber Andeutungen von Schuldgefühlen. »Nimmst es mir wohl übel, daß Du bei fremden Leuten aufgewachsen bist?«, war eine schon sehr deutliches Eingeständnis.

Natürlich hatte Großmutter mit mir ihre Schwierigkeiten, bei den Hausaufgaben konnte sie mir kaum helfen »Ihr, mit euern neumodischen Zeug, das gabs bei uns früher nicht,« schimpfte sie, wenn ich sie etwas fragte. Aber helfende Aufsicht und Förderung für meine Entwicklung in der Schule erhielt ich auch von keinen meiner Pflegeeltern. Niemand sorgte sich um meinen Stand in der Schule. Nie wurde kontrolliert, ob ich meine Hausaufgaben ordentlich erledigt hatte, geschweige denn angeregt, deren Form oder Inhalt zu verbessern. Die gelegentliche Frage: »Hast'e Schularbeiten gemacht?« stellte wohl kaum fürsorgliches Interesse an meinen Leistung dar. Daß ich unter solchen Bedingungen und bei konsequenter Einbindung in den Arbeitsalltag der Bauernfamilien dennoch kontinuierlich Klasse um Klasse die acht Jahre Volksschule absolvierte, war dann schon ein überraschendes Ergebnis.

Wer oder was auch immer meine Ausbürgerung initiierte und mir zumutete, auf die wärmende Geborgenheit in einer Familie zu verzichten – schuldhaftes Verhalten des Stiefvaters und der Kleinmut meiner Mutter setzten die entscheidenden Akzente, meine Misere begann!

»Wem Gott will rechte Gunst erweisen, den schickt er in die weite Welt!«

Joseph von Eichendorff

Ich weiß nicht, wen Gott nach Eichendorffs Auffassung im Blick haben sollte. Ich jedenfalls hätte auf die Gunst, in die weite Welt geschickt zu werden, angesichts meiner Erfahrungen gern verzichtet.

Wann ich meine ersten Pflegeeltern zugewiesen bekam, kann ich so genau nicht sagen und Akten stehen mir nicht zur Verfügung. Meinen zehnten Geburtstag jedenfalls erlebte ich bereits dort. Ich müßte daher im Spätsommer 1940 als Neunjähriger Holzhau verlassen haben. Die Pflegeeltern, das ältere Bauernehepaar Louis und Hilma Fischer, bewirtschafteten einen kleinen Bauernhof in Bienenmühle an der Ortsgrenze zu Rechenberg. Das Gut lag unmittelbar an der Dorfstraße, die dazu gehörigen Felder reichen von der einige Meter breiten Freiberger Mulde bis zum Waldrand der gegenüberliegenden Höhe.

Wer mich mit meinen wenigen Habseligkeiten zu den Fischers brachte, weiß ich nicht mehr. Es könnte letztlich nur die Mutter gewesen sein, die mit ihrer Familie nach Rechenberg gezogen war, eine halbe Stunde Fußweg von meinem neuen Platz im Leben, der kein Zuhause sein konnte, entfernt. Ich habe auch keine Erinnerung an die Aufnahmezeremonie bei den Fischers. Irgendwer, die Frau oder der Mann, war wohl enttäuscht – vielleicht war's auch ein Anflug von Mitleid: »Der ist aber noch klein« Ja, sollten sie mich denn vorher, als man mich als Pflegekind empfahl, nicht auf meine Brauchbarkeit hin begutachtet haben?

Man zeigte mir meinen Platz am Küchentisch und meine Schlafkammer. Das erste Mal in meinem Leben, daß ich allein schlafen mußte und dazu noch in einem fremden Haus. Es war ein schmaler Raum am Ende eines langen Ganges im ersten Stock, unmittelbar neben dem Plumpsklo. Das Zimmer war mit Bett und Schrank, einem kleinen Tisch samt Stuhl karg möbliert. Im Bett diente ein Strohsack als Matratze. Wie sich dann erwies, ergab der ordentlich mit Haferstroh gestopfte Sack keine schlechte Unterlage. Ich jedenfalls schlief darauf gut. Von meinem Fenster aus ging der Blick zur Mulde und zum Buchenwaldhang an der »Neuen Straße« hinüber. Ich sah auch die Eisenbahnstrecke, die nach Holzhau führte, dieselbe, die am »Lichtgöhlerhaus« entlag ging, in das ich 1935 mit der Mutter gezogen war. Mit dem Zug wäre ich in zehn Minuten in Holzhau gewesen, zu Fuß brauchte ich mehr als eine Stunde bis zur Großmutter.

Mich erfaßte unsagbares Heimweh, Heimweh nach Holzhau. Wenn jemand von Heimweh spricht, ich weiß, wovon die Rede ist. Dieses schmerzhafte Gefühl wirkt ganz elementar auf alles Denken und Fühlen, macht krank und elend. Zumal dann, wenn es weder Trost noch Ausweg gibt. In meiner schweren Not versprach ich imaginären Mächten alles was mir einfiel, wenn sie mich nur nach Holzhau zurückkehren lassen würden. Ich schwor tausend Eide, Großmutter nie wieder zu ärgern, ihr aufs Wort zu gehorchen, nicht zu lügen oder faul zu sein. Ja, selbst fromm wäre ich geworden, wenn es nur einen Weg zurück in meine vertraute Welt gegeben hätte. Ich betete ein Vaterunser nach dem anderen, bis ich einschlief. Ich hatte doch nichts verbrochen, nichts Böses getan, und wurde so hart bestraft. Natürlich, mal etwas frech, vorlaut oder ungehorsam zur Großmutter, das war ich schon – aber mußte ich deshalb gleich in die Fremde? Großmutter, hilf mir, rief ich nachts ins dunkle meiner Kammer. Aber auch sie war machtlos!

Wenn ich es so recht bedenke, es hätte auch schlimmer kommen können. Die Eheleute Fischer waren längst nicht mehr in dem Alter, in dem man schulpflichtige Kinder hat. Fischers Tochter Else war mit dem Lokführer Kurt Flegel verheiratet und wohnte in einem gepflegten Mietshaus gleich nebenan, ihr Sohn Klaus ging nun mit mir in eine Schulklasse. Klaus war größer und kräftiger als ich und hätte eigentlich für seine Großeltern jene Arbeiten erledigen können, wofür ich nun als Pflegekind angenommen worden war. Die Plegeeltern waren streng, etwas spröde und bäuerlich derb im Umgang mit mir. Sie haben mich aber mit einer Ausnahme nie geschlagen oder mir mit Schlägen gedroht. Pflegemutter Hilma war etwas sehr herb und meist unwirsch. Wenn ich an sie denke, dann sehe ich sie als Bauersfrau vor mir, die Tauben und Hühner schlachtet. Nach meiner Erinnerung war sie eine harte Frau. Ich bekam Gänsehaut, wenn ich sah, wie forsch und erbarmungslos

Hilma zu Werke ging. Dem für den Suppentopf bestimmten Huhn wurde, wenn es fest zwischen den Beinen eingeklemmt worden war, mit einem Küchenmesser einfach der Kopf abgesäbelt. Vom Täubchen nahm sie das Köpfchen zwischen die gekrümmten Zeige – und Mittelfinger und riß es einfach mit einem herzhaften Ruck ab. Der Fischerbauer, so wurde Louis genannt, schlachtete nie. In den Abendstunden kletterte er gern auf den Dachboden und beobachtete seine Haustauben im Taubenschlag. Louis war wortkarg, aber nicht verschlossen. Er machte wohl einen brummigen Eindruck, dennoch erinnere ich mich an seine mitfühlende Warmherzigkeit. Wurde ich von der Pflegemutter allzu scharf herangenommen – man hört als Kind viel mehr, als die Erwachsenen glauben – knurrte Louis mahnend »Nu' laß doch mal den Jung' in Ruh'!« Gesprächiger wurde der Fischerbauer, wenn er mit mir allein war. Im Wald, beim Stöckeroden, erklärte er mir gründlich diese schwere Arbeit. Da zeigte sich Louis als Pädagoge: Welche Wurzeln auszugraben sind, wie man an die Herzwurzel herankommt und wie mit einem Holzkeil über Nacht auch der widerspenstigste Baumstock gespalten werden kann. Er hämmerte die Holzkeile fest in den Spalt, hüllte sie mit Moos ein und goß reichlich Wasser darauf. Nun erklärte er nicht etwa, warum er so vorging, sondern stellte Fragen. »Weißt Du, warum ich das mache?« Ich wußte es nicht. »Na, denk doch mal nach! Was passiert denn, wenn Holz naß wird?«

Es quillt, wenn es naß wird. »Wenn wir morgen wiederkommen, wirste's sehen.« Und tatsächlich, der Spalt im Stock hatte sich weit geöffnet, so daß man jetzt den Baumstumpf fast mühelos auseinander treiben konnte.

Mitgefühl empfand ich für meinen Pflegevater, wenn er seine Maniküre auf eine Weise betrieb, die wenig populär sein dürfte. Seine Hände waren von schwerer Arbeit gezeichnet, verhornt und von tiefen, bis aufs blutige Fleisch gehenden Rissen zerklüftet. Abends setzte er sich mir gegenüber an den weiß gescheuerten Küchentisch, zündete eine Kerze an und hielt ein Stück Schusterpech über die Flamme, bis es heiß und flüssig wurde. Das tropfte er dann in die Wunden seiner Hände. Den Schmerz, unterdrückte er mannhaft, in dem er mit der Hand heftig hin und her fächelte und die Luft hörbar durch die zusammengebissenen Zähne zog, knurrte und stöhnte. Er erklärte mir, daß es keine bessere Methode zur Wundheilung gebe.

In der oberen Etage des Bauernhauses, dort wo sich auch meine Schlafkammer befand, wohnte das alte Ehepaar Pauline und Robert Lorenz. Ich erinnere mich gern, wie die alten Leutchen bemüht waren, meinen Kummer zu lindern. Sie sahen, wie sehr meine Seele in der fremden Umgebung litt. Lorenz Oma ermunterte mich immer wieder, sie zu besuchen. Nach dem Abendbrot, wenn alle Aufträge der Pflegeeltern erledigt waren, ging ich gern zu ihnen in die kleine Wohnküche und redete über meinen Schmerz. Pauline kochte dann meist für mich ein Töpfchen Kakao. Weitaus mehr interessierte mich ein hohes Einweckglas, das auf dem Fensterbrett stand. Dort hockte ein Laubfrosch, der angeblich das kommende Wetter ankündigte. Die Verläßlichkeit seiner Prognosen habe ich nicht geprüft. Sie waren für mich ohne Belang.

Beim Fischerbauer war auch die etwa siebzehnjährige Gerda als Dienstmädchen beschäftigt. Vielleicht absolvierte sie das Pflichtjahr, zu dem im Dutzendjährigen Reich alle Jugendlichen verpflichtet wurden. Gerdas Eltern besaßen in unmittelbarer Nachbarschaft ein Einfamilienhäuschen. Zu Gerda hatte ich ein schwärmerisches Verhältnis und sie wird meine kindliche Zuneigung gespürt haben. Mit erstaunlicher Offenheit ließ sie mich an ihren harmlosen Jungmädchen-Geheimnissen teilhaben, sprach von ihrer heimlichen Liebe. Bei der gemeinsamen Feldarbeit erzählte sie mir mit dem Talent erfolgreicher Vortragskünstler Geschichten nicht jugendfreier Landfilme nach, die in der Turnhalle unseres Ortes gezeigt worden waren. Wenn ich sie darum bat und sie gut aufgelegt war, sang sie mir den Schlager vor: »... und abends auf der Heide, da küßten wir uns beide ...«, was mir sehr gewagt und geheimnisvoll vorkam. Das Wort Erotik kannte ich damals ebensowenig wie das dazugehörige Gefühl. Bei den Verszeilen »... und sie erzählt mir leis', was keiner weis, nur einer weiß ...« ahnte ich irgendwelche schlimmen, rätselhaften Geschehnisse.

Gerda offenbarte mir unter dem Mantel tiefster Verschwiegenheit, daß die Lorenz Pauline eine Hexe sei. Das Wort Hexe galt ihr dabei nicht als Schimpfwort, sondern war in dem Sinne gemeint, daß die alte Frau irgendwelche okkulten Praktiken ausübe. Sie kenne sich damit aus, weil auch ihr eigener Vater ein Hexer, oder so etwas ähnliches sei. Gerda warnte mich davor, die Pauline zu besuchen. Mit ihren Hexenkünsten könne sie nachts in meine Kammer kommen. Mit welcher Absicht, das wußte Gerda aber auch nicht exakt zu sagen, redete von der Kraft der Jugend, die sich Hexen holten. Sie jedenfalls könne nicht im Hause des Bauern übernachten, weil dort die Hexe ihr Unwesen triebe. Als sie beim Fischerbauern ihren Dienst antrat, hätte sie es versucht, aber dann nachts im Bett keine Luft bekommen sondern das Gefühl, »... als wenn mir jemand auf der Brust sitzt.« Das wäre die Pauline Lorenz beziehungsweise ihr Geist gewesen. Ich empfand diese Gruselgeschichten wohl aufregend, aber keineswegs furchteinflößend. Ganz gewiß würde die Lorenz Oma nicht nachts auf dem Flur herumschleichen, um mir etwas Böses zu tun, nachdem sie sich so freundlich um mich gekümmert hatte. Überdies war ich es gewohnt, daß alte Häuser tatsächlich nachts knarrten und stöhnten. Das mystische Treiben von Hexen ließ mich trotz der vertraulichen Informationen von des Hexers Töchterchen ziemlich kalt.

Hingegen mußte ich die Erfahrung machen, daß man sich Ärger bereitet, wenn man halsstarrig an der Wahrheit festhält: Eigentlich sollte es eine gute Tat sein, aber was trieb mich nur, in der Welt der Erwachsenen für Ehrlichkeit sorgen zu wollen. Aber frei nach Wilhelm Busch: »Das Gute, dieser Satz steht fest, ist steht's das Böse, was man läßt!« War es aber wirklich etwas Böses, was ich besser hätte lassen sollen? Während der Erntezeit arbeitete auch Gerdas Mutter als Aushilfskraft beim Fischerbauer. Bei einem Gespräch der Bauersleute schnappte ich auf, daß die Fischer Hilma Gerdas Mutter Meta für nicht besonders fleißig hielt. Sie beschwerte sich bei ihrem Mann: »Das bissel, was die Meta fertigbringt, kann ich auch selber erledigen.« Vielleicht wollte sie den Arbeitslohn sparen oder nur allgemein kritisieren. In meiner kindlichen Einfalt dachte ich, das könnte auch Gerda interessieren. Die wiederum berichtete umgehend ihrer Mutter. Die so ins Gerede gekommene Erntehelferin wollte die Beschuldigung nicht auf sich sitzen lassen. Frau Hilma und Frau Meta führten ihre Auseinandersetzung auf dem Hof und ich stand dicht dabei. Gerdas Mutter wollte zurecht wissen, ob es sich überhaupt lohnt, für den Bauer aufs Feld zu gehen. »Du bist der Meinung, ich würde nicht genug arbeiten, hab ich gehört?« Die Bäuerin bestritt natürlich: »Nee, so was hab'ch nie gesagt, wie sollt' ich denn?« Folgerichtig wurde nun ich als Kronzeuge aufgegerufen. Eigentlich wollten mich beide Frauen als Zeugen in Anspruch nehmen, ich geriet in eine echte Interessenkollision, denn die Wahrheit ist unteilbar. »Manfred, komm her«, forderte Hilma in der Art eines Inquisitors. Ich wußte sofort, was los war, aber noch nicht, wie ich da herauskommen würde. »Manfred, hab ich gesagt, daß die Meta nicht genug arbeitet?!« Die Pflegemutter musterte mich streng und finster, darauf hoffend, daß ich diese Frage wahrheitswidrig beantwortete. So ein mieser Zeuge war ich aber nicht. Erwartungsvoll guckte mich auch die Meta an und ängstlich lauernd Gerda. Ich war in diesem Moment die kleinste, aber auch bedeutendste Person auf dem Hof. Ja, bei niedrig stehender Sonne werfen auch Zwerge große Schatten! Die Bauersfrau hatte nicht mit meinem Starrsinn gerechnet. Jetzt konnte ich ihr heimzahlen, daß sie mich jüngst mit einem Korb auf das abgeerntete Kornfeld zum Ährenlesen geschickt hatte, während Enkelsohn Klaus seinem Freizeitvergnügen nachgehen durfte, so wie im Märchen vom Aschenputtel. »Ja, Sie haben gesagt, das bissel Zeug, was Frau Zimmermann macht, können Sie auch noch mit machen.« Noch zwei Mal wurde in scharfer Form die hochnotpeinliche Frage an mich gerichtet: »Was, das soll ich gesagt haben?« und ich im Brustton der Überzeugung, weil's nun einmal die pure Wahrheit war: »Ja, Frau Fischer, das haben sie gesagt!« Die Pflegemutter merkte nun, mir war im Guten nicht beizukommen. Sie hatte einen Holzknüppel in der Hand, mit dem sie normalerweise die Kühe im Stall dirigierte. Den schleuderte sie jetzt gegen mich und schrie dabei:

»Du Lügenschwein, verdammtes!« So harte, ungerechte Worte für meinen guten Willen. Wie die Frauen dann ihre unterschiedlichen Standpunkte auflösten, weiß ich nicht. Ich jedenfalls verschwand eilends aus dem Blickfeld meiner Pflegemutter. Der moralische Sieger war ich dennoch, obgleich ich den Kampfplatz verlassen hatte. Gerda vertraute mir nämlich an, daß ihre Mutter mir Glauben schenkte, nicht der Hilma.

Die erwähnte Sache mit dem Ährenlesen verdroß mich über lange Zeit. Ich hielt es für eine ziemlich unsinnige Idee, daß ein Bauer, der das Korn fuderweise in die Scheune einbringt, anschließend die wenigen abgefallenen Ähren vom Feld aufklaubt. Erst in den Hungerjahren nach dem Krieg erlebten wir dann häufig, daß die Stadtmenschen vom Stoppelfeld die zurückgebliebenen Ähren sammelten. Aber meine Pflegemutter mochte einfach mich nicht untätig herumstehen sehen. Sofort fand sie für mich irgendeine Aufgabe. »Haste nischt zu tun?«, war eine häufige Frage. »Geh Kartoffeln abkeimen, in der Scheune liegt ein großer Haufen Kartoffeln!« Also ging ich in die Scheune mit beträchtlicher Wut im Bauch. Wut auf die Bauersfrau, die meine Pflegemutter war, auf die verkeimten Kartoffeln und plötzlich auch auf eine Katze, die gelangweilt in der Scheune herumstrich und von all den Dingen, die mich plagten, nichts ahnte. Ausgerechnet in diesem Moment fand ich einen Stein zwischen den Kartoffeln. In meinem Zorn schleuderte ich ihn, wie weiland David, mit Wucht in Richtung Katze. Die rannte regelrecht in die Flugbahn des Wurfgeschosses und, blieb wie vom Blitz getroffen, reglos auf der Tenne liegen. Ich bekam einen fürchterlichen Schreck. Das hatte ich nicht gewollt. Wenn das die Bauersleute erfuhren ... Wohin also mit dem armen Tier? Ich stand auf, packte es am Fell und warf es in hohem Bogen hinter einen an der Wand aufgeschichteten Strohstapel. Dann setzte ich eifrig meine Arbeit bei den Kartoffeln fort und grübelte darüber nach, was ich sagen wollte, würde man mich nach dem Verbleib der Katze fragen. Nach geraumer Zeit hörte ich hinter dem Strohstapel, dort, wo die tote Katze lag, Geräusche. Ich gebe zu, daß ich selten so viel Angst spürte, wie in diesem Moment. Dann traute ich meinen Augen nicht! Das Kätzchen kam angekrochen, verschwand aber mit großen Sprüngen, als es mich neben dem Kartoffelhaufen sah. Mein Steinwurf hatte die Katze nur betäubt. Fortan mied sie auffällig meine Nähe, was ich ihr nicht verdenken konnte.

Die Auffassungen darüber, wieviel Freizeit einem Zehnjährigen zustand, fielen wohl doch zu gegensätzlich aus. Während es mich ständig hinaus ins Freie zog, legte es meine Pflegemutter darauf an, mir so viel Arbeit zuzuweisen wie es nur ging. Wenn sie gleich strenge Maßstäbe bei ihrem Enkel angelegt hätte, wäre zu akzeptieren gewesen, daß sie kindliche Wünsche nach Ungebundenheit einfach nicht billigte. Aber so war es nicht, was meinen Glauben an den Gerechtigkeitssinn der Erwachsenen stark aushöhlte. Folglich habe ich meine Pflegemutter hinters Licht geführt. Unter dem Vorwand, Schularbeiten zu erledigen, verdrückte ich mich irgendwohin und las. Lesen war meine Leidenschaft. Mit acht Jahren war ich bereits emsiger Benutzer der Schulbücherei in Holzhau und lieh mir den »Robinson Crusoe« aus und beim Fischerbauer las ich, etwas frühreif, im »Saydaer Tageblatt« den Fortsetzungsroman »Die Geierwally«, eine kitschig-schwülstige Liebesgeschichte aus den Alpen. Von diesem Bergroman waren aber nicht nur ich, sondern die täglich vorbeischauende Fischer-Tochter Else und Dienstmädchen Gerda tief beeindruckt. Alle warteten daher begierig auf die neueste Ausgabe der Tageszeitung. Zumeist hatte ich sie zuerst zur Hand, indes, die Frauen mißgönnten mir mein Bildungsbedürfnis. »Das ist doch noch gar nichts für Dich, verstehst Du denn, was da geschrieben ist?« Muß ich wohl, sonst hätte ich mich ja nicht so für die Geierwally begeistern können. In meinen geheimsten Gedanken nahm den Platz der Geierwally mein Schwarm Gerda ein und ich war der Bergbauersohn, Wildschütz oder Förster, der die Gerda aus steiler Bergeshöhe retten durfte und andere heroische Taten vollbrachte.

Eine willkommene Gelegenheit, mich dem Arbeitsprogramm meiner Pflegemutter legal zu entziehen, war die Teilnahme am Dienst beim »Jungvolk«, eine Unterorganisation der »Hitler Jugend«, HJ genannt. Da es NS-Organisationen waren, versteht sich von selbst, daß die Einflüsse ausschließlich nazistisch-faschistischer Natur sein konnten. Mit zehn Jahren wurde man in das »Jungvolk« aufgenommen, beziehungsweise genötigt, darin einzutreten. Da ich von mir aus untätig blieb, war meinem Pflegevater nahegelegt worden, mir den Dienst im »Jungvolk« zu ermöglichen. Welche politische Haltung Louis Fischer vertrat, kann ich nicht beurteilen. Zu meiner Zugehörigkeit zum »Jungvolk« meinte er lediglich, »von mir aus kannste hingehen, Geld für die Uniform aber haben wir nicht«. Irgendwie gab es für eine solche ideologische Ausrichtung bei mir keinen bestellbaren Boden. Weiß der Teufel, weshalb ich nicht empfänglich genug war für eine tiefgehende Naziideologie. Natürlich gab es bei mir keine Ablehnung oder Widerspruch, ich nahm die Verhältnisse als gegeben, normal hin. Über die brutale und verbrecherische Verfolgung politischer Gegner, das Vorhandensein von Konzentrationslagern und die Judenverfolgung waren wir Kinder und dann Jugendlichen ohnehin nur vage informiert.

Zum praktischen Dienst ging ich gern. Die militärischen Ausbildungselemente, die Übungen, Sportwettkämpfe und Geländespiele sagten mir zu. An Gehorsam, Disziplin war ich Pflegekind ohnehin mehr gewöhnt als andere Kinder. Mein besonderes Interesse am Dienst rührte aber wohl daher, daß ich mich dort unter Gleichaltrigen und nicht unter dem Kommando der Fischer Hilma befand. Irgendwann war ich dann auch zu einer Uniform, beziehungsweise wesentlichen Teilen davon, gekommen. Wer mir eigentlich das HJ-Hemd samt Dreiecktuch und geflochtenem Lederknoten sowie ein Koppel mit Schulterriemen beschaffte, weiß ich nicht. Mein Pflegevater Louis wohl kaum, möglicherweise dessen Tochter Else. Else war hitlertreu, nicht ohne Begeisterung.

In einer überaus einfältigen Weise zeigte sich das an einem Weihnachtsabend. Ich war von Else eingeladen worden, mit an der Weihnachtsbescherung im Kreise der Familie teilzunehmen, an sich eine freundliche Geste. Vielleicht sah sie, daß man mir die fehlende Geborgenheit des Elternhauses wenigstens zu Weihnachten irgendwie ersetzen sollte. Was aber in Erinnerung blieb, war nicht weihnachtliche Besinnlichkeit, sondern eine uns Kindern im trauten Familienkreis abverlangte, lächerliche, peinlich wirkende Huldigungsgeste auf den Führer: Vor der Bescherung wurde gemeinsam die im Radio übertragene Führerrede gehört. dem üblichen Zeremoniell gemäß sendete man anschließend das »Horst-Wessel-Lied« und das »Deutschlandlied«, auch zu Weihnachten. Else erwartete dabei von uns Kindern, daß wir ebenso wie die Erwachsenen, neben dem Weihnachtsbaum stehend, mit zum Führergruß erhobenen rechten Arm, mitsangen. Wir Kinder spürten offenbar das Groteske der Situation und ließen es an der gebotenen Würde fehlen. Das brachte uns strafende Blicke der Else Flegel ein. Wie die Tochter des Fischerbauern eine solche Hitlerverehrerin werden konnte, läßt sich nur mutmaßen. Beim Fischerbauer selbst war von politischer Gesinnung kaum etwas zu verspüren. Else dürfte in der Ehe mit einem beamteten Lokomotivführer einen sozialen Aufstieg gesehen haben. Man gehörte nun zum wohlsituierten Bürgertum und eine Beamtenfamilie hatte zum Staat unbedingt loyal zu stehen. Hitler kannte diese Sorte von Staatsbürgern sehr gut und zählte auf sie. Im Jahre 1931 von einem Journalisten gefragt, woher er denn die Köpfe zum Regieren nehme, erwiderte er: »Glauben Sie etwa, daß bei einer siegreichen Revolution im Sinne der Partei uns die Köpfe nicht haufenweise zufallen? Glauben Sie, daß das deutsche Bürgertum, die Blüte der Intelligenz sich weigern wird, uns Gefolgschaft zu leisten und uns seine Köpfe zur Verfügung zu stellen? Das deutsche Bürgertum stellt sich doch dann auf den berühmten Boden der Tatsachen, mit dem deutschen Bürgertum machen wir was wir wollen!« (Richard Rhode, »Die Atombombe«) Hitler und dessen Clique machten später nicht nur mit dem Bürgertum, sondern mit dem gesamten deutschen Volk was sie wollten. Es darf aber nicht übersehen werden, das dies nur möglich wurde, weil die höchsten Spitzen der Wirtschaft, der Banken und der Gesellschaft überhaupt Hitler an die Macht brachten und hielten. Für diese Kreise wäre beizeiten zu erkennen gewesen, welche Folgen eine Machtübernahme der Nazis nach sich ziehen würde. Man nahm sie zumindest billigend in Kauf.

Meine eigenen Probleme waren aber ohnehin nicht die der Erwachsenen. Ich wollte die Freizeit mit Gleichaltrigen verbringen. Dafür hatten die Pflegeeltern keinen Nerv. Es wäre naheliegend gewesen, mit dem Fischer-Enkel Klaus, der sehr häufig zu den Großeltern kam, eine normale Kinderfreundschaft zu pflegen. Aber offenbar fand der Junge, vielleicht auch seine Eltern, daß ich von meiner Herkunft und meinem Status als Pflegekind her kein standesgemäßer Umgang für ihn sei. Klaus war voller Dünkel, ein Besserwisser, strebte danach, überall im Mittelpunkt stehen. Deswegen verhielt ich mich ihm gegenüber gleichgültig. Vielleicht war meine Abneigung auch unbegründet, wie auch immer, er war mein Typ nicht und ich nicht der seinige.

Eine enge Schulfreundschaft, vertrauter und enger als üblich, verband mich mit Horst Braun. Braun-Butz oder nur Butz wurde er gerufen. Wie er zu diesem Spitznamen gekommen war, weiß ich nicht. In Horsts Familie wurden Ziegen nahe der Wohnräume gehalten. Er trug den strengen Geruch dieser Arme-Leute-Haustiere mit sich herum. Dabei rochen wir in der Klasse wohl allesamt nicht so, als wären wir eben einem Rosenduftbad entstiegen. Kinder vom Lande müssen bei der Landarbeit zupacken und die hat ihre eigenen Gerüche. Horst roch eben noch etwas intensiver. Wollten ihn Mitschüler ärgern, wurde in seiner Gegenwart betont auffällig geschnüffelt. Wir bemerkten auch, daß die Lehrerin, kam sie an seiner Schulbank vorbei, ihre Augen verdrehte und tief durch die Nase Luft holte, als wolle sie sich das Aroma besonders gut einprägen.

Horst wohnte mit seinen Eltern und Geschwistern im vorletzten Haus am Eingang zu einem großen Waldgebiet auf der »Goldenen Höhe«, dem höchstgelegenen Ortsteil von Rechenberg, der seinen Namen der herrlichen Lage wegen zu Recht trug. Gesunde Beine und eine kräftige Lunge waren nötig, um den steilen Anstieg in einem Zug zu schaffen. Horst war der Sohn einfacher, aber geachteter Leute, deren ehrliche und ungebrochene kommunistische Gesinnung ich später, als ich imstande war, das zu beurteilen, großen Respekt zollte.

Wie und warum unter Kindern Freundschaften entstehen, kann man meist nicht erklären. Kinder entscheiden spontan, lassen sich nur selten von bestimmten Absichten oder gar Eigennutz leiten. Und solche emotionalen Freundschaften sind dann ehrlich und meist dauerhaft. Mit Horst verstand ich mich ganz einfach gut und vielleicht gab es übereinstimmende wie auch sich ergänzende Charakterzüge und verbindende soziale Gefühle. Dora Braun, Horsts Mutter, war mir sympathisch in ihrer unkomplizierten mütterlichen Art. Außerdem war Horst ein guter Schifahrer. So etwas verbindet unter Kindern, wo der Wettbewerb untereinander eine große Rolle spielt, allemal. Um noch zusammenzubleiben und miteinander reden zu können, nahm ich oft nach Schulschluß den halbstündigen Aufstieg in Richtung »Goldene Höhe« auf mich. Das war für mich nicht nur ein beträchtlicher Umweg, vor allem mußte ich anschließend meiner Pflegemutter Rede und Antwort stehen, warum ich so spät nach Hause kam. Meist gab ich vor, noch bei meiner Mutter, deren Wohnung am Schulweg lag, vorbeigeschaut zu haben. Dagegen konnte die Fischerbäuerin schwerlich etwas einwenden.

Horst führte mich in die Künste eines Holzschnitzers ein. Aus trocknem Fichtenholz entstanden unter unseren mehr oder weniger geschickten Händen Köpfe für ein vollständiges Kasperletheater; Kasper, Gretel, Großmutter und Teufel. Irgend jemand fertigte die Kleider an. Während mein Schnitzertalent bescheiden blieb, offenbarte Horst schon damals bemerkenswerte Fähigkeiten. Später wurde er ein erfolgreicher Holzbildhauer und gefragter Stukkateur.

Manche unserer Aktionen waren schon recht ausgefallen, so der abenteurerliche Sprung von der Rechenberger Burgruine. Nun hört sich das Wort Burgruine etwas gewaltig an, es handelte sich um die bescheidenen Reste eines Festungsturmes auf einem etwa zwanzig Meter hohen Felsen, der der Burg einst als Fundament gedient hatte. Die Geschichte passierte im Winter. Zum Dienst beim »Jungvolk« war eine Schnitzeljagd angesagt. Bei diesem Spiel werden zwei Gruppen gebildet, die man jeweils als Füchse und Hasen bezeichnet, deswegen ist mancherort auch der Begriff Fuchsjagd gebräuchlich. Die Hasen erhalten als die Gejagten einen Vorsprung, müssen aber ihren Weg von Zeit zu Zeit mit Konfetti, Papierschnitzeln oder Sägespänen markieren. Ist die vereinbarte Zeit verstrichen, jagen ihnen die Füchse hinterher. An jenem Tag wurden Horst und ich als Hasen bestimmt. Man nahm dafür gern gewandte und schnellfüßige Skiläufer, weil es dann für die Füchse eine spannende Jagd gab. Wir spurteten mit unseren Brettern los, setzten die vorgeschriebenen Markierungen und glaubten besonders pfiffig zu sein, wenn wir uns auf dem Burgfelsen der Ruine versteckten. Von der Rückseite her ist das Plateau ohne Schwierigkeit zu erreichen. Wird dieser Zugang besetzt, sitzt man in der Falle, man kann dann den Felsen normalerweise nicht mehr verlassen, denn über die senkrechte Felswand zur Straßenseite hin führt kein gangbarer Weg nach unten. Wir wurden vorzeitig entdeckt. Im Vorgefühl des gewonnenen Spiels stürmten die Füchse zur Burgruine, schnallten dort die Skier ab und kamen zu Fuß zum Felsen hinauf. Horst und ich waren in der Klemme und hielten nach einem

Fluchtweg Ausschau. Es blieb nur die Flucht nach vorn, die vermutlich noch niemand probiert hatte. Nun gibt es an der Felsenwand mehrere Absätze und Vorsprünge, so daß uns ein Abstieg zwar gewagt, aber nicht unmöglich erschien. Kurzentschlossen warfen wir unsere Bretter hinunter und gelangten dann Stück um Stück abwärts bis wir schließlich mit einem letzten Sprung am Fuße des Felsen landeten. Mit dieser Fluchtvariante hatten dic Verfolger nicht gerechnet. Als sie auf dem Plateau eintrafen, waren wir Hasen schon nicht mehr zu sehen. Stolz zogen wir davon.

Mit dieser unmittelbar neben der Schule befindlichen Burgruine ist jedoch auch ein anderes, tragisches Ereignis verknüpft, an das ich mich noch ungewöhnlich deutlich erinnere. Es muß mich in besonderer Weise berührt haben: Als ich eines morgens auf dem Weg zum Unterricht am Schulgebäude anlangte, bemerkte ich auf der Straße am Fuße des Felsen der Burgruine eine Anzahl aufgeregter Dorfbewohner. Der Grund für den Auflauf war schnell ausgemacht. Im oberen Bereich des Felsens klammerte sich eine junge Frau an den Stamm eines schwachen Birkenbäumchens, das an der steilen Wand seinen unsicheren Standort gefunden hatte. Die Frau, ein Mädchen fast, war eine Ostarbeiterin, die wie viele andere zur Zwangsarbeit nach Deutschland verbracht worden war. Es war offensichtlich, die Frau wollte sich in die Tiefe stürzen und war an diesem Stamm hängen geblieben oder hatte sich daran festgeklammert. Oben auf dem Felsen standen Leute und versuchten, ihr zu helfen. Schließlich griff die Frau nach einem ihr zugeworfenen Seil und konnte nach oben gezogen werden. Warum sich die Ostarbeiterin umbringen wollte und wie man weiter mit ihr umging, erfuhr ich nicht. Viele Schulkinder hatten dieses Drama beobachtet. Wir redeten in der Klasse noch lange darüber.

Die gravierenden Folgen des 1939 von Deutschland provozierten und ausgelösten Weltkrieges waren selbstverständlich auch von den Kindern meines Alters wahrzunehmen. Nicht nur die Erwachsenen ängstigten sich um ihre Nächsten, die an die Front geschickt worden waren oder befürchten, demnächst selbst Soldat werden zu müssen. Die Sorge um Männer, Söhne, Brüder übertrug sich auch auf uns Kinder. Blieben die Feldpostbriefe von der Front besorgniserregend lange aus, dann sprachen auch wir untereinander in der Schule darüber oder unsere Lehrerin, Frau Arlt, erkundigte sich sorgenvoll danach. Allerdings zweifelte unter uns niemand daran, daß wir Deutschen den Krieg gewinnen würden. Ob aber Deutschland zu Recht Krieg führt, darüber dachten wir nicht nach. Unsere Gespräche bewegten sich im Allgemeinen um die Überlegenheit der deutschen Soldaten und ihrer Militärtechnik. Unsere Wehrmacht konnte jedes Land besiegen und die deutschen Waffen waren grundsätzlich besser als die der Feinde. Nach dem Überfall auf die

Sowjetunion erschien uns allerdings die unendliche Weite dieses Landes ein bedenkenswerter Faktor in diesem Krieg zu sein. Selbst unsere Lehrerin Arlt wollte ihr Gefühl der Sorge und Unsicherheit nicht verbergen, als sie vor unserer Klasse über den mit der Sowjetunion begonnenen Krieg sprach, nachdem am Sonntag, dem 22. Juni 1941, 3.15 Uhr die deutschen Verbände in dieses Land eingedrungen waren, wortbrüchig, wie die deutsche Generalität vor dem Nürnberger Kriegstribunal eingestehen mußte. Auch heute noch kann ich ihr Gefühl tiefer Sorge nachempfinden. Wenn ich aus heutiger Sicht Frau Arlts Gesinnung zu beurteilen versuche, meine ich, daß sie weder den Krieg billigte noch eine Sympathisantin der Nazis war.

Nach der Eröffnung der Ostfront wurde in Rechenberg ein kleines Lager für kriegsgefangene sowjetische Soldaten eingerichtet, später in einem Gebäude am »Trostgrund«. Zum ersten Mal in meinem Leben sah ich russische Soldaten beziehungsweise das, was von ihnen übriggeblieben war. Sie waren, auch für mich erkennbar, in einem beklagenswerten Zustand, wie sie da in zerschlissenen Uniformen über die Dorfstraße schlurften. Wohl niemand hätte sich damals vorstellen wollen, daß es die Kameraden der späteren Sieger waren. Diese Männer hatten bei der Verteidigung ihrer Heimat ihr Leben eingesetzt und die Freiheit verloren. Sie waren im Kampf gegen die starke, kriegserfahrene und zugleich erbarmungslos kämpfende Kriegsmaschine, der die Ressourcen halb Europas zur Verfügung standen, durch mörderische Schlachten gegangen. Moralisch waren sie die Sieger. Das bedachten wir Jungs jedoch nicht. Wir kannten nur die siegverwöhnten Ritterkreuzträger Mölders, Galland, Wick und so weiter, die uns in ihren schmucken Uniformen als Postkartenbilder massenhaft ins Haus gebracht wurden. Schickten wir Bengels uns allerdings an, die Gefangenen mit albernen »Russki, Russki«-Rufen zu verhöhnen, dann schimpften die Leute und die Wachsoldaten scheuchten uns fort. Nach meinem Urteil war das Rechenberger Gefangenenlager nicht so barbarisch, wie die großen Massenlager. Die Wachmannschaft bestand aus älteren Wehrmachtsangehörigen, die für einen ruhigen Posten gewiß dankbar waren. Sie mußten nicht die Gefahren fürchten, denen sie im Feindesland ausgesetzt gewesen wären.

Das geflügelte Wort, der Mensch sei ein Gewohnheitstier, bezieht sich auf die menschliche Fähigkeit, Fremdes oder Ungewohntes, ja selbst zunächst unerträglich erscheinende Bedingungen im Leben hinzunehmen, sich mit Vernunft darauf einzustellen und wenn das Schicksal nun einmal so wollte, mit stoischer Ruhe Unabänderliches zu akzeptieren. So hatte auch ich mich letztendlich mit dem Status eines Pflegekindes abgefunden. Welche Spuren dieser Gewöhnungsprozeß bei meiner Charakterbildung, in meiner Psyche hinterließ, ist wohl von Außenstehenden besser zu beurteilen als von mir selbst. Ich jedenfalls gönne niemandem eine solche Erfahrung, wenngleich sie mich nicht nur im negativen Sinne prägte.

Mittlerweile fand ich nichts Ungewöhnliches mehr daran, auf dem Schulweg Tag für Tag an jenem Haus vorbeizugehen, in dem Mutter mit ihrer Familie wohnt. Einst hatte auch ich zu dieser Familie gehört, nun nicht mehr! Ohne eigene Schuld war ich fortgeschickt worden. Mutter traf ich manchmal vor dem Haus, natürlich auch meine Halbgeschwister beim Spiel. Es berührte mich wohl nicht sonderlich. Jedenfalls erinnere mich nicht, damals darüber nachgedacht zu haben, weshalb ich nicht zur Mutter gehen durfte, sondern eine halbe Stunde weiter zu einer fremden Frau, meiner Pflegemutter lief. Hin und wieder sah ich auch meinen ehemaligen Stiefvater. Aber ihn ignorierte ich ganz bewußt.

Wenn es sich zufällig ergab, fragte mich Mutter Belangloses, wie es mir gehe und so weiter. Was sollte ich darauf erwidern? Mag sein, sie hat mir manchmal etwas zu naschen zugesteckt. Vielleicht auch nicht, ich erinnere mich kaum. Nicht vergessen hingegen habe ich eine bittere Enttäuschung. Im Grunde genommen eine ziemlich belanglose Geschichte, aber sie ist mir im Gedächtnis haften geblieben. Was ist für ein Kind wichtig oder unwichtig? Mutter versprach eines Tages, mit mir in der Vorweihnachtszeit nach Freiberg zum Einkaufen zu fahren. In die große Stadt zu fahren und noch dazu in der Zeit der weihnachtlich geschmückten Geschäfte und Straßen, das wäre für mich ein Erlebnis gewesen. Vielleicht würde sie mir ja auch ein kleines Geschenk kaufen. Ich bat den Fischerbauer, mir die Eisenbahnfahrt nach Freiberg zu genehmigen. In solchen Dingen sprach er das entscheidende Wort. Er unterschrieb ja auch mein Zeugnisheft mit »Louis Fischer, Pflegevater«. Alles war vorbereitet: Meine Lehrerin befreite mich für einige Stunden vom Schulunterricht. Die Pflegeeltern gaben mir eine kleine Summe Reisegeld. Guter Dinge und voller Erwartungen ging ich zu Mutter. Natürlich rechtzeitig, wir durften doch auf gar keinen Fall den Zug verpassen. Mein Eifer war kein blinder und dennoch nutzlos! Als ich Mutters Wohnung betrat, sah es dort überhaupt nicht nach Reisevorbereitungen aus. Ich wunderte mich. Bedauernd meinte sie: »Manfred, 's ist sehr schade, aber wir könn' nicht fahren, es geht heute nicht!« Ich weiß nicht mehr, welche Gründe angeblich vorlagen, hatte sie wieder einmal Ärger mit ihrem Mann, war kein Geld da oder hatte sie einfach keine Lust? Ich fühlte mich sehr verletzt, weil sie ihr Versprechen nicht gehalten hatte. Traurig ging ich zum Haus der Pflegeeltern. Die spürten meine bittere Enttäuschung und hielten sich mit Kommentaren zurück. An ihren Gesten sah ich, daß sie Mutters Verhalten mißbilligten.

Mutter war leider nie sehr verläßlich, in keiner Hinsicht! Andererseits sah ich damals als Kind noch nicht, daß ihr Alltag kaum Freundlichkeiten parat hielt, sondern mit anhaltendem Ärger, quälender Enttäuschung, Entbehrung und Sorge überladen gewesen sein muß. Zusätzlich traf sie zu jener Zeit ein schmerzlicher Schicksalsschlag. Vielleicht wird sie sich gefragt haben, weshalb wohl sie zu jenen Menschen gehörte, die vom Füllhorn des Glücks so wenig erhalten.

Das für meine Mutter so schmerzhaft endende Ereignis hatte drei Jahre zuvor für sie recht glücklich begonnen. Am 5. September 1939 – der Krieg war erst fünf Tage alt – brachte Mutter, bereits achtunddreißigjährig, ein Mädchen zur Welt. Es wurde auf den Namen Helga getauft. Eben zu jener Zeit war ich zu den Pflegeeltern gebracht worden. Mutter aber wird wohl sehr glücklich gewesen sein. Bisher hatte sie drei Söhne geboren, sich aber immer eine Tochter gewünscht, nun wurde sie ihr geschenkt. Einmal, so könnte sie gedacht haben, kehrt das Glück auch bei mir ein. »Die Helga hatte so schönes blondes Haar, alles Locken und blaue Augen, so ein hübsches Kind«, schwärmte Mutter zuweilen in späteren Jahren. Das viel zitierte Schicksal war ihr jedoch abermals nicht gewogen. Helga bekam eine schwere, nur selten heilbare Hirnhautentzündung, deren Folge geistige Behinderung war. Nach einer Behandlung im Krankenhaus durfte die kleine Helga zunächst zur Pflege wieder nach Hause. Mutter hoffte, wer kann es ihr verdenken, immer noch auf Heilung.

Das nun zu schildernde Leid muß im Zusammenhang mit einem besonders abscheulichen Kapitel der Naziherrschaft gesehen werden.

Was in jener Zeit nur einem kleinen Kreis verbrecherisch handelnder Unmenschen im Detail bekannt sein konnte, worüber aber unter der Bevölkerung durchaus Mutmaßungen angestellt wurden, löste nach dem Sieg über die Hitlerdiktatur weltweit Abscheu aus und ging als Euthanasieverbrechen in die Geschichte ein. Dabei wurde der Begriff Euthanasie, der eigentlich Sterbehilfe, also die Milderung des Todeskampfes bedeutet, fälschlich auf verbrecherische Handlungen angewandt. Es blieb dann bei dieser Bezeichnung, heute versteht man unter Euthanasie vor allem diese Naziverbrechen, den staatlich sanktionierten Massenmord an Behinderten. Zu dessen Geschichte: Mitte des Jahres 1939 wurde der Chef der »Kanzlei des Führers«, Philipp Bouler, von Hitler mündlich beauftragt, gemeinsam mit Hitlers Leibarzt, Dr. Karl Brandt, Maßnahmen zur Vernichtung geistig schwerbehinderter Menschen, von den Nazis als unwertes Leben bezeichnet, vorzubereiten. Da solche Kranke in der Regel in entsprechenden Heilanstalten untergebracht waren, wurde die Abteilung IV des Reichsinnenministeriums, zuständig für die Heil – und Pflegeanstalten, in das »Euthanasieprogramm« einbezogen. Die Abteilung IV wurde von Staatssekretär Dr. Leonardo Conti geleitet, der zugleich Leiter des Hauptamtes für Volksgesundheit in der Reichsleitung der NSDAP war. Bouler, Brandt,

Conti und weitere hochrangige Personen bildeten einen Arbeitsstab, der von Dr. Victor Brack, Chef des Hauptamtes II der »Kanzlei des Führers« geleitet wurde. Man zog rund 30 Ärzte hinzu, die sich sämtlich freiwillig an der Ausarbeitung dieses verbrecherischen Programms beteiligten. Für die Kindereuthanasie war der Leiter des Amtes II b in der »Kanzlei des Führers«, der Dresdner Dr. Hans Hefelmann, zuständig. Er wie die anderen Beteiligten galten als qualifizierte Ärzte. Es handelte sich bei den Tätern also nicht um drittklassige Mediziner und außer gesellschaftliche Kontrolle geratene Fanatiker, wie später von mancher Seite verharmlosend behauptet. Für die Durchführung der Euthanasiemaßnahmen war der »Reichsausschuß zur wissenschaftlichen Erfassung von erb- und anlagebedingten schweren Leiden« verantwortlich. Als Tarnbezeichnung wurde dafür »T 4« gebräuchlich, weil dieses Amt in der Berliner Tiergartenstraße 4 seinen Sitz hatte.

Nachdem am 1. September 1939 die »Euthanasie-Ermächtigung« von Hitler sanktioniert worden war, wurde mit Kohlenoxydgas (Kohlenmonoxid) als Tötungsmittel Anfang Januar 1940 an 18 bis 20 Personen im Zuchthaus Brandenburg ein entsprechender Vorversuch durchgeführt. Erwachsene Kranke wurden in den Heil-und Pflegeanstalten Grafeneck, Brandenburg, Bernburg, Hartenstein (Linz), Sonnenstein (Pirna) und Hadamar (Hessen) in eigens dafür geschaffenen Räumen mit Gas getötet. In der Kinderfachabteilung Leipzig-Dösen, offenbar der Ort an dem auch die kleine Helga leiden mußte und umgebracht wurde, tötete man die wehrlosen Opfer mit Luminal. Eine weitere Methode war, die Kinder so lange hungern zu lassen, bis sie qualvoll starben. Die Zahl der Euthanasieopfer wird auf etwa 200 000 geschätzt, davon etwa 5000 Kinder.

Mutter hoffte also immer noch, Helga würde bei ihrer Pflege wieder gesund werden. Da erreichte sie eines schlechten Tages die keinen Widerspruch zulassende amtliche Aufforderung, einem Aufenthalt ihrer Tochter in einer Kinderheilanstalt in Leipzig zuzustimmen. Wieso die amtlichen Stellen von diesem Fall wußten und eine Einweisung anordneten, blieb seinerzeit im Dunkeln. Wenige Wochen später kam die Nachricht, daß die dreijährige Helga am 9. November 1942 im Krankenhaus, dem sie ihr Kind hoffnungsvoll anvertraut hatte, an einer Lungenentzündung gestorben sei. Aus Gründen des Seuchenschutzes sei die Bestattung bereits erfolgt. Also konnte sie sich nicht einmal von ihrem toten Kind verabschieden. Mutter konnte nicht wissen, welches teuflisches, staatlich organisiertes Verbrecherwerk vor sich ging. Wie es überhaupt zur Zwangseinlieferung der kranken Helga kommen konnte, erklärt sich aus einem vertraulichen Erlaß des Reichsinnenministers, wonach Ärzte und Hebammen verpflichtet wurden, Neugeborene und Kinder, die verdächtig waren, unheilbar krank zu sein, zu melden.

Zwar ließ Hitler diese Massenmorde in den Heil- und Pflegeanstalten wegen ungewöhnlich starker Beunruhigung unter der Bevölkerung und nach Protesten aus Kirchenkreisen am 14. August 1941 stoppen – ein mutiger Jurist, der Vormundschaftsrichter Dr. Lothar Kreissig hatte gar Anzeige zur Aufklärung von Tötungsverbrechen erstattet. Dennoch wurden geistig Kranke weiterhin in Gaskammern und durch Nahrungsreduzierung getötet. Auch wenn die kleine Helga erst ein reichliches Jahr nach dem formell angeordneten Abbruch dieser verbrecherischen Aktion »verstarb«, war sie ein Opfer der Euthanasieaktion geworden. In den Heil-und Pflegeanstalten wie in entsprechenden Krankenabteilungen wurden kranke Kinder weiterhin weisungsgemäß medikamentös und durch Injektionen getötet. Die den Angehörigen zu nennenden Todesursachen wurden einem von der Mordabteilung T4 erarbeiteten Katalog entnommen. Lungen- und Blinddarmentzündungen mit tödlichem Ausgang sollten bevorzugt verwendet werden. Nicht immer waren entsprechende Mitteilungen an die Verwandten glaubwürdig. So stellten in einem Fall die Eltern eines Jungen, der nach einer Blinddarmoperation verstorben sein sollte, den Behörden recht unbequeme Fragen, denn an seinem Blinddarm war dieser Junge schon Jahre zuvor operiert worden. Auch Mutter zweifelte an der ihr mitgeteilten Todesursache: »Eine Lungenentzündung im Krankenhaus und dann gleich sterben müssen, nein, das kann man gar nicht glauben. Ich durfte sie nicht einmal sehen, das muß doch einen Grund haben. Wer weiß, was die mit dem Mädel angestellt haben ...?« So hörten sich ihre Bedenken an und es war wohl niemand in ihrer Nähe, der ihr in dieser schweren Zeit hätte helfen können. Auch wenn's eine Wiederholung ist; für Mutter war wohl das Leben oft eine so schwere Bürde, daß sie vom Kummer des Nächsten nichts merkte.

Gut ist es für den Mann, ein Joch zu tragen in der Jugend

Bibelspruch

Viele Menschen halten Bibelsprüche für der Weisheit letzten Schluß. Ich habe da häufig so meine Zweifel. Und ganz besonders, wenn ich obenstehenden Spruch mit den Stationen meiner eigenen Jugend vergleiche. Selbst wenn man nicht die dramatisch klingende Formulierung »Last des Jochs« benutzt, so muß doch gesagt werden, daß ein Großteil meiner Kindheit unter wenig kinderfreundlichen Umständen verlief. Man ging mit mir ziemlich rauh um, ein scharfer Wind wehte durch mein Leben. War das nun gut für den Mann?

Bleibt bei diesem Bibelspruch mein Urteil unsicher, so läßt der folgende ein klare Deutung zu: »Im Zorn tut der Mensch nicht das, was vor Gott recht ist!« Selbst, wenn wir die Worte »vor Gott« herauslassen, bleibt es eine gültige Aussage. Im grauen Alltag eines Pflegekindes sah die Sache folgendermaßen aus: Der Fischerbauer trug mir eines Tages auf: »Wenn Du von der Schule kommst, bring vom Schmied das Türschloß mit, es müßte fertig sein!« – »Ja, Herr Fischer, mache ich.«

Der Bauer hatte dem Rechenberger Schmied ein schweres Kastenschloß zur Reparatur gegeben. Das holte ich nun auftragsgemäß ab, am besten ließ es sich tragen, wenn man es einfach an der Klinke anfaßte. Auf der Straße schwenkte ich es locker umher und trollte mich heimwärts. Ich war noch keine hundert Meter gelaufen, begegnete mir ein einige Jahre älteres Mädchen, das mir körperlich weit überlegen war. Es wohnte auf der »Goldenen Höhe«. Forsch stellte mich das Mädchen zur Rede, weshalb ich es am Vortage vom Kirschbaum des Fischerbauern herab mit Kirschkernen bespuckt hätte. Nun, so abwegig war der Vorwurf nicht. Ich hatte mit Fischers Enkel Klaus im Baum gesessen und Kirschen gepflückt. Die Kerne werde ich wohl kaum in die Hosentaschen gesteckt, sondern, wie es sich gehört, im hohen Bogen ausgespuckt haben. Aber ich hatte ganz bestimmt nicht nach dem unten stehenden Mädchen gezielt. Ob Klaus vielleicht ...? Bevor ich der Gekränkten das Mißverständnis überhaupt erklären konnte, hatte ich mir von ihr eine tüchtige Ohrfeige eingefangen, schmerzhaft zeichneten sich ihre Finger in meinem Gesicht ab. Ich nahm den Schlag hin. Ob Recht oder Unrecht, ich war der Schwächere und hatte folglich einzustecken: Gewalt geht vor Recht! Aber ich fühlte mich doppelt gekränkt, zum einen, weil es eine Ohrfeige von einem Mädchen war, zum anderen, weil ich fand, daß ein ausgespuckter Kirschkern einen solchen harten Schlag nicht rechtfertigte. Natürlich wollte ich weder meinen Schmerz noch die Kränkung zugeben. Im Gegenteil, ich lachte laut und rief der Fortgehenden ein paar Nettigkeiten hinterher. Daraufhin kehrte sie zurück und wollte mir, nach dem Motto, wer schnell gibt, gibt doppelt, weitere Schläge verpassen. Bei dieser Aussicht vervielfältigten sich in mir Wut und Abwehrkraft. Unwillkürlich riß ich die Hand hoch, die immer noch das eiserne Kastenschloß umklammert hielt, und schlug damit blindlings zu. Das Mädchen preßte die Hände auf den Mund und lief schreiend davon. Am späten Nachmittag kam es in Begleitung seiner Mutter zum Fischerbauer. Man war beim Zahnarzt gewesen, meiner Kontrahentin fehlten mehrere Schneidezähne. Die Mutter klagte mich an und folgte dabei natürlich dem Bericht ihrer Tochter. Ich hingegen hatte dem Pflegevater meine Version des Vorfalls bereits offeriert. Fischer Louis sah sich nun zum möglichst vorurteilsfreien Richterspruch angerufen. Er verhielt sich nicht weniger weise als der jüdische König Salomo und dachte etwa gemäß dem Spruch: »... denn er läßt die Sonne aufgehen über die Bösen und über die Guten und läßt regnen über Gerechte und Ungerechte.« Louis hörte sich alles an und sagte bedächtig zur Mutter des Mädchens: »Weißte, ich war nicht dabei und Du warst nicht dabei. Wie's war, wissen bloß die Kinder. Sollen die das unter sich ausmachen!« Wir hatten das schon »unter uns« ausgemacht. Und da es nicht nach der Maßgabe »... Zahn um Zahn« ging, war ich zweifellos dabei recht gut weggekommen.

Meinem weiteren Verbleib beim Fischerbauer hätte nichts im Wege gestanden. Wir hatten uns aneinander gewöhnt, ich kannte die Schule, das Dorf und die Leute. Als Pflegesohn war ich anstellig, nicht ausgesprochen faul und erschwinglich im Unterhalt. Eine billige Arbeitskraft, also faktisch ein Geschenk. Trotzdem sollte ich nicht mehr lange auf dem Fischerhof bleiben, weil ich nicht mehr gebraucht werden würde. Auch jetzt fragte mich niemand, was denn eigentlich ich selbst gewollt hätte. Jedenfalls wurde Mitte des Jahres 1942 Gewißheit, was bis dahin mehr oder weniger als Gerücht kursierte – der Fischerbauer verkaufte seine Wirtschaft. Der neue Besitzer war ein gewisser Herklotz aus Holzhau. Die Konditionen, zu denen Haus, Hof und Vieh und Gerät den Besitzer wechselten, wurden sicher sorgsam ausgehandelt. Nur meine Zukunft blieb unklar! Als die Inventarliste geschlossen war, fiel vielleicht noch irgend jemanden auf – ach, da ist doch noch das Kind, was wird denn mit dem? Wohl das Dienstmädchen Gerda erzählte mir, daß die Familie Herklotz mich Pflegekind nicht übernehmen wolle. Der neue Hofbesitzer hatte für mich keine Verwendung.

Eines schönen Sonntagvormittags erschien beim Fischerbauern ein fremder Mann in mittleren Jahren. Ungezwungen, wortgewandt, forsch und selbstbewußt ging er ohne Umschweife auf sein Ziel zu. Wie ein erfolgreicher Viehaufkäufer. Aufmerksam musterte der Fremde nicht nur mich, sondern auch alles andere im Haushalt des Fischerbauern. Ich war gerade beim Kartoffelnschälen für das Mittagessen, ein Dauerauftrag, dem ich nur unwillig folgte, aber trotzdem nicht davon entbunden wurde. Gerda kannte meinen Widerwillen gegen diese Arbeit und half mir manchmal mitleidig mit ihren flinken Händen. Der »Viehaufkäufer« musterte mich eindringlich. »Das isser wohl, der Manfred?« Und direkt an mich gewandt: »Hätt'ste Lust, zu mir nach Clausnitz zu kommen?« Der Fremde wollte also weder einen Ochsen, noch eine Kuh und auch kein Pferd oder Wirtschaftsgerät kaufen, er kam meinetwegen! Woher wußte er, daß ich noch zu haben war? Der Mann erwähnte seinen großen Bauernhof und daß er mir auch seine Pferde anvertrauen würde. »Kartoffeln brauchste bei mir nicht zu schälen, das ist Weibersache.« Es machte ihm offenbar nichts aus, daß er mit dieser Bemerkung die Fischer Hilma kritisierte. Verdutzt hörte ich sein Angebot. Als wenn es auf mich und meine Lust angekommen wäre! ... Aber die Sache mit den Pferden und die in Aussicht gestellte Befreiung vom Kartoffelschälen, da hatte er schon für mich den richtige Ton gefunden. Was ich antwortete, weiß ich nicht mehr. Es war sowieso ohne jede Bedeutung. Man besprach den Termin meines Umzuges in das benachbarte Clausnitz. Der »Viehaufkäufer« erwartete, daß ich bereits zu Beginn der Sommerferien käme, um auf seinem Hof bei den Erntearbeiten helfen zu können. In mir stieg ein Gefühl von Unentbehrlichkeit auf: Man brauchte mich also. Was dann in Clausnitz tatsächlich auf mich zukommen würde, konnte ich mir nicht vorstellen. Doch, selbst wenn, was hätte es geändert ...

»Das war der Göhler Erich, einer der größten Bauern von Clausnitz«, klärte mich Gerda auf, »... der wollte mich auch haben.« Als Arbeitskraft, versteht sich. Gerda deutete mir an, daß der Göhlerbauer keine von den Dienstleuten bevorzugte Stelle sei. Sie jedenfalls würde auf keinem Fall dorthin gehen und riet auch mir davon ab. Dabei dürfte Gerda bewußt gewesen sein, daß ich mit meinen zwölf Jahren der letzte war, den man nach seiner Meinung gefragt hätte. Was den Göhlerbauern eigentlich so unbeliebt machte, erfuhr ich von ihr nur ungefähr. Von Strenge war die Rede, von Unfreundlichkeit und hohem Arbeitspensum, eben keine gute Adresse für Dienstleute. So sah ich meinem Umzug mit gemischten Gefühlen entgegen.

Zum Abschluß des 5. Schuljahres hatte mir der Klassenlehrer ins Zeugnis geschrieben: »Im ganzen befriedigend, sein Fleiß gibt zu großem Tadel Anlaß. Aufmerksamkeit befriedigt nicht.« Das negative Urteil beeindruckte meine künftigen Pflegeeltern keineswegs. Bei der Landarbeit auf ihrem Hof würde ich schon anstellig sein und das war schließlich die Hauptsache. Dieses Zeugnis unterschrieb ausnahmsweise meine Mutter. Das Fischerbauernehepaar hielt sich nicht mehr für zuständig. So lebte ich im Sommer des Jahres 1942 für eine kurze Zeit in einer Art Niemandsland. Ich wäre gern über die Ferien noch bei der Großmutter geblieben. Daraus wurde nichts. Der Bauer brauchte mich, es war Erntezeit!

Irgendwann nach Ferienbeginn brachte mich Mutter nach Clausnitz, zum Bauernhof des Erich Göhler. Die wenigen Sachen, die ich besaß, darunter als wertvollstes Stück eine Mundharmonika, fanden in einer Tasche und einem Einkaufsnetz Platz. Damit liefen Mutter und ich eine gute Stunde übers Land. Gegen Mittag erreichten wir das Gut. In der Wohnküche, ein geräumig heller Raum mit einem großen Kachelofen, der vom Hausflur aus geheizt wurde, saßen der Bauer, die Bäuerin und deren etwa fünfundzwanzigjährige Tochter Gertrud am Eßtisch. Die Familie des Bauern musterte die Neuerwerbung interessiert, äußerte sich aber nicht weiter. An einem kleineren zweiten Tisch an der gegenüberliegenden Seite schauten ein junger Mann und drei ebenso junge Frauen nur kurz von ihren Tellern auf. Wie sich bald herausstellte, waren sie Göhlers Ostarbeiter.

Göhler Erich und ich begrüßten uns wie Bekannte. Man bat Mutter und mich, mit am Eßtisch Platz zu nehmen. Leutselig hieß es: »Greift zu, Ihr habt doch Hunger vom weiten Weg«. Während der folgenden Unterhaltung ging es selbstredend um meine Person. Der Bauer erklärte meiner Mutter, er würde für mich ein Sparbuch anlegen. Damit sollten mein Fleiß und meine Tüchtigkeit geziemend belohnt werden. Ich würde damit zwar nicht gerade in Rockefellers Fußstapfen treten, aber die angenehme Aussicht, später etwas auf der Dresdner Bank zu haben, ließ mir in diesem Moment die Absichten meiner künftigen Pflegeeltern in bestem Licht erscheinen. Um das Ergebnis hier schon vorweg zu nehmen: Ich habe nie ein solches Sparbuch zu Gesicht oder gar ausgehändigt bekommen. Die Göhlers dachten nicht daran, das Versprechen einzulösen. Im Gegenteil, als ich einmal einen besonderen Wunsch hatte, mußte ich mir den im wahrsten Sinne des Wortes vom Munde absparen: Ich wollte meinem Bruder, der als Soldat an der Ostfront war, etwas besonders Gutes, ein Stück Butter, als Feldpostsendung schicken. Weiß der Teufel, wie ich darauf verfiel, ein Stück Landbutter sei für einen Soldaten in Rußland das Allerwichtigste. Jedenfalls war es damals für mich das Kostbarste. Meine Idee wurde vom Bauern als patriotische Tat akzeptiert. Allerdings machte er zur Bedingung, daß ich dafür auf mir zustehende Butter verzichte. Also aß ich so lange, bis das Butterstück für das Feldpostpäckchen zusammengespart war, nur die Hälfte meiner Ration. Die Butter-Sendung erreichte meinen Bruder nicht mehr. Sie blieb eine hilflose Geste. Die Pflegeeltern allerdings sonnten sich in dem Gefühl, mich mit pädagogischem Geschick an Sparsamkeit und Patriotismus herangeführt zu haben. Heute meine ich, sie waren einfach nur geizig. Denn, wenn sie schon kein Sparguthaben für mich anlegten, so hätte ihnen meine Arbeitsleistung wenigstens ein zusätzliches Stück Butter aus der eigenen Produktion wert sein müssen. Ich denke, ich kann das sagen, ohne als unbescheiden zu gelten.

Doch zurück zu meinen Eintritt in die Großbauernfamilie. Nachdem sie mich abgeliefert hatte, ging Mutter zurück nach Rechenberg, zu ihrer Familie. Die Tochter des Hauses nahm sich meiner an. Natürlich galt ich nun nicht als ihr Bruder, aber immerhin durfte ich sie mit Du anreden. Sie zeigte mir Hof, Scheune und Ställe und meinen Schlafraum im Obergeschoß des Wohnhauses. Auf dem Bett lag ein großer Jutesack, den ich mir mit Haferstroh zu stopfen hatte. Nun, ich kannte diese Art von Matratze ja bereits. Mein Alltag als Pflegesohn, sprich schulpflichtiger Tagelöhner ohne Lohn begann. Dieses Mal spürte ich kaum Heimweh. Wonach auch?

Man kommt nur schwer leicht durchs Leben!

Die Jahre in Clausnitz nehmen sich in meiner Lebensbilanz zweifellos besonders negativ aus. Zur Erinnerung an die beträchtliche Summe unangenehmer Erlebnisse kommt die Verbitterung über die Gefühlskälte und Distanziertheit meiner Pflegeeltern. Mag sein, daß manches von ihnen gar nicht so gemeint war, mir fehlte das nötige »dicke Fell«, um gelassen reagieren zu können. Im Gegenteil, ich als der Schwächere, der Benachteiligte, hatte verständlicherweise eine ziemlich dünne Haut. Pflegeeltern – dem Wortsinn nach bedeutet es so viel: Pflege, Elternschaft. In meinem Fall klang dieses Wort hohl und falsch. Mir wurde nicht das geringste elterliche Gefühl zuteil. Daß ich die Pflegeeltern als Herr beziehungsweise Frau Göhler anzureden hatte, verhinderte alle familiäre Vertrautheit. Von »Pflege« konnte keine Rede sein. Ich war nicht mehr als eine zwar unbedeutende, aber brauchbare und zugleich wohlfeile Hilfskraft. Weshalb sonst sollte sich eine Großbauernfamilie ohne Not die unbequemen Pflichten der Betreuung eines fremden Minderjährigen aufbürden, wenn nicht aus Gründen spürbaren Vorteils? Auf einem so großen Bauernhof fallen die verschiedensten einfachen Arbeiten an, die zwar erledigt werden müssen, für die sich jedoch der Einsatz einer kostenintensiveren erwachsenen Arbeitskraft nicht lohnt. Also erledigte ich fortan alle Botengänge zum Schuhmacher, Stellmacher, Schmied, Sattler ... Einmal wöchentlich fuhr ich mit dem Handwagen zum Bäcker und brachte drei, vier Brote ins Haus. Ich reinigte dem Bauern täglich das Schuhwerk, fegte den Hof, putzte und pflegte die Pferdegeschirre und den Kutschwagen, säuberte landwirtschaftliche Geräte und Maschinen, fuhr mit dem Pferdefuhrwerk aufs Feld und ins Dorf oder ging einfach dem Bauer, der Bäuerin oder der Tochter bei deren Arbeiten zur Hand. Es gab viele leichte Feldarbeiten, die auch ein Zwölfjähriger verrichten kann: Unkraut jäten, Steine lesen, Kartoffeln legen, die Pferde am Zaumzeug in der Furche führen, bei der Heu-, Getreide- und Kartoffelernte helfen, Kühe hüten und so weiter. Manche Arbeiten waren mir lästig, andere übernahm ich gerne, besonders solche, bei denen ich mit den Tieren zu tun bekam.

Stück für Stück lernte ich die Großbauernwirtschaft des Erich Göhler kennen. Sie hatte in jeder Hinsicht beachtliche Dimensionen. So einen Hof hatte ich bislang nicht gekannt. Wohnhaus und Scheune waren von respektablen Ausmaßen. Sie boten Raum für die Ernte von dreißig Hektar Land und Platz für vier Arbeitspferde, zwei Fohlen, einen Bullen, mehr als zwanzig Kühe und mindestens eben so viel Schweine. Ein wohlhabender Bauer also. Seine Felder und Wiesen zogen sich vom Gutshof aus, der sich in der Dorfmitte an einem Seitenweg der Dorfstraße befand, in einem mehr als hundert Meter breiten Streifen bis nahe an die nach Sayda führende Hauptverkehrsstraße. Wollte man vom Hof bis ans Ende der Flur laufen, war man zu Fuß fast eine halbe Stunde unterwegs. Zum Grundstück gehörten außerdem ein großer Obstgarten, ein mit Forellen besetzter Teich und ein kleines Waldstück.

Erich Göhler war das, was man zu seiner Zeit unter einem modernen Bauern verstand, sowohl was den technischen Ausstattungsgrad betraf als auch die Art und Weise der Bewirtschaftung des Hofes und der allgemeinen Lebensauffassung des Bauern. Ich erinnere mich, wie ungehalten Göhler Erich reagierte, als ich ihm später einmal (in der treuherzigen Annahme, ihm persönlich eine Freude machen zu können) erklärte, daß ich angesichts meiner eher mittelmäßigen schulischen Leistungen wohl besser Bauer werden würde. Verärgert knurrte er darauf: »Die Zeiten sind vorbei, wo jeder Dumme Bauer werden kann. Ein guter Bauer muß gescheit sein. Oder hältst Du mich vielleicht für dumm?« Nein, dumm war Erich Göhler ganz und gar nicht. Im Gegenteil, er war gescheit, schlau, manchmal auch gerissen und gewitzt. Sein Betrieb war mit modernen Maschinen und Geräten ausgestattet und damals einer der wenigen des Ortes, wo es einen Mähbinder gab. Auf dem Hof standen mehrere Silos für Grünfuttergärung und gedämpften Kartoffeln, eine bis dahin noch nicht sehr verbreitete Art der Futterbevorratung.

Der Bauer war kein unsympathischer Mensch, man konnte sich gut mit ihm unterhalten. Ein dynamischer Typ, Neuerungen immer aufgeschlossen, erfolgreich bei der Suche nach seinem Vorteil, weil intelligent und entscheidungsfreudig. Er konnte witzig und gesprächig sein, meist etwas herausfordernd laut, ungeduldig und barsch, aber auch bis zur Ungerechtigkeit streng. Kurz, er war ein Mensch, von dem man sagt, er weiß, wo der Bartel den Most holt. So lautete auch das übereinstimmende Urteil der Dorfleute, die ihn auch Samuel nannten. Bemerkenswert war seine Unbekümmertheit, mir anspruchsvolle Aufgaben zuzumuten. Schon wenige Tage nach meine Ankunft bot er mir, wie beim »Werbegespräch« versprochen, an, selbständig zu kutschieren. Ich holte die Pferde aus dem Stall, legte ihnen das Geschirr an und sie trabten dann tatsächlich mit dem von mir gelenkten Rollwagen, einer Art Landauer, oder auch mit dem gummibereiften Kastenwagen los. Es förderte mein wenig ausgeprägtes Selbstwertgefühl, wenn ich auf dem Kutschbock sitzend, die Kreuzzügel in der Hand, durchs Dorf fahren konnte. Kam ich beim Bachmann-Sattler vorbei und der Meister saß in der Werkstatt am Fenster, sah ich vom Kutschbock aus, wie der seine Brille auf die

Stirn schob und einen prüfenden Blick auf mich und das Pferdegeschirr warf. Der Meister vergewisserte sich, ob sein Stammkunde nicht etwa mit Reparaturarbeiten beim Berufskollegen, dem Morgenstern-Sattler, »fremdging«.

Schwierig war es, mit einem Dreigespann den Mähbinder durchs schnittreife Korn zu fahren. Dabei mußte man die drei Pferde nebeneinander in einem gleichmäßigen Zug vor einer gewaltigen Landmaschine führen und diese so lenken, daß einerseits der Messerbalken auf voller Breite arbeiten konnte und andererseits keine Streifen stehen blieben. Am Ende des Feldes war ein schwieriges Wendemanöver fällig, falls das Getreidefeld nicht im Kreis abgemäht wurde. Eines Tages warf mir der Bauer bei der Getreideernte mit der Aufforderung »komm, versuch's mal!« einfach die Zügel zu. Eine große Herausforderumg. Zumal man es mit zwei fast blinden Pferden zu tun hatte, die beide leicht schreckhaft und nervös reagierten. In besonderen Situationen mußte mit dem Zügel der Kontakt zum Pferd betont und mit beruhigenden Worten auf das Tier eingewirkt werden. Das funktionierte nicht immer. Einmal war selbst der Bauer unaufmerksam: Er stand vor dem blinden Pferd, um ihm das Kumt abzunehmen. Die Lore, das Handpferd, war immer etwas unruhig bei diesem Vorgang und wollte angesprochen werden. Bei einer zu hastigen Geste schreckte es hoch und riß die Wagendeichsel mit. Beim Zurückschwingen schlug der Deichselbolzen dem Bauer schwer auf den Kopf.

Die Pflegemutter, Göhler Else, war eine kleine, schmale, unscheinbare Person, ein kleines graues Mäuschen und wollte gar nicht zu dem großen Hof passen. Sie stammte aus einer Kleinbauernwirtschaft im Nachbarort Friedebach. Zwei, dreimal fuhren der Bauer und seine Frau zum Besuch dorthin und nahmen mich mit. Allerdings nur, damit ich dort das Pferdegespann beaufsichtigte. Den Pflegesohn mit ins Haus der Verwandten zu nehmen, erschien ihnen wohl als unpassend und übertrieben weichherzig.

Göhler Else litt offenkundig unter Minderwertigkeitsgefühlen. Das versuchte sie hinter einer betont spöttisch-ironischen Art zu verbergen. Meist war sie schlecht gelaunt, ungeduldig, gereizt, wie eine chronisch Magenkranke. Ich erinnere mich nicht, jemals ein herzlich gemeintes, versöhnliches Wort von ihr gehört zu haben. Mit banalen Sprüchen wie »ein Hieb und ein Patsch (ein Biß), und schon ist man fertsch (fertig)«, »rührt Euch, sonst friert Euch« trieb sie alle an. Mir kam sie oft mit der albernen Redensart: »Wie man ißt, so arbeitet man«. Damit wollte sie mir wohl ein schlechte Gewissen einreden, ich sollte nicht zu viel essen und mehr arbeiten. Offenkundig plagte sie ständig die Sorge, meine und die Leistungen der anderen entsprächen nicht dem »täglichen Brot«, das wir bei ihr bekamen. Das sind wohl die ständigen Ängste derjenigen, die ihren Besitz mehren wollen und fürchten, nur von Faulpelzen umgeben zu sein.

Ich wurde schon bei meinem ersten Abendessen auf dem Hof nachdrücklich darüber belehrt, daß man den Bauer nicht mit ungezügelter Eßlust herausfordern durfte: Auf den mit einem weißen Tuch eingedeckten Tisch war das tägliche Abendbrot, ein großer Topf mit Pellkartoffeln ausgeschüttet worden, wovon sich, wie ich glaubte, jeder nach Bedarf nehmen konnte. Ich hatte meinen Tischplatz an der Schmalseite, gegenüber dem Bauern, zwischen der Bäuerin und der Tochter zugewiesen bekommen. Eine besonders mehlige, appetitlich aussehende Kartoffel war in die Nähe des Bauern gerollt. Als ich sie mir keck nehmen wollte, schob der Bauer herausfordernd den dampfenden Kartoffelberg mit beiden Händenflächen in meine Richtung. Mit der sarkastischen Aufforderung: »Da friß nur gleich alle rein!« Man blickte mich in diesem Moment so vorwurfsvoll an, als hätte tatsächlich die Gefahr bestanden, an diesem Abend hungrig vom Tisch aufstehen zu müssen. Nun gut, es gehörte sich wohl wirklich nicht, eine vor dem Bauern liegende Kartoffel beanspruchen zu wollen. Aber mußte diese scharfe Reaktion sein? Sie war weder sonderlich pädagogisch noch christlich.

Selbst bei großzügiger Auslegung des Begriffes Sparsamkeit kann ich meine Pflegemutter nur als geizig beschreiben. Mit Sparsamkeit wird allgemein die eigene Anspruchslosigkeit oder eine selbst auferlegte Bedürfnislosikgeit beschrieben, dagegen richtet sich Geiz immer gegen andere. Geizige möchten anderen nichts von ihrem Besitz geben, wollen mit niemandem teilen. Die Bäuerin zeigte sich zwar gern bibelfest, aber den Grundsatz christlicher Nächstenliebe kannte sie offenbar nicht: »Hast Du viel, so gib reichlich von dem, was Du besitzt, hast Du wenig, so zögere nicht, auch mit dem wenigen Gutes zu tun!« Bei ein wenig gutem Willen hätte es für sie so viele Möglichkeiten gegeben, auch mir »Gutes zu tun«. Sie hat keine einzige genutzt. Bis zu meinem Abgang im Herbst 1944 habe ich bei dem Bauern ausschließlich für Kost und Logis gearbeitet. Ich erinnere mich nicht daran, irgendwann, vielleicht zu Weihnachten oder zu einem Geburtstag, ein Geschenk oder auch nur eine kleine Aufmerksamkeit bekommen zu haben.

Die beim Göhlerbauern als Saisonkräfte beschäftigten Frauen aus der Nachbarschaft kannten natürlich die unchristliche Sparsamkeit der Bäuerin. Wurde bei den Feldarbeiten gerastet, klappten sie mißtrauisch die Vesperbrote auf und forschten: »Na, wer hat denn heute die Bemm' geschmiert, die Else oder die Gertrud«? Bäuerin Else kratzte die Butter oder das Speckfett hauchdünn aufs Brot, während Tochter Gertrud großzügig mit dem Aufstrich verfuhr, was wohlwollend zur Kenntnis genommen wurde.

War es Erziehung zur Selbständigkeit oder lediglich ein Arbeitsbeschaffungsprogramm, daß ich meine Strümpfe selbst waschen und stopfen, abgerissene Knöpfe selbst annähen mußte? Um nicht falsch verstanden zu werden, es hat mir nicht geschadet, eher genutzt, daß ich mich damals mit solchen Arbeiten befaßte. Nur frage ich, ob die Bauersleute mit einem eigenen Sohn ebenso verfahren wären? Angesichts des lieblosen, manchmal gar recht derb-rauhen Umganges mit mir fühlte ich mich den ausländischen Arbeitern auf dem Hof näher, als den Pflegeeltern. Hatte sich dann zuweilen doch ein dünner Faden verträglichen Umgangs zwischen mir und der Göhlerfamilie knüpfen lassen, begann ich auf ein wenig Geborgenheit zu hoffen, so belehrte mich meist recht bald die nächste Harsche Rüge eines Besseren.

Die fremden Arbeitskräfte auf dem Bauernhof der Familie Göhler waren allesamt aus den besetzten Ostgebieten und wurden von den Einheimischen Ostarbeiter oder einfach nur die Polen, Russen oder Ukrainer genannt. Der Krieg, den Deutschland nun schon seit Jahren führte, machte sich nicht zuletzt durch spürbaren Arbeitskräftemangel in der Industrie und an der »Front des Reichsnährstandes«, wie die »Blut und Boden«- Sprache des Dritten Reiches die Landwirtschaft militant titulierte, drastisch bemerkbar. Angesichts der hohen Truppenverluste an der Front wurden immer mehr Männer zum Kriegsdienst einberufen. Im Gegenzug schaffte man junge Männer und Frauen aus den unterworfenen Ländern, vorgeblich als Freiwillige, zur Zwangsarbeit nach Deutschland. Nun mögen für die Betroffenen die Not und das Elend in den besetzten Gebieten als bittere Argumente durchaus ihr Gewicht gehabt haben. Die Frage, warum Menschen sich damals der Deportation fügten und inwieweit sie sich tatsächlich aus freien Stücken denen andienten, die als Feinde und Mörder in ihre Heimat eingedrungen waren, kann wohl kein Außenstehender beantworten. Und schon gar nicht gerecht bewerten. Gewiß mag es moralisch immer verwerflich sein, mit dem Feind zu kollaborieren. Man sollte vor einem Urteil allerdings bedenken, daß der Besiegte, aller seiner Rechte beraubt und gedemütigt, nur über sehr eingeschränkten Entscheidungsspielraum verfügt.

Eigens für den Einsatz ausländischer Zwangsarbeiter war am 21. März 1942 der Gauleiter Thüringens, Fritz Sauckel – von der Bevölkerung ebenso heimlich wie treffend »Saukerl« genannt – als Generalbevollmächtigter berufen worden. Etwa fünf Millionen Menschen wurden während des Zweiten Weltkrieges zur Zwangsarbeit in das Reich verschleppt. Bei der Erfassung von »Arbeitswilligen« verfuhr man nicht zimperlich und vernachlässigte dabei selbst elementare Rechtsgrundsätze. Welche sittliche Verwahrlosung herrschte, läßt sich am Beispiel einer Korrespondenz des Führers der berüchtigten SS-Einheit »Oskar

Dirlewanger« zeigen. Diese Truppe Dirlewanger, die mehrheitlich aus verurteilten Wilderern bestand und vor allem wegen der Niederschlagung der Warschauer Aufstände unrühmlich bekannt wurde, beteiligte sich auch an der »Beschaffung« von Arbeitskräften für hohe SS-Dienstgrade im SS-Hauptamt. Ein leitender Mitarbeiter dieses Amtes schrieb am 24. Juni 1943 an Dirlewanger:

»Leider war es mir nicht möglich, Sie hier im SS-Hauptamt zu begrüßen und mich für die zur Verfügungstellung der russischen Arbeitskräfte zu bedanken. Bemerken möchte ich nur, daß wir mit den von Ihnen geschickten Russen, Männer wie Weiblein, außerordentlich zufrieden sind. Lieber Kamerad Dirlewanger, ich möchte Sie nun sehr darum bitten, wenn es möglich ist, mir noch ca. 50 männliche und 10 weibliche russische Arbeitskräfte einzufangen und zum SS-Hauptamt transportieren zu lassen.« Dirlewanger antwortete mit einem Funkspruch an den SS-Hauptsturmführer Blessau, Adjutant-Chef SS-Hauptamt: »Die vom SS-Obersturmbannführer Otto gewünschten Russinnen werden Montag eingefangen und kommen mit nächstem Urlauber zum Versand. Preis pro Russin wie in Pelikseewald von Obersturmführer Inngruber festgelegt, pro Russin 2 Flaschen Schnaps.« (Ich zitiere hier aus: »Antifaschisten in SS-Uniform« von Hans Peter Klausch, S. 86.) Im Reichsgesetzblatt, Jahrgang 1942, Teil I, S. 419 ff. ist nachzulesen, daß Betriebe, die Ostarbeiter beschäftigten, an sie pro Tag zehn Pfennige auszuzahlen hatten.

Zurück zum Göhler-Bauern. Bei der täglichen Arbeit auf dem Feld und in den Ställen erlebte ich die Ostarbeiter von nahem. Wir kamen gut miteinander aus. Wir schliefen unter einem Dach, Wand an Wand. Unter gewöhnlichen Bedingungen überhaupt nicht erwähnenswert, aber die Umstände waren nun einmal nicht normal. Nach damaliger Lesart handelte es sich ja nicht allein um Angehörige von Staaten, mit denen Deutschland Krieg führte, sondern, schlimmer noch, um Menschen minderwertiger Rassen. Damals benutzte man den entsetzlichen Begriff »Untermenschen« dafür. Obwohl die Nazis mit ihrer rassentheoretisch pervertierten Ideologie und dem entsprechenden Vokabular bei mir nicht allzuviel bewirkten, gänzlich verschont blieb auch ich nicht davon. Für meine Meinung und meine Charakterbildung entscheidend wurde jedoch das unmittelbare Zusammensein mit jenen Zwangsarbeiter. Obgleich unsere Kontakte angesichts des herrschenden Zeitgeistes bestimmten Zwängen unterlagen, lernte ich bei jenen jungen Menschen, die fern ihrer Heimat nun auch beim Göhlerbauern arbeiteten, Kameradschaft, Verständnis und Solidarität kennen. Und so verdrängte menschliche Nähe, die während der Arbeit aber auch bei gemeinsam verbrachter Freizeit entstand, die angelernten, dummen Vorurteile. Wir lebten den gemeinsamen Alltag in Normalität und mit Vertrauen.

Da war zunächst die junge Sophie aus Polen, hübsch, aber leider immer etwas spitz und schnippisch. Sie belebte hörbar die abendliche Unterhaltung, die von den Ostarbeitern im Hausflur oder draußen auf dem Hof geführt wurde. Drangen die lautstarken Gespräche bis in die Wohnküche herüber, dann griff der Bauer ein: »Haltet eure Guschen!«, schrie er.

Von ganz anderer Art als Sophie war das Ukrainermädchen Wally. Eigentlich hieß sie Barbara oder Warwara. So rief sie aber nur, wer sich mit ihr anlegen wollte. Imgrunde ihrer Seele war Wally vergnügt und unbeschwert, immer bereit, zu helfen. Wo sie arbeitete, da wurde gekichert und gelacht. Selbst auf die meist vergrämt herumwieselnde Bäuerin strahlte diese Fröhlichkeit aus. Selten einmal, daß die Göhler Else mit Wally stritt oder ihr Vorhaltungen machte. Durch ihre mitfühlende Art wurde Wally für mich mit der Zeit zu einer Art Ersatz-Schwester. Wie oft hockten wir vertraut beieinander und schwatzten. Weder sie noch ich scherten uns darum, was wohl die Pflegeeltern davon halten könnten.

Anfang des Jahres 1943 kam eine junge Frau aus Belorußland auf den Hof. Sie bewegte sich unauffällig, scheu, fast ängstlich, so daß ich nicht einmal ihren Namen in Erinnerung behalten habe. Die junge Frau hatte, als sie nach Deutschland kam, wohl ihre Schwangerschaft verschwiegen. Nun spürte selbst ich halbwüchsiger Junge ihre Sorge um das Kommende. Die Ostarbeiter munkelten untereinander, daß der Vater des zu erwartenden Kindes ein deutscher Wehrmachtsangehöriger gewesen sei. Wally und Sophie machten deswegen der Schwangeren zornige Vorhaltungen. Dabei hielten sie sich, soweit ich es mitbekam, weder mit Schimpfworten noch mit abschätzigen Urteilen zurück. Zur Entbindung brachte man die junge Belorussin fort, ich nehme an, in eines der größeren Ostarbeiter-Lager. Aber schon wenige Tage später kehrte die junge Mutter mit einem Sohn auf den Göhlerhof zurück. Die Säuglingsausstattung war dürftig, Hemdchen und Jüpchen aus alten Stoffresten genäht. Auch die Dorfleute steuerten etwas aus ihren Beständen bei. Die ausländischen Arbeiterinnen waren wie ausgewechselt, das Baby wurde liebevoll umsorgt und gehätschelt. Auch die Mutter ließ man jetzt in Ruhe. Trotzdem dürfte die Situation für die junge Mutter belastend gewesen sein. Sie hatte wie jede andere Arbeitskraft auf dem Hof ihr Pensum zu schaffen. Nur unter dieser Bedingung konnte sie das Kind bei sich behalten. Immerhin berücksichtigte der Bauer diese besondere Situation bei der Arbeitseinteilung. Der jungen Belorussin wurden vor allem Arbeiten im Haus aufgetragen, so konnte sie leichter ihren Mutterpflichten gerecht werden. Ich weiß nicht, ob sich die scheue Fremde trotzdem um ihr Kind ängstigte. Sie hätte alle Ursache dazu gehabt, denn auch Kinder blieben von den verbrecherischen Untaten der Nazis nicht verschont. Von den Euthanasieverbrechen sprach ich bereits, aber es sei auch an die perversen medizinischen Versuche des Lungenfacharztes Dr. Kurt Heißemeier an zwanzig jüdischen Kindern – das jüngste sechs Jahre alt – erinnert. Die Kinder wurden am 20. April 1945 in Hamburg von einem SS-Schutzhaftlagerführer Strippel zusammen mit 28 sowjetischen Kriegsgefangenen in einem Gebäude am Bullenhuser Damm erhängt. Zur Geschichte dieses Verbrechens erscheint mir eine Ergänzung notwendig. Es geht um den Umgang bundesdeutscher Juristen mit diesem Fall. Der Ausgang dieser Sache ist leider für die praktizierte Strafverfolgungsunlust bundesdeutscher Gerichtsbarkeit bei Naziverbrechen symptomatisch: Der ehemals in Hamburg für die Verfolgung von Naziverbrechen zuständige Oberstaatsanwalt, Dr. Helmuth Münzberg, hatte ein Ermittlungsverfahren wegen achtundvierzigfachen Mordes gegen den SS-Offizier Arnold Strippel eingeleitet. Am 30. Juni 1967 stellte er dieses Verfahren wieder ein, weil er fand, die Beweise gegen Strippel reichten nicht aus. Daß diese Begründung falsch war, zeigte sich sechzehn Jahre später, als auf der Grundlage desselben Beweismaterials erneut Anklage gegen Strippel erhoben wurde. Aber der SS-Offizier wurde erneut verschont, diesmal wegen angeblicher Verhandlungsunfähigkeit. In der Würdigung des Einstellungsverfahrens hatte Münzberg ausgeführt, daß die Tötung der sowjetischen kriegsgefangenen Soldaten »weder grausam noch heimtückisch gewesen sei. (...) Alle Häftlinge mußten stündlich damit rechnen, von der SS liquidiert zu werden. Nun wurden sie mitten in der Nacht auf einen bewachten Lkw zu einem einsamen Gebäude gefahren, jeweils zu viert herunter geholt und in den Keller dieses Gebäude geführt. Keiner kehrte zurück. Alle diese Menschen können, als sie in den Tod gingen, unmöglich arglos gewesen sein; das beweist schon die Tatsache ihres verzweifelten Fluchtversuches.« Soweit Münzberg zum Mord an den Kriegsgefangenen. In Hinblick auf die jüdischen Kinder hatte Münzberg eine andere Erklärung bereit, aber mit gleichem entlastenden Resultat für Strippel. Gewiß, das Erhängen der Kinder sei heimtückisch gewesen, die Kinder seien »auf viehische Weise« umgebracht worden. Aber es fehle das Tatmerkmal der Grausamkeit. Denn, so Münzberg, die Ermittlungen »haben nicht mit der erforderlichen Sicherheit ergeben, daß sich die Kinder über Gebühr lange quälen mußten, bevor sie starben. Ihnen ist also über die Vernichtung ihres Lebens hinaus kein weiteres Übel zugefügt worden, sie hatten insbesondere nicht lange seelisch oder körperlich zu leiden.« Der Herr Staatsanwalt meinte also, die Kinder hatten keine besonderen Schmerzen bei ihrem Tode zu erleiden! Das ist eine so gespenstische Sichtweise, daß man es kaum glauben mag ... Ein Hort des rückhaltlosen Antifaschismus war die BRD jedenfalls nicht.

Bleibt mitzuteilen, daß exakt jener Staatsanwalt Münzberg im August 1991 von Hamburg nach Schwerin befördert wurde, um nach der politischen Wende die ehemaligen DDR-Bürger Rechtsstaatlichkeit zu lehren und ihnen beizubringen, was unter Antifaschismus zu verstehen sei. Ich lasse das unkommentiert.

Zurück zu den Ostarbeitern auf dem Göhlerhof und uns, die wir damals mit ihnen lebten. Ich will einräumen, daß im faschistischen Deutschland wohl nur eine Minderheit das Ausmaß der unmenschlichen Grausamkeiten während der Nazidiktatur kannte. Aber gänzlich ahnungslos war wohl niemand. Man sprach schon, zumindest in Andeutungen, darüber, daß es einen Zwangsarbeiter, wenn er wegen einer Pflichtverletzung ins Lager gebracht wurde, das Leben kosten konnte. So hörte ich eines Tages, daß der Göhlerbauer bei einer Auseinandersetzung mit dem Ukrainer Peter Melnik, dem einzigen männlichen Ostarbeiter auf dem Hof, damit drohte. Peter war ein sehr weichherziger, etwa fünfundzwanzigjähriger breitschultriger Mann, bei Frauen nicht chancenlos. Er renommierte gern mit der Kraft seiner Jugend. Seine Stärke demonstrierte er gelegentlich an einem jungen Stier, den er an den Hörnern packte und aus dem Stall führte. Gelegentlich kamen die Fremdarbeiter benachbarter Bauerngüter nach Feierabend oder sonntags zu »unseren« Ostarbeiterinnen und zu Peter, dem Ukrainer. Man saß eng beieinander, schwatzte und sang mehrstimmig die schwermütigen Lieder der Heimat. Es waren klangvolle Stimmen dabei. Selbst die Bauersleute fühlten sich offenbar von diesem fremden, melancholischen Gesang berührt und forderten die Ostarbeiter gelegentlich von sich aus zum Singen auf.

Ich war oft unter den »Russen«, wenn sie sich auf Göhlers Hof trafen, kannte die Vornamen der meisten von ihnen, wußte, wo sie arbeiteten, wer mit wem eine Liebschaft oder sich gerade zerstritten hatte. Meine Anwesenheit störte nicht, ich wurde geduldet. Der genauen Unterhaltung in fremder Sprache konnte ich ohnehin nicht folgen, auch wenn ich in etwa ahnte, wovon die Rede war. Eine solche distanzlose Vertrautheit zwischen Deutschen und Fremden durfte eigentlich nicht entstehen. Bis zu einem bestimmten Grad sah mir die Göhler-Familie mein Verhalten nach. Als ich jedoch den Ostarbeitern auf meinem Schulatlas den Verlauf der zurückweichenden Front im östlichen Kriegsgebiet erklärte, ihnen Zeitschriften mit Flugzeugtypen und anderen Waffenarten überließ und schließlich unter Anleitung des Ukrainers aus einem deutsch-russischen Wörterbuch die ersten kyrillischen Buchstaben und russischen Worte zu erlernen versuchte, wies mich der Bauern zurecht: »Du bist doch ein Deutscher und die, das sind unsere Feinde! Laß' Dich nicht mit denen ein.« Diese Feinde arbeiteten jedoch fleißig auf deutschem Grund und Boden, noch dazu angeblich freiwillig. Natürlich konnte ich damals nicht so schlüssig argumentieren. Und mir in meiner Lage einen

Widerspruch gegen das Wort des Bauern schon gar nicht erlauben. Im Gegenteil, ich verspürte ganz im Verborgenen meiner dunklen, germanischen Seele ein ungutes Gefühl, ein bißchen schlechtes Gewissen, mich so sehr mit Russen eingelassen zu haben. Vielleicht konnte doch nicht ausgeschlossen werden, daß ich als Deutscher ein wenig wertvoller war!? Die aus einer geschickten Mischung von Verleumdung und Beschimpfung fremder Völker bestehende Propaganda hatte sich auch in meine Denkweise eingeschlichen.

Ich war also gehalten, allzu vertrauliche Kontakte zu unterlassen. Gewiß sah der Bauer in meinem Verhalten keine Feindbegünstigung. Wahrscheinlich wollte er mit seiner Abmahnung nur eine erzieherische Pflicht erfüllen. Im Umgang mit den Zwangsarbeitern gab es verbindliche Regeln, deren Nichtbeachtung für Erwachsene lebensbedrohliche Folgen nach sich ziehen konnte. Volksgerichtshof und Sondergerichte handelten »Im Namen des Volkes« gegebenenfalls schnell und gnadenlos. Vorsicht war also immer geboten.

Gespräche mit den Ostarbeitern sollten sich auf knappe Unterweisungen zur Arbeit und Anordnungen zum Tagesablauf beschränken. Mahlzeiten durften nicht gemeinsam mit den Deutschen an einem Tisch eingenommen werden und auch auf dem Feld hielten sich die Ostarbeiter zu den Vesperpausen abseits von uns Deutschen. Immerhin, wenn sie sich von ihrem jeweiligen Arbeitgeber die Erlaubnis dafür eingeholt hatten, durften sie sich nach Feierabend und sonntags im Dorf frei bewegen. Die Ostarbeiter mußten ihre Kleidung mit der Aufschrift »Ost« beziehungsweise die polnischen Arbeiter mit einem »P« kennzeichnen.

Trotz der Ermahnung unterhielt ich mich weiter mit den Fremden, an die ich mich gewöhnt hatte und denen ich vertraute. Eines Tages erzählte mir Pjoter, so wurde Peter von dem Ukrainermädchen gerufen, während der Feldarbeit, daß deutsche Soldaten bei Kiew viele Menschen erschossen und, manche noch lebend, in gewaltigen Massengräbern verscharrt hätten. Mit Handbewegung zeigte er, daß sich die Erdschicht auf den Gräbern noch lange Zeit bewegte. Das forderte nun doch meinen Widerspruch heraus. Ich nannte Peter einen Lügner, weil ich nicht glauben konnte, daß Deutsche so handelten. Ich hielt es für eine Ungeheuerlichkeit, daß der Ukrainer die deutschen Soldaten derartig beschuldigte. Wer wußte schon, daß bereits Monate vor dem Überfall auf die Sowjetunion gemäß eines Befehls des Oberbefehlshabers des Heeres vom 28. April 1941 Sonderkommandos der Sicherheitspolizei und des Sicherheitsdienstes gebildet wurden, die »... in eigener Verantwortung gegenüber der Zivilbevölkerung Exekutivmaßnahmen zu treffen haben.« Diese Sonderkommandos sollten Kommunisten und Juden ausrotten. Am 19. September 1941 gab das Oberkommando der Wehrmacht durch Sondermeldung bekannt, daß deutsche Truppen in Kiew eingedrungen seien: »Auf den Zitadellen weht heute die Reichskriegsflagge!« Was die deutsche Bevölkerung nicht erfuhr: Bereits zehn Tage später hatten Einsatzgruppen der Sicherheitspolizei und des Sicherheitsdienstes (SD) in der Schlucht von Babi Jar nahe der Stadt Kiew 33 000 Menschen ermordet. Davon hatte mir Peter Melnik berichten wollen. Ob er sich der Gefährlichkeit dieser Unterhaltung bewußt war, steht auf einem anderen Blatt. Schließlich konnte man sich damals mit solchen Informationen, im makabren Wortsinn um Kopf und Kragen reden. »Greuelhetze« oder »kommunistische Mundpropaganda« nannte die Nazi-Justiz so etwas. Als Beispiel von Tausenden sei hier ein Urteil des Volksgerichtshofes zitiert, verkündet am 6. Februar 1945 durch Volksgerichtsrat Dr. Koehler: »Im Namen des Volkes! In der Strafsache gegen den Hilfsarbeiter Alexis Quer wird für Recht erkannt: Der Angeklagte, der als Franzose in Deutschland zur Arbeit eingesetzt war, hat in einem Arbeitslager unter Landsleuten kommunistische Mundpropaganda getrieben. Er wird wegen Vorbereitung zum Hochverrat und Feindbegünstigung zu sieben Jahren Zuchthaus verurteilt ...«

Peters Worte hätten dementsprechend als »kommunistische Mundpropaganda« ausgelegt werden können. Daß er sie noch dazu gegenüber einem deutschen Jugendlichen äußerte, wäre strafverschärfend hinzugekommen. Plötzlich schien das dem Agitator Pjotr Melnik bewußt geworden zu sein. Aber die Worte waren nun einmal gefallen. Beim Versuch, das Gesagte zu verharmlosen, redete er sich immer tiefer hinein. »Ach«, schloß er schließlich besänftigend: »Stalin ist Scheiße und Hitler ist Scheiße«. Eine ebenso drastische wie schlichte Art, die Hauptkräfte Europas politisch und moralisch zu beurteilen. Ich ahnte, daß auch dieser Satz wenig für die Öffentlichkeit geeignet war. Nicht ohne Grund sagt ein Sprichwort: »Ein Narr sagt, was er weiß, ein Weiser weiß was er sagt!«

Ich denke, so freimütig wird Peter kaum mit einem anderen Deutschen gesprochen haben. Ungeachtet des Altersunterschiedes waren wir uns sympathisch. Obwohl äußerlich ein robuster Kerl, war Peter häufig in sich gekehrt. Er trug schwer an der Trennung von seinen Angehörigen und seiner Heimat, erzählte viel von seinem Dorf. Sorgsam verwahrte er in einer handgenähten Brieftasche die etwas unscharfen und vergilbten Fotografien seiner Eltern und Geschwister. Für das Foto seiner Mutter hatte er mit dem Silberpapier aus Zigarettenschachteln einen Bilderrahmen gefertigt, den er auf dem Tisch neben seinem Bett aufstellte. Damals, mit meinen zwölf, dreizehn Jahren, selbst in die Fremde gestoßen, konnte ich mich in seine schlimme Lage noch nicht so hineinversetzen. Auch die Sprachbarrieren waren hinderlich. Über die Arbeitsaufgaben oder sonst Alltägliches konnten wir uns ausreichend verständigen. Um über Gefühle wie Heimweh und Sehnsucht zu sprechen, reichte der Wortschatz nicht. In gewisser Hinsicht waren wir Leidensgefährten. Deswegen zeigte Peter viel Verständnis für mich. Als wir beide einmal während der Wintertage auf der Tenne der Scheune einen gewaltigen Berg geschnittenes Brennholz zu spalten hatten, sagte er einfach: »Du noch klein, Du sitzen, ich arbeiten – bei uns Kinder nix arbeiten!« Peter ging voller Elan ans Werk und warf regelmäßig ein paar zerkleinerte Holzscheite in die Nähe meines Hackstockes, bis genug beieinander war.

Peters Gutmütigkeit honorierte der Bauern nicht. Er herrschte ihn oft unnötig grob und verletzend an, beschimpfte ihn übel als »Du Riemschwein« und ähnliches. Das war umso weniger zu akzeptieren, als es ungerecht war, denn der Ukrainer arbeitete gut und fleißig. Peter spürte, daß er unflätige Grobheiten gesagt bekam, wußte aber mit den Worten selbst nichts rechtes anzufangen. Ich hörte das, wenn er selbst versuchte, derartige Schimpfworte zu benutzen. So rief er im Zorn dem widerborstigen Stier »Du Schweinriem« zu, was den allerdings nicht im geringsten beeindruckte.

Wurde Peter vom Göhlerbauer besonders schwer gekränkt, zog er sich in den Pferdestall zurück. Dort lehnte er seinen Kopf an den Hals eines Pferdes und weinte. Es war so bitter, sich gegen die Demütigungen nicht wehren zu können. Als ich einmal hinzukam war ich verwirrt und wußte nicht zu helfen. Wie gern hätte ich es getan. Als Peter bei einer belanglosen Meinungsverschiedenheit widersprach, reagierte der Bauer sofort mit deutlicher Schärfe. Der Wortwechsel eskalierte, der Bauer drohte dem Ukrainer Schläge an. Peter drehte sich um und versuchte fortzulaufen. Die Bäuerin, die sich ihm wichtigtuerisch mit ausgebreiteten Armen in den Weg stellte, schob er beiseite. Sie stolperte, kam zu Fall, lärmte und zeterte. Zwar arbeitete Peter danach weiter, dennoch informierte der Göhlerbauer den Ortsbauernführer, der noch am selben Tag zu uns auf den Hof kam. Ein Ortsbauernführer war als höchster NS-Amtsträger im Dorf mit weitreichenden Befugnissen versehen. Barsch stellte er den Ukrainer zur Rede und drohte ihm die Einweisung in ein Straflager an. Dabei schlug er ihn mehrfach heftig mit dem Handrücken ins Gesicht. Peter, dem Blut aus der Nase schoß, nahm in devoter Haltung, widerspruchslos sowohl die Vorwürfe als auch die derben Schläge hin. Was auch hätte er tun können? Die Tatsache, daß er sich gegenüber seinem deutschen Dienstherren unbotmäßig gezeigt hatte, zog bei entsprechender Auslegung der Vorschriften eine schwere Bestrafung nach sich. Letzten Endes lief es für ihn noch glimpflich ab. Er durfte auf dem Bauernhof bleiben, allerdings einige Zeit lang nicht mehr ausgehen und nicht an seine Angehörigen schreiben. Es währte lange, bis Peter eine frühere Gewohnheit wieder aufnahm und gelegentlich den Bauern ansprach: »Chef, bitte gib mir Rauchen.« Peter rauchte stark. Seine Monatsration an Machorka, ein aus den Rippen der Tabakblätter und den Stengeln der Pflanzen hergestelltes sägespänartiges Produkt, hatte er bald verbraucht. Der Göhlerbauer hingegen rauchte Zigarren oder sogenannte Stumpen. Die davon übrigbleibenden, durchgekauten Kippen sammelte er in seiner Jackentasche und gab sie Peter, wenn der ihn darum bat.

Den Göhlers vorzuwerfen, sie hätten sich zu wenig darum bemüht, mir liebevoller Eltern-Ersatz zu sein, tut ihnen in gewissem Sinne auch Unrecht. Warum sollte mir der von staatlicher Stelle eingesetzte Pflegevater besondere Zuneigung zeigen, wo mich doch mein leiblicher Vater verleugnete, mein Stiefvater mich aus der Familie vertrieb und nicht einmal meine Mutter die Kraft fand, mir, auch gegen den Willen ihres Mannes, Nestwärme zu geben. Trotzdem hätten mir die Pflegeeltern etwas mehr Kindheit zubilligen können. Es war nicht nur so, daß mir das Großbauernpaar schon wegen des sozialen Standes meilenweit entfernt blieb, es versagte mir auch das geringste Gefühl vertraulicher Nähe und Wärme. Mein Tagesablauf wurde allzusehr mit der Elle der Erwachsenen gemessen. Auch die pädagogischen Maßnahmen, die man im Hause Göhler gelegentlich ergriff, ließen wenig Fingerspitzengefühl erkennen. Im Gegenteil, den steinigen Weg zum disziplinierten Menschen beschritt ich vom Moment meiner Ankunft auf dem Hofe an. Von der drastischen Belehrung bei meinem respektlosen Griff zur Pellkartoffel war schon die Rede. Es fand sich noch manch andere Gelegenheiten zu handfester Göhlerscher Pädagogik. So entsprach das Tempo, in dem ich mich frühmorgens vom Haferstrohsack erhob, nicht den strengen Auffassungen der neuen Erzieher. Das strapazierte die Geduld von Tochter Gertrud, unter deren Pflichten es fiel, mich zu wecken. Gleichzeitig mußte sie sich aber auch um das Füttern der laut im Stall lärmenden Schweine kümmern. Da war selbstverständlich für einen kleinen Faulpelz wie mich nicht viel Zeit übrig. Mit dem Holzpantoffel klopfte Gertrud früh an die Holztreppe, die ins erste Stockwerk zu meiner Schlafkammer führte. Das schallte durchs Haus und hätte jeden volltrunkenen Stallknecht aus seinem Rausch geholt. Nur ich überhört es am ersten Morgen oder schlummerte rasch wieder ein. Wie auch immer, ich wurde abrupt mit einem nassen Lappen, der mir aufs Gesicht klatschte, geweckt. Gertrud stand vor meinem Bett. »Guten Morgen, aufstehen, kannste nicht hören, wenn ich Dich rufe?« Von diesem Tag an hatte ich ein viel feineres Gehör für das Klopfen und den Ruf zu morgendlicher Stunde: »Manfreeed, aufstehen!!« Diese mir seinerzeit so handfest feinfühlig anerzogene Fähigkeit, unverzüglich aus dem Bett zu springen und an die Tagespflicht zu gehen, habe ich mir bis ins hohe Alter erhalten.

Im Rückblick auf die Zeit in Clausnitz will ich mich aber nicht nur auf Unerfreuliches berufen. Freilich, richtig unbeschwerte Kinderjahre waren es nicht. Als Mangel habe ich diesen Zustand schon empfunden. Eben darum zog mich mein Gefühl zu jeder Zeit nach Holzhau zur Großmutter. Sobald mir die Pflegeeltern ein freies Wochenende gewährten, machte ich mich auf den Weg, durchs halbe Dorf über einen unbewaldeten Bergrücken zum Muldental nach Bienenmühle und stromaufwärts der Freiberger Mulde nach Rechenberg. Dort verließ ich das Dorf und schlug einen steilen, steinigen Waldweg, die »Alte Landstraße«, nach Oberholzhau ein, erreichte nach einer Dreiviertelstunde am Waldrand die höchstgelegenen Felder der Holzhauer Flur und das gepachtete Feld, das einst Großmutter, später Emil bewirtschafteten. Am Zollhaus trat ich aus dem hohen Fichtenwald und sah nun, wie hingestreut, am Hang die Häuser des Oberdorfes. Dort war es, mein Geburtshaus, das mir so vertraute Haus der Großmutter. Reichlich zwei Stunden Fußweg lagen in diesem Moment hinter mir und jetzt brauchte ich nur noch fünfzehn Minuten. Ich mußte mein Kommen nicht ankündigen. Großmutter war, im weitesten Sinne des Wortes, immer da.

Auf diesem meinem langen Weg kam ich in Rechenberg zwangsläufig auch am Haus der Mutter vorbei. Dort kehrte aber ich selten ein. Mutter fragte gewöhnlich, wie es mir gehe. Was sollte ich darauf antworten? Sollte ich fragen, warum andere Kinder bei ihren Eltern lebten, ich aber zwei Stunden laufen mußte, um zur Großmutter zu gelangen? Würde ich auf diese Frage eine ehrliche Antwort bekommen? Hätte mich Mutter zum längeren Verweilen aufgefordert – sie tat es nie – ich wäre schon des Stiefvaters wegen nicht darauf eingegangen.

Worüber ich mit Mutter während solcher Begegnungen sprach, erinnere ich mich nicht. Mit einer folgenreichen Ausnahme! Mutter wollte bei einer dieser flüchtigen Unterhaltungen wissen, ob ich denn die Puddingrationen oder den Kakao bekäme, die mir monatlich auf der Kinderlebensmittelkarte zustünden. Wie wir auf dieses Thema zu sprechen gekommen waren, weiß ich nicht mehr. Ich denke, sie wird mir ein Schüsselchen Pudding angeboten haben. Meine Auskunft lautete kurz: Nein. Beim Göhlerbauern gab es keine solche, für mich damals luxuriöse Nachspeise. Mutter entrüstete sich und stellte laute Überlegungen darüber an, wer sich wohl den Pudding von meiner Lebensmittelkarte unrechtmäßig einverleibte, wahrscheinlich die Gertrud. Daß von der Familie Göhler auf die monatliche Puddingzuteilung verzichtet worden wäre, schloß Mutter aus. Niemand ließ damals etwas verfallen, was nur mit den Abschnitten von einer Lebensmittelkarte zu kaufen war. Obwohl mich Mutter ausführlich befragte, konnte ich kein Licht in die dunkle Puddinggeschichte bringen. Ich hatte ja bis zu diesem Moment nicht einmal gewußt, daß es für mich einen einklagbaren Anspruch auf Pudding gab. »Du mußt Deinen Pudding verlangen, der steht Dir zu, bestimmt frißt ihn die Gertrud weg!«

Mutter beschloß, meinen Pudding zur Chefsache zu machen. Sie wollte ihn für ihren Sohn in der Fremde erstreiten. Erst sehr viel später erahnte ich Mutters Beweggründe. Der Pudding wurde ihre Nagelprobe, ob sie nicht doch imstande war, für mich Gerechtigkeit zu schaffen. Vermutlich war sie sich über ihre Motive selbst gar nicht so im Klaren. Sie mag hin und wieder vielleicht doch ein schlechtes Gefühl gehabt haben, daß zwei ihrer Söhne an ihrem Tisch keinen Platz fanden. Da wollte sie wenigstens in der Puddingfrage etwas für mich tun. Vielleicht hatte sie auch zu dieser Zeit der Tod ihrer Tochter Helga etwas nachdenklicher gemacht.

Für eine passende Aktion kam ihr mein 12. Geburtstag am 18. November 1942 gelegen. Ich saß an jenem Tag um die Mittagszeit beim Göhlerbauer in der Küche am Eßtisch. Im Vorraum werkelten die Bäuerin und Tochter Gertrud. Plötzlich hörte ich Frauenstimmen: »Ist denn der Manfred da?« – »Ja, der ist in der Stube, gehn sie nur rein.«

Mutter überraschte mich, noch nie hatte sie mich bei meinen Plegeeltern besucht, auch nicht in Bienenmühle. Aus einer Einkaufstasche holte Mutter ein kleines weißes Emaillentöpfchen hervor und stellte es auf den Tisch. »Guck mal, was ich Dir mitgebracht habe.« Es war Schokoladenpudding, Mutters Geburtstagsgeschenk. Ich löffelte das Töpfchen leer, und Mutter schaute zufrieden zu, wie es mir schmeckte. Unterdessen hatte die Bäuerin das Essen aufgetragen und Mutter dazu eingeladen. Während gegessen wurde, wandte sich Mutter mit der betont fürsorglichen Frage an mich: »Ißt Du denn immer Deinen Pudding??« – »Nee, was denn für'n Pudding?« fragte ich mit gespielter Verwunderung zurück. »Na, den auf Deine Kinderkarte, darauf gibt's jeden Monat Pudding oder Kakao.«

Gertrud verfolgte den Wortwechsel mißtrauisch und suchte den Blick ihrer Mutter. Dann erklärte sie, ganz nebenher und so harmlos wie möglich, »der Manfred bekommt bei uns alles was er braucht, stimmt's, Manfred?« Sollte ich diese Frage wahrheitsgemäß beantworten? Meine bisherigen Erfahrungen mit solchen Situtionen sprachen nicht dafür. Wie ich es auch wendete, es würde mir vermutlich Ärger einbringen. So beantwortete ich Gertruds Frage, ob ich denn alles bekäme, was ich brauche, mit einem zögernden Ja. Direkt gelogen war das nicht. Wer sagte denn, daß ich die Monatsration Süßspeise wirklich brauchte. Mit diesem Manöver hatte Gertrud die Attacke meiner Mutter geschickt ins Leere laufen lassen. Daraufhin erwähnten beide das heiklen Thema nicht noch einmal. Bemerkenswert an dieser im Grunde genommen banalen Episode ist, daß Mutter mit ihrem Pudding einen mehrstündigen Fußweg auf sich genommen hatte. Wie wichtig mußte es ihr gewesen sein, diese Frage zu klären, um sich anschließend der Illusion hinzugeben, mir zur Gerechtigkeit verholfen zu haben. Ob dann allerdings der tatsächliche Verlauf der Aktion ihr wirklich die Genugtuung verschaffte, erfuhr ich nicht. Die Monatsration Pudding war mir unwichtig. Ich weiß nicht einmal mehr, ob ich ihn dann bekam.

Von historischer Bedeutung war hingegen, was sich einen Tag nach meinem zwölften Geburtstag im Raum Stalingrad an der Wolga als dramatische Wende an der Ostfront entwickelte. Im Oktober 1942 hatte sich bereits abgezeichnet, daß die deutschen Truppen an der gesamten Front zur Verteidigung übergehen mußten. Deutsche Truppen standen vom Schwarzen Meer über den Nordkaukasus, Stalingrad, den Don bis zur Barentssee weit auseinandergezogen, ohne die strategischen Kriegsziele erreicht zu haben. Die deutsche Wehrmacht verfügte seinerzeit an der Ostfront über 266 Divisionen mit ungefähr 6 200 000 Mann, über mehr als 70 000 Geschütze und Granatwerfer, 6 600 Panzer und 3 500 Kampfflugzeuge. Zum selben Zeitpunkt waren auf sowjetischer Seite über 6 100 000 Mann, 72 000 Geschütze, 6 000 Panzer, 3088 Flugzeuge im Einsatz. Stalingrad sollte vor allem aus Prestigegründen eingenommen und gehalten werden. Am 19. November begann die Rote Armee mit 30 Divisionen die Gegenoffensive zur Befreiung der Stadt. Es war ein gewaltiger Kessel gebildet worden, in den die deutsche 6. Armee und die 4. Panzerarmee eingeschlossen wurden. Am 23. November wurde diese Umklammerung bei Kalatsch geschlossen und am 31. Januar 1943 kapitulierte im Keller des Warenhauses »Univermag« in Stalingrad der Oberbefehlshaber der 6. Armee, Generalfeldmarschall Paulus. Von 300 000 deutschen Soldaten gingen etwa 90 000 Mann, physisch und psychisch total erschöpft, in die Gefangenschaft. Die Schlacht um Stalingrad wurde zum Synonym für katastrophale, folgenschwere Niederlagen.

Sowohl die Ostarbeiter als auch die Familie Göhler und ich verfolgten die Rundfunk-Frontberichte über die von beiden Seiten mit erbarmungsloser Härte verlustreich geführten Kämpfe mit ungewöhnlicher Aufmerksamkeit. Zur Nachrichtenzeit verstummten jäh die üblichen Tischgespräche. Niemand gab irgendwelche Kommentare ab. Jeder im Raum wußte, daß die Anwesenden vollkommen unterschiedliche Erwartungen hegten. Auf die Deutschen wirkten die Nachrichten über den Ausgang der Schlacht niederschmetternd. Der Nimbus der unbesiegbaren Wehrmacht war unwiderruflich verlorengegangen. Trotzdem brachte der Rundfunk seinen Bericht über das Ende der 6. Armee im üblichen heroischen Stil. Von einer Schicksalsschlacht und von opferwilligen Kämpfern bis zur letzten Patrone war da die Rede. Die Gefangennahme von Paulus und seinem Stab wurde nicht erwähnt. Was eigentlich der deutsche Soldat in Eis und Schnee und erbarmungsloser Kälte in fremdem Land überhaupt zu suchen hatte, diese Frage stellten sich seinerzeit nur wenige Menschen. Als die Nachricht vom Untergang einer ganzen Armee zu uns gelangte, bot die Bauernstube ein Bild verzweifelter, trauriger Menschen, die die beklemmende Last dieser Nachricht fühlten und sie zu ertragen suchten. Deutsche, Polen und Russen, Menschen verfeindeter Staaten, alle waren mit ihren Gedanken an der Stätte von Tod und Leid. Menschliche Not ist schwer zu ertragen, gleich welcher der kriegführenden Seiten die Opfer zuzuordnen sind. Die einfachen Menschen hatten einen hohen Preis für die verbrecherische, wahnsinnige Politik zu entrichten.

Wie dramatisch sich die militärische Katastrophe im Reich auswirkte und wie hilflos man der schwindenden Siegeszuversicht der deutschen Bevölkerung gegenüber stand, ist einem Rundschreiben Himmlers, Reichsführer SS, zu entnehmen. Am 29. Januar 1943 erging an alle Polizei- und SS-Dienststellen die unmißverständliche Anweisung, »... daß alle diejenigen Elemente, die im Hinblick auf die Tragik der Besatzung Stalingrads oder auf die schwere Lage an der Ostfront Freude zeigen, sofort festzunehmen und in ein Konzentrationslager zu überstellen sind.«

Vorbei die Zeiten euphorischer Siegesnachrichten des »Großdeutschen Rundfunks«, der Sondermeldungen, die das aktuelle Programm unterbrachen, jedes Mal angekündigt von einem eindrucksvollen Motiv aus Liszts »Les Prêludes«. Daß man einem größenwahnsinnigen Scharlatan aufgesessen war, der sich als Kriegsverbrecher entpuppte, verletzte nicht nur die nationale Eitelkeit – der Preis, den man zu zahlen befürchten mußte, überschritt die Schmerzgrenze.

So mancher versuchte jetzt, von den Nazis abzurücken. Langsam machte sich, nunmehr auch bis in die höchsten Kreise hinein, organisierter Widerstand bemerkbar. Um so mehr wüteten Volksgerichtshof und Sondergerichte. Für harmlosen Zweifel am siegreichen Ende des Krieges oder den Rat einer besorgten Mutter, ihr Sohn möge sich nicht zu gefährlichen Kampfeinsätzen melden, wurde der Kopf gefordert. Gerichtsakten, die ich vierzig Jahre später einsehen konnte, bestätigten das tausendfach.

Die faschistische Führungsclique war willens, das gesamte deutsche Volk mit in den Abgrund zu reißen. Am 8. Mai 1943, auf den Tag genau zwei Jahre vor der bedingungslosen Kapitulation, trug Joseph Goebbels in sein Tagebuch ein: »Der Führer gibt vor Reichs – und Gauleitern seiner unumstößlichen Gewißheit Ausdruck, daß das Reich einmal ganz Europa beherrschen wird. Wir werden dafür noch sehr viele Kämpfe zu bestehen haben, aber sie werden zweifellos zu den herrlichsten Erfolgen führen. Von nun ab ist praktisch der Weg zu einer Weltherrschaft vorgezeichnet. Wer Europa besitzt, der wird damit die Führung der Welt an sich reißen. Der Führer ist fest entschlossen, diesen Kampf unter allen Umständen durchzusetzen. Er will nicht vor Zwölf, sondern unter allen Umständen nach Zwölf aufgeben.« Wie charakteristisch für die Demagogie und skrupellose Verlogenheit der Naziführung!

Nach der vernichtenden Niederlage der Wehrmacht in Stalingrad und weiteren militärischen Rückschlägen von kommenden herrlichen Erfolgen zu reden, zeugt von der verbrecherischen Absicht, das Volk ins Verderben zu stürzen. Angetrieben von hoher politisch krimineller Energie jagte man das Volk immer tiefer in die Katastrophe. Vom Reichspropagandaminister Goebbels wurde die Bevölkerung nach der verlorenen Schlacht um Stalingrad für eine totale Kriegsführung mobilisiert: »Ich frage euch, wollt ihr den totalen Krieg? Wollt ihr ihn wenn nötig noch totaler und radikaler, als wir ihn uns heute überhaupt noch vorstellen können?« Vor handverlesenen NS-Funktionsträgern stellte Goebbels am 18. Februar 1943 diese suggestive Frage in einer Rede im Sportpalast und erhielt darauf hysterische Zustimmung.

Die totale Niederlage war auch mit einer totalen Kriegsführung nicht mehr zu verhindern. Aber es sollten noch gut zwei Jahre vergehen, bis der Krieg auch zu mir, in einen der entlegensten Winkel Deutschlands gelangte. Für mich, der glücklicherweise noch zu jung war, um Soldat werden zu müssen, im Großen und Ganzen dennoch eine erträgliche Zeit. Wenn nicht die Strenge der Pflegeeltern gewesen wäre. Manchmal waren es nur Kleinigkeiten, aus denen Staatsaffären gemacht wurden, zum Beispiel ein geschwänzter Religionsunterricht. Normalerweise brachte mir der vorzeitig beendete Religionsunterrricht keinen Gewinn. Je früher ich auf dem Hof eintraf, umso eher mußte ich an die Arbeit gehen. Ein besonderes Ereignis drängte mich jedoch einmal, ausnahmsweise recht schnell aus der Schule zurückzukehren: auf dem Göhlerhof wurde Schlachtfest gefeiert.

Das Hausschwein war rund und fett, der Schlachter bestellt worden. Wer einmal ein dörfliches Schlachtfest miterlebt hat, weiß, wovon ich rede. Die Bedeutung dieses Tages erschöpft sich keineswegs darin, daß mit dem Schlachten die Fleischversorgung der Bauernfamilie für das folgende Jahr gesichert wird. Es ist vielleicht mit dem Einbringen der Ernte zu vergleichen, denn das zum Schlachten bestimmte Tier hatte man zuvor über ein Jahr hinweg mit viel Kraft und Mühe aufgezogen und gepflegt. Nun sollte der Lohn aller Arbeit eingeheimst werden. Ein Sprichwort sagt: »Lange Bratwürste und kurze Predigten haben die Bauern gerne.« Danach ist also das Schweineschlachten auf dem Lande wichtiger als der Kirchgang. Zugleich trennt sich der Bauer von etwas Lebendigem, er nimmt nun diesem Haustier das Leben, der langen Bratwürste wegen. Aus all diesen Gründen gilt das Schweineschlachten als Höhepunkt im Bauernalltag. Alle freuen sich darauf, vom Schwein selbst einmal abgesehen. Einmal im Jahr darf nach Baucheslust ungeniert von Fleisch, Wurst und Suppe gegessen werden. Und alles, was da auf den Tisch kommt, ist frisch, von bester Qualität. Wem läuft nicht das Wasser im Mund zusammen, wenn er das Wort »Hausgeschlachtetes«

hört. Kurzum, ein solcher Tag wird auf einem Bauernhof im wahrsten Sinne des Wortes als ein Schlacht-Fest gefeiert.

Hauptpersonen dabei sind der Fleischer, der Fleischbeschauer und natürlich das Schwein. Der Fleischer kommt ins Haus, man bringt ihm das arglose Opfer, er hat das Messer schon gewetzt und übt nun sein Handwerk. Anschließend prüft der Fleischbeschauer, ob das Tier frei von Trichinen, einer für den Menschen lebensgefährlichen Wurmart, ist. Dann geht's ans sachgerechte Zerlegen und die Weiterverarbeitung. Das für die Würste gedachte Fleisch wird in einem großen Waschkessel zu Wellfleisch gekocht, dann auf einen blank gescheuerten Tisch oder eine große Holztafel geschüttet und anschließend von der Bäuerin und anderen Helfern in kleine Stücke geschnitten. Das ist einer der Höhepunkte des Schlachtfestes. Dem Fleischer ist es vorbehalten, den Inhalt der jeweiligen Wurstsorte zusammenzustellen und zu würzen. Und ein uralter Witz macht die Runde: Sagt der Geselle zum Meister: »Meister, wenn das rauskommt, was in die Wurst reinkommt, kommen wir rein und nie wieder raus!« Natürlich gilt das niemals für das Hausschlachten, da achtet man auf beste Qualität.

Beim Wellfleisch-Schneiden stehen Salz, Pfeffer und Senf griffbereit auf dem Tisch, vielleicht auch einige Brotscheiben. Aber Vorsicht, es darf kein Brotkrümel in den Wurstteig kommen. Entsprechend einem ungeschriebenen Gesetz, darf jeder der am Schlachten Beteiligten ordentlich zugreifen. Solange sein Magen noch etwas aufnehmen kann ... Damit es nicht zu fett wird, stellt der Bauer einen guten Tropfen, Korn oder Branntwein, mit auf den Tisch. Ein vorsichtiger Fleischermeister trinkt allerdings erst nach dem Würzen des Wurstteiges. Denn das Abschmecken der Füllmasse für die verschiedenen Wurstsorten ist eine Kunst. Natürlich dürfen Bäuerin und Bauer hier mitreden, die Verantwortung jedoch trägt der Meister. Unter seiner sachkundigen Anleitung werden dann rohes und gekochtes Fleisch für die unterschiedlichen Zwecke und Konservierungsmethoden zusammengestellt: zum Einpökeln, für die Räucherkammer als Speckseiten, Schinken und was eben ein Dreizentnerschwein so Gutes hergeben kann.

Dabei wird viel geredet und schwadroniert. Bauer und Bäuerin sind stolz darauf, was für ein gut genährtes Tier auf ihrem Hof aufgezogen wurde, der Fleischer rühmt sich seiner Rezepturen. Letztlich sind alle zufrieden: eben ein richtiges Fest.

Natürlich wollte auch ich mitfeiern. Aber ausgerechnet an diesem Tag folgte auf den regulären Unterricht noch die Regligionsstunde. Wäre ich erst danach auf den Hof zurückgekommen, hätte ich das Wellfleisch verpaßt. Also kam ich dem Pfarrer mit der Lüge, der Bauer habe gebeten, mich vom Religionsunterricht freizustellen. Als ich dann so auffällig früh auf dem Hof eintraf, brach eine Schimpfkanonade über mich

Sünder herein, der sich vom Religionsunterricht gedrückt hatte! Man hätte meinen können, ich und nicht Judas hätte den Herrn Jesus Christus an die Schergen des Pontius Pilatus verraten. Jesus konnte Judas verzeihen, aber Gertrud Göhler mir nicht: »Du denkst wohl, was zu verpassen?«

Genau so war es. Aber hätte ich das aber dem Pastor so frank und frei sagen können? Der hätte mir vermutlich die Leviten gelesen. Wegen eines Schlachtfestes auf Gottes Wort verzichten ... Gertrud Göhler hörte nicht auf zu zetern: »Nein, so was verlogenes, morgen gehst Du zum Pfarrer und sagst die Wahrheit!« Der Herr freut sich über einen reuigen Sünder mehr als über hundert Gerechte, sagt man. Mir war dieser Spruch fremd, daher habe ich weder am nächsten Tag noch irgendwann später mein sündhaftes Tun gebeichtet. Meine Seele nahm daran keinen Schaden.

Aus der Sicht der Erwachsenen, mit denen ich damals zu tun hatte, waren derartige Kümmernisse und Seelenqualen belanglos. Niemand dachte über solch einen Vorfall länger nach. Mich hingegen prägte so etwas, säte in mir Mißtrauen, ließ mich nachtragend werden.

Die Rebellion des Geschenkten

»Zum Objekt der Geschichte wird man gemacht, Subjekt muß man aus eigener Kraft und Anstrengung werden.«

Peter Weiss, Ästhetik des Widerstands

Die mir widerfahrene und von mir als ungerecht angesehene Behandlung bestärkte mich in meinem Entschluß, den Bauern am Ende meiner achtjährigen Schulzeit, Ostern 1945, zu verlassen und einen Beruf außerhalb der Landwirtschaft zu erlernen. Es wollten sich einfach nicht solche dauerhaften harmonischen Verhältnisse zwischen mir und den Pflegeeltern entwickeln, angesichts derer in mir der Wunsch geweckt worden wäre, beim Bauern in der Landwirtschaft zu bleiben. Bei meinem Bruder Heinz hatte sich das so ergeben. Auf dem Göhlerhof war dergleichen nicht im Gespräch, so daß ich nicht weiß, ob die Göhlers überhaupt wünschten, mich weiter in der Familie zu behalten.

Mutter war einverstanden, daß ich ein Handwerk lernte und während der Lehre bei ihr in Rechenberg wohnte. Genaue Vorstellungen, oder gar einen Traum-Beruf, hatte ich nicht. Bei meiner Herkunft und meinem Bildungsstand konnte ich mir keine hochfliegenden Träume leisten. Bei aller Bescheidenheit meine ich aber, daß sich ein Handwerksberuf seinerzeit gegenüber Tätigkeiten in der Industrie oder Landwirtschaft schon etwas abhob.

Daß ich schließlich Sattler wurde, war imgrunde das Ergebnis eines rechten Zufalls: Zu meinen Aufgaben zählte es, Kühe zu hüten. Beim Nachbarn erledigte das der ein Jahr ältere Gottfried Kempe. Während sich das uns anvertraute Milchvieh den Pansen vollschlug, hatten wir viel Zeit, um über alles mögliche zu schwatzen. Dabei erfuhr ich, daß Gottfried zu Ostern 1944 im Ort eine Lehre beim Sattlermeister Arno Morgenstern beginnen würde. Mehr im Spaß meinte er, ich solle mich doch dort im kommenden Jahr ebenfalls bewerben. So hatte sich dieser Gedanke bei mir festgesetzt. Wenn ich schadhaftes Pferdegeschirr des Göhlerbauern zum Berufskollegen des Morgenstern-Sattlers bringen mußte, hatte ich das eine oder andere gesehen und kam zu dem Schluß, daß mir dieser Beruf zusagen könnte. Wie sich später zeigen sollte, hätte ich unter den damaligen Voraussetzungen keine bessere Wahl treffen können.

Als nach Beginn der 8. Klasse die Zeit für eine Entscheidung gekommen war, ging ich eines Tages kurz entschlossen zur Morgensternschen Werkstatt. Gottfried saß großspurig feixend an seinem Arbeitsplatz und beobachtete mich aus den Augenwinkeln. Ich atmete tief durch:

»Guten Tag Herr Morgenstern. Ich möchte gern Sattler werden und zu ihnen in die Lehre gehen.« Lange hatte ich an diesen wichtigen Sätzen gefeilt, um sie ohne Stocken vortragen zu können. Arno Morgenstern guckte mich über seine Nickelbrille mit seinen kleinen Vertrauen erweckenden braunen Augen prüfend, aber nicht unfreundlich an: »Du bist doch beim Göhler Erich? Der ist zwar nicht mein Kunde, aber als Lehrling kannst Du bei mir anfangen. Ist Deine Mutter einverstanden?« Na, das war doch ein Wort. Allerdings überraschte es mich, daß der Meister mich schon kannte. Als ich später selbst als Lehrling in der Werkstatt saß, wurde mir klar, weshalb. Von dort aus konnte man die Dorfstraße überschauen und kein Fuhrwerk oder Fußgänger entging dem Blick. Der Meister erkannte jedes Pferdegespann und dessen Gespannführer. Auch ich war ja manchmal mit Göhlers Gespann durchs Dorf kutschiert. Auf dem Dorf ist man einander nun einmal so nah, daß es kaum Anonymität gibt.

Jedenfalls registrierte ich erleichtert, daß den Sattlermeister weder meine Herkunft noch die unattraktiven familiären Verhältnisse störten. Gern hätte ich gewußt, was ihn letztendlich bewog, mich als Lehrling anzunehmen. Viel Überzeugendes zu meiner Person konnte ich nicht vorbringen. Wie auch immer, es wurde alles geregelt, ich würde die Lehre am 3. April 1945 antreten.

Nun, da ich wußte, daß meine Tage beim Göhlerbauern gezählt waren, schwand meine Demut. Fortan war ich weit weniger dazu bereit, mich schurigeln, beschimpfen, bedrohen und meine Freizeit beschneiden zu lassen. Göhlers hatten zwar die Mitteilung, daß ich nach Abschluß der Schulzeit nicht als Knecht bei ihnen bleiben würde, kommentarlos hingenommen, begegneten mir wie es schien, jetzt aber noch frostiger als zuvor. Unser Verhältnis verschlechterte sich zusehens. Ich legte es wirklich nicht auf eine große Auseinandersetzung an, aber sie konnte wohl nicht ausbleiben.

Es war wieder Herbst geworden. Die Kühe wurden zum Weiden auf die abgeernteten Felder getrieben und ich war der Hütejunge auf dem Bauernhof der Pflegeeltern. Nun ist die Kuh beileibe nicht das sprichwörtliche »dumme Rindvieh«, im Gegenteil, sie verfügt über ein beachtliches Gedächtnis. Besonders dann, wenn es um Futter-Leckerbissen geht. Haben Kühe einmal in der Nähe ihrer Weide ein Rüben-, Kraut- oder Kleefeld ausgemacht, dann genügt die kleinste Achtlosigkeit des Hütejungen und sie streben ebenso stur wie gelassen dorthin. An jenem schönen Herbsttag hatte ich die Leitkuh, die Anstifterin allen Ärgers, wiederholt nur mit Mühe aus einem Rübenfeld holen können. Steht die Leitkuh in den Rüben, so ist der Rest der Herde nicht davon abzuhalten, auch dorthin zu ziehen. Es geht ja nicht darum, daß die Tiere von den verbotenen Früchten fressen und deswegen aus dem Paradies der Kühe vertrieben werden müssen. Nein, die Tiere überfressen sich. Überdies verwüsten sie das Feld, weil sie mit dem saftigen Blattstrunk die Rübe herausreißen und die Dämme zertrampeln. Jedenfalls hatte ich Mühe, die mir anvertrauten Tiere auf dem Platz zu halten, der ihnen an diesem Tag zur Futtersuche zugeteilt war. Als die Herde ruhig schien, ging ich, fahrlässig von meinem Auftrag abweichend, zu Nachbars Hütejungen. Wir kamen ins Plauschen, irgendein wichtiges Thema ließ mich meine Herde vollkommen vergessen. Plötzlich ein ungeduldig-zorniges Schreien: »Manfred!!!« Als ich mich umsah, hauste die Mehrzahl der Kühe im Rübenfeld. »Ach, verdammte Sch...«, entfuhr es mir. Wütend stampfte Göhler Erich auf mich und die Kuherde zu, hielt sich weder mit derben Flüchen noch mit Drohungen zurück. Es war klar, was mir blühte, zumal der Bauer schon unmißverständlich die Peitsche schwang. Ich würde nicht ungeschoren davonkommen, im Gegenteil, höchste Gefahr war im Verzug.

In dieser Situation empfand ich ein nicht zu unterdrückendes Gefühl der Widersetzlichkeit und entschloß mich zum Handeln. Ich lehnte mich auf. Ging einfach los, floh nicht etwa Hals-über-Kopf, sondern ging trotzig, mit ruhigen, regelmäßigen Schritten meines Weges. Zunächst wußte ich gar nicht so genau, wohin. Nur weg von diesem Ort liebloser, schikanöser Behandlung, sagte zuerst mehr mein Gefühl als mein Gehirn. Doch mit jedem Schritt spürte ich, daß das eine neue Qualität meiner Entscheidung war, etwas Neues in meiner Persönlichkeitsentwicklung. Ich hatte weder Bedenken noch Angst vor den Folgen. Wichtiger als alle vorstellbaren Konsequenzen war mir, nicht mehr der fremden Verfügungsgewalt ausgesetzt zu sein. Ich rebellierte!

So lief ich über die abgeernteten Herbstfelder, sprang ohne besondere Hast über einen Graben und überquerte den frisch gepflügten Acker, auf dem der Bauer sein Gespann hatte stehen lassen, um mich zu disziplinieren. Bald hatte ich mich von den Fluren meiner noch Pflegeeltern entfernt und gelangte nun auf die Grundstücke der Nachbarbauern. Wie gesagt, es war ein sonniger, warmer Herbsttag, wie bestellt für eine so wichtige Entscheidung. Die auf den Feldern beschäftigten Bauern und Landarbeiter, Frauen und Männer – viele, die mich kannten – beobachten, was beim Göhler Erich geboten wurde. Dessen wütende Stimme schallte noch lange über den Acker: »Manfred, komm her, komm sofort zurück, Manfred!« Mit zunehmender Distanz verlor er gänzlich seine Gewalt über mich. Ich kehrte nicht zurück, ich sah mich nicht einmal mehr um. Ich widersetzte mich.

Es war naheliegend, nun den Weg nach Rechenberg zur Mutter einzuschlagen. Ich hätte es zuvor für undenkbar gehalten, ohne Einverständnis des Pflegevaters oder der zuständigen Behörden die mir zugewiesene Arbeitsstelle zu verlassen. Hätte ich zuvor ernsthaft darüber nachgedacht, mir wäre ein solches Unterfangen weder ratsam noch ausführbar erschienen. Insofern war dieser Tag gänzlich anders als alle vorangegangenen Tage in meinem Leben.

Nach meinen damaligen Erfahrungen und den Erwartungen der Pflegeeltern wäre es an mir gewesen, schuldbewußt Vorwürfe oder Strafen hinzunehmen. Seit mich der Göhlerbauer – wie zuvor der Fischerbauer – vom Amt für Jugendhilfe als kostenlose Arbeitskraft geradezu geschenkt bekommen hatte, kannte man mich als einen leicht leitbaren, arbeitswilligen, keinen Widerspruch wagenden Jungen. Ein wohlfeiles Geschenk war ich bislang jedem Bauer gewesen und was ich nun dem Pflegevater am hellichten Tag auf seinem Grundstück bot, war rebellierendes Selbstbewußtsein – die Rebellion des Geschenkten. Vermutlich hätte es keiner der Erwachsenen für möglich gehalten, daß ich zu einem solchen spontanen Schritt fähig sein würde. Meinen Pflegeeltern, aber auch meiner Mutter, wäre ein solches Vorhaben absurd vorgekommen. Niemals zuvor handelte ich so rigoros gegen den Willen jener, die mir ungefragt Pflegeeltern zuwiesen und darüber befanden, welcher »Familie« ich anzugehören hatte.

Aller angehäufter Zorn und Ärger und die bis dahin mit Geduld aber auch hilflos akzeptierten fremden Eingriffe und Zwänge brachten mich letztlich dazu. Man kann natürlich auch nach Landessitte schlicht und einfach sagen, ich hatte die Schnauze gestrichen voll.

Dieser Herbsttag 1944 sollte einen Abschnitt selbstbewußter Entscheidungen einleiten. Wenn auch nicht de jure, so doch in praxi legte ich mit dieser Aktion meinen mehr als fünf Jahre währenden Status des Pflegekindes ein für allemal ab. Fortan traf ich die Entscheidungen für mich, handelte nach meinem Ermessen. Natürlich nicht jenseits gesellschaftlicher Bedingungen, aber nach Maß meiner Erkenntnis und Kraft meines Vermögens, meist im Sinne meiner Wünsche, Vorstellungen, naher und weitgesteckter, mehr oder weniger bescheidener Lebensziele.

Manche Entscheidungen traf ich vielleicht überhastet, manche erwiesen sich als falsch, manche bereute ich später. Aber, es waren meine Entscheidungen. Ich hatte eine wichtige Erfahrung gemacht: Was man sich nicht vorzustellen wagt, das schafft man auch nicht!

Rückkehr zur fremden Familie

Am Tage nach meinem dramatischen Abgang suchten Mutter und ich die Pflegeeltern in Clausnitz auf, um zu Ende zu bringen, was ich begonnen hatte. Es war Mittag geworden, als wir dort eintrafen, die Bauersleute saßen am Tisch, ähnlich wie vor zwei Jahren, als ich als Pflegekind abgeliefert worden war. Die höfliche Aufmerksamkeit, mit der man uns damals aufwartete, fehlte nun. Ebenso eine Einladung zum Essen. Wir hätten sie wohl angenommen, denn hinter uns lag ein anderthalbstündiger Fußmarsch und ein ebenso langer Rückweg noch vor uns. Die Göhlerfamilie stellte betontes Desinteresse zur Schau. Spannung aber war am Tisch der Ostarbeiter zu spüren. Deren Gespräche verstummten. Ein Blick dort hinüber, zu Sophie, Wally, Peter und der Russin sagte mir, daß deren Sympathien mir galten.

»Also, ich will dem Manfred seine Sachen abholen, er will nicht mehr hier bleiben!« – »Na so was«, wurde meiner Mutter erwidert, »der hat's doch nicht schlecht bei uns gehabt, stimmt's?« Die Frage war an mich gerichtet. Ich ließ sie trotzig unbeantwortet. Auch die Familie Göhler schwieg verstimmt. Dann meinte der Bauer noch einmal auf sein Erziehungsrecht als Pflegevater pochen zu müssen. Es war die Rede davon, daß ich nicht einfach davonlaufen dürfe und eigentlich Prügel verdient hätte. Das war ein Stichwort für Mutter. Sie hielt dem Bauern vor, daß ich geschlagen worden sei. Rede gab Gegenrede, aber offenbar hatte man sich damit abgefunden, mich ziehen zu lassen. »Wenn er nicht bleiben will, wir könn' ihn nicht halten,« meinte leidenschaftslos die Bäuerin. Wahrscheinlich war ich undankbarer Bengel ihrer Ansicht nach bis zum Ende meiner Schulzeit ohnehin nur ein zusätzlicher Esser und keine große Hilfe. Da lohnte es sich nicht, um die restlichen sechs, sieben Monate zu streiten. So in etwa dürfte die Verhandlungsposition der Göhlers gewesen sein. Es wäre ja zu fürchten gewesen, daß das Jugendamt sich auch nach der Schulentlassung für meinen weiteren Verbleib bei den Pflegeeltern entscheidet. Nun hatte ich selbst die Trennung herbeigeführt, was letztendlich dem Göhlerbauern entgegen kam.

Mein Eigentum hatte sich während meines über zweijährigen Aufenthaltes in Clausnitz nicht vermehrt und war bald in Taschen und Beuteln verstaut. Es handelte sich ohnehin nur um getragene Kleidungsstücke und meine Schulsachen. Ein Sparkassenbuch auf meinen Namen, und wenn es nur für einen ganz kleinen Betrag gewesen wäre, befand sich nicht darunter. Was mir die fünfjährige Kinderarbeit bei zwei Bauern eingebracht hatte, konnten Mutter und ich in Einkaufstaschen nach Hause tragen. Mehr war es nicht. Ich hatte nicht nur keine Güter erworben, sondern ging auch im Bösen fort. Der Abschied verlief kühl und frei von Sentimentalitäten. Keine versöhnlichen Worte der guten Wünsche für die Zukunft, kein Dankeschön. Weitherzigkeit war nicht die Stärke der Göhlerbauern.

Die Grenzen zwischen Kindheit und Erwachsenwerden sind unscharf, aber wenn ich ein Zeichen für den Übergang in den folgenden Lebensabschnitt benennen sollte, würde ich ohne zu zögern auf die Trennung von den Pflegeeltern verweisen.

Die Rückkehr in die Familie der Mutter gestaltete sich zunächst günstiger als erwartet. Mein damals fast neunjähriger Halbbruder Hans hatte am 17. Mai 1944 noch einen Bruder bekommen. Bernd war ein sogenannter Nachzügler, Mutter damals bereits 42 Jahre alt. Erich Schmieder verhielt sich mir gegenüber zunächst gleichgültig, eine direkte Anrede vermieden wir beide. Später änderte sich das insofern, als Schmieder mich nur mit ordinären Schimpfwörtern ansprach, in der dritten Person sozusagen, wenn ich mich mit ihm in einem Raum aufhielt, zum Beispiel »... der verfluchte Balg«, da wußte ich, er meinte mich.

Die Wohnung, lediglich eine größere Wohnküche und eine eben so große Schlafstube, war ohnehin viel zu klein. Nach meiner Ankunft wurde es für eine nun fünfköpfige Familie unzumutbar eng. Unter solchen Umständen konnten keine erträglichen Familienverhältnisse gedeihen.

Unauffällig verlief auch meine Rückkehr in den Rechenberger Schulbetrieb. Mir war noch alles vertraut, Lehrer und Mitschüler. Problemlos fügte ich mich wieder unter meine Mitschüler ein.

Die noch verbleibende Zeit bis zur Schulentlassung mit dem christlichen Ritual der Konfirmation erscheint mir in der Erinnerung als eine äußerst schnellebige Lebensetappe. Geprägt hat sie die Höllenfahrt des zu Ende gehenden Krieges, der in der Art seines Verlaufes, der Zahl seiner Opfer alles in den Schatten stellte, was die Menschheitsgeschichte an Grausamkeiten und Vernichtungswut bisher hervorbrachte. Was diesen Krieg von allen vorangegangenen unterschied, war nicht so sehr die beispiellose Härte und Verbissenheit, mit der aufeinander eingeschlagen wurde, sondern die völlige Abwesenheit von Völker – und Menschenrechtsnormen, die in Kriegen natürlich immer vernachlässigt werden. Es darf als ein Akt der Gerechtigkeit angesehen werden, wenn die Brandfackeln des Krieges dorthin zurückkehrten, wo er geplant, provoziert und ausgelöst worden war. Natürlich war es die logische Konsequenz der von Deutschland überfallenen Staaten, den Kampf bis zum Ende zu führen.

Wir im Erzgebirge litten vergleichsweise weniger unter dem Krieg als die Menschen in Städten und Gegenden, wo Kampfhandlungen stattfanden. Aber auch bei uns spürte man, was vor sich ging. Immer häufiger, nahezu täglich, flogen hunderte von schwer beladenen Bombenflugzeuge über uns hinweg, meist in Richtung Süden zu den dortigen Rüstungsbetrieben. Die Alliierten besaßen schon lange die völlige Lufthoheit. Reichsfeldmarschall Hermann Göring hätte längst seinen Namen nicht mehr führen dürfen, hatte er doch bei Kriegsbeginn vollmundig erklärt, daß er Meyer heißen wolle, wenn je ein feindliches Flugzeug in den deutschen Luftraum eindringen würde. Die anglo-amerikanischen Bomberstaffeln waren für uns keine unmittelbare Gefahr, es sei denn, vom Abwehrfeuer der Flak beschädigte Flugzeuge mußten ihre tödliche Last vorzeitig ausklinken. Eine solche großkalibrige Bombe schlug unvermittelt in Oberholzhau hinter dem Zollhaus im Wald ein. Sie hinterließ einen tiefen Krater, in weitem Umkreis umgerissene Bäume und ein beängstigendes Beispiel für die Zerstörungskraft solcher Bomben. Vermutlich von derselben Maschine abgeworfen, landete eine der sechseckigen Stabbrandbomben in Großmutters Garten. Einmal beobachteten wir von Oberholzhau aus den Absturz eines amerikanischen Bombers. Offenbar war er von der Flak getroffen worden und die Besatzung hatte versucht, die beschädigte Maschine zurückzubringen. Mit einigen Mädchen und Jungen meines Alters zog ich los, um das Flugzeugwrack zu suchen. Auf den Weg dorthin trafen wir viele Menschen, die das gleiche Ziel hatten, denn endlich konnte man eine solche Maschine ganz aus der Nähe betrachten. Schließlich gelangten wir nach einem längeren Fußweg zur Absturzstelle auf der Höhe des Ortsausganges von Georgendorf. Teile von Triebwerken, Fahrwerk, Rumpf und Tragflächen lagen weit verstreut im Gelände umher. Es schien wie an einem Markttag: Die Leute schwatzten und lärmten, begutachteten die Teile, drehten und zerrten an ihnen herum. Ich näherte mich einem Teilstück des Rumpfes mit der Pilotenkanzel und kroch in das Innere. Noch nie hatte ich ein

Flugzeug so greifbar nahe gesehen, auch wenn es jetzt nur ein zerstörter Bomber war. Ich stieß auf ein verwirrendes Durcheinander von Drähten, Hebeln, Instrumenten und anderweitigen fremdartigen Geräten. Alles wurde neugierig berührt und begutachtet. Als ich mit äußerster Kraftanstrengung an einem länglichen Gegenstand zog und sich dabei überraschend mit explosionsartigem Knall mehrere Schüsse lösten, schwante mir, daß ich die Bordkanone in den Händen hielt. Da der Lauf der Waffe schräg nach unten zeigte, war wohl das Projektil in den Erdboden gegangen. Ein reiner Zufall und natürlich ein unwahrscheinliches Glück, daß nichts weiter passierte, außer daß den Herumstehenden, ebenso wie mir, ein entsetzlicher Schreck in die Glieder gefahren war. Von einem Uniformierten, vermutlich dem Dorfgendarm, erhielt ich eine heftige Ohrfeige und die Aufforderung, sofort zu verschwinden. Für mich war das nicht nur schmerzhaft, sondern auch wegen der Anwesenheit meiner Freunde kränkend. Die zu Tode erschrockenen Schaulustigen allerdings fanden sich für die ausgestandene Angst entschädigt. »Stolz kommt der Held aus der Schlacht« konnte ich nun wahrlich nicht singen, nachdem ich für meine Dummheit öffentlich abgestraft worden war.

Trotz der auf allen lastenden Kriegssorgen war es schön, mit meinen Klassenkameraden noch einmal ungezwungen all das zu tun, was halbwüchsigen Jungen in der Freizeit Spaß macht. Viele Jahre lang war mir das verwehrt worden. Die sorgenschwere Last des unseligen Krieges bedrückte uns weniger – ein Privileg der unerfahrenen Jugend, allem mit einer Portion Unbekümmertheit entgegen zu sehen.

Vermutlich, um der Kriegszeit den Anschein von Normalität zu verleihen, wurden im Winter 1944/45 in Altenberg Wintersportspiele für den Bereich Osterzgebirge organisiert. Für die jeweilige Wettkampfdisziplin wählte man interessierte Teilnehmer aus. Ich gehörte als leidenschaftlicher Skifahrer neben Horst Braun und anderen Burschen dazu und machte mich mit ihnen auf den Weg. Mit der Eisenbahn bis Hermsdorf und dann bei besten Wintersportbedingungen mit den Brettern zum Austragungsort. Eigentlich sollte ich am Skispringen teilnehmen. Ohne Sprungski war ich aber nicht nur von vornherein chancenlos, es wäre vermutlich gar nicht zugelassen worden, mit meinen dünnen Latten über den Schanzentisch zu gehen. Man glaubte nun, ich könnte beim Abfahrtslauf glänzen. »Bist doch ein guter Abfahrtsläufer«, fachte jemand meinen bereits entflammten Ehrgeiz noch weiter an. Also vertraute ich auf meine schnellen Bretter und mein Können und ließ mich in die Teilnehmerliste eintragen, bekam daraufhin eine Startnummer und ging zum Startplatz. Noch nie zuvor hatte ich an einem solchen Wettkampf teilgenommen, noch nicht einmal bei einem zugeschaut. Auch die vor mir liegende Abfahrtsstrecke kannte ich nicht. »Die Strecke ist markiert, Du kannst sie gar nicht verfehlen«, behauptete jemand.

»Achtung, fertig – los!« Mit Doppelstockeinsatz jagte ich los, was die Bretter hergaben, die Waldschneise hinunter. Da war nichts falsch zu machen. Bald kam ich aus dem Wald heraus, vor mir der offene Hang, besetzt mit vielen Zuschauern und irgendwo waren auch Stangen zu sehen. Ich war schnell – zu schnell, denn ich verlor die ausgeflaggte Strecke aus den Augen. Zu mir drangen Stimmen. Was ich für Beifall hielt, war in Wirklichkeit Orientierungshilfe. »Hier geht's lang, hier her« wurde gerufen, aber ich konnte meinem Sturmlauf keine Wende mehr geben. Abgehetzt und dennoch erfolglos kam ich gut hundert Meter abseits vom Ziel und der Zeitmessung zu stehen. Kein Mensch war dort. Ich erfuhr nicht einmal, ob ich von den Verlierern der Schnellste auf falschem Kurs gewesen war. Lächerlich hatte ich mich gemacht. Unwirsch übergab ich meine Startnummer. Mein erster Abfahrts-Wettkampf war zugleich der letzte.

Daß der Krieg seinem baldigen Ende entgegen ging, war für uns, die wir Ostern 1945 in das Arbeitsleben entlassen werden sollten, deutlich spürbar. Von einem regelmäßigen Schulunterricht konnte in den letzten Monaten nicht mehr die Rede sein. Anfang Februar räumten wir in tagelangen Einsätzen unser Schulgebäude für die Einrichtung eines Reservelazarettes. Wir schleppten die Einrichtungsgegenstände in eines der Gebäude der benachbarten Brauerei. Um den versäumten Unterricht waren wir allesamt nicht besorgt. Bei der Verlagerung des Schulinventars fiel ich nach Meinung eines Klassenkameraden mit einer unpatriotischen Bemerkung auf. Aus einer versteckten Ecke hatte ich eine ziemlich verschmuddelte Hakenkreuzfahne hervorgeholt. Beim Anblick des verdreckten, aber noch geehrten Staatssymbols entfuhr mir ein altkluger Kommentar: »Was ist denn das für ein Drecklappen, wollt Ihr mal den Drecklappen sehen?« – »Das sag ich, das sag ich, Du hast zu der Fahne Drecklappen gesagt, ja, hast Du gesagt.« Ich weiß noch, wer sich da ganz aufgeregt hervortat, würde mir aber lieber die Zunge abbeißen, als den Namen zu nennen. Mir fiel nichts Besseres ein, als zu erwidern: »Jetzt hast Du aber selber Drecklappen gesagt!« Er guckte daraufhin ein bißchen verdutzt und blieb still.

Ich hatte keine Bedenken, daß man mich »meldete«. Aber ein schlechtes Gewissen wegen meiner respektlosen Bemerkung zur Fahne bekam ich doch. Erwähnenswert an dieser belanglosen Episode ist nicht unser alberner Wortwechsel, sondern die peinliche Tatsache, daß Nazipropaganda und die Aufforderung zur Denunziation auch bei uns Jugendlichen nicht ohne Resonanz geblieben war.

Das Inferno

»Wehe wenn sie losgelassen,
wachsend ohne Widerstand,
durch die volkbelebten Gassen
wälzt den ungeheuren Brand!
Denn die Elemente hassen
das Gebild der Menschenhand.«

Friedrich Schiller

Nicht die Elemente hassen das von Menschenhand Geschaffene. Zerstören vielleicht, aber nicht hassen. Die Menschen selbst sind die Zerstörer und gewinnen die Elemente für ihr teuflisches Werk. Am 13. Februar 1945, wenige Wochen vor Kriegsende, wurde Dresden in Brand gesteckt. Durch zwei mit größtem Vernichtungseffekt aufeinander abgestimmte Angriffswellen angloamerikanischer Bomberverbände wurden am 13. und 14 Februar die gesamte Altstadt und Teile der Neustadt in Schutt und Asche gelegt. 1083 Flugzeuge warfen 7070 Tonnen Bomben auf 15 Quadratkilometer Stadtfläche ab. Das kulturhistorisch einmalige Stadtzentrum wurde ausradiert. Dabei hatte der von Winston Churchill befohlene Angriff auf die von Flüchtlingen überfüllte Stadt keinerlei kriegsentscheidende Bedeutung, soweit Zerstörungen derartigen Ausmaßes überhaupt mit irgendwelchen Gründen zu legitimieren sind. Die mit einem ungeheuren Vernichtungspotential ausgestattete Bomberarmada hinterließ ein Sodom und Gomorrah, eine Hölle, in der mehr als 35 000 Menschen grausam umkamen. Die Überlebenden flüchteten aus der Stadt.

Der große Dichter Gerhard Hauptmann hatte das Inferno von Dresden überlebt und sich tieferschüttert gezeigt: »Ich stehe am Ausgangstor des Lebens und beneide alle meine hohen Geisteskameraden, denen dieses Erleben erspart geblieben ist. Von Dresden aus, von seiner köstlichen, gleichmäßigen Kunstpflege in Musik und Wort, sind herrliche Ströme durch die Welt geflossen und auch England und Amerika haben durstig davon getrunken. Haben sie das vergessen?«

Die organisierte Vernichtung der Kulturstadt und seiner Bewohner läßt sich nicht mit den vom faschistischen Deutschland begangenen Kriegs- und Völkermordverbrechen rechtfertigen, obgleich die Versuchung groß ist, solche Argumente zu benutzen. Unrecht schafft kein neues Recht und das Gute braucht das Böse nicht als Rechtfertigung. Insofern können die Bombenangriffe auf die wehr- und schutzlose

Zivilbevölkerung nicht anders als Kriegsverbrechen bezeichnet werden.

Von den Kammlagen des Erzgebirges aus ließen sich damals die den Himmel verdunkelnden Rauchwolken und der Widerschein der brennenden, etwa vierzig Kilometer Luftlinie entfernt gelegenen Großstadt beobachten. Was dort Entsetzliches geschah, konnten die Überlebenden, denen die Flucht aus der Hölle gelungen war und die in den folgenden Tagen zu Fuß oder mit dem Zug zu uns kamen, mit Worten nicht ausdrücken. Die Geißel des Krieges wurde ja schon seit langem über die Menschen geschwungen. Aber so unmittelbar war bei uns bis dahin kaum einer mit dem Krieg, mit Tod und Zerstörung in Berührung gekommen.

Inzwischen beherrschten die feindlichen Fliegerverbände gänzlich unseren Luftraum. Sie flogen zu jeder Tageszeit vollkommen ungehindert, wie auf einer Flugschau, ihre Zielgebiete und Objekte an. Waren es bislang die Langstreckenbomber, die von ihren Heimatflughäfen in England aus den Ärmelkanal überflogen, um ihre im doppelten Sinn schwerwiegende Last ins Ziel zu bringen, kamen nunmehr die mit leichten Fliegerbomben und schweren Maschinenwaffen bestückte Jagdbomber hinzu. Die anglo-amerikanischen Truppenverbände im Westen hatten nach ihrer Landung am 6. Juni 1944 an der französischen Küste der Normandie, wie schon zuvor die Rote Armee im Osten, die Grenzen Deutschlands kämpfend überschritten, so daß auch leichte Kampfflugzeuge von Feldflugplätzen starten und naheliegende Erdziele angreifen konnten. Nicht immer waren das militärische Objekte, auch Bauern bei ihren Bestellarbeiten wurden ins Fadenkreuz der Bordkanonen genommen.

Eines Tages im März oder April des letzten Kriegsjahres wurde ein Gütertransportzug auf seiner Fahrt in die Tschechoslowakei kurz vor der Einfahrt in den Bahnhofsbereich Holzau von Tieffliegern ausgemacht und mit Bomben und Bordwaffen angegriffen. An jenem Tag war ich bei Großmutter in Oberholzhau und beobachtete vom Dachfenster aus die Flugmanöver der den Zug attackierenden Jagdbomber. Aus der Entfernung von etwa tausend Metern verfolgte ich die Luft-Boden-Kampfhandlungen. Auf einmal sah ich, wie sich bei einem der Zielanflüge eine Bombe löste und im freien Fall flog. Wohin, war von meinem Standort aus nicht auszumachen. Wohl aber hörte ich eine laute Detonation und ich sah schwarze Rauchwolken emporsteigen, die sich rasch im Tal ausbreiteten.

Schnell verließ ich meinen Beobachtungspunkt und lief, so flink mich die Beine tragen konnten, quer über die Felder ins Unterdorf zum Brandort. Inzwischen hatten die Angreifer abgedreht, es war wieder Ruhe eingekehrt. Wie ich sah, hatte die Bombe nicht das militärische Ziel, den Transportzug, sondern einen unmittelbar an der Eisenbahnlinie gelegenen großen Bauernhof, das Erbgericht, getroffen. Das Wohnhaus und ein Nebengebäude brannten lichterloh, und damit auch das dort untergebrachte, aus zwei, drei Räumen bestehende Gemeindeamt. Hilfsbereite Dorfbewohner trugen gemeinsam mit Gemeindemitarbeitern Mobiliar und zum Amt gehörende Gegenstände ebenso wie Einrichtungsgegenstände der Bauernwirtschaft heraus.

Ich wollte schon meiner Wege gehen, für Hilfeleistungen hielt ich mich nicht für zuständig, als mein Blick wie magisch von etwas angezogen wurde, was sich mir dauerhaft einprägte. Da hatte offenbar ein kritisch denkender und entschlossen handelnder Mensch mit Sinn für ironische Bildersprache etwas aus den brennenden Amtsstuben geholt und an den Rest der Außenwand des zur Brandruine verwandelten Gebäudes, aus dem der heiße Wind immer noch grauschwarzen Qualm fächelte, aufgestellt: Ein mit einer grünen Papiergirlande geschmücktes metergroßes »Führerbild«. Eine zweideutige und dennoch unmißverständliche Komposition, nicht zu übersehen. Es war eines der Unmengen von Hitlerbildern, die im Tausendjährigen Reich allgegenwärtig waren und den fatalen Spruch trugen: »Führer, wir danken Dir!« In der provozierenden Präsentation des Bildes lag die Botschaft. Angesichts der Kriegskatastrophe und der brennenden Gebäude bedurfte es keiner zusätzlichen Erläuterung: »Führer, wir danken Dir!« Vom Erhabenen zur Lächerlichkeit sei es nur ein Schritt, meinte einst Napoleon. Die dem deutschen Volk abgenötigte Lobhudelei war selbstverständlich nicht für die Phase des Niederganges, sondern für die Zeiten überschwenglichen Jubels gedacht. Die aber waren nun längst vorbei. An der Stätte der Zerstörung wurde jenes »Führer, wir danken Dir«, das vorgebliche Treue-Versprechen der »Volksgemeinschaft«, als das verstanden, was es war und sein sollte: ein unmißverständlicher Vorwurf an die Schuldigen.

Das Pikante an dieser Geschichte: Niemand konnte dem, der das Bild so präsentierte, einen Vorwurf machen. Schließlich gehörte es mit zum Inventar des Gemeindeamtes. Ein anscheinend patriotisch gesonnenener Dorfbewohner hatte es vor Feuer bewahrt. Sollte man denn des Führers Bild dem vom Feind gelegten Feuer überlassen? Vom braven Soldat Schwejk weiß man, daß Palivec, der Wirt vom »Kelch«, mit Gefängnis büßen mußte, weil er das Bild seines Monarchen, Kaiser Franz Joseph, von der Wand entfernt hatte. Dabei wollte er es nur nicht von Fliegen »verschweinigeln« lassen ... Also, mit Ikonen der Hochgestellten sollte der Untertan majestätisch umgehen.

Von wem auch immer das Bild-Arrangement an der Brandruine stammte, es erregte öffentliche Aufmerksamkeit. Auch mich machte es nachdenklich. So hatte ich nun zum zweiten Mal erlebt, wie sich der

Anspruch dieser Hitlerbilder, dem »Führer« zu einer Aura göttlicher Unfehlbarkeit zu verhelfen, ins Gegenteil verkehrte. Davon, mit welchem Kommentar meine Großmutter beim Soldatentod ihres ältesten Enkels, ihr Hitlerbild aus der Küche verbannte, war schon die Rede.

Ich will so etwas nicht überbewerten, aber diese Erlebnisse und das Handeln einfacher Menschen, waren mir hilfreich bei der Formung einer Weltanschauung, die für soziale Gerechtigkeit und Gesellschaftsfortschritt stehen sollte und mit der ich mich mit meinem Bewußtsein und Gefühl identifizieren konnte. Es ist ein langer Prozeß, bis man weiß, wie man mit der Verantwortung in der Gesellschaft leben möchte. Das schließt das Wissen ein, daß der eigentliche Wert eines Menschen dort beginnt, wo er sich auch für andere einsetzen will.

1945 war ich an der unsichtbaren Schwelle eines Lebensabschnittes angelangt, wo sich in zunehmendem Maße Gemeinsamkeiten mit der Welt der Erwachsenen ergeben oder wenigstens andeuten. Ich sollte in das Berufs – und Erwerbsleben mit den besonderen Forderungen und Pflichten eintreten. Dieser für jede Generation wichtige Lebensabschnitt fiel nun zusammen mit elementaren Umbrüchen in der Gesellschaft, in der ich lebte.

Lehrjahre sind keine Herrenjahre

»Lehrjahre sind keine Herrenjahre«, das soll bedeuten, daß es Jahre der Einordnung und Anpassung in die Welt der Erwachsenen, die Erfüllung von Forderungen und Annahme von Weisungen sind. Die zitierte »Lebensweisheit« meint auch, daß den lebenserfahrenen Alten von den Jungen Aufmerksamkeit und Achtung entgegengebracht werden soll. Da aber bin ich skeptisch. Wie oft hat man den Eindruck, daß die ältere Generation nichts aus ihren Fehlern gelernt hat. Könnten sonst immer wieder Kriege entstehen?

Wie jedes Ding auf der Welt, erlaubt auch diese Problematik unterschiedliche Sichtweisen. Die »Alten« können den »Jungen« Wissen und Erkenntnisse übermitteln, schließlich basiert unser heutiger Wissens- und Leistungsstand auf dem Wissen und Können aller bisheriger Generationen. Die Nachfolgenden fügen dann Neues hinzu.

Die eingewurzelten Erwartungen, die aus dem Spruch über Lehr – und Herrenjahre abgeleitet werden, brachten mich nicht in Verlegenheit. Ich arbeitete gern und das Einordnen in gegebene Verhältnisse hatte man mir hinreichend eingebläut. Also sah ich der Lehre erwartungsvoll entgegen. Die Volksschule verabschiedete mich am 24. März des letzten Kriegsjahres mit einem Abschlußzeugnis. Noch im Krieg, fünf Wochen vor seinem Ende, begann meine dreijährige Berufsausbildung als Sattler und Tapezierer.

Am Morgen des 3. April 1945 betrat ich als Lehrling im ersten Lehrjahr, auch »Stift« genannt, die Werkstatt von Sattlermeister Arno Morgenstern in Clausnitz. Von nun an hatte ich täglich einen mehr als einstündigen Fußmarsch jeweils früh zur Arbeitsstelle und abends nach Hause zurückzulegen. Zu jeder Jahreszeit und bei jeder Wetterlage über zwei Stunden Weg. Man hat unendlich viel Zeit und gewöhnt sich an, Selbstgespräche zu führen, hängt Gedanken nach und Spinnereien. Was habe ich unterwegs meditiert und phantasiert. In meiner Einbildung kamen alle möglichen Rollen vor, mal habe ich mich als Dirigent, Musiker, Heerführer, ein anderes Mal als Spitzensportler, faszinierender Redner oder erfolgreicher Liebhaber gefühlt. So machte ich mir die Einsamkeit des langen Weges annehmbar.

Ganz im Gegensatz zu derartigen Tagträumen trat ich eher als ein unbeholfener, linkischer Vierzehnjähriger in die Werkstatt. In der Hand eine Art Aktentasche, bis dato meine Schulmappe. Dieses Behältnis war nun also, ebenso wie ich, auf eine höhere Daseinsstufe gehoben worden. Die Tasche enthielt das wichtigste Requisit eines Lehrlings, die Arbeitsschürze nämlich, aus gestärktem nagelneuem dunkelgrünem Leinenstoff, den Großmutter aus ihren Vorkriegsbeständen für meine zu großen Hoffnungen berechtigte berufliche Laufbahn aus ihrer Wäschelade hervorgezaubert hatte. Außerdem enthielt die Tasche ein Stullenpaket für die Frühstücks – und Vesperpause sowie einen Emaillekrug mit meinem Mittagessen. Qualität und Quantität der Zehrung verringerten sich im Laufe der Zeit beträchtlich, absolvierte ich doch meine Lehre während der drei entbehrungsreichsten Jahre der Nachkriegszeit. Der Moloch Krieg hatte alles verschlungen, für das Leben war kaum etwas übrig geblieben. Meine Butterbrote verdienten ihren anspruchsvollen Namen schon bald nicht mehr. Meist fehlte ihnen das aufgestrichene Fett, immer ein Wurst- oder sonstiger Belag. Zu einer Zeit, wo trocken Brot zu den hohen Gütern zählte, stellten mit Malzkaffee angefeuchtete und mit Zucker bestreute oder gar mit Zuckerrübensirup bestrichene Schnitten nahezu eine Leckerei dar. Eine Abschweifung in Sachen Nahrungsmittel sei hier erlaubt: Brot war in diesen Zeiten mehr wert, als Geld, besser gesagt: die Brotkarten. War das streng rationierte Brot aufgegessen worden, gab es weder für Geld noch für gute Worte Brot. In diesem Fall hielten wir uns, so seltsam das hier klingen mag, an Mutters Kuchen. Das hatte nichts mit den weltfremden Ratschlägen der französischen Königin Marie Antoinette zu tun, die einst ihren hungernden Untertanen empfohlen haben soll: »Wenn sie sich kein Brot kaufen können, sollen die Leute doch Kuchen essen.« Nun muß erklärt werden, um welche Art Kuchen es sich bei uns in den Nachkriegsjahren handelte. Ich will Mutter nicht nachträglich kränken, aber ein ausgesprochenes Küchenwunder war sie nie. Bei uns war Schmalhans Küchenmeister. Immerhin, wenn der Brotkasten leer war, wie eine Scheune nach einer siebenjährigen Dürre, fabrizierte sie aus Malzkaffeesatz einen leckeren Kuchen. Was dieses Backwerk außer dem ausgelaugten Kaffeesatz noch enthielt, etwa Mehl oder Kartoffelteig, weiß ich nicht. Aber er war mit Rübensirup gesüßt, was wohl den Magen besänftigte. Der Sirup stammte aus eigener Produktion. Dazu erbettelte man von einem Bauern Zuckerrüben, die kleingeschnitzelt und gekocht wurden. Der so entstandene Sud blieb solange auf dem Feuer, bis alles Wasser verdampft und eine bräunlich-schwarze, bitter-süß schmeckende Masse von zähflüssiger Konsistenz im Topf zurück blieb.

In diesen entbehrungsreichen Zeiten, in denen man das Gefühl des Sattseins nicht mehr kannte, wurde der lange Arbeitsweg zur täglichen Teststrecke meiner Charakterstärke: Ein immer hungriger junger Mensch mit leerem Magen konnte nur schwer der Versuchung widerstehen, die Frühstücksbrote und das, was beschönigend als Mittagessen bezeichnet wurde, unberührt mit sich herumzutragen. Noch heute büßt die Menschheit am Sündenfall im Paradies. Die falsche Schlange überredete bekanntlich Eva, doch den bewußten Apfel vom Baum der Erkenntnis zu pflücken. Das war aber ein harmloser Flirt im Vergleich zu den hartnäckigen Verlockungen und bohrenden Versuchungen, die für mich von den Sirupbroten in der Tasche ausgingen. So kam es denn, daß ich meist auf halben Wege meiner Willensschwäche nachgab, die Bemmen aus der Aluminium-Brotbüchse holte und aß. Zuerst nur eine. Da hatte ich noch die Illusion, ich würde es schaffen, die zweite Schnitte bis zur Frühstückspause in der Werkstatt zu retten. Aber schließlich kapitulierte ich erneut. Die Stoffwechselorgane hatten über meine Willenskraft gesiegt. Wenn ich dann zur Frühstückspause auf der Gartenbank hinter dem Haus des Meisters saß und nicht so recht wußte, was mit der leeren Brotbüchse anzufangen wäre, griff die Meisterin ein: »Hast wohl kein Frühstück mitgebracht?« forschte sie nach, bestand aber nicht auf einer wahrheitsgemäßen Auskunft. »Essen muß der Mensch, sonst wird er nicht satt«, belehrte sie mich und brachte ein paar belegte Brote.

Die Frau des Meisters wird nach allgemeiner Sitte Meisterin genannt, im feinen sächsisch-erzgebirgischen Idiom sagt man Meestern. Meine Meestern war das, was man unter einer ihren Glauben wirklich praktizierenden Christin verstehen könnte. Fromm, aber nicht frömmelnd, hilfsbereit, gutmütig, nachsichtig, freundlich und mitfühlend zu jedermann, ohne eifernde Absicht, uns den Christenglauben näherzubringen. Überhaupt gingen alle Familienmitglieder mit mir verständnisvoll und warmherzig um, für mich eine völlig neue Erfahrung.

All das wußte ich natürlich an jenem 3. April noch nicht, auch nichts davon, daß ich eine sehr solide Ausbildung im Beruf erhalten sollte. Der Meister war ein geachteter Fachmann und trug zu Recht seinen ehrwürdigen Titel. Er lehrte mich mehr als nur die Umwandlung von Lederhäuten in Gebrauchsgegenstände. Ich begegnete ihm erwartungsbereit und lernwillig, nicht ohne Ehrgeiz, etwas leisten zu wollen. An fleißige, zuverlässiger Arbeit war ich gewöhnt und in handwerklichen Dingen nicht ganz ungeschickt. Es konnte also beginnen, das Arbeitsleben.

In der Werkstatt bekam ich meinen Platz zugewiesen. Gottfried Kempe, mittlerweile Lehrling im zweiten Jahr, guckte mich herausfordernd und, wie es mir schien, leicht schadenfroh an. Er war der Platzhirsch, machte aber davon keinen Gebrauch. Daß er infolge seines Vorsprungs an Fachwissen die älteren Rechte hatte, ließ er mich kaum spüren – allerdings gab es dafür nur mäßige Veranlassung. Zu gravierend waren die Fehler, die ihm unterliefen. Manches war für mich recht erheiternd, nicht so für den Meister oder für Gottfried selbst. Gottfried gab dem Meister ohnehin oft Anlaß zu Kritik. Ganz besonders, weil er, der damaligen Mode entsprechend, sein dichtes blondes Haar viel zu lang trug. Nach des Meisters Ansicht ... Wenn Gottfried sich bei der Arbeit nach vorn beugte, fiel sein Haar wie ein Theatervorhang zwischen den Gegenstand, den er gerade bearbeitete, und seine Augen. Der Meister brummelte eins ums andere Mal: »Siehst wie'n Löwe aus. Geh endlich zum Frisör, was soll denn die Kundschaft von Dir denken. Hat 'ne Mähne wie'n richtiger Löwe, kein Wunder, wenn Du beim Arbeiten nichts siehst und schluderst.« Gottfried mochte sich trotzdem nicht allzu oft die Haare schneiden lassen. Erst wenn die Mahnungen des Meisters sich häuften, ließ er dann doch an seinem Kopfschmuck Hand anlegen. Es war der stille Kampf der Generationen. Hätte Gottfried vielleicht nur ein wenig sorgfältiger und fleißiger gearbeitet, der Meister hätte vielleicht die »Mähne« übersehen. Sicher, man braucht als Sattler nicht die Fingerfertigkeit eines Taschenspielers, aber ein Minimum an praktischem Geschick sollte schon vorhanden sein. Damit konnte Gottfried jedoch nur in Maßen dienen. Zuweilen führte das in kleine Katastrophen. Um hier schon auf eine Nachkriegs-Episode vorzugreifen: Ein sowjetischer Offizier der Ortskommandantur wünschte sich eine neue Pistolentasche und hatte hierfür ein entsprechendes Stück Leder mitgebracht. Dieser anspruchsvolle Auftrag wurde Gottfried, übertragen. Frohen Mutes machte er sich an die Arbeit, fertigte anhand der alten Pistolentasche ein Grundrißmodell aus Pappe, legte es auf die Narbenseite des Leders, übertrug die Umrisse und schnitt schließlich mit scharfer Klinge und leichter Hand das Formteil aus. Nun mußte das Leder in die Form der

Pistolentasche gelegt, geheftet und genäht werden. Plötzlich sah ich Gottfried stutzen. Er wurde im Wechsel rot und bleich. Dann stieß er einen nicht druckreifen Satz aus. Der Meister war gerade in der Wohnstube. Betty, die in der Werkstatt mithelfende Tochter und ich blickten Gottfried fragend an. »So eine Sch..., verdammte, Mensch, ich hab'das Modell verkehrt herum aufgelegt.« Das Stück Leder war verdorben. Nun ist es immer ärgerlich, wenn Material verloren geht. Aber in diesem Fall, wo der Kunde das Leder geliefert hatte ... Zumal der Offizier der Besatzungsmacht den Deutschen gegenüber ohnehin mißtrauisch war. Die Material-Lieferung hatte sich unser Meister unter Hinweis auf die schlechten Zeiten und die strenge Leder-Kontingentierung ausdrücklich erbeten. Betty holte den Meister herbei und was nun auf den Sünder hernieder ging, war dem Katastrophenfall durchaus angemessen. Schließlich blieb dem Meister nichts anderes übrig, als ein ähnliches Stück Leder aus seinen spärlichen Reserven zu holen und darauf zu vertrauen, daß der Kunde damit zufriedenzustellen war. Nicht jeder von Gottfrieds Fehlern war so folgenschwer, ein wenig Skepsis in seine handwerkliche Akkuratesse aber immer geboten.

Die Werkstatt nahm auch Polsterarbeiten an, die oft im Hause des Kunden erledigt wurden. Im Nachbarort war eine alte Couch aufzupolstern, der Meister erhielt den Auftrag und der Kunde lieferte den Bezugsstoff genau nach der vom Meister abgemessenen Menge. Aufpolstern heißt, die alte Polsterung samt den Sprungfedern vom betreffenden Gegenstand entfernen und die »müde« gewordenen Spiralfedern mit denen von weniger beanspruchten Stellen, zum Beispiel direkt unter der Rückenlehne, auszutauschen. Die Federn werden neu geschnürt, mit einer Jute-Leinwand bedeckt und darauf neues Polstermaterial aufgetragen, das ebenfalls mit einem Stück Leinwand abzudecken und nun auf Form zu arbeiten ist. Bevor der neue Bezugsstoff aufgespannt wird, kommt eine dünne Lage weiches Polstermaterial dazwischen – Watte oder Roßhaar zum Beispiel – und dann kann der Kunde ein nahezu neuwertiges Stück Polstermöbel in Empfang nehmen.

Solche Arbeiten durften wir beide, die Verantwortung kam dabei dem »Zweijährigen« Gottfried zu, allein ausführen. Aufträge dieser Art erledigten wir gern, wurde doch vom Kunden reichliche Verpflegung garantiert und ein gutes Trinkgeld gab es meist obendrein. Der in Rede stehende Arbeitsauftrag war nahezu erledigt, nur noch der Bezugsstoff zu verarbeiten. Gottfried nahm das Stoffstück, legte das Bandmaß an und schnitt die ausgemessene Länge ab. Er hätte gut daran getan, vor dem Schneiden durchzumessen und richtig zu kalkulieren. Machte er aber nicht. Für die Sitzfläche war überreichlich Stoff vorhanden, für die Rückenlehne hingegen fehlte ein Stück, wenn auch nur ein kleines. Gottfried schnitt nun vom Sitzteil ein Stück wieder ab und nähte es, gegen das Stoffmuster versetzt, anders war es nicht zu haben, an das fehlende Teil des Bezugs für die Rückenlehne wieder an. Nun konnte auch die Couchlehne bezogen werden, aber gut sah es nicht aus, weil eben die Muster nicht übereinstimmten. »Das fällt gar nicht auf, wenn man auf der Couch sitzt«, meinte Gottfried zuversichtlich. Seine Unbekümmertheit, auch dort, wo Sorgfalt besser getan hätte, war eine seiner bewunderungswürdigen Stärken. »Ein Blinder sieht es nicht und ein Dummer denkt, es muß so sein«, gehörte zu seinem Sprüche-Repertoire. Der arglose Kunde nahm das Ergebnis unseres zweitägigen Schaffens ab, ohne den Schönheitsfehler zu bemerken. Doch: »Das Unglück schreitet schnell!« An einem der folgenden Tage machte mich Gottfried mit Blick zur Dorfstraße aufmerksam: »Guck mal, wer dort kommt«. Es war der von uns bediente Kunde. Gewitter kam auf, Gottfried empfahl sich zu einer dringenden Sitzung eine halbe Treppe höher, wohin bekanntlich auch ein Kaiser zu Fuß gehen muß.

»Da hast Du mir aber ein paar Pfuscher geschickt, Arno«, eröffnete der Kunde das Gespräch ohne Tagesgruß und monierte den Mangel. Ohne nachzufragen wußte der Meister, an wen er sich zu halten hatte, öffnete nur die Werkstattür und rief mit hörbarem Diskant nach dem Missetäter. Gottfried stellte sich, wie immer in solchen Situationen, devot und zerknirscht der heiklen Angelegenheit und dämpfte damit von vornherein den berechtigten Zorn des Meisters und seines Kunden. Er hätte heutzutage sehr erfolgreich als Beschwerden- und Mängelbearbeiter einer Kaufhauskette tätig sein können! Irgendwie waren nun Kunde und Meister zufrieden, als der Sünder so deutlich reuige Einsicht zeigte und dem Kunden tat's schon ein bißchen leid, daß er seine Unzufriedenheit so barsch vorgebracht hatte. »Na ja, Arno, die Couch ist'sonst ganz in Ordnung und von dem Fehler sieht man wirklich kaum was, aber die Frau hat mich verrückt gemacht. Du weest doch, wie die Weiber so sind.« Aber Schluderei konnte der Meister nicht ausstehen, er hielt den Handwerker-Ruf in Ehren. Und so bekam Gottfried seinen Rüffel. Er war wohl doch nicht der geborene Sattler.

Ich kam meist recht günstig davon. Entweder war der Meister mit mir nachsichtiger oder ich lieferte tatsächlich weniger Fehlerhaftes ab. Ganz gleich ob reine Sattlerarbeiten oder Polsterarbeiten, ich machte das meiste in der Werkstatt gern. Besonders dann, wenn Leder für neue Teile des Pferdegeschirrs, für Gürtel, Riemen, Aktentaschen zu verarbeiten waren. Leder hat einen angenehm herben, kräftigen und würzigen Geruch. Diese Geruchsnote wird auch in der Parfümerie nachgeahmt. Wie heißt es doch: »Ein Mann muß nach Pulver, Schweiß und Leder riechen!« Noch heute komme ich kaum an einem Lederwarengeschäft vorbei, möchte die Ware befühlen und daran schnuppern. Meister Morgenstern ging völlig in seinem Beruf auf und es gelang ihm, auch mein Interesse für die Arbeit mit dem Leder zu wecken. Man spürte seine Freude am Schaffen. War er mit sich und der Umwelt zufrieden, pfiff er unendlich lange ein und dieselbe Melodie ganz selbstvergessen vor sich hin, am liebsten das Liedchen vom Vogel, der in die weite Welt hinausfliegt. Wenn ich es recht bedenke, kannte er aber auch kein anderes Lied.

Der sprichwörtliche goldene Boden des Handwerks strahlte bei meinem Meister allerdings nicht so hell. Dafür fehlte ihm wohl jene Art von Geschäftstüchtigkeit, die zur Unserjösität hintendiert. Mein Lehrlingsentgelt allerdings wird ihn kaum in finanzielle Nöte gestürzt haben. Es betrug im ersten Lehrjahr 15 Reichsmark und erhöhte sich bis zum dritten Lehrjahr auf die stattliche Summe von 35 Mark monatlich.

Während der letzten Kriegswochen war es dann auch mit der Ruhe in der kleinen Werkstatt vorbei, an eine kontinuierliche, ungestörte Berufsausbildung nicht zu denken. Draußen war alles in Bewegung, so mancher moralische Wert außer Kraft gesetzt. Aber das wurde angesichts der ungewöhnlichen und auch unmenschlichen Vorgänge im Kriegsalltag kaum noch registriert.

O Tempora – o Mores, oh diese Zeiten, oh diese Sitten.

Wie selten zuvor in der Geschichte der Menschen schien jene aus dem alten Rom stammende Klage über den Werteverfall in der Gesellschaft aktuell. Die Welt brach aus den Fugen. Das schreckliche Medusenhaupt des Hitlerfaschismus zeigte sich auch im allerletzten Winkel des Landes. Wer nicht in vollständige Teilnahmslosigkeit versank, nichts sehen und nichts hören wollte, der mußte das Grauenhafte einer zum Untergang verurteilten Gesellschaft spüren.

Eines Tages im April wurde ich Augenzeuge von Vorgängen, die wir heute unfaßbar nennen. So ein Blick in menschliche Abgründe kann zum Schlüsselerlebnisse werden, Haltungen bilden und so tief prägend sein, daß er für ein ganzes Leben bestimmend bleibt: An einem naßkalten, trüben und überhaupt unfreundlichen Aprilvormittag warf ich einen Blick durchs Werkstattfenster auf die Dorfstraße. Anhaltender Schneeregen hatte sie aufgeweicht, es war schwer, durch den Matsch zu gehen. Plötzlich schleppte sich eine Menschenkolonne aus Richtung Niederdorf heran. Einzelheiten waren erst auszumachen, als diese seltsame Formation nur wenige Meter an unserem Haus vorbei zog. Die von SS-Männern bewachten Menschen trugen dünne, zerrissene blau-weiß gestreifte Kleidung. Manche waren ohne Schuhe, sie hatten sich Lappen um die Füße gewickelt. Erst Jahre später erfuhr ich, daß es sich um einen der berüchtigten Todesmärsche handelte, mit denen Häflinge des Konzentrationslagers Buchenwald evakuiert wurden. Die Bewacher trieben die Elendskolonne über die ansonsten menschenleere Dorfstraße. Am Ende des Zuges zogen und schoben Häftlinge eine Karre, auf der Menschen lagen, ob Kranke oder Tote, war nicht auszumachen. Auf dem Grundstück eines nahe gelegenen Großbauerngutes machten sie Rast, entweder planmäßig oder weil die Häftlinge vor Entkräftung nicht weiter kamen. Mir ist nicht erinnerlich, daß von uns in der Werkstatt über diesen Vorgang viel gesprochen wurde, zu beklemmend war das von uns Gesehene. Vielleicht machte sich der eine und der andere Gedanken um die Zukunft nach dem Krieg!

Gegen Mittag kam ein SS-Angehöriger in die Werkstatt, um seine Pistolentasche oder das Koppel reparieren zu lassen. Während ich die Arbeiten ausführte, wartete der SS-Mann. Der Meister war anwesend, über die Häftlinge wurde nicht gesprochen, nicht über den Krieg, nichts Verfängliches. Plötzlich riß eine Frau aus der Nachbarschaft die Werkstattür auf und betrat völlig aufgelöst den Raum. Ich kannte sie vom Sehen, eine bislang unauffällige Dorfbewohnerin. Wahrscheinlich hatte sie den SS – Mann zu uns in die Werkstatt gehen sehen und war ihm gefolgt. In hastigen, erregten Worten warf sie ihm vor, daß unweit vom Haus entfernt ein sterbender Häftling im Straßengraben liege. Empört brachte sie vor, daß es unmenschlich sei, jemanden in einem solchen Zustand liegen zu lassen: »Da muß man sich nicht wundern, wenn man mit unseren gefangenen Soldaten genau so umgeht.« – »Natürlich geht's denen so, viel schlimmer noch«, erwiderte der SS-Mann. Der Wortwechsel wurde heftiger, die Frau nahm ihren Vorwurf nicht zurück, auch nicht, als der SS-Mann höhnisch meinte, sie dürfe sich gern den Häftlingen, für die sie Mitleid empfinde, anschließen. Der Meister hielt sich wohl zurück, gab allerdings zu bedenken: »... wenn dort aber Kinder vorbeikommen?« Es war ein schwaches und ängstliches Argument, aber ein menschliches schon und aus dieser Sicht und bei Berücksichtigung der damaligen Umstände kann man es auch mutig nennen. Die aufgeregte Debatte beendete der SS-Mann schließlich mit der Zusicherung, »sich darum kümmern« zu wollen.

In der Zwischenzeit hatte ich die Reparatur beendet. Er machte sich auf den Weg. Um nun zu sehen, was weiter geschehen würde, ging ich ihm nach. Nur etwa hundert Meter vom Haus des Meisters entfernt lag der von einem Kopfschuß getroffene Mann im Straßengraben, mit dem Gesicht in einer vom Schneetau entstandenen Lache. Schnee und Wasser waren vom Blut rot gefärbt. Man hörte ein leises Röcheln, ansonsten war der Körper bewegungslos. Der SS-Mann sah sich suchend um, fand einen armdicken Ast, mit dem er hart auf das Genick des Gequälten schlug. Sofort verstummte das Röcheln, das Leiden einer gequälten Kreatur hatte ein Ende. Meine Frage, warum der Mann erschossen worden war, wurde nur ganz allgemein beantwortet: »Das ist nun mal so, das sind alles Verbrecher, mach Dir kein' Kopf!«

Später wurde der Ermordete von Häftlingen irgendwo vergraben. Vierzig Jahre nach diesem Erlebnis, ich hatte längst den Ort meiner Jugend verlassen und lebte in Berlin, arbeitete ich in einem Archiv der DDR mit Akten, Unterlagen und Dokumente aus der Zeit von 1933 bis 1945. Zufällig stieß ich eines Tages auf ein Dokument, das genau mit diesem Todesmarsch und meinem damaligen Erlebnis zu tun hatte. Ich fand sogenannte Entnazifizierungsprotokolle, die nach Kriegsende bei der Befragung und Überprüfung von Naziaktivisten zur Ermittlung begangener Verbrechen oder eventuell schuldhaften Verhaltens während der Nazi-Zeit angefertigt worden waren. Darunter auch Angaben über einen Einwohner des Städtchens Sayda. Der hatte damals von seinem Wohnungsfenster aus jene KZ-Häftlingskolonne beobachtet, die sich durch Sayda schleppte, bevor sie Stunden später unser wenige Kilometer entferntes Clausnitz erreichte. Wie Zeugen aussagten, rief der Mann den SS-Wachmännern zu: »Was latscht Ihr denn noch mit denen durch die Gegend. Erschlagt doch die Schweine!« Was veranlaßte diesen Mann aus Sayda dazu, solch einen Position, die eine brutale, barbarische Gesinnung verriet, ungefragt, aus freien Stücken und in aller Öffentlichkeit zu beziehen? War er die Versinnbildlichung des kleinen deutschen Nazi? – »Die Mörder sind unter uns« hieß einer der ersten DEFA-Nachkriegsfilme von Wolfgang Staudte, eine ergreifende Geschichte, die am 15.Oktober 1946 Premiere hatte. Dieser Film wollte die Menschen daran erinnern, daß eben nicht nur hohe Funktionsträger des NS-Regimes, sondern auch die Sympathisanten und potentiellen Gehilfen von Totschlägern das Geschäft des Faschismus besorgten, dieses Regime funktionsfähig machten, sich aber nach dem Krieg tarnten und weiterhin unter uns sind. Davon hoben sich die leidenschaftlichen, zornigen, ja, auch die leisen, vorsichtigen, aber dennoch mutigen Proteste gegen das unmenschliche Handeln der SS, die ich an jenem Apriltag 1945 in der Sattlerwerkstatt erlebte, sehr wohltuend ab.

Welchen Verlauf der Krieg noch nehmen sollte – ich ging weiter täglich meinen Weg zum Meister und zurück nach Hause. Auf halber Wegstrecke etwa befand sich die Dorfgaststätte »Schweizerhof«. Wenn ich morgens dort vorbeikam, waren meist die Fenster weit geöffnet, damit Rauch und Bierdunst abzogen. Hörte ich dann aus dem Gastraum gerade die Frühnachrichten, lag ich gut in der Zeit. Gewöhnlich hörte ich nicht weiter auf den Inhalt der Meldungen, die zu mir drangen. Jedermann wußte ja, daß sich die alliierten Truppen in Ost und West immer näher an Berlin und den südöstlichen Teil Deutschlands herankämpften. Eines Montagmorgens hörte ich jedoch: »... ist der Führer, Adolf Hitler, im heldenhaften Abwehrkampf um Berlin gegen den Bolschewismus gefallen. Sein Heldentod ...« Tatsächlich hatte Hitler Selbstmord begangen. Von heldenhaftem Kampf in vorderster Linie konnte keine Rede sein. Ob Hitler Gift nahm oder sich erschoß, ist historisch nicht gesichert und für die Nachwelt bedeutungslos. Bekannt aber ist, daß Hitler zuvor die Wirkung des Giftes an seiner Schäferhündin Blondi erproben ließ. Hitlers Hundebesorger, Feldwebel Tornow, lockte die Hündin auf die Toilette im Führerbunker, riß dem Tier das Maul auf, während Professor Haase, der zum medizinischen Personal der Bunkerbesatzung gehörte, eine Giftampulle zerdrückte. Ausdruckslos soll Hitler den Kadaver in Augenschein genommen haben. Hitlers Todestermin ist der 30. April, morgens gegen halb vier Uhr. Der Chef der SS-Wachmannschaft, Rattenhuber, ließ dann die Leiche in den Hof der Reichskanzlei schaffen und mit zweihundert Liter Benzin übergießen. Hitlers SS-Adjutant, Otto Günsche, warf einen brennenden Lappen darauf. Der nicht völlig verbrannte Körper wurde später in einen Granattrichter vor dem Bunkereingang verscharrt. Ruhmlos endete so das Leben eines Mannes, der die Brandfackel des Krieges zündete und in fast alle europäischen Länder tragen ließ, auf dessen Schuldkonto über 50 Millionen Tote kommen.

Freilich wußte ich damals, als ich die Heldentodversion im Radio hörte, nichts von Hitlers Selbstmord und nichts über die entsetzliche Rolle dieses Mannes in der Weltgeschichte. Wie auch, wenn in meinem Umfeld wenig dazu anregte. Der demagogische Hitlerkult wirkte bei manchen meiner Mitmenschen sogar bis in die letzten Kriegswochen hinein. »Unser« Ortsgruppenleiter der NSDAP, dem ich auf meinem täglichen Arbeitsweg meist an derselben Wegesstelle begegnete, wollte, daß ich ihm immer noch pflichtschuldigst den Hitlergruß entbot. In meiner jugendlichen Unbekümmertheit, aber nicht ohne Achtung den Erwachsenen gegenüber, grüßte ich ihn mit einem höflichen »Guten Morgen« oder dem verkürzten Tagesgruß »Morgen«. Nach mehrmaligen Begegnungen fuhr er mich, wenige Tage vor Kriegsende, unwirsch an: »Heil Hitler heißt's!« Also hob ich den Arm zum »deutschen Gruß«. Es gab danach nicht mehr viel Gelegenheiten dafür ...

Diese unbedeutende Episode wäre kaum erwähnenswert, wenn mir nicht ein paar Tage später etwas ziemlich Skurriles widerfahren wäre: Im Mai, die Rote Armee war bereits im Dorf und niemand mochte mehr an seine einstige Hitler-Gläubigkeit erinnert werden, begegnete mir der nun funktionslos gewordene Ortsgruppenleiter auf der Dorfstraße. Reflexartig hob sich mein rechter Arm zum »deutschen Gruß« und ich rief ihm ein vorbildliches »Heil Hitler« zu. Das muß dem Mann schon boshaft vorgekommen sein. Dabei war es bei mir nur ein Reflex der unguten Gewohnheit, an die er mich Tage zuvor noch ermahnte. An seinem politischen Irrtum hatte der Mann ohnehin schwer zu tragen und dafür schließlich mit seinem Leben zu büßen. Er wurde entsprechend den von den verbündeten Alliierten im Krieg getroffenen Vereinbarungen über den Umgang mit Aktivisten des NS-Regimes von sowjetischen Exekutivorganen in ein Lager gebracht, aus dem er nicht zurückkehrte. Daß er als Funktionsträger der Nazipartei am Verbrechen des Hitlerregimes zur Verantwortung zu ziehen war, steht außer Frage. Ob auch persönliche Schuld auf ihm lastete, weiß ich nicht. Der Nachweis einer Schuld hatte als Rechtskategorie leider auch bei der Verfolgung der Nazianhänger nach 1945 oft keine Chance. Freilich, angesichts millionenfacher Gewaltverbrechen des deutschen Faschismus an völlig unschuldigen Menschen war ein besonderes sensibles Rechtsempfinden der Siegermächte auch nicht zu erwarten. Das ist die Tragik politischer Umbrüche, daß mit maßloser Schärfe, Härte und auch mit Grausamkeit undifferenziert politische Entscheidungen herbeigeführt und stabilisiert oder gesellschaftspolitische Vorgänge geahndet oder korrigiert werden sollen. Aber, das ist ein weites Feld, wie Theodor Fontane sagte. Ich komme noch einmal darauf zurück. Trotzdem sollte es nicht den leisesten Zweifel daran geben, daß die Verbrechen des deutschen Faschismus mit nichts in der Welt zu vergleichen sind. Nein, es gibt nichts Vergleichbares in der Geschichte der zivilisierten, fortgeschrittenen Menschheit, was immer auch sonst an Unrecht geschah.

Daß auch ich noch mit einbezogen wurde, dem Krieg für Deutschland eine Wende zu geben, war eher eine lächerliche Posse als ein gewichtiges Ereignis: Ende April 1945 ließ irgendeine Behörde meinen Meister wissen, daß ich mich bei einer in Clausnitz stationierten Wehrmachtseinheit zu melden habe. In der laschen Haltung eines unbelehrbaren Zivilisten fand ich mich zur vorgeschriebenen Zeit wie angewiesen am Ortsausgang an der Muldentalbrücke ein. Die von einem Leutnant befehligte Truppe war im dort befindlichen Sägewerk untergebracht. Man wird es mir angesehen haben, daß mein Verteidigungswille den sich nähernden Feind kaum würde abschrecken können. Gemeinsam mit Wehrmachtsangehörigen hatte ich nun möglichst unüberwindliche Panzersperren zu errichten. Zu diesem Zweck wurde die Verbindungsstraße zwischen Nassau und Bienenmühle aufgegraben und senkrecht stehende Fichtenstämme eingelassen. Die für Pferdefuhrwerke und Fußgänger vorgesehene leichte Brücke über die Mulde erhielt fürsorglich mehrere Sprengladungen, damit der Feind nicht ins Dorf gelangt. Es schien keinen der Strategen zu verunsichern, daß der Gegner vermutlich unsere großartige Panzersperre ignorieren und einfach mit seinen T-34-Panzern durch die Mulde fahren würde. Die hatte an dieser Stelle hier schließlich ein nur zwei Meter breites Flußbett und war bei Normalwasser kaum knietief. Ungefragt brachte ich meine Skepsis vor. Ein Soldat, dessen Siegeszuversicht scheinbar auch erloschen war, meinte ziemlich leidenschaftslos: »... ja, das mag schon so sein, die halten den Iwan auch nicht mehr auf, wir bauen die Dinger aber trotzdem.«

Solche Panzer- und Straßensperren wie auch andere für den »Schicksalskampf« getroffenen militärischen Maßnahmen waren sinnlos und gefährlich zugleich. Für den »Endsieg« war es ohnehin zu spät, aber man provozierte damit weitere verlustreiche Kampfhandlungen. Im Grunde war es krankhafte Zerstörungslust, nach dem Motto, je schlimmer, je besser. Es war ein Glück, daß Menschen mit Verantwortungsgefühl und Mut die meisten Sprengungen verhinderten. Obwohl in diesen letzten Kriegsstunden schon die schlichte Tatsache, daß jemand eine weiße Flagge zeigte, unverzüglich mit dem Standgericht geahndet wurde.

Nicht abzuwenden war die Vernichtung besten Buchenbestandes, weil für diese sinnlosen Panzersperren entlang der Neuen Straße zwischen Bienenmühle und Rechenberg die Bäume gefällt wurden. Die sowjetischen Panzer, die bereits mehrere tausend Kilometer kämpfend überwunden hatten, bogen einfach von der Straße ab und suchten sich ihren Weg durch die Muldenwiesen.

Meinen Beitrag, dem Feind den Weg in eines der letzten deutschen Dörfer zu verlegen, hatte ich geleistet, nun mochte er kommen. Aber nein, es gab immer noch zu tun. Die Spuren von zwölf Jahren tausendjährigem Reich, soweit sie die Landgemeinde Clausnitz betrafen, waren noch zu beseitigen. Daß nun ausgerechnet ich mit zu dieser Aktion herangezogen wurde, mag daran gelegen haben, daß sich das Gemeindeamt gegenüber dem Haus des Meisters befand. Es lag nahe, daß der verantwortliche Bürgermeister einfach meinen Meister ersuchte, mich dafür freizustellen. Aus dem Gemeindeamt also transportierte ich mit einem Handwagen wäschekorbweise gebündelte Papiere, Akten, Dokumente, Listen, Naziliteratur, Bilder, Fahnen, Transparente und weitere Attribute des »Dritten Reiches« zu einer nahegelegenen Fabrik. Dort kam alles ins Feuerloch der Kesselanlage. Diese, sich über Tage hinziehende Vernichtungsaktion ließ unter den Clausnitzern nun erst recht Untergangsstimmung aufkommen. Niemand glaubte mehr an den Endsieg oder die gepriesenen Wunderwaffen. Die ehemals gängige Losung. »Führer befiehl, wir folgen Dir!« hatte Wirkung und Überzeugungskraft verloren. »Es macht den Deutschen nicht viel Ehre, daß einen anführen soviel heißt, wie einen betrügen«, sagte einst der Großmeister des

Aphorismus, Christoph Lichtenberg. Ja, Hitler wollte und sollte anführen. Hatte man in der Schlußszenerie begriffen, daß das Volk im wahrsten Sinne des Wortes mörderisch betrogen worden war? Die zuvor mit Feuer und Schwert skrupellos über andere Völker herfielen und damit auch das eigene Land in Brand setzten, konnten nun gar nicht genug Feuer beschaffen, um ihre Untaten zu vertuschen. Nicht im »Führerbunker« zum Verbrennen von Selbstmördern und nicht in Clausnitz und anderswo zur Aktenvernichtung. Für das Hitlerbild in Großmutters Herd reichte die Glut aber allemal.

Die Gedanken der Menschen kreisten um die bedrückende Frage: was kann uns passieren, was kann mit uns geschehen? Viele gingen ihr Sündenregister durch: Wer hat sich – in Wort und Tat – an der Verfolgung von Juden, Kommunisten, Sozialdemokraten, Christen beteiligt? Wer denunzierte Feindsenderhörer, defätistische Nörgler, die nicht mehr an den Führer und Sieg glaubten, keine Winterhilfsspende gaben, nicht flaggen wollten oder den »Eintopf-Sonntag« nicht einhielten? Wer legte bei der Ermordung von Juden, Russen und Polen oder anderen »lebensunwerten« Menschen mit Hand an? Wer gehörte welchen faschistischen Organisationen an, wer gehörte zum Wachpersonal der Konzentrationslager, führte den berüchtigten Kommissarbefehl aus? Wer vertrieb Menschen von Haus und Hof und bereicherte sich am Eigentum jüdischer Bürger? Nicht jeder hatte Schuld auf sich geladen, aber viele wußten genug von den Verbrechen der Nazizeit, daß ihnen Angst und Bange wurde. Nun zeigte sich wiedereinmal die Schuld der schweigenden Mehrheit: Damit das Böse gedeihen kann, braucht's nur gute Menschen, die nichts tun!

Auch am 7. Mai 1945, einem Montagmorgen, erreichte ich pflichtbewußt und pünktlich meine Lehrstelle. Sondereinsätze gab es keine mehr. Über uns lag gespannte Unruhe, niemand hatte so recht Interesse an der Arbeit, man spürte, es könnte der letzte Kriegstag für uns sein. Vielleicht gar der letzte Tag in unserem Leben überhaupt. Der Meister ging daran, einige Gegenstände von Wert vor den begierigen Blicken und dem Zugriff der Sieger zu verbergen. Die Pax Romana, eine einst für die römischen Heere formulierte Friedensordnung, sicherte dem Sieger zwar den Genuß der Beute, aber auch dem Besiegten beschränkte Rechte zu. Darauf wollte sich der Meister nicht verlassen, zu Schlimmes hatte man über die Russen gehört. Der Meister begab sich mit Hacke und Schaufel hinter sein Haus und hob auf einem schmalen Streifen hart an der Nachbarschaftsgrenze eine tiefe Grube aus. Groß genug mußte sie sein, um ein beachtliches Behältnis mit Wäsche, Leder und anderem unterzubringen. Dann Erde darauf und mit Sorgfalt alle Spuren beseitigen. Wie im Dreißigjährigen Krieg, wo die Leute ihre Silbertaler vergruben und dann oft nicht wiederfanden oder ums Leben gekommen waren und daher nicht suchen mußten. Der Meister jedoch fand Wochen später das Vergrabene vollständig wieder vor, leider total verschimmelt, vermodert, naß und – nunmehr zeitgemäß – die Wäsche gleichmäßig rot eingefärbt. Irgendein Textilstück war nicht farbecht gewesen. Der Meister hatte eben nur unzureichende Erfahrungen darin, dem Sieger die Beute streitig zu machen.

Die Mittagsstunde war vorüber. Das dumpfe Rumoren und Donnern vom Gefechtslärm kam immer näher, Tiefflieger waren fast pausenlos am Himmel und bekämpften Erdziele. Gegen vierzehn Uhr kam der Meister in die Werkstatt, niedergeschlagen und unruhig. Vollkommen unpathetisch sagte er: »Manfred, pack Deine Sachen ein und geh nach Hause, brauchst morgen nicht wiederkommen, mal sehn was kommt, vielleicht sehn wir uns wieder. Sei vorsichtig, wenn Du übern Berg gehst.« Er meinte die halbe Stunde Wegstrecke über die baumlose Anhöhe nach Bienenmühle, eine kahle Gegend mit einem weiten Ausblick auf die umliegenden Höhenzüge Nassau, Frauenstein, Dorfchemnitz und in das Muldental hinein nach Freiberg. »Vielleicht ist's besser, Du nimmst den Weg übers Ringel«, schlug er dann noch fürsorglich vor. Die Ringelstraße ist eine Waldstraße und von Flugzeugen nicht einsehbar. Ich verabschiedete mich vom Meister und der Meisterin, auch von den beiden Töchtern Betty und Käthe, ausnahmsweise mit Handschlag und setzte mich in Marsch.

Ich benutzte aber nicht den umständlichen, längeren Weg über die Ringelstraße, sondern den üblichen über die Anhöhe. Ja, das war also der Krieg, noch nicht die schlimmste Form, aber für mich Vierzehnjährigen ausreichend. Kreisten die Tiefflieger zu nahe über meinem Kopf, legte ich mich in den Graben am Feldweg oder hinter den dicht bewachsenen Wegrand. Der nahende Geschützdonner und Gefechtslärm von den Nachbarorten her wurde bedrohlich lauter und heftiger. Von der Höhe aus sah ich ein Wehrmachtsfahrzeug am Ortsausgang Bienenmühle auf der Straße nach Nassau, das von Flugzeugen attackiert, in Brand geschossen wurde und explodierte. Kann sein, es hatte Treibstoff transportiert, denn Tonnen oder Kanister flogen wie große Feuerbälle durch die Luft. Der Bahnhof Bienenmühle beziehungsweise die dortige Lagerhalle brannte lichterloh, dichter schwarzer Rauch wälzte sich aus dem Tal. Ich umging daher diesen Bereich und lief ein Stück im Wald weiter. Ein ausgesprochen sonniger Tag war der 7. Mai 1945!

Ich erreichte Rechenberg. Dort wirkten die Straßen wie leergefegt. Einige Leute mit Gepäck wollten offenbar in die Wälder flüchten. Vor unserem Wohnhaus stand Mutter mit ihren zwei Jungen, dem einjährigen Bernd und dem neunjährigen Hans. Unentschlossen hielt sie den Griff des Kinderwagens. Die kleine Muldenbrücke neben unserem Wohnhaus war von sogenannten Volkssturmleuten besetzt. Der »Volkssturm«

war aus nicht kriegsverwendungsfähigen Zivilisten gebildet worden, meist von den männlichen Einwohnern des jeweiligen Ortes. Als mich Mutter kommen sah, bestürmte sie mich, mit ihr zu flüchten. »Wohin denn«, erregte ich mich, »die Russen sind doch überall, wir werden nicht weit kommen, mit dem Kinderwagen und den Kindern«. Mit Fluchtgedanken hatte ich mich überhaupt noch nicht befaßt, ich fand sie sinnlos. Unterwegs hatte ich mir überlegt, daß man sich, wenn es in unmittelbarer Nähe zu Kampfhandlungen kam, in einem Keller verstecken sollte. Unser Haus hatte allerdings keinen. Schmieder, Mutters Ehemann, stand verstört unter der Haustür und war vor lauter Angst handlungsunfähig. In der Aufregung brachte er keinen zusammenhängenden Satz zustande. Stotternd wiederholte er nur, »... ich b-b-bleib hier, ich g-g-g-eh nicht f-f-f-ort ...« Ich redete weiterhin auf Mutter ein, im Haus zu bleiben. Aber sie war auf Flucht eingestellt. Schließlich stürzte ein als Brückenposten eingesetzter Dorfnachbar mit seinem alten Karabiner aufgeregt zu uns: »Mensch, Frieda, hau bloß mit Deinen Kindern ab. Die Russen kommen schon den Kirchberg runter, wir sprengen jetzt die Brücke!« Das gab für mich den Ausschlag. Unsere Wohnung lag nur knapp zwanzig Meter von der Brücke entfernt. Und wenn die Russen schon am Kirchberg waren, konnten sie Minuten später bei uns sein. Wir nahmen den Kinderwagen und jagten die Dorfstraße hoch, jeden Moment in der Angst, die Muldenbrücke könnte uns um die Ohren fliegen. Oder russische Panzer würden uns einholen. »Hoffentlich verliert die Kinder-Kutsche kein Rad«, dachte ich. Schmieder blieb zurück. Offenbar drängte ihn nichts, Frau und Kind in der Gefahr beizustehen.

Die Detonation blieb aus. Wie wir später erfuhren, taten die Volkssturmmänner das Klügste, was sie in dieser Situation für ihren Heimatort machen konnten, nämlich die Zündleitungen aus den Sprengladungen zu ziehen, die Waffen wegzuwerfen und nach Hause zu gehen.

Nach dem Kettengelärme der Panzer zu urteilen, mußten die Russen tatsächlich sehr nahe sein, vielleicht schon im Ort. Hastig schoben wir den Kinderwagen, in dem der kleine Bernd mächtig durchgerüttelt wurde und schrie, auf der nach Holzhau führenden steilen Landstraße hoch. Rasch gelangten wir in das dichte, weit ausgedehnte Waldgebiet. Instinktiv hatten wir diesen Weg, der nach Oberholzhau zur Großmutter führte, eingeschlagen. Als wir dann Panzer auf der wenige hundert Meter entfernt verlaufenden Waldstraße hörten, schlugen wir uns ins dichte Unterholz. Bald fanden wir eine kleine Lichtung und beschlossen, dort abzuwarten. Mutter versuchte, ihren Jüngsten zu beruhigen, der immer noch vollkommen verängstigt schrie. Man hörte und spürte, daß wir nicht die einzigen waren, die im Wald Schutz suchten. Den Geräuschen und Kommandos zufolge waren auch versprengte deutsche Soldaten dort. Ich fürchtete, daß es zum Schußwechsel kommen könnte, falls die Russen den Wald durchkämmten. Still und verängstigt blieben wir auf der Lichtung sitzen. Wo sollten wir auch hingehen. Es wurde eine unruhige Nacht. Zu uns drangen laute, raue russische Männerstimmen und Schüsse aus Handfeuerwaffen. In der Ferne klirrten Kettenfahrzeuge, Detonationen waren zu hören. Zu unserer Angst gesellte sich abscheuliche Kälte. Wir hatten bei der überstürzten Flucht weder Decken noch warme Kleider mitgenommen. Nur einige Gläser Kompott hatte Mutter in ihrer Panik als Wegzehrung eingepackt. Wurde der Kleine unruhig, bekam er etwas davon.

Am Morgen erwachte die Welt, als sei nichts geschehen. Waldvögel zwitscherten, vom Dorf herüber wehten friedliche Stimmen und Geräusche wie an einem gewöhnlichen Tag. Der Kriegslärm war verstummt. Als dann die Sonne höher stieg und uns etwas wärmte, berieten wir, was zu tun sei. Im Wald konnten wir nicht ewig bleiben. Im Ort waren zweifellos die Russen. Von denen war nichts Gutes zu erwarten, weder, wenn wir aus dem Wald heraustraten, noch wenn sie uns dort aufspürten. Hatten wir uns nicht schon durch die Flucht verdächtig gemacht? Ich ließ den Gedanken, daß man uns Gewalt antun könnte, nicht an mich heran, schloß die Möglichkeit aber auch nicht aus. So oder so, es mußte eine Entscheidung getroffen werden: »Also, Mutter, denk was Du willst, ich mach mich auf den Weg nach Hause. Wenn die Russen uns umbringen wollen, könn'se das auch hier.« Ich stellte in dieser Situation die einzige Autorität dar, denn unter den Blinden ist der Einäugige König. Und so galt mein Wort. Was wir mitgebracht hatten, verstauten wir im Kinderwagen, dann schlugen wir uns durchs Dickicht zur Straße hin.

Bis zu unserem Haus brauchten wir keine halbe Stunde. Schon bald erreichten wir die Dorfstraße. Sie war normal belebt. Vorerst deutete nichts auf einen besetzten Ort hin. Irgend jemand rief Mutter etwas spöttisch zu: »Na, Frieda, wo kommst Du schon her? Brauchst keine Angst haben, die Russen tun Euch nichts!«

Vor unserem Haus sah ich sie, die ersten Soldaten der Roten Armee in ihren erdfarbenen, gelbbraunen Uniformen. Im Hof des Nachbarhauses, der »Börnermühle«, lag ein umgestürzter Panzer vom Typ T-34, die Panzerkuppel tief in die Erde gedrückt. Neben dem Panzer tummelte sich eine kleine Gruppe Soldaten. Von uns Rückkehrern nahmen sie keine Notiz, solche Bilder gehörten für sie zum Alltag des Krieges. Es waren Menschen eines großen Landes, zu dem ich in den folgenden fünfundvierzig Jahren Vertrauen und Freundschaft finden konnte, von dem ich aber am Ende eine meiner schwersten Enttäuschungen erfuhr.

Schmieder stand vor der offenen Tür, so, wie wir ihn am Vortage verlassen hatten, als habe er sich nicht vom Fleck gerührt. Über Mutters

Rückkehr sichtlich erleichtert, stotterte er aufgeregt: »Die, die, die Ru-Ru-Russen tun euch n-n-n-ichts.« Sprach's und verschwand im Haus. Ich lief, ohne Furcht, zu den an ihrem Panzer schwadronierenden und lachenden Russen hinüber, stellte mich zu ihnen und guckte sie an.

Eine einzige Nacht trennte die neue Zeitrechnung von der alten. Als wir in den Wald flüchteten, war Hitlerzeit und Krieg und als wir am Morgen zurückkehrten, waren die Sieger eingezogen. Frieden herrschte nun im Land. Auf dem Kalenderblatt stand Dienstag, der 8. Mai 1945. In Berlin-Karlshorst wurde an diesem Tag das Kriegsende mit der Unterzeichnung der Kapitulationsurkunde besiegelt. Am Ende stand nun also die bedingungslose Kapitulation Deutschlands, das den Frieden gebrochen und unbeschreibliche Verbrechen an anderen Völkern begangen hatte. Daran hatten sich deutsche Männer beteiligt, die sich zum gehobenen Bürgertum zählten, hochgebildete Akademiker, angebliche Humanisten, Menschen von Rang und Namen, ranghohe Beamte und Kirchenvertreter, Künstler und Adlige, kurz, alles, was sich zur Elite und Blüte der Nation zählte. Sollten diese Kreise nochmals einen Anspruch darauf geltend machen dürfen, die Nation zu führen?

Die Unterzeichnung in Karlshorst erfolgte im einstigen Offizierskasino der ehemaligen Pionierschule der Wehrmacht. Akkurat am 9. Mai um 0.43 Uhr hatte man unter alle fünf Exemplare der Kapitulationsurkunde die entsprechenden Unterschriften gesetzt. Vom deutschen Oberkommando der Wehrmacht unterzeichneten Keitel, Friedeburg und Stumpf. Marschall der Sowjetunion, Shukow, führte die Verhandlung.

Fünfzehn Jahre später sollte ich mit meiner Familie nach Berlin-Karlshorst in die Drachenfelsstraße 1 ziehen, zehn Minuten Fußweg entfernt von jenem Gebäude, in dem sich Marschall Shukow und Generalfeldmarschall Keitel gegenüber gesessen hatten. Im Kriegsverbrecherprozeß in Nürnberg wurde Keitel zum Tode verurteilt und durch den Strang hingerichtet.

Die Bilanz des von Deutschland entfachten Krieges war fürchterlich. Über 27 Millionen Menschen starben auf Schlachtfeldern und 25 Millionen Zivilisten wurden umgebracht. Die Sowjetunion beklagte über 20 Millionen Tote, China fast 10 Millionen, Polen 4,5 Millionen, Japan 1,8 Millionen, Jugoslawien 1,7 Millionen, Frankreich 810 000, Großbritannien 386 000, Italien 330 000, die USA 259 000, Ungarn 140 000, Finnland 84 000. Juden, Antifaschisten und Minderheiten wurden systematisch verfolgt und ermordet. Die materiellen, moralischen, sozialen und sonstigen Schäden sind mit einfachen Worten nicht zu erfassen.

»... das menschliche Wesen ist kein dem einzelnen Individuum innewohnendes Abstraktum. In seiner Wirklichkeit ist es das Ensemble der gesellschaftlichen Verhältnisse.«

Karl Marx, Feuerbachthesen

Mit dem Kriegsende waren Bedingungen hergestellt worden, die grundlegende Veränderungen gesellschaftlicher Verhältnisse möglich machten. Die Entwicklungsrichtung bestimmte zweifellos die Weltanschauung der Besatzungsmacht. Umwälzende Prozesse beherrschten in der Folgezeit, zunächst kaum merklich, dann aber um so tiefer greifend, meinen Lebensweg. Sich entwickelnde Grundlagen und Strukturen für soziale Gerechtigkeit beeinflußten im Allgemeinen wie auch im Besonderen das Leben von Generationen meiner Zeit, was mit Notwendigkeit auf Veränderungen in der Gesellschaft zurück wirkte.

Diese Zeit holte mich aus unbeachtetem Dasein und öffnete mir von der alten Ordnung verschlossene Wege. Sie ließ der bis dahin machtlosen, benachteiligten Klasse und damit auch mir politische und soziale Gerechtigkeit widerfahren. Jede andere Betrachtungsweise wäre ungerecht und nicht ernst zu nehmen, weder aus historischer noch moralischer Sicht. Welches Urteil später auch immer gefällt werden sollte, ich konnte – wie Millionen anderer Menschen – diese Zeit selbst erleben und mitgestalten. Ich fürchte keine andere Meinung und muß meine grundsätzliche Überzeugung nicht korrigieren.

Für mich war der Panzer, der da plötzlich neben dem Haus stand, ein Symbol dieser Entwicklung. Abgesehen davon, daß dieses schwere Kriegswerkzeug, ebensowenig wie die Panzersoldaten, jemals nach Deutschland gelangt wären, hätte Deutschlands Eroberungssucht dies nicht herausgefordert, gab es für dessen Anwesenheit eine konkrete Erklärung: Das schwere Kettenfahrzeug war beim Einrücken in den Ort in der engen Kurve der Dorfstraße auf nachgiebigen Erdboden geraten und stürzte einen zwei, drei Meter tiefen Abhang hinunter. Dabei hatte es sich überschlagen. Die bei diesem Kriegsunfall erschlagenen Soldaten waren vermutlich die einzigen Opfer bei der Einnahme unseres Ortes. Der Panzer lag noch wochenlang dort und lockte bald die neugierige Dorfjugend an. Die ursprünglichen Berührungsängste gaben sich bald. Unbefangen saßen wir mit den Soldaten auf dem Panzer, nahmen von ihnen Brot oder ein paar Happen ihres Feldküchenessens an und radebrechten, so gut es ging. Manchmal kam ein Vorgesetzter und ermahnte seine Untergebenen zu mehr Zurückhaltung gegenüber den Deutschen.

Nach meiner Rückkehr aus dem Wald fehlte mir ein wenig die Orientierung. Würde ich meine Lehre fortsetzen können? Gewohnte Grundsätze waren verloren gegangen, das alte Regelwerk galt nicht mehr und ein neues war noch nicht an dessen Stelle getreten. Überall schien Chaos zu herrschen. So drangen beispielsweise Leute aus dem Dorf in Räume der Rechenberger Brauerei ein und holten sich den dort eingelagerten Rohtabak der Dresdner Zigarettenfabrik Jasmatzi. Es handelte sich dabei um fermentierte Tabakblätter, die in Ballen zu zirka fünfzig Kilo zusammengepreßt waren. Auch ich schleppte mühsam ein solches Bündel in unsere Dachbodenkammer. Wäre ich Raucher gewesen, hätte diese Menge schwerste Nikotinsucht auf Jahrzehnte befriedigen können. Ich wollte den Tabak weder für mich noch als Tauschartikel, sondern lud ihn zwei Wochen später auf einen Handwagen und schaffte ihn unter neidischen Blicken jener Nachbarn, die bei der Plünderung leer ausgegangen waren, zu meinem Meister nach Clausnitz. Diese noble Geste war übrigens weniger selbstlos, als es erscheinen mag: Der starke Raucher würde sich über den Tabak freuen und ich auch einmal spüren, wie es ist, wenn eine gute Seele für ihre Taten gelobt wird ... Nebenher wollte ich erkunden, ob und wie es mit meiner Lehre weitergehen sollte. – Ich traf den Meister tatsächlich an, auch er hatte die Zeitenwende überstanden. Wortreich, doch auch etwas ängstlich bedankte er sich für den Tabak. Ängstlich, weil die Besatzungsmacht mittlerweile den Befehl erlassen hatte, daß geplündertes Gut zurückzugeben sei. Die Fragen nach dem Fortgang meiner Lehre konnte mein Meister nicht beantworten.

Wie sich später herausstellte, hat er den Befehl der sowjetischen Kommandantur ignoriert. Genauer betrachtet, war die Rückgabe des Tabaks nach dem Buchstaben des zum Gesetz gewordenen Befehls für meinen Meister nicht zwingend. Schließlich hatte nicht er das Korpus delikti aus dem Brauereilager geholt. Sein jüngster Lehrling brachte ihm den begehrten Stoff. Woher sollte der Meister wissen, wie der dazu gekommen war. Nun gut, das sind Argumente von Winkeladvokaten, aber brauchbare!

Kaum jemand befolgte den Rückgabe-Befehl der Russen. Im Gegenteil, der »Rechenberger Tabak« avancierte zum anerkannten Tauschobjekt und trat auf dem Schwarzmarkt fast an die Stelle einer frei konvertierbaren Währung. Ähnlich verfuhr man mit anderem Plündergut aus der Rechenberger Kirche. Dort hatte ein Stofflager existiert. Es bestand fast ausschließlich aus einem Gewebe in gräßlichem Braun sowie grau-weiß gestreiftem Matratzenstoff. Doch es waren nicht die Zeiten, um wählerisch zu sein. Jene Matratzen-Streifen beherrschten in den Nachkriegsjahren die Kleider, Röcke, Jacken, Vorhänge, Bettwäsche,

Rucksäcke, Schürzen oder Einkaufstaschen unseres Ortes, ja an diesem Muster erkannte man auswärts, wer da aus Rechenberg stammte ... Da ich von solchem unredlich erworbenen Gut kaum etwas besaß, konnte ich mich auch nicht an den entsprechenden Schwarzmarkt-Transaktionen beteiligen. Mir hatte einfach das Gespür fürs Geschäftemachen gefehlt, schon damals.

Spuren des geschlagenen Heeres, typische Abfälle des Krieges lagen überall in den Wäldern und Ortschaften: Schußwaffen aller Arten, Munition, Panzerfäuste, Stahlhelme, Gasmasken, Spaten, Uniformteile. Diese schlimme Hinterlassenschaft wurde zur latenten Gefahr für Kinder und Jugendliche. Es war der Reiz des Verbotenen: Gestern durften nur die Erwachsenen, die sich jetzt kaum noch für jene Attribute des Krieges interessierten, damit umgehen. Heute konnte auch ich mir die Hosentaschen voller Patronen stopfen. Ich mußte dann allerdings die Erfahrung machen, daß man mit diesem militärischen Zeug in unwägbare Schwierigkeiten kommen konnte: Einmal, ich war unterwegs, ging den Weg nach Bienenmühle und hatte jede Menge Gewehrpatronen bei mir, mit denen ich herummanipulieren wollte, geriet ich in eine Kontrolle. Damals waren unzählige Menschen, Flüchtlinge aus der Tschechoslowakei, ehemalige Soldaten und Zivilisten unterwegs, die von irgendwoher kamen und irgendwohin wollten. Tag für Tag bewegten sich diese Menschenströme auch entlang unserer Muldentalstraße. Unter diesen Menschen verbarg sich auch so mancher, der seiner Untaten wegen tunlichst unerkannt bleiben wollte. So, wie der Gestapokommissar Henry Schmidt, Leiter des Judenreferates der Gestapoleitstelle Dresden. Im April 1986 sollte jener Schmidt nach einer langen und komplizierten Ermittlungsarbeit, an der mein Referat durch umfangreiche Anfangsrecherche mitwirkte, enttarnt, festgenommen und für seine Verbrechen zu einer lebenslangen Freiheitsstrafe verurteilt werden. Während der Ermittlungen las ich, daß auch Schmidt 1945 auf der Flucht durch meinen Wohnort marschiert war, so daß sich schon damals quasi unsere Lebenswege kreuzten. Über den Fall des Gestapokommissars wird an anderer Stelle noch zu berichten sein.

Zurück zur erwähnten Kontrolle: Die Besatzungsmacht, repräsentiert durch zwei Soldaten, stand am Ende einer langen, schmalen Fußgängerbrücke, die von der Hauptstraße aus über die Mulde nach Bienenmühle führte. Die Posten kontrollierten alle Passanten. Als ich das bemerkte, war es für eine Umkehr zu spät, denn ich lief bereits im Blickfeld der Soldaten – mit den Hosentaschen voller Patronen! Als ich dann vor den Russen stand, winkten sie einfach ab. Vielleicht, weil ich ihnen von meinem häufigen Aufenthalt am Panzer bekannt vorkam. Ich atmete tief durch. Auch heute möchte ich keinen Eid darauf ablegen, ob mir der Munitionsbesitz nachgesehen worden wäre. Man konnte, wie gesagt, damals leicht in den Verdacht geraten, ein »Werwolf« zu sein. Munition war nun einmal kein harmloses Spielmaterial. So war ich mit meinen Gewehrpatronen in den Hosentaschen in eine Lage geraten, in der ich die Besatzungsmacht ebenso zu fürchten hatte, wie jener Gestapo-Schmidt.

Auch ein anderes Mal war der Kontakt mit Besatzungssoldaten für mich zwar aufregend, aber folgenlos: Die Angst hat bekanntlich große Augen, und so kam es, daß ich auf den Dachboden unseres Hauses flüchtete, als an einem Vormittag ein Offizier und ein Soldat unsere Wohnung betraten. Was die beiden veranlaßt haben mochte, ausgerechnet zu uns zu kommen, läßt sich nicht sagen. Vielleicht einfach nur, weil die Wohnung im Erdgeschoß lag. Wer das Haus betrat, stand praktisch schon in Mutters Küche. Schmieder Erich saß auf seinem Stammplatz auf der Liege am Spültisch, der zugleich als Eßtisch diente, direkt gegenüber der Stubentür. So war er der erste, der die ungeladenen Gäste eintreten sah. Es ist schon ein Unterschied, ob man der Besatzungsmacht auf der Straße begegnet oder von ihr in der eigenen Wohnung aufgesucht wird. Sie hatten nicht angeklopft, wozu sollten sie sich mit überflüssigen Höflichkeiten aufhalten. Nirgendwo auf der Welt klopft die Besatzungsmacht an, es sei denn, mit dem Kolben der Maschinenpistole. Erschrocken und verängstigt stotterte Schmieder etwas von »Russki Ka-Ka-Kamerad, wir nix haben, wir arm.« Mit seinem einfältigen Gemüt muß er dunkel etwas von der Schutzwürdigkeit des proletarischen Standes geahnt haben. Wie sich herausstellte, wollte »Russki – Kamerad« nix Wodka oder Uhr haben, sondern Fußlappen für die müden, kaputt gelaufenen Füße. Ein bescheidenes Äquivalent für die Opfer und Entbehrungen im Krieg. Ein Blick in die Runde dürfte überzeugt haben, daß bereits das Verlangen nach Fußlappen einen spürbaren Eingriff in unseren bescheidenen Besitzstand bedeuten mußte. Mutter hingegen begriff, daß ängstliches Behüten von Eigentum in dieser Situation fehl am Platze gewesen wäre. Furchtsam huschte sie ins Schlafzimmer und kam mit einem neuen Bettlaken zurück, aus dem das Gewünschte, ritsch – ratsch, gefertigt wurde. Ich denke, der Offizier wird verblüfft gewesen sein, wie rasch und verschwenderisch sein Anliegen erfüllt wurde. Obwohl er besänftigend auf Mutter einredete und sie davon abhalten wollte, noch mehr Wäsche aus dem Schrank zu holen, »... gut, gut Frau, nix kaputtmachen, ist gut Frau«, traute ich dem Frieden nicht und meinte, daß ein Rückzug der bessere Teil der Tapferkeit sei. Mir schien es, als würde mich der russische Offizier schon viel zu intensiv beobachten. Unauffällig drückte ich mich durch die Küchentür, lief die Treppe zum Hausboden hoch, schlüpfte in einen Lattenverschlag, verriegelte dessen Tür und versteckte mich. Bald hörte ich die Schritte schwerer Soldatenstiefel. Während der Offizier noch mit Mutter über die Fußlappen verhandelte, hatte sich der Soldat, vermutlich auf eigene Faust, auf die Suche nach Brauchbarem gemacht. Er rüttelt an jeder Bodenkammertür, auch bei mir, aber keine ließ sich öffnen. Ich muß einem Herzschlag nahe gewesen sein. Zögernd entfernten sich die Stiefeltritte wieder. Ich aber wartete mindestens noch eine Stunde lang, bevor ich in die Wohnung zurückkehrte. Die unterschwellige Angst vor den Russen muß doch tief gesessen haben. Dabei hatte ich angesichts meiner tatsächlichen Erfahrungen mit den Russen keinen Grund, mißtrauisch zu sein.

Schmieder hingegen sollte bald mit ihnen aneinander geraten. Als er eines schönen Tages – der erste Friedensmai war warm und freundlich – mit seinem einjährigen Sohn Bernd auf dem Arm wieder einmal vor dem Haus ganz ungeniert einen seiner ebenso üblichen wie zahllosen Tobsuchts- und Brüllauftritte inszenierte und das Kind verängstigt schrie, kam ein Angehöriger der Panzerbesatzung wütend auf ihn zu. Sicher verstand er kein Wort von diesem Familiendrama, fand es aber angesichts des weinenden Kindes richtig, einzugreifen. Der Vertreter der Besatzungsmacht hielt dem außer Rand und Band geratenen Familienvater die geballte Faust vor's Gesicht, eine unmißverständliche Geste. Schmieder verstummte augenblicklich und verschwand im Wohnhaus. Der Mann folgte ihm mit lauter Rede und drohenden Gesten. Obwohl seine Ansprache kein deutsches Wort enthielt, hatte Schmieder sehr gut verstanden. Mutter profitierte von diesem Vorfall. Machte Schmieder Anstalten, neuerlich die Familie zu tyrannisieren, drohte sie ihm, die Russen zu holen. Sie öffnete dann einfach das Fenster der ebenerdig gelegenen Wohnung, damit das Gebrüll draußen zu hören war. Schmieder mäßigte sich dann und brummte mürrisch vor sich hin: »Du, Du, Du denkst wohl, ich habe Angst, v – v – von mir aus kannste die Ru – ru – Russen hol'n, ich mach mir nichts daraus.« Aber er zügelte seinen Ausbruch doch und lief in seiner Angst vor den Russen schlotternd in der ärmlichen und engen Wohnung herum. Nach einigen Wochen allerdings wurde der umgestürzte Panzer geborgen und samt Besatzung abgezogen, jetzt konnte Mutter nicht mehr die Russen als Schutzschild gegen Schmieders Ausfälligkeiten benutzen. In den folgenden Jahren sollte es noch zu den fürchterlichsten Familienszenen kommen.

»Was Dir geschieht, ist von Gott beschieden, doch Deines Schicksals Wurzel ist Dein Tun.«

Märchenerzählerin Scheherazade,
Tausendundeine Nacht

Nach Kriegsende entdeckte Schmieder seine Nähe zum lieben Gott und verschrieb sich der Kirche. Mir ist die Ursache dieser wunderbaren Wendung verborgen geblieben. Keineswegs war es Einsicht oder Reue über sein gar nicht so gottgefälliges Leben. Das Bild vollkommener Scheinheiligkeit, das Schmieder bot, wenn er am Küchentisch saß und sich in die Bibel vertiefte, mit dem Zeigefinger beim Lesen gewissenhaft der Textzeile folgend, war nicht zu überbieten. Inwieweit er den Sinn dessen, was er las, erfaßte, ist schwer zu sagen. Ich denke aber, man kann einer Sentenz Lichtenbergs vertrauen: »Ein Buch ist kein Spiegel, wenn ein Affe hinein sieht, kann kein Apostel herausgucken.«

Während einer solchen Vorbereitung auf den sonntäglichen Kirchgang konnte es geschehen, daß Schmieder plötzlich irgend etwas in den Sinn kam, ihn störte, was seinen Jähzorn entfachte. Dann unterbrach er seine fromme Lektüre und fragte Mutter, fern aller christlichen Demut: »Wie lange d-d-d-dauert es denn, bis ich was zu fr-fr-fressen bekomm?« Der Gerechtigkeit willen muß erwähnt werden, daß Schmieder tatsächlich immer von Hungergefühlen geplagt wurde. Er war ein großer, zwar hagerer, aber dennoch kräftiger Mann und litt unter dem Nahrungsmangel jener entbehrungsreichen Zeit besonders stark. Mutters Erwiderung auf solch eine Frage war nun auch nicht gerade dazu angetan, ihn zu besänftigen und so eskalierte die Situation. Nächstenliebe und Christenpflichten waren vergessen, es kam zu den üblichen Schmiederschen Tobsuchtsanfällen. Meistens wurde dann ich als Schuldiger dafür, daß es nicht ausreichend Essen gab, ausgemacht: »Dein Balg frißt alles weg, der frißt mich noch arm, mach Dich raus mit Deinem Balg.« Du lieber Himmel, spielten sich bei uns Dramen ab.

Kehrte der eifrige Christenmensch Schmieder mit dem Glockenläuten und noch ganz erfüllt von einer frommen Botschaft zum häuslichen Herd zurück, so knurrte er hungrig: »Frau, ist das bissel Fressen endlich fertig?« Er sprach Mutter nicht einmal mit ihrem Vornamen an. Jetzt war er in seinem Element. »Ich schlepp jeden Tag das Fressen ran, Kartoffeln vom Bauern, ich schlepp mich krumm und lahm, und der Balg, der faule Hund, frißt mir alles weg, der Balg hat bestimmt schon seinen Pansen vollgeschlagen, wenn ich nicht im Haus bin. Ich kann ja vor Hunger krepieren, Hauptsache Dein Balg hat genug zu fressen ...« In dieser Art, allerdings eben stotternd und so lautstark, daß es die Nachbarn im und vor dem Haus gut verstehen konnten, ging es pausenlos weiter. Bis Mutter das Essen hart auf den Tisch stellte. Nach derartigen Auftritten waren sowohl Mutter als auch mir der Appetit vergangen. Schmieder störte das nicht. Er fand sich nur in der Annahme bestätigt, daß wir bereits »den Pansen voll« hätten. Hastig schlürfte er seinen Teller leer.

Daß ich Mutter zur Seite stand, wenn sie mit groben Worten und Tätlichkeiten bedroht wurde, steigerte Schmieders Wut. Es kam vor, daß er mir bei Tisch in mein Essen spie, damit ich darauf verzichtete und er auch diese Portion nehmen kann. Einmal aber packte mich bei einer derartigen Szene unbändige Wut. Ich nahm den gefüllten Suppenteller und stülpte ihn dem spuckenden Schmieder über den Kopf, so daß ihm das Essen über Haar und Gesicht bis in den Hemdausschnitt lief. »Rühr mich nicht an, ich bring Dich um!« schrie ich. Mein Zorn muß so fürchterlich gewesen sein, daß Schmieder sich nicht von der Stelle rührte, mich nur anstarrte, als habe ihn der Schlag getroffen. Seine etwas vollen Lippen waren vom Speichel naß und zitterten. In der Küche herrschte gespannte Stille. Von da an wechselten wir kein Wort mehr. Nie werde ich jene Szene vergessen, in der Schmieder bei einer seiner haßerfüllten Streitigkeiten Mutter mit einem Küchenmesser anfiel. Ob er tatsächlich zugestochen hätte, weiß man nicht, aber bei seinem cholerischen Charakter wäre eine solche Tat vorstellbar gewesen. Spontan stellte ich mich ihm in den Weg und schlug einfach zu. Was sich anschließend abspielte, weiß ich nicht mehr so recht, zu turbulent verlief dieses Handgemenge. Schmieder ging mir anschließend aus dem Weg. Auch ich ignorierte ihn völlig. Ich sah ihn nicht, was unter den engen Wohnverhältnissen schwierig war.

Aus heutiger Perspektive geurteilt, sollte man nicht allein Schmieder vorwerfen, daß sein Verhalten gänzlich im Widerspruch zur Christenlehre stand, zu dem, was er in der Bibel gelesen hatte. Was ein Mensch selbst beim besten Willen nicht zu verarbeiten versteht, ist ihm nicht anzulasten. Aber dem Gemeindepfarrer! Wenn es wahr wäre, daß Ehen im Himmel geschlossen werden, dann konnte Mutters Ehealltag nur eine Gotteslästerung sein. Das wußte jeder am Ort, auch der Pfarrer. Schmieders Gebrüll konnte niemand überhören. Wäre es nicht Christenpflicht gewesen, Schmieder zum gesitteten Umgang mit seiner Familie anzuhalten? Aber nichts dergleichen geschah. Der Pfarrer fand es zwar lobenswert, wenn Schmieder am Sonntagvormittag mit dem Gesangbuch unter dem Arm der Kirche zustrebte, sich sittsam in die enge Bankreihe zwängte und dann den lieben Gott einen frommen Mann sein ließ. Was aber dieser fromme Christ zu Hause seiner Familie antat, ignorierte der Seelenhirt einfach.

Mit den Geboten der Kirche, mit ihrer Heuchelei und mit deren, von Historikern beschriebenen Verbrechen sollte ich mich noch lange Zeit auseinandersetzen. Das Thema ließ mich einfach nicht los. 1957, mehr als zehn Jahre später, als ich eine Sonderreifeprüfung ablegte, war eine umfängliche Abschlußarbeit anzufertigen. Ich suchte mir das Thema »Die Religion und die Wurzeln ihrer Entstehung« aus. Mit Götterverehrungen, dem Glauben an höhere Mächte wie auch den Ursachen und Wirkungen von Religionen hatte ich mich inzwischen autodidaktisch beschäftigt, nach theoretischen Erklärungen und historischen Hintergründen gesucht. Auch wenn uns die Natur unendlich viele Rätsel beschert, bin ich nicht davon zu überzeugen, daß hinter dem Leben auf der Erde ein alles beherrschender und lenkender Weltschöpfer steht. Ich glaube weder an eine Wiederauferstehung der Toten noch an die gerechte Bewertung der guten und schlechten Taten durch eine göttliche Allmacht. Gerechtigkeit muß es zu Lebenszeiten auf der Welt geben. Gerechtigkeit im Himmel oder nach einer Wiederauferstehung macht keinen Sinn. Was sollte das für ein gerechter Gott sein, der seit Menschengedenken ungerührt zuschaut, wenn sich Völker gegenseitig ausrotten, wenn gemordet, gebrandschatzt wird?

Zu einem Weltbild mit atheistischen Positionen führten mich eine gefühlsmäßige Skepsis gegenüber dem Wahrheitsgehalt der christliche Religionslehre und gravierende Gegensätze zwischen Glaubensanspruch und Wirklichkeit, aber auch naturwissenschaftliche Erkenntnisse, die eine religiöse Schöpfungsgeschichte ins Reich der Fabel verweisen. Mit der Religion ist alles zu begründen – es kommt vom Schöpfer und das reicht allemal als Grund. Aber nur ein flüchtiger Blick in die Geschichte genügt – und Abgründe tun sich auf! Ohne Skrupel schrieb beispielsweise der hitlerfreundliche Papst Pius XII ganz und gar unchristlich kurz vor Kriegsbeginn am 6. März 1939 an Hitler: »Wir legen dabei gleich zu Beginn unseres Pontifikats Wert darauf, Ihnen zu versichern, daß wir dem Ihrer Obsorge anvertrauten Deutschen Volkes im innigsten Wohlwollen zugetan bleiben.« Wen wundert es da, daß nach Ende des Krieges mit Hilfe gewissenloser katholischer Würdenträger viele Naziaktivisten, hohe SS-Chargen, auf dem sogenannten »Rattenweg« über Italien nach Übersee geschleust wurden.

Vom bedürfnislosen Religionsstifter Jesus Christus wurde von der immer reicher werdenden Staatskirche kaum etwas übernommen. Der arme Menschensohn lebte der biblischen Überlieferung nach unter Besitzlosen. Seine Jünger, so sein Auftrag, sollten das Evangelium als Besitzlose verkünden. Ihnen wurden nur Wanderstab und Sandalen zugestanden. Die Stellvertreter Gottes und ihre Überwacher von Religionstreue hingegen leben in Palästen und Luxus. Blind müßte man sein, um nicht eine breite Spur von Grausamkeiten und Gaunereien zu erkennen, die von der Kirche gelegt wurden. Ich konnte mich also der frommen Lehre, daß ein Weltschöpfer am Werke gewesen sei und alles in Gottes Hand läge, nicht anschließen. Einer dunklen Ahnung folgend, spürte ich, in der Welt geht es weder christlich noch gerecht zu und begriff, daß ich zu einem sozial besonders benachteiligten Bevölkerungsteil gehörte. Das schürte bei mir keinen Neid, regte mich aber an, mich mit diesem ungerechten Zustand auseinanderzusetzen.

Das steht nicht im Widerspruch zu meinem Respekt gegenüber Christen, oder Anhängern anderer Religionen. Die da glauben, sind womöglich grundehrliche Menschen, die in aufrichtiger Überzeugung von einer göttlichen Allmacht handeln. Insofern verdienen sie Achtung und insoweit hat das normative Verhalten und die Orientierung nach Geboten der christlichen oder anderer Religionen vielleicht auch ihren Sinn. »Mit seinem Gewissen ist jeder allein«, sagt der Schriftsteller Martin Walser. Es ist schon richtig, daß sich die Menschen an bestimmten Grundsätzen orientieren sollten. Welcher Weltanschauung solche Normen entstammen, ist dabei wohl zweitrangig. In einer egoistischen Welt voll irrender Subjektivität, in der alles möglich, aber vieles schädlich ist, wird sich jedenfalls keine neue, höhere Moral entwickeln. Nachdem ein erster Versuch, eine menschlichere Ordnung, eine Ordnung von sozialer Gerechtigkeit zu installieren, vorerst gescheitert ist, zeigt sich in der realen Welt ein deutliches Defizit im humanen Denken und Handeln. Viele leben nach dem Motto »Viel haben wollen«. Das verlangt eine profitorientierte Warenproduktion und führt durch den unheilvollen Kreislauf von Produzieren und Verbrauchen zur Ressourcenvernichtung. Gut leben wir, wenn dieser Kreislauf unterbrochen werden kann. Wir werden aber immer schlechter leben, je mehr wir haben wollen. Viel haben, ist nicht gleich gut leben.

Die intensive Beschäftigung mit solchen Fragen führte im Januar 1957 zu einem folgerichtigen praktischen Schritt: Ich trat nun endlich auch formell aus der Kirche aus. Um nicht den üblichen Klischees Nahrung zu geben, soll erwähnt werden, daß ich zu diesem Zeitpunkt längst Offizier der Nationalen Volksarmee und SED-Mitglied war. Doch weder bei meinem Eintritt in den Offiziersstand noch bei dem in die Partei hatte irgendjemand von mir den Kirchenaustritt verlangt. Ich vollzog ihn als logische Konsequenz eigener Überlegungen.

Doch zurück zu der prekären häuslichen Situation in der unmittelbaren Nachkriegszeit. Ich hielt es mit diesem bigotten Heuchler Schmieder einfach nicht mehr aus und legte Mutter nahe, sich von diesem Mann zu trennen. Sie wollte es seit langem, aber bislang fehlte es ihr an der nötige Entschlußkraft. Schon 1942 hatte sie einmal eine Scheidungsklage eingereicht, aber schließlich doch wieder zurückgezogen, weil sie von ihrer Schwiegermutter und Schmieders Geschwistern dazu gedrängt worden war. Nun stellte ich sie vor die Wahl: Entweder Scheidung oder ich würde aus dem Haus gehen. Wohin? Ich hätte es nicht gewußt. Aber mit Schmieder war kein Leben unter einem Dach mehr möglich.

Mutter reichte endlich die Klage ein und wurde im April 1947 geschieden. Ein nahezu zwölfjähriges Martyrium ging damit für sie zu Ende.

Ein Junge nach dem Krieg

Doch ich will noch einmal zurück in den Mai des ersten Friedensjahres. Die ersten Tage und Wochen nach Kriegsende waren ordnungslos. Ich streunte im Ort umher, ließ mich von den Umständen treiben. Nichts war so unsicher wie die Zukunft. Ich hatte keine Orientierung und keine Wünsche, aber auch keine Aufgaben und Pflichten. Keine Zeitung erschien, ein Radio besaßen wir nicht, nicht einmal eine Goebbelsharfe, wie der sogenannte Volksempfänger, ein für damalige Zeiten erschwinglicher Einkreisempfänger, heimlich genannt wurde.

Regierungseinrichtungen existierten nicht mehr, Behörden arbeiteten nur auf Anordnungen der Besatzungskräfte und mit den von ihnen eingesetzten Personen. Die Sowjetische Militäradministration (SMAD) verwaltete das Land an Stelle der Regierung mit Befehlen, die, wenn sie von allgemeinem Interesse waren, in den Schaukästen des Ortes veröffentlicht wurden. Ich entsinne mich noch der Anordnung, sämtliche Flaggen und Fahnen einzuholen. Nahezu in jedem Haus hatten Bewohner weiße, häufig auch rote Fahnen herausgehängt. Nicht jeder, der sich plötzlich an das Rot der kommunistischen oder sozialdemokratischen Partei mit einem roten Fahnentuch zu erinnern glaubte, konnte das mit seiner politischen Gesinnung belegen. Die meisten Kommunisten und Sozialdemokraten waren im Exil oder in den Konzentrationslagern und Zuchthäusern verschwunden. Wenige waren übrig geblieben und nur diese hätten ehrlichen Herzens das rote Tuch zeigen dürfen. Mancher unserer Nachbarn entfernte lediglich aus der Hakenkreuzfahne, die sie während der zwölf Jahre Naziherrschaft entweder mit fanatischem Eifer oder aus Angst vor dem Blockwart aus dem Fenster gehängt hatten, den weißen Kreis mit dem schwarzen Hakenkreuz. Natürlich waren die Deutschen nicht durchweg Faschisten, aber Nazis gab es viele. Die NSDAP hatte bei Kriegsende zwölf Millionen Mitglieder gehabt. Seltsam, wie viele Bürger sich plötzlich an das Rot der Kommunisten zu erinnern glaubten. Und die Russen, na ja, das waren doch alles Kommunisten, oder waren das Bolschewisten? Egal, vielleicht konnte man sich mit dem roten Tuch freikaufen. Fatalerweise sah man dem roten Nazi-Fahnentuch nur allzu deutlich den ursprünglichen Verwendungszweck an. Die Besatzungsmacht dürfte voller Mißtrauen beobachtet haben, aus wie vielen Saulussen praktisch über Nacht Paulusse geworden sein wollten.

Ohnehin waren die meisten der Besatzungssoldaten wohl damit überfordert, sich in deutsche Verhältnisse hineinzudenken. Den Vorwurf »Du Kapitalist« bekam da leicht der schlichte Eigentümer einer Haushaltsnähmaschine oder eines Rundfunkgeräts zu hören ... Dementsprechend gab es nicht nur den Befehl, Plünder-Ware unverzüglich zurückzugeben, sondern ebenso alle Waffen, Sprengmittel und Munition, aber auch private Fotoapparate, Radios und Ferngläser abzuliefern. Diese Befehle berührten mich nicht, ich besaß nichts von alledem.

Die Tage verbrauchten sich einfach und es wäre unaufrichtig zu behaupten, ich wäre damals besorgt um meine Zukunft gewesen. Die Lage war hoffnungslos – aber nicht ernst. Langsam wuchs allerdings im öffentlichen Leben der Bedarf an Normalität. Geschäfte öffneten wieder und boten an, was der Krieg übriggelassen hatte. Die Leute wollten Brot essen und der Bäcker war optimistisch genug, sich dieser schwierigen Aufgabe zu stellen. Diese Betriebsamkeit erreichte irgendwann auch mich.

Um meinen guten Willen zu zeigen, machte ich mich ein weiteres Mal zu meinem Meister auf den Weg. Gegen Mittag erreichte ich sein Haus. Ich muß sagen, es sah dort schlimm aus, just wie zu Kriegszeiten, nur das Zwitschern der Gewehrsalven fehlte. Wie sich herausstellte, hatte das Sattlerhaus mehrere Tage lang einer sowjetischen Funk- und Nachrichteneinheit als Stützpunkt gedient. Die Meisterin und ihre beiden Töchter hatten sich währenddessen aus begreiflichen Gründen im nahegelegenen Wald versteckt gehalten. Der Meister versorgte sie im Schutze der Dunkelheit mit Lebensmitteln. Die Nachrichtensoldaten nutzen die günstige Gelegenheit, ihren armseligen persönlichen Besitz zu ergänzen und zu erneuern. Bei der Suche nach Brauchbarem – das Haus und die Werkstatt boten dafür eine beträchtliche Menge – war das Unterste zuoberst gekehrt. Es war offenkundig, daß Leder, Schnallen, Nähgarn, Werkzeuge und anderes mehr in größtmöglichem Umfang ihren Besitzer gewechselt hatten. Die Soldaten, die entbehrungsreich kämpfend von der Wolga bis zur Quelle der Freiberger Mulde im Osterzgebirge gekommen waren, hatten mehr verloren, als jene vielzitierte Taschenuhr, die sie sich nun von den Deutschen holten. Die einfachen russischen Menschen konnten ohnehin nicht verstehen, warum das reiche Deutschland in das viel ärmere sowjetische Land eingebrochen war, um sich dort Besitz anzueignen.

Ein halbes Jahrhundert nach der Vertreibung der Räuber und Mörder aus den von Deutschland überfallenen Ländern haben Geschichtsfälscher Hochkonjunktur. Es wird ein Bild gezeichnet, wonach es sich bei den russischen Soldaten vorzugsweise um Frauenschänder und Plünderer gehandelt habe und nicht um Menschen, die ihr Land zu befreien hatten. Die einfache Logik, daß kein einziger Soldat aus dem Osten nach Deutschland gekommen wäre, hätten sich nicht zuvor die Deutschen zu ihrem Raubzug entschlossen, wird nur widerwillig akzeptiert.

Damit will ich nicht behaupten, daß Vergewaltigungen und andere Gewaltakte nicht auch von Angehörigen dieser Armee begangen wurden. Im Krieg verwildern die Sitten. Von Soldaten wird kein Leumundszeugnis verlangt, wenn man sie in den Kampf schickt.

Obwohl politisch scheinbar gleichgültig und unwissend, muß ich dennoch offen gewesen sein für neue Wertungen der Gesellschaft. Selbstredend erkannte ich zu dieser Zeit nicht, daß sich die Menschen im Denken und Handeln nach weltanschaulichen Überzeugungen unterscheiden, eben danach, »wie man die Welt anschaut«. Ob man nämlich die Einsicht gewinnt, daß die Menschen für den Zustand dieser Welt selbst verantwortlich sind oder ob man in dem Glauben befangen ist, die Welt sei das Ergebnis eines höheren, imaginären Wesens, einer göttlichen Allmacht. Es handelt sich ja hierbei nicht um eine harmlose Glaubenssache, die weder schädlich noch nützlich sein kann, sondern um die Grundfrage – ob die Welt nach menschlichem Willen beherrschbar und veränderbar ist oder nicht.

Ostern 1945 hatte ich die Grundschule beendet. Obgleich mir die Schule und das Lernen bis zum letzten Schultag herzlich gleichgültig geblieben waren, spürte ich zu meiner eigenen Überraschung einige Monate später den Wunsch, lernen zu wollen. Dem Trend der neuen Zeit folgend, belegte ich im Sommer 1945 bei einer Art Dorfabendschule einen Russisch-Lehrgang. Mein Eifer wurde jedoch bald gebremst, weil die kleine Schar Lernwilliger rasch dahinschmolz und der Lehrgang nicht fortgesetzt wurde. Dennoch konnte ich jetzt die kyrillischen Buchstaben entziffern und kannte einige Vokabeln. Mit solchen bescheidenen Kenntnissen verblüffte ich einmal Betty, die Tochter des Meisters, als ich die Buchstaben an einem russischen Militärfahrzeug, wenn auch mühsam, zu Worten fügte. Ungläubig musterte sie mich und hielt mich offenbar für einen dreisten Aufschneider, schließlich war ich nur ein Achtklassenschüler, dem eine fremde Sprache ein Buch mit sieben Siegeln zu sein hatte. »Nee, das glaub ich nicht, das hast Du erfunden, ich frag gleich die Käthe, die kann nämlich wirklich Russisch.« Käthe, Bettys Schwester, besuchte die Handelsschule in Freiberg. Sie sollte mich als verlogenen Gernegroß entlarven und wurde umgehend konsultiert. Es verging viel Zeit, bis Betty aus dem Wohnzimmer in die Werkstatt zurückkehrte. »Na und?« mußte ich nachhelfen. Gespielt gleichgültig, um die Bedeutungslosigkeit der Sache zu unterstreichen, bestätigte sie, ja, ich hätte Recht gehabt. Ich war rehabilitiert!

Die Zeit verging, ich wurde älter und langsam hielt ich nun die Zeit für gekommen, mich für Tanzen, Alkohol und, noch recht vorsichtig oder ängstlich, für das andere Geschlecht zu interessieren. Die erste Bekanntschaft mit hochprozentigem Alkohol, einem schlimmen Fusel, machte ich, etwa fünfzehnjährig, in einer Holzhauer Gaststätte. Dort hockten nun häufiger auch junge Leute meines Alters und fanden sich sehr erwachsen. Fünf Mark verlangte der Wirt für einen Schnaps. Der Sohn eines Clausnitzer Stuhlfabrikanten spendierte uns die Schnapsrunden. Er konnte sich solche Ausgaben leisten. Für mich als Lehrling wäre das unerschwinglich gewesen. Aber, hätte ich mir, im übertragenen Sinne, überhaupt Alkohol leisten sollen?

So richtig folgenschwer erwischte mich Teufel Alkohol zum Tanzstunden-Abschlußball. Mein Tanzstundenkursus war mit mäßigem Erfolg zu Ende gegangen. Nun sollte im Gasthof Bienenmühle wenigstens toll gefeiert werden. An meine Balldame erinnere ich mich nur noch vage. Sie wohnte im Clausnitzer Ortsteil Saueck, einer etwas abgelegenen Siedlung am Waldrand. Weil ich fand, daß das Mädchen für die Mühen des Weges einfach nicht hübsch genug war, hatte ich meine Tanzstundendame nie nach Hause begleitet. Nun stellte ich selbst weder einen kühnen Draufgänger dar noch konnte ich mit besonderer Stattlichkeit aufwarten. Es gab also überhaupt keinen Grund, den Mädchen gegenüber hochmütig zu sein. Bei der Wahl meiner Tanzstundendame war ich schlicht zum eignen Nachteil zu spät gekommen. Es mangelte mir am erforderlichen Selbstvertrauen. Nun wollte ich wenigstens beim Ball meine Männlichkeit beweisen. Darunter verstand ich damals, daß ein junger Mann möglichst viel Alkohol trinken und auch vertragen mußte. Vielleicht wollte ich auch nur meine Hemmungen vertreiben. Denn ich hatte mir für diesen Ballabend viel vorgenommen. Es ging mir um die Tochter des jeweils aus Freiberg zu uns fahrenden Tanzstundenlehrers, die meistens mitgekommen war und mich außerordentlich beeindruckte. Blind für die Realität, glaubte ich, die Schöne habe ein Auge auf mich geworfen. Immerhin machte sie, das kesse »Stadtmensch«, einmal vage Andeutungen, ich solle sie doch nach der

Tanzstunde noch besuchen. Ich wußte, daß sie und ihr Vater jedes Mal in dem Gasthof, in dem auch unsere Tanzstunden stattfanden, in der ersten Etage übernachteten. Also besorgte ich mir eine Leiter, um zu ihrem Fenster hinaufzuklettern. Die stellte ich dann aber so ungeschickt an die Hauswand, daß der Tanzlehrer vom Lärm erwachte und die Kontaktaufnahme mit dem notwendigen Nachdruck unterband. Das hatte auch sein Gutes. Hätte ich denn gewußt, was zu tun sei, wenn ich an das Fenster gelangt wäre, hinter dem das schöne Kind wartete? Soviel also zur Vorgeschichte.

Zum Abschlußball stieg ich in meinen etwas knapp sitzenden Konfirmandenanzug. Wie verabredet, brachte meine so schnöde vernachlässigte Tanzstundendame eine Torte mit, eine Kostbarkeit im zweiten Friedensjahr. Die Eltern des Mädchens besaßen eine Landwirtschaft, die solche Extras erlaubten. Wäre ich einigermaßen bei Verstand gewesen, hätte ich begriffen, daß mir das Mädchen ziemlich wohlgesonnen sein mußte, wenn es mir eine solche Rarität anbot. Ich steuerte, mehr aus Eigennutz, eine irgendwo ergatterte Flasche mit dem damals üblichen Schnaps bei. Dann nahm das Schicksal seinen so nicht geplanten, aber im Grunde vorhersehbaren Lauf.

Nachdem ich dem Produkt der Feinbäckerei reichlich zugesprochen hatte, wandte ich mich meinem eigenen, hochprozentigen Mitbringsel zu. Mein ohnehin unausgereiftes Gefühl für Rhythmus, Tempo und die Schrittfolge der eingeübten Tänze verlor sich zusehends. Mit der Folge, daß es meine Partnerin vorzog, auf meine unbeholfenen Bemühungen zu verzichten. Was meine Pläne mit der Tanzlehrertochter betraf, so scheiterten sie bereits bei meinen ersten schüchternen Ansätzen. Es gab viel erfolgreichere Bewerber. Inzwischen hatte der Alkohol schon den Nebel der Unempfindlichkeit über mein Gehirn gezogen, mich berührte weder die Ablehnung meiner Tanzstundendame sonderlich, noch die Verweigerung der Schönen aus der Stadt. Überhaupt nahm ich immer weniger wahr. Nicht einmal mehr die Torte, im Verein mit dem Alkohol, wollte bei mir bleiben. Kurz und schlecht, ich hatte nichts Bewundernswertes an diesem Abend vollbracht und es gab keine Hoffnung, daß sich daran noch etwas hätte ändern lassen können. So machte ich mich denn auf den Heimweg.

Ich hatte die schmale Brücke über den Mühlgraben, ein zwar ruhiges, aber ziemlich tiefes Gewässer, zu überqueren. Genau dort, wo ich mich im Mai 1945 mit den Hosentaschen voller Gewehrmunition ängstlich an einem russischen Armeeposten vorbeigedrückt hatte. Nun, zwei Jahre später und volltrunken, kam ich nicht mehr ungeschoren an dieser Stelle vorbei. Es bleibt mir unerklärlich, wie ich von der Brücke zum Rande des Mühlgrabens gelangen konnte. Meine Wahrnehmung setzte erst wieder ein, als ich bis zur Hosenbundhöhe im Wasser stand. Um Himmelswillen, mein guter Anzug, durchfuhr es mich. Daß es das Leben hätte kosten können, darauf war ich überhaupt nicht gekommen.

Es machte viel Mühe, wieder ans rettende Land zu gelangen. Immerhin war mein schwerer Rausch schlagartig verflogen. Die Dunkelheit der Nacht verhüllte mein jämmerliches Aussehen. Aber das ungute Gefühl, etwas Beschämendes angestellt, mich lächerlich gemacht zu haben, spürte ich noch lange. Es bedrückte mich mehr als Mutters hilfloses Geschimpfe über meinen und des guten Anzuges Zustand.

Sich in die Abhängigkeit des Alkohols zu begeben, ist, gelinde gesagt, unklug. Dennoch erweisen sich Schnaps und Bier oft stärker als die Vernunft. Egal in welcher Form, der Alkohol kann zu einer vernichtenden Droge werden. Andererseits will völlige Abstinenz nicht ins gesellige Leben passen. Jeder muß da seine eigenen Erfahrungen machen und mit Verantwortung das richtige Maß finden. Der Dichter Lessing wußte das: »Zuviel kann man trinken, doch nie trinkt man genug!« Ich will nicht unnötig Essig in Wein tröpfeln, aber rückblickend auf den mißlungenen Tanzstundenabschlußball würde ich meinen, daß an diesem Abend mein Abschied von der Unschuld der Jugend begann. Freilich war ich noch nicht ernsthaft erwachsen. Nicht nur, weil es mir noch am gesetzlich vorgeschriebenen Alter fehlte. Aber was heißt das schon? Wer fragt im Krieg – und wer fragt es heute oder wird morgen fragen – ob man alt genug sei, sich an Schlachten um fremde Interessen zu beteiligen?

Zur sittlichen Reife fehlte mir also noch einiges. Aber ich wurde für alt genug befunden, um in den Hungerjahren der Nachkriegszeit einen lebenswichtigen Beitrag für die darbende Familie zu leisten. Nahrungsmittelbeschaffungsmaßnahme ist nicht nur ein ungewöhnlich langes Substantiv, es war auch ungebräuchlich zu jener Zeit. Für das Betteln beim Bauer gab es anderweitige Bezeichnungen. Weshalb das mühselige Unterfangen, einige Mittel zum Leben, Lebensmittel also, zu beschaffen, seinerzeit umgangssprachlich als hamstern bezeichnet wurde, was ja soviel heißt wie horten, anhäufen, ist nicht zu erklären. Manchmal werden ja Worte bewußt sinnentstellend eingeführt, das Wort – Arbeitgeber- zum Beispiel! Aber zurück zum Hamstern. Interpretiert man den Begriff in dem Sinne, daß mühsam kleinste Mengen zusammengetragen werden mußten, dann mochte es schon eine zutreffende Bezeichnung sein.

Wie auch immer, die knappen Lebensmittel sollten ergänzt werden und ich mußte hinaus auf die Dörfer, eine demütigende Prozedur auf mich nehmen: Man lief von Hof zu Hof und bettelte um etwas zu essen, ohne eine Gegenleistung anzubieten. Einfach: »Guten Tag, haben Sie ein paar Kartoffeln oder was anderes zum Essen?« »Nein, Sie haben nichts, ach schade – vielleicht doch zwei drei Kartoffeln?« Es leuchtet ein, das war unergiebig und oft erniedrigend dazu. Natürlich, die

Hungernden überrannten damals die Bauern geradezu. Menschen verzichteten um der paar Bissen willen auf ihren Stolz. Man mußte schon über das Gemüt eines Fleischerhundes verfügen, um mit abgebrühter Unverdrossenheit eine schroffe Zurückweisung nach der anderen wegzustecken – sofern sich Türen und Tore überhaupt öffneten. Die Bauern pflegten ihre Höfe nicht gänzlich vor Fremden zu verschließen, womöglich wäre ihnen dann ein günstiges Tauschgeschäft entgangen. Wer konnte, der bot als Gegenleistung für Kartoffeln, Gemüse oder gar eine Speckseite wertvolle Wäsche, Tabakwaren, Haushaltsgeschirr, zuweilen auch den letzten Silberleuchter oder sonst ein Wertobjekt an. Die Menschen waren in die Epoche des Tauschhandels zurückgefallen.

Ich fuhr zum Hamstern gelegentlich in die »Lommatzscher Pflege«, eine fruchtbare Gegend, etwa siebzig Kilometer entfernt. Mutter hatte sich an eine Jugendfreundin erinnert, die in den zwanziger Jahren einen Landwirt aus Niederstößwitz bei Lommatzsch geheiratet hatte. Man kann meiner Mutter zwar so manches vorwerfen, aber bestimmt keinen Mangel an Unternehmungslust zu spontanen Aktionen. Also machten wir, der zweijährige Bernd im Kindersportwagen, Mutter und ich, uns an einem fürs Reisen geeigneten schönen Herbstwochenende auf den Weg. Mutter vertraute auf mich als Stütze, Halt und Berater in unübersichtlichen Situationen. Heillos überfüllte Züge, die selten nach Fahrplan fuhren, brachten uns über Freiberg und Nossen in das vor Lommatzsch gelegene Ziegenhain. Von dort aus war es noch eine Stunde Fußweg bis nach Niederstößwitz. Unterwegs bot sich das Bild einer fruchtbaren Gegend voller weiter Felder mit Zuckerrüben, Gemüsen jeglicher Art und Obstgärten und Alleen. Wir waren guten Mutes. Allerdings strahlte die noch kräftige Herbstsonne auf uns, daß es nur seine Art hatte. Die Straßen und Feldwege schienen nur aus Pulverstaub zu bestehen. Nur mit Mühe kamen wir mit unserem Kinderwagen, von dem sich zu allem Überfluß immer wieder ein Rad löste, voran. Schließlich erreichten wir doch den Ort, der gar kein richtiger war, sondern ein ehemaliges Rittergut mit seinen Nebengebäuden, alle ein wenig heruntergekommen, baufällig. Daneben standen zwei, drei Gehöfte mittlerer Größe, eingerahmt und verdeckt von Obstbäumen und über die roten Ziegeldächer hinausragenden Nußbäumen. Aber müde und abgekämpft, hungrig und durstig empfanden wir nichts von der dörflichen Romantik.

Wir kamen unangemeldet, wurden aber herzlich und aufrichtig begrüßt. »Ach nee, die Frieda, ist das eine Überraschung!« Die Bauersleute Hilma und Arno Kühne waren liebenswerte Menschen, von unkomplizierter, bescheidener Lebensart. Freundlich, gutmütig und wohlwollend, nachsichtig untereinander und zu anderen. Und dazu freigiebig. Arno hatte ein schweres Hüftgelenkleiden, das ihn bei der landwirtschaftlichen Arbeit sehr behinderte. Oft schickte Hilma ihren Arno besorgt in die Stube, damit er sich ausruhen konnte. Eine solche Fürsorge hatte ich bisher, von meinem Sattlermeister-Ehepaar abgesehen, noch nicht allzuoft erlebt. Hätte man nicht ein solches Elternhaus haben können?

In wenigen Tagen wurden mir Hof und Land ebenso vertraut, wie die Menschen. Reich beschenkt und mit einer Einladung an mich, bald wieder zu kommen, fuhren wir nach Hause. Viel wertvoller als das Gemüse und Obst erschien mir die Freundschaft dieser sympathischen Menschen. Ich habe sie alljährlich besucht, auch noch zu jener Zeit, als ich bereits die Polizeiuniform trug. Diese Urlaubstage zählen mit zu meinen schönsten Erinnerungen. Das bäuerliche Anwesen in seiner beschaulichen Umgebung und die natürliche Freundlichkeit der Eheleute wirkte sehr anziehend auf mich. Beinahe hätte sich diese Bekanntschaft als ein ganz großer Treffer in der Glückslotterie erwiesen. Ein Bauernhof mittlerer Größe wäre dabei zu gewinnen gewesen ... Die Ehe der Bauersleute war kinderlos geblieben, was Hilma mir gegenüber recht freimütig beklagte. Ich erzählte ihr von meiner schwierigen Kindheit, dem Pflegekind-Schicksal und den durch den Stiefvater unerträglichen häuslichen Zuständen. Sie hörte mit großer Anteilnahme zu. Eine Mutter hätte nicht feinfühliger reagieren können. Aber es blieb nicht beim Mitgefühl. Hilma und Arno Kühne, wie auch dessen mit zur Familie gehörende ledige Schwester Dorchen, dachten und handelten praktisch. Und so, als wollten sie mir zeigen, daß nicht die Welt schlecht sei, sondern die Menschen – aber nicht alle. Was die kleine Bauernwirtschaft bot, konnte ich bekommen. Bei Hilma und Arno mußte ich nicht um Erlaubnis fragen, wenn ich mir etwas von dem überreiche Obstangebot, vom frischen Brot aus dem Schrank, von der Milch im Topf, von der Butter oder von der hausgemachten Wurst nehmen wollte.

Das Schönste am Hof war der prächtige Walnußbaum, der mir schon am ersten Tag aufgefallen war. Walnüsse erinnerten mich an weit zurückliegende Kindertage, als sie bei der Großmutter an den Weihnachtsbaum gehängt wurden und zur weihnachtlichen Leckerei gehörten. Ich hatte vermutet, daß Walnüsse aus irgendwelchen exotischen Ländern stammten. In Niederstößwitz wurde ich über meinen Irrtum aufgeklärt.

Im Hause der Kühnes traf ich während des Urlaubes einen dort für wenige Tage einquartierten Sänger des Dresdner Kreuzchores. Der Sängerknabe war wenige Jahre jünger als ich und dennoch empfand ich keine Überlegenheit ihm gegenüber. In seiner Chorkleidung, mit den guten Umgangsformen und einer spürbar besseren Allgemeinbildung kam er wie aus einer anderen Welt. Das verunsicherte mich. Er hatte das, was mir fehlte – ein natürliches Selbstbewußtsein. Der Chorsänger verschaffte mir eine Einladung zu einem Auftritt des Kreuzchores in Meißen, ein Erlebnis, dessen Wert ich leider noch nicht hinreichend zu schätzen wußte.

Mit den Jahren bedrückte die Kühnes ihre Kinderlosigkeit immer mehr. Keinen Nachwuchs zu haben bedeutete, über keinen Erben für das hart erarbeitete Eigentum an Haus und Land zu verfügen. Weder verbindlich noch drängend, anscheinend eher beiläufig, gaben sie mir eines Abends vorsichtig ihre Gedanken zu erkennen: »Ach ja, es ist schon traurig, wenn man keine Kinder im Haus hat. Man weiß nicht einmal, was mit dem Bauernhof wird. Immer älter werden wir und dann überlegt man, für wen man sich geschunden hat. Die einen haben keine Kinder, die anderen keine richtigen Eltern. Na, und Du? Gut ist's Dir bei den fremden Leuten auch nicht immer gegangen.« So steuerte Hilma diplomatisch und mit einigen Umwegen ihr Thema an. Dieses Zögern schien gar nicht zu der kräftigen, stämmigen Frau zu passen. Es strahlte viel Mütterliches von ihr aus, wenn sie mich mit ihren schwarzen Augen forschend ansah. Ihr tiefschwarzes, zu einem schweren Kranz geordnetes Haar, die starken Augenbrauen sowie der auffallend dunkle Teint konnten südländische Herkunft vermuten lassen, wenn dem nicht bedächtiges und sanftmütiges Verhalten entgegengestanden hätten. Wobei, solche Temperament-Zuschreibungen sind wohl nur Klischeebilder, lassen wir es dabei bewenden. In lockerer Unterhaltung webte sie mit dem von Herz und Verstand gesponnenen Gesprächsfaden fort. »Na, und was denkst Du? Am besten wäre, Du bleibst bei uns, Platz ist genug da und ich denke, hier könnte es Dir gefallen. Was willst Du auch bei dem verrückten Schmieder. Hast keinen Vater und in der Landwirtschaft kennst Du Dich aus. Bei uns im Niederland ist es viel leichter als bei Euch im Gebirge, soviel Stein, da wächst doch kaum was – bei uns wärst'e wie der eigene Sohn.«

Damit gab sie den sondierenden Charakter ihrer Worte auf, aber zu direkt wollte sie auch nicht vorgehen. Es handelte sich schließlich um kein einfaches Thema. »Man kann ja mal spaßeshalber über so was reden«, schwächte Hilma wieder ab. Und lockte wie eine erfahrene Werbeagentur weiter: »So'n Bauernhof wäre ja auch nicht schlecht!?« Da wurde mir also von der sympathischen, zielbewußten Bäuerin, die gern Mutter sein wollte, ein beträchtliches Erbe angetragen. Ich, ein unreifes siebzehnjähriges Bürschlein ohne Lebensplan und Ehrgeiz, wußte nicht so recht, was ich darauf antworten sollte. Es wurde eine ziemlich einseitig Unterhaltung, die langsam im Boden der Bedeutungslosigkeit versickerte. Die Kühnes sind nie wieder auf den Vorschlag, mich zu adoptieren, zurückgekommen. So habe ich den verlockenden Weg zum Grundbesitz verfehlt. Aber immerhin läßt sich mit dem Gedanken kokettieren, einen respektablen Grundbesitz ausgeschlagen zu haben. Nun, er wäre ohnehin mehr Bürde als Lust für mich gewesen. So nahm ich besser den Weg, den ich gegangen bin. Dankbar bin ich aber für die Begegnung mit diesen liebenswerten Leuten.

Weil ich mit der fruchtbaren Gegend von Lommatzsch-Nossen und den dortigen großen Bauerndörfern beim Hamstern einmal recht ermutigende Erfahrungen gemacht hatte, hielt ich diesen Landstrich für dic Nahrungsmittelbeschaffung für besonders geeignet. Es war eine naive Annahme, daß sich gute Erfahrungen wiederholen lassen. Das Resultat meiner nächsten Hamstertour fiel dementsprechend niederschmetternd aus: Am frühen Morgen eines Wochenendes im Spätherbst 1946, die Nächte kühlten bereits spürbar ab, schwang ich mich auf ein Gerät, das wohl einem Fahrrad ähnelte, aber selbst für minimierte Ansprüche an Verkehrssicherheit eine Herausforderung war. Angesichts seines technischen Standards auf pannenfreie Fortbewegung zu hoffen, setzte viel Optimismus voraus. Nach mehrstündiger Fahrt traf ich um die Mittagszeit ziemlich erschöpft in Nossen ein. Nun konnte die mühselige Bettelei in den umliegenden Dörfern beginnen. Da ich diese Gegend nicht kannte, war es völlig egal, welche Richtung ich einschlug. Als ich an einem Ortsschild »Marbach« las, suchte ich den ersten Bauern auf, dann den nächsten, wieder den nächsten ... Viele Höfe blieben prinzipiell verschlossen, bei etlichen war wegen der frei herumlaufenden Hunde Vorsicht geboten. Öffnete sich doch einmal die Tür oder konnte ich jemanden ansprechen, so löste sich das bißchen Hoffnung angesichts wortkarger oder barsche Zurückweisung sofort in Luft auf. Ich erlebte eine lange Kette von Enttäuschungen. Inzwischen schwand das Tageslicht, es wurde Abend. Meine Ausbeute war mitleiderregend: Ein Weißkohl, vielleicht zwei Zuckerrüben und eine Handvoll Kartoffeln im Rucksack und nichts im Magen. Die Zuckerrüben hatte ich mir eigenhändig vom Feld geholt. Vor allem fand sich keine Übernachtung für mich. Durch die Fenster konnte man die Leute an ihren Abendbrottischen sitzen sehen. Hungrig und erschöpft von der langen Fahrt und niedergeschlagen vom erfolglosen Nachmittag, bekam aber dennoch keinen Zutritt und nirgendwo ein Nachtlager. Nicht einmal in einem Kuhstall. Von wegen »klopfet an und Euch wird aufgetan!« Kein Christenmensch wollte sich in Nächstenliebe üben. Schließlich fand ich eine einigermaßen brauchbare Stelle zum Übernachten im Freien. Ganz eng an eine Hauswand gepreßt, inmitten von schützendem Strauchwerk unter dem Blätterdach eines ausladenden Apfelbaums richtete ich mein Nachtlager her. Ich lag auf dem blanken Erdboden und außer meiner dünnen Jacke hatte ich nichts gegen die Nachtkälte. Die Nacht schien endlos zu sein und ich fror entsetzlich. Ein Mensch, der friert wie ein Hund und weiß, daß er friert wie ein Hund, ist ein armer Hund. Nieselregen setzte ein, begleitet von Hundegebell. Herunterfallende überreife Äpfel rissen mich immer wieder aus dämmrigem Schlaf. Zwischendurch lauschte ich auf Geräusche herumstreichender Tiere, unter denen sich auch ein freilaufender Dorfköter befand, der um mein Lager herum schnüffelte. Ich bekam Angst, daß er mich entdeckte und verbellte. Er wäre im Recht gewesen, denn in dieser Nacht stand ich in der Rangreihe ziemlich weit unter ihm. Aber auch die längste Nacht geht einmal zu Ende. Langsam kroch die Morgendämmerung aus dem Horizont, lang ersehnt wie noch nie. In meinem Körper hatten sich Kälte, Müdigkeit und unglaublicher Verdruß angestaut. Plötzlich wurde ich durch ächzende und schlurfende Geräusche aus meinem unruhigen Halbschlaf gerissen. Was war das nun wieder? Ich lugte durch das Blattwerk der Sträucher und bemerkte im diffusen Licht des Morgennebels schemenhaft eine mannshohe Erscheinung, die sich meinem Lager näherte. Ich wagte kaum zu atmen. Es dauert, bis ich eine Weibsperson ausmachen konnte, vermutlich die Bauersfrau des Hauses, die das Fallobst aufsammelte, um es vor fremden Zugriff zu sichern. So konnte ich nicht einmal zum Lohn für die nächtliche Angst die um mein Nachtlager liegenden Äpfel auflesen. Zu meinem Glück bemerkte mich die Frau nicht, sie hätte sich erschrocken und ganz bestimmt ein mordsmäßiges Geschrei angestimmt.

Auch der Morgen brachte mir beim Hamstern kein Glück. Ziemlich deprimiert trat ich schließlich die Heimfahrt an und war glücklich, daß mein Fahrrad mehr gehalten hatte als ich erwarten konnte.

Leidvolle Nachkriegsfolgen

In Schillers Wallenstein-Trilogie wird mit dem sprichwörtlich gewordenen Satz: »Das eben ist der Fluch der bösen Tat, daß sie fortzeugend immer Böses muß gebären« auf die Kausalität schuldhaften Handelns hingewiesen. Wer Arges in Bewegung setzt, muß mit entsprechenden Reaktionen rechnen. Das ist im Privaten nicht anders als im Gesellschaftlichen. Aus dieser Perspektive muß auch die Verfolgung der Einwohner von Rechenberg-Bienenmühle durch die sowjetischen Besatzungstruppen bewertet werden.

Von Juli bis November 1945 befahl die Kreiskommandantur Dippoldiswalde zahlreiche willkürliche Verhaftungsaktionen. Nahezu die gesamte männliche Bevölkerung des Ortes war davon betroffen. Auch die Jungen meines Jahrganges wurden nach und nach abgeholt, nur ich und ein zweiter Jugendlicher blieben verschont. Es begann zunächst mit Inhaftierungen von Personen, die dem faschistischen Regime gedient hatten oder ihm besonders nahe standen: Dorfpolizisten, Ortsgruppenleiter, Leiter von politischen Organisationen, der ehemalige Bürgermeister und Gemeinderatsmitglieder. Ich persönlich brauchte, so glaubte ich in meiner Unschuld, nicht das Geringste befürchten. Das meinten allerdings auch meine meist fünfzehnjährigen ehemaligen Schulkameraden. Zu Recht, welche schwerwiegende Schuld sollten sie sich im untergegangenen Hitlerstaat schon aufgeladen haben? Aber die Verhaftungen beschränkten sich bald nicht mehr nur auf diejenigen, denen man irgendeine politische Belastung hätte unterstellen können. So wurden Männer abgeholt, die sich nie politisch engagiert hatten, ebenso aber auch Kommunisten und Sozialdemokraten, die die Hitlerdiktatur überlebt hatten, um nun in das Räderwerk der Willkürmaßnahmen der sowjetischen Besatzung zu geraten. Es war und blieb undurchschaubar, was da vor sich ging.

Mehrere der Betroffenen kamen unter nicht bekannt gewordenen Umständen zu Tode. Allerdings sei angemerkt, daß seinerzeit überall, auch außerhalb von Lagern und Gefängnissen, Menschen verhungerten oder an damals unheilbaren Krankheiten starben.

Der Überfall auf die Sowjetunion und die im Ergebnis dessen begangenen Verbrechen gegen das sowjetische Volk rechtfertigen keinesfalls dieses ungesetzliche Vorgehen der Besatzungsmacht. Da gibt es nichts zu relativieren, auch wenn zu bedenken wäre, daß sich die zuständigen sowjetischen Stellen und Exekutivorgane nur auf Informationen stützen konnten, die von deutschen Quellen ausgingen. Offiziösen Informationen nach soll ein politischer Abenteurer namens Pintek die Funktion eines Ortskommandanten in Rechenberg ausgeübt und zusammen mit deutschen Denunzianten die Verhaftungen initiiert haben. Später soll dieser Pintek, angeblich ein zu den Deutschen im Krieg übergelaufener sowjetischer Verräter, selbst verhaftet worden sein. Was auch immer sich hinter dieser Episode von Besatzungswillkür verbarg, sie bezeugt die wirren und unsicheren, ja rechtlosen Verhältnisse der damaligen Zeit. Es war ein unheimlich beängstigendes Gefühl, wenn ich abends nach Hause kam und erfuhr, wieder war einer abgeholt worden. Niemand wußte warum. Vermutungen und Verdächtigungen gab es viele. Doch selbst wenn ich als Maßstab den überzogenen Sicherheitsanspruchs des Besatzungsrechts anlegte, konnte ich bei mir keine unrechte Handlung ausmachen. Ich wußte ja nicht, daß jeder der Festgenommenen von ähnlichen Überlegungen ausgegangen war – Naziaktivisten ausgenommen. Im Ort wurde vermutet, daß die betroffenen jungen Männer und Jugendlichen der Mitarbeit bei »Werwolf-Aktionen« und des Waffen- und Munitionsbesitzes verdächtigt wurden. Ganz aus der Luft gegriffen war das möglicherweise nicht. In den letzten Monaten vor Kriegsende wurde unter uns Jugendlichen über einen solchen Unsinn von »Werwolf« oder Partisaneneinsatz phantasiert. Gefördert wurden solche Verrücktheiten durch die verbrecherische Nazi-Propaganda vom »Kampf bis zum Endsieg«. »Volkssturm«- und »Werwolf«-Gruppen sollten in den Untergrund gehen und dann praktisch hinter den Linien des Feindes kämpfen. Im benachbarten Altenberg befand sich ein Ausbildungslager, in dem der Gestapoangehörige Henry Schmidt Jugendliche für die Aktion »Werwolf« vorbereitete. Waffenlager und Volkssturmbefehlsstellen gab es fast in jedem Ort, so auch in Bienenmühle. Zweifelsohne waren derartige Umstände für die Besatzungsmacht Anlaß zu Mißtrauen, Spekulationen und letztendlich auch Überreaktionen. Ich bin mir sicher, daß damals niemand in Rechenberg-Bienenmühle politischen oder gar bewaffneten Widerstand leisten wollte. Die Umstände und Zusammenhänge für diese rechtswidrigen Aktionen und Willkürakte sowjetischer Besatzungsorgane wurden nie restlos aufgeklärt. Zurück blieben Mutmaßungen, untaugliche Erklärungsversuche und unbewiesene Behauptungen.

Als die Verfolgungswelle vorbei war und die Männer nach und nach zurückkehrten, habe ich oft darüber nachgedacht, weshalb wohl ich von einer Verhaftung verschont geblieben war. Ich hielt es für eine Laune des Zufalls. Geht man jedoch vom Ablauf der Untersuchungstätigkeit aus, kann eine verständliche Erklärung gefunden werden. Ich meine, die jeweilig Festgenommenen wurden in der Regel nach ihren Freunden und Bekannten vernommen in der Annahme, daß bei Gruppenstraftaten Mittäter oder Mitwisser am ehesten im Umfeld vermeintlicher Täter zu finden sind. Natürlich nur, wenn die Prämisse stimmt, also wenn überhaupt eine Straftat vorliegt. Nun war ich ja erst im Herbst 1944 nach Rechenberg zurückgekehrt, hatte zwar in der Schule schnell Anschluß gefunden, gehörte aber zu keinem der stabilen Freundeskreise von Jugendlichen und blieb vielleicht deswegen bei Vernehmungen unerwähnt. Und da ich auch nicht in den Mitgliederkarteien der örtlichen faschistischen Jugendorganisationen registriert war, geriet ich anscheinend nicht ins Blickfeld der mißtrauischen Besatzungsmacht oder ihres Agent provocateurs. Horst Braun, mit dem mich eine ziemlich enge Schulfreundschaft verband, gehörte ebenfalls mit zu den Verhafteten. Über seine Erlebnisse hat er mit mir nie gesprochen und danach zu fragen, habe ich vermieden in der Annahme, ein Thema zu berühren, zu dem er sich nicht äußern möchte.

Prüfungen für Beruf und Leben

Meine Lehrjahre gingen dahin, ich näherte mich damit einem wichtigen Ereignis: der Gesellenprüfung. Handwerksgeselle zu sein, das war schon ein beachtlicher Schritt. Schließlich steht ein Geselle in der Hierarchie des Handwerksbetriebes gleich nach dem Meister. Und noch ein Aspekt erschien mir von größter Wichtigkeit: Ich würde dann wirtschaftlich selbständig sein. Damit empfand ich die bevorstehende Prüfung als gewichtige Bewährungsprobe.

Noch sprach nichts dagegen, daß der erlernte Beruf mein Leben bestimmen würde. Die Prüfungsvorbereitungen nahm ich sehr ernst. Drei Jahre hindurch hatte mich mein Meister mit dem Handwerk des Sattlers und Polsterers vertraut gemacht. Im Großen und Ganzen konnten der Meister und ich mit meinen Leistungen zufrieden sein. Der Meister empfahl mir, als Gesellenstück ein Ochsenkumt anzufertigen. Auf diesem Gebiet war ich, ohne Übertreibung, nahezu perfekt. Es handelte sich dabei um ein Nackenkumt, bestehend aus einem Polster oder Kissen, das unter einem Eisenbügel befestigt wird, der wiederum auf zwei Leisten aus festem Eschenholz aufzuschrauben ist. Das alles wird mit einer formgerecht zugeschnittenen Lederdecke verkleidet. Letzteres ist der komplizierteste Arbeitsschritt. Selbstredend ist jede fremde Hilfe bei der Anfertigung des Gesellenstücks untersagt. Deswegen müssen die Arbeiten in der Werkstatt eines Berufskollegen des Lehrmeisters ausgeführt werden. Mir wurde Sattlermeister Bachmann in Mulda zugewiesen. Mit den benötigten Materialien fand ich mich dort ein. Sorgfältig und zügig begann ich zu arbeiten, denn nicht nur die Qualität des zu fertigenden Werkstückes wurde bewertet, sondern auch die Fähigkeit, selbständig zu handeln, und die Handfertigkeit. Meister Bachmann warf hin und wieder einen Blick auf mein Werk, enthielt sich aber jeglichen Kommentars. Daß mir ein kleiner Fehler unterlaufen war, hatte ich schon selbst bemerkt. Beim Nähen war mir ein Stich durch das Leder gerissen, weil ich den Faden zu straff angezogen hatte. Sonst aber war ich mit mir zufrieden. Nach Begutachtung der fachlichen Arbeit und der Benotung der theoretischen Prüfung wurde mir im März 1948 der Lehrbrief zur bestandenen Gesellenprüfung ausgehändigt. Im Zeugnis stand die Note »Gut«. Jetzt war ich also Geselle des Sattlerhandwerkes. Was nicht darin stand, aber nicht vergessen ist, daß mich mein Meister auch Lebensart, Fleiß und Ordnung lehrte. Rückschauend darf ich feststellen, daß meine Lehrzeit, eingebettet in eine wirtschaftlich schwierige und politisch komplizierte Etappe, für mich durchaus erfolgreich war. Diese Zeit war auch eine Phase des Suchens nach Wegen und ein Finden von Standpunkten.

Nach der bestandenen Gesellenprüfung fühlte mich in vielerlei Hinsicht unabhängiger. Während der Lehrzeit war ich für drei Jahre an eine Arbeitsstelle und an die sich aus dem Lehrvertrag ergebenden eng gefaßten Regeln und Pflichten gebunden gewesen: Lehrjahre waren keine Herrenjahre! Nun konnte ich im Sinne von Marx »... doppelt freier Lohnarbeiter werden.« Frei hinsichtlich meiner Entscheidung, wo ich arbeite und frei für »die Ausbeutung als Arbeiter.« Aber, das ist ein weites Feld.

Nur noch wenige Wochen arbeitete ich bei meinem Meister als Geselle. Dieser kleine Handwerksbetrieb brachte nicht so viel, um einen Gesellen entlohnen zu können. In Neu-Clausnitz gründete sich die Firma Friedrich Kircheis, die vorzugsweise Stühle produzierte. Heutzutage würde man einen Mann wie Kircheis als Seiteneinsteiger bezeichnen. Er wohnte mit seiner Familie in Bienenmühle im selben Haus, in das Mutter mit uns nach ihrer Scheidung gezogen war. Ich nutzte also die günstige Gelegenheit und bewarb mich bei ihm als Polsterer. In der Polsterei, einer relativ selbständigen Abteilung des Betriebes, arbeiteten bereits zwei junge Männer, die ebenfalls bei meinem Meister in Clausnitz ihre Ausbildung erhalten hatten, Werner Hegewald, der »Chef« dieses Bereiches, und Gottfried Kempe. Werner hatte seine Lehre schon in den ersten Kriegsjahren beendet, erlebte den Krieg als Fallschirmjäger, war ein Frauenheld und Schürzenjäger, ein Tausendsassa, ein Hoppla-jetzt-komm-ich, aber auch ein vorzüglicher Fachmann, für mich seinerzeit ein redlicher Freund. Zwischen uns stimmte die Chemie, obwohl Werner mir an Jahren und Erfahrungen weit voraus und erfolgreich im Leben war. Bei einem seiner Söhne wurde ich später Patenonkel, Taufzeuge also. Ein solcher Antrag galt gewöhnlich als Vertrauensbeweis unter Freunden oder nahen Verwandten.

So arbeiteten also wir drei beim Morgenstern-Sattler Ausgebildeten und ein weiterer Sattlergeselle sowie zwei ungelernte Frauen zusammen. Vorzugsweise wurden Stuhlsitze gepolstert, ausnahmsweise auch Großpolstermöbel hergestellt, Couchs und Sessel. Die Ausnahmen wurden aber immer mehr zur Regel. Wie sich später herausstellen sollte, gehörte letzteres nicht zum genehmigten Produktionsprofil, war nicht legal und daher ein Wirtschaftsstraftatbestand. Nach dem Krieg war manches irregulär. Bei Kircheis lernte ich die eigentümliche Fabrikatmosphäre eines Kleinbetriebes kennen. Hier ging alles recht kollegial zu, vielfach mit derben, auch vulgären Redensarten, bei denen auch die meisten Frauen gut mithielten. Jeder kannte jeden, waren doch fast alle aus demselben Ort. Man wußte alles von einander, auch aus dem familiären Bereich, Gaststättenbesuche, Alkoholkonsum, Frauenbekanntschaften und anderes mehr. Man traf sich morgens auf dem Weg zum Betrieb und ging zusammen nach Hause. Wem das noch nicht genügte, der führte die Unterhaltung in der Gaststätte »Zur Post« bei Bier und Schnaps fort.

Ja, Schnaps. Über dessen Herkommen hatte ich mir noch nie Gedanken gemacht, ich kaufte ihn dort, wo er angeboten wurde. Werner Hegewald wußte darüber Bescheid. Unter dem Siegel der Vertraulichkeit erzählte er mir, daß er dabei sei, Schnaps zu brennen, zu destillieren also, und ob ich ihm dabei zur Hand gehen möchte. Aber ja, nichts lieber als das. Warum sollte ich mich dem Geheimnis der Alkoholherstellung verschließen.

Am folgenden Wochenende machte ich mich auf den Weg nach Cämmerswalde, wo nicht nur Wilhelm Walther, der Schöpfer des Wandbildes vom »Fürstenzug« herstammte, sondern auch Werner bei seinen Eltern wohnte, die einen kleinen Bauernhof bewirtschafteten. Dort war der Produktionsprozeß der Schnapsbrennerei schon vor Tagen in Gang gesetzt worden. In einem etwa zwanzig, dreißig Liter fassenden Holzkübel, der üblicherweise als Futtertrog diente, hatte Werner zerkleinerte Zuckerrüben mit Hefe angesetzt. Sie waren mittlerweile so vergoren, daß die Brühe pestilenzialisch stank. Es schien mir gewagt, ja unmöglich, daraus etwas Alkoholähnliches herzustellen. Aber Werners unbeschwerter Optimismus übertrug sich auf mich. Mich beeindruckte die verwirrende Konstruktion der Destillationsapparatur. Sie bestand aus einem verschließbar gemachten Kochtopf, aus dem eine spiralförmig gebogene Kupferleitung führte, die durch einen Eimer mit kaltem Wasser geleitet wurde. Am Ende des dünnen Rohres sollte nach unserem Willen und mit Hilfe von Gesetzen der physikalischen Chemie Trinkbranntwein fließen. Und wirklich, die hohe Kunst der Alchimie und unser Eifer brachten es fertig, daß hochprozentiger Alkohol in Flaschen abgefüllt werden konnte. Das gewonnene Produkt war natürlich pur nicht zu genießen, es mußte verdünnt, zu einer Art Likör verarbeitet werden. Wenn mich die Erinnerung nicht trügt, entschieden wir uns für Eierlikör. Den Grundstoff lieferten Hegerwalds Hühner.

Nun gehört zu einem guten Tropfen auch ein delikater Bissen im gepflegten Ambiente. Das Hotel »Karsch« in Freiberg war nicht das erstbeste sondern das Erste-Beste. In einem Anflug von Größenwahn beschlossen wir einen Wochenendausflug dorthin. Abends wollten wir ins Ballhaus »Tivoli«, die dort auftretende legendäre Damenkapelle sehen und anschließend im besten Haus der Stadt übernachten. Mitgenommen wurden zwei Flaschen Eierlikör und eine große Anzahl frische Forellen. Die Forellen hatte ich eigenhändig aus der Freiberger Mulde gezogen. Forellen mit der Hand zu fangen ist nicht so schwierig wie der Unkundige glaubt. Frische Fische waren begehrt, man konnte sie gut gegen Zigaretten tauschen. In diesem Fall lautete der Handel: Frische Forellen für die Hotelküche, ein köstliches Menü für uns. Dergleichen war in den hohen Zeiten des Schwarz- und Naturalienhandels nicht unüblich. Im Hotel freute man sich, denn wer konnte 1948 »Forelle« auf die Speisekarte setzen? Meine anfängliche Befangenheit in den mit Teppichen und Läufern ausgelegten Räumen und dem sich devot gebenden Personal verlor sich Dank Werners Selbstsicherheit bald. Wie ein Salonlöwe bewegte er sich auf dem mir unbekannten Feld bürgerlicher Vornehmheit. Später machte ich allerdings die Erfahrung, daß die scheinbare Noblesse oft nur sittsames Gehabe ist und so mancher einen Stand vortäuscht, den er gar nicht hat. Solche Erfahrungen kann man aber erst dann sammeln, wenn man seinen eigenen Wert erkennt und selbstbewußt damit umgeht. Werner und ich jedenfalls kehrten damals in berauschter Stimmung vom Ausflug in die vornehme Welt zurück in unseren Arbeitsalltag, überzeugt, uns etwas Außergewöhnliches geleistet zu haben.

Erbschaften und Verluste

Wenn man jung ist, braucht es häufig keine Gerüchte, um bösen Zungen Nahrung zu geben, denn reale Dummheiten und Streiche bieten genug Stoff für das Gerede der Alten. Denn diese »... sind sehr tugendlich, die haben's nämlich hinter sich« bemerkte bereits Wilhelm Busch. Zu jener Zeit, wo das tugendliche Leben noch vor mir lag, stand plötzlich ein einschneidendes politisches Ereignis auf der Tagesordnung, die Währungsreform. Sie fand in der sowjetischen Besatzungszone vom 24. bis 28. Juni 1948 statt. Die Geldscheine der Reichsmark verloren über Nacht ihre Gültigkeit und die Spareinlagen ihren ursprünglichen Wert. Eine Person durfte Beträge bis 70 Mark im Verhältnis 1:1 umtauschen, Beträge darüber im Verhältnis 10:1, also für 100 Reichsmark bekam man insgesamt 73 Mark des neuen Wertes ausgezahlt. Wer weniger als 70 Mark sein Eigentum nannte, konnte für jemanden, der über mehr Geld verfügte, als Gefälligkeit sozusagen, die übergebene Summe 1:1 umtauschen. Mangels Währung berührte mich die Reform eigentlich nicht. Die Ausgangslage war also für uns halbwegs übersichtlich. Mein Freund Erich und ich verstanden es jedoch, aus purer Geldgier unseren guten Ruf zu gefährden.

Erich Leiteritz war in diesen Jahren mein Freund geworden, weil nicht nur unsere Interessen übereinstimmten, sondern auch unsere Charaktere wirklich miteinander harmonierten. Wir ergänzten uns und machten eine dauerhafte Freundschaft daraus, die sich auch im Alter als haltbar und sinnvoll erweisen sollte. Über den Wert echter Freundschaften ist schon so viel gesagt worden. Balladen, Lieder, Gedichte, Opern und Filmwerke beschäftigen sich mit dieser Thematik. Es läßt sich dem nichts hinzu fügen. Wir erlebten im Verlaufe der Jahre soviel miteinander, daß eine Nacht zu kurz wäre, um nur das Interessanteste erzählen zu können.

Doch zurück in den Juni 1948. Normalerweise wären wir mit den Modalitäten des Geldumtausches nicht in Gewissenskonflikte gekommen. Ich erinnere mich nämlich nicht, daß ich damals über einen nennenswerten Zeitraum hinweg mehr als siebzig Mark Bargeld besessen hätte. Bei Erich sahen die Dinge im Prinzip ähnlich aus. Nur hatte er gerade, leider im falschen Moment, eine bescheidene Erbschaft gemacht. Also schaute sich Erich nach geneigten Menschen um, die ihren Umtauschfonds 1:1 nicht ausschöpfen konnten. Es fanden sich ausreichend mitfühlende Leute, die ihm halfen, seine Erbschaft ungeschmälert in das neue Zahlungsmittel zu transferieren. Damit wurde Erich vorübergehend stolzer Besitzer einer beachtlichen Summe. Um das zu feiern erstand Erich auf dem schwarzen Markt oder wo auch immer zwei Flaschen Kognak von der Marke »Nordstern«, die Flasche zu je 250 Mark. Damit war das Erbe nicht nur gut angelegt, sondern auch bis auf den letzten Heller vertan. Wir beratschlagten nun, was mit dem geistigen Reichtum anzufangen wäre und fanden, wir sollten damit am Wochenende zum Tanz nach Nassau gehen. Mit den beiden Flaschen machten wir uns auf den Weg über den Kirchberg. Schon am Friedhof kamen wir zu dem Schluß, daß angesichts der noch vor uns liegenden beschwerlichen Strecke ein kräftiger Schluck angebracht sei. Anschließend schienen wir tatsächlich schneller voran zu kommen. Ich weiß nicht mehr, wie oft wir noch Rast machten und wie lange wir für den gewöhnlich eine dreiviertel Stunde zu veranschlagenden Fußmarsch brauchten, jedenfalls war die Flasche nahezu leer und wir übervoll, als wir den Nassauer Gasthof erreichten. Daß wir dort überhaupt ankamen, grenzte an ein Wunder und spricht für unsere Zähigkeit. Nun war das Tanzvergnügen längst in vollem Gange, die Plätze besetzt und die unternehmungslustigen Schönen bereits vergeben. Nahe der Tanzfläche, nicht weit vom Eingang entfernt, stand eine lange Tafel, an der sich vielleicht fünfzehn bis zwanzig Gäste, meist Bauern des Ortes, niedergelassen hatten und das Geschehen um sich herum beobachteten und kommentierten. Vor sich jeweils ein angetrunkenes Glas Bier, denn zu größerer Ausgelassenheit konnte der eben stattgefundene Geldumtausch nicht verleiten.

Der urplötzliche Wechsel von sauerstoffreicher Landluft zum dicken Kneipendunst war unserem mit viel Pro mille versehenen Gleichgewichtsvermögen nicht dienlich. Erich spürte das nahende Unheil und suchte am weißen Tafeltuch des Tisches Halt. Das Tuch widerstand jedoch nicht, im Nu war der lange Tisch abgeräumt. Diese Untat forderte den Zorn der armen Zecher heraus. Vermutlich waren die Bäuerlein am Tisch weniger erbost über das auf unkonventionelle Art abgeräumte Bier sondern darüber, daß wir jungen Dachse offensichtlich das Geld hatten, uns derart zu betrinken. Uns rettete die zweite Flasche Schnaps, die Erich anbot und dazu eine Runde Bier bestellte. Alle waren versöhnt. Was der Abend uns darüber hinaus noch geboten haben mag, ist nicht bekannt und wäre der Erinnerung wohl auch nicht wert. Ich will mit dieser Anekdote nicht unseren Alkoholkonsum in jungen Tagen herausstreichen, sondern mehr Erichs Freigebigkeit. Unsere Freundschaft war uneigennützig, brachte aber auch keine Abhängigkeit. Wir waren junge Menschen und so mag es mit daran gelegen haben, daß der Alkoholgeist in der Freizeitgestaltung wohl eine begleitende Funktion übernahm, aber niemals eine dominierende Rolle spielte. Der »Geist aus der Flasche« mag uns gelegentlich beherrscht haben, er mußte sich aber stets wieder zurückziehen.

Eine einschneidende Veränderung

Mitte 1948 erfuhr die Belegschaft meiner Arbeitsstelle, daß Friedrich Kircheis sich wegen diverser Wirtschaftsvergehen vor Gericht verantworten mußte. Ihm wurde vorgeworfen, in größerem Umfang Polstermöbel gegen Nahrungsmittel verschoben und nicht versteuert zu haben. Ein Tatbestand, der zu dieser Zeit strafrechtlich streng geahndet wurde. Ich denke, daß es meist Überreaktionen der Strafverfolgungsorgane waren, um Vorwände für die Zurückdrängung der Privatindustrie zu schaffen. Andererseits waren in diesen unmittelbaren Nachkriegsjahren strenge Regeln und deren Einhaltung unabdingbar, um wieder geordnete Verhältnisse herzustellen. Wie schwerwiegend die Verfehlungen waren, konnte ich nicht wissen, aber unter den Betriebsangehörigen gab es Unmutsäußerungen darüber, daß der Firmenchef sich mit den Produkten der Firma Lebensmittel beschaffte. Mich interessierte weder die strafrechtliche Seite noch die Frage, ob sich Fritze, wie er unter uns respektlos genannt wurde, mit den von uns hergestellten Ottomanen, Liegen und Stuhlsitzen nun tatsächlich Butter, Wurst und Speck organisierte oder nicht. Die Geschichte wurde erst für mich zum Problem, als die Polsterei aufgelöst und ich zum Jahresende entlassen wurde.

Nun führte eine Entlassung 1948/49 schon nicht mehr zwangsläufig zu hoffnungsloser Arbeitslosigkeit. In den folgenden Jahren verlor diese Geißel für jene, die zum Zwecke des Broterwerbs einen Arbeitsplatz brauchten, ihren Schrecken. Die Arbeitskraft ist die einzige Ware, die der Arbeiter besitzt, er muß sie zum Kauf anbieten, um Geld für seinen Lebensunterhalt zu erlangen. Und was wird, wenn sie niemand kaufen will, die Ware Arbeitskraft? Sie hat zwar den Vorteil, reproduzierbar, aber den Nachteil, nicht lagerfähig zu sein. In der »Kritik des Gothaer Programms« schrieb Karl Marx 1875 dazu: »... gerade aus der Naturbedingtheit der Arbeit folgt, daß der Mensch, der kein anderes Eigentum besitzt als seine Arbeitskraft, in allen Gesellschaften und Naturzuständen der Sklave der anderen Menschen sein muß, die sich zum Eigentümer der gegenständlichen Arbeitsbedingungen gemacht haben. Er kann nur mit ihrer Erlaubnis arbeiten, also nur mit ihrer Erlaubnis leben.«

Nun war die Aufhebung meines Arbeitsvertrages zwar unangenehm, aber keine Katastrophe. Ich brauchte für keine Familie zu sorgen, war genügsam und das Essen stand zu Hause auf Mutters Tisch. So lebte ich vorerst ein, zwei Wochen lang in den Tag hinein, bis es Mutter zu viel wurde: »Willst Du Dich denn nicht mal um Arbeit kümmern? Was soll denn nur werden, kannst doch nicht ewig bloß herumsitzen, keene Arbeit, aber essen willste och.« Also, wenn sie recht hatte, hatte sie recht.

Getreu der Aufforderung des Brechtschen Aufbauliedes »... um uns selber müssen wir uns selber kümmern«, ging ich auf Arbeitssuche. Nun wäre es naheliegend gewesen, im Ort selbst nach Arbeit zu fragen oder mit dem Zug nach Freiberg zu fahren, um dort Umschau zu halten. Aber ich hatte vom Bergbau gehört, daß man bei der Wismut viel verdiente, die höchsten Lebensmittelrationen erhielt, zusätzlich Schnaps und Zigaretten. Die Alkoholzuteilung wurde von den Bergleuten ironisch Kumpeltod genannt. Also wollte ich zur Wismut-Verwaltung, die sich in Freital befinden sollte.

Es war tiefer Winter, im oberen Erzgebirge lag reichlich Schnee. Das ermutigte mich, mit den Skiern ins etwa vierzig Kilometer entfernte Freital zu laufen, über Hermsdorf-Rehefeld und dann abwärts, entlang dem Roten Weißeritztal. Also schnallte ich an einem frühen Morgen meine Bretter an und machte mich auf den Weg, nur einen bescheidenen Geldbetrag in der Tasche, der für eine Einkehr in eine Gaststätte gereicht hätte. Ich war mir ziemlich sicher, bei der Wismut bald Arbeit und eine Übernachtungsmöglichkeit zu bekommen.

Die SDAG, also die Sowjetisch-Deutsche-Aktiengesellschaft Wismut, betrieb in der sowjetischen Besatzungszone den Abbau von Uranerz. Dafür wurden auch schon stillgelegte Schächte des einstigen Silbererzabbaues wieder aufgefahren. Auf der Suche nach spaltbarem Material für die Atombombe war man auf das Erzgebirge gestoßen. Dort hatte man schon viel früher den Grundstoff dafür gefunden, ohne dessen verheerende Wirkung zu kennen. In der Joachimsthaler Mine wurden außer Silber auch andere Erze gefördert, darunter ein schwarzes, teeriges, schweres nadelförmiges Mineral, das den passenden Namen »Pechblende« erhielt. Dem Chemiker Martin Heinrich Klaproth gelang es 1789, aus einer Lieferung Joachimsthaler Pechblende ein graues metallisches Material zu isolieren. Auf der Suche nach einem Namen nannte er sein neues Metall Uran, weil er damit den Astronomen William Herschel ehren wollte, der einen neuen Planeten entdeckt hatte und diesen nach dem ältesten Gott der griechischen Mythologie, Uranus, taufte. Die Physiker Marie und Pierre Curie fanden dann heraus, daß aus der Pechblende Elemente gewonnen werden können, die sie Radium und Polonium nannten. Daß dieses Energie abstrahlende Material die Voraussetzung für zerstörerische Atomwaffen sein könnte, erkannte das Forscherehepaar Curie nicht.

Mir war weder die Geschichte von der Pechblende noch etwas vom Atomwaffenmonopol der Amerikaner bekannt, als ich mich nach Freital auf den Weg machte, der meinem Schicksal eine völlig neue Wendung geben sollte. Es war mein erster Schritt aus dem Erzgebirge, ich würde als Bergmann eine mir völlig fremde Berufslaufbahn einschlagen. Noch lockten mich gutes Geld und Kumpeltod. An das »Schicksal« dachte ich weniger.

Als ich am späten Nachmittag, es war bereits dunkel geworden, in Freital eintraf, kam ich mit meinen Brettern nicht mehr weiter. Außer einigen Schneeresten an den Straßenrändern gab es dort unten keinen Schnee mehr. Ich mußte meine Skier abschnallen und schulterte sie. In der Stadt erkundigte ich mich nach der Wismutverwaltung, Objektverwaltung war die offizielle Bezeichnung. Als ich dort schließlich angekommen war, schmolzen meine hochgeschraubten Erwartungen dahin wie Freitaler Schnee. In diesem Bereich, so die Auskunft, würden keine Arbeitskräfte mehr benötigt, das Schwergewicht habe sich nach Freiberg verlagert. Ich solle bei der dortigen Objektverwaltung nachfragen. Meine Enttäuschung war riesengroß und ich vom anstrengenden Anmarsch völlig erschöpft. Aber was blieb mir übrig, ich ging zum Freitaler Bahnhof, um mit dem nächsten Zug nach Freiberg zu fahren. Meine Skier waren mir nun hinderlich geworden. Kurzentschlossen stellte ich sie am Bahnhofsgebäude ab. Wer weiß, ob sie sich dort ein eher sportlich interessierter Mensch nahm, oder nur jemand, der Brennholz suchte. Schon bald sollte in mir ein ungutes Gefühl, ein schlechtes Gewissen aufsteigen, daß ich die treu dienenden Bretter so schnöde im Stich gelassen hatte, denn: »Wer im Geringsten treu ist, ist auch im Großen treu!« (Lukas 16.10)

Ich jedenfalls fuhr an diesem Abend noch nach Freiberg, verbrachte die Nacht in der Bahnhofsgaststätte und ging am nächsten Morgen zur Objektverwaltung 15. Nach einer Reihe von Formalitäten wurde ich als Bergmann für Untertage eingestellt. Vom 27. Januar 1949 an gehörte ich zum Erzbergbau. Ich war nunmehr einer der legendären, berüchtigten, gelobten und gescholtenen wie auch beneideten Wismutkumpel. Unterkunft erhielt ich in einer Baracke am Stadtrand in der Nähe der Schachtanlagen. Ein typisches Massenquartier, mindestens zwanzig Personen hatten in einem Raum eine Schlafstelle und einen Wehrmachtsspind. Da im Dreischichtsystem gearbeitet wurde, gab es ein ständiges Kommen und Gehen, an ein zusammenhängendes Schlafen war nicht zu denken. Die dort lebenden Männer, die sich nun Bergleute nannten, stellten eine ziemlich bunt zusammengewürfelte Truppe dar: Menschen zwischen achtzehn und fünfzig Jahren etwa, Vertreter aller möglichen Berufe, aber kaum ein ausgebildeter Bergmann. Sogar zwei beschäftigungslose Artisten gehörten zur Belegung. Und nicht jeder war ein guter Christenmensch, dem die Zehn Gebote Gottes ein Leitfaden für sein Denken und Handeln waren. Bergleute sind keineswegs Betschwestern, aber im Schacht herrschte eine gute Kameradschaft, wovon ich mich später überzeugen konnte. Ich muß wohl mit meinen achtzehn Jahren einer der Jüngsten und Unerfahrensten gewesen sein.

Die Wismut war viel mehr als nur Bergbau. Sie glich einem Schmelztiegel für Legierungen, war aber auch soziale, politische und kulturelle Bildungsstätte. Zur Wismut kamen Leistungswillige, Enthusiasten, Abenteurer, Könner und Verlierer, kleine Gauner und Schurken, meist Freiwillige aber auch zwangsverpflichtete Nazis, Pfadfinder und Mitläufer und schließlich Menschen, die einfach nur arbeiten und gut verdienen wollten. Im Laufe der Jahre verlor die Wismut ihren schlechten Ruf und entwickelte sich zu einem wichtigen Wirtschaftsfaktor. Es ist für mich ehrenhaft, mit dazu gehört zu haben, wenn es auch nur für kurze Zeit war.

Ich war wohl kein Herkules, aber doch jung und gesund, so daß ich für die Untertagearbeit für geeignet befunden wurde. Ich arbeitete im »David-Schacht«, unweit davon befand sich die »Reiche Zeche« und der »Rote Turmhof«. Als Arbeitsbekleidung erhielt ich Gummistifel (wenn man der zeitgenössischen Mode entsprechend den Schaftrand umschlug, so daß die grauweiße Textilbeschichtung sichtbar wurde, erhielt man in jeder besseren Gaststätte Zutritt), eine Arbeitshose und Jacke von graublauem Zwirnstoff. Außerdem eine recht unhandliche Karbidgrubenlampe. Nun war ich Bergmann – wer ist mehr? Nie hätte ich mir bis dahin vorstellen können, daß ich, mit den weiten Wäldern des Erzgebirges vertraut, nun in der unterirdischen Finsternis einen Arbeitsplatz finde. Aber ich sollte mich rasch daran gewöhnen.

Man riet mir am ersten Arbeitstag ein Vorhängeschloß mitzubringen, über dessen Verwendungszweck erhielt ich bald Aufklärung. Am betreffenden Morgen, ich begann mit der Frühschicht um sechs Uhr, reihte ich mich in den Strom der den Gruben zustrebenden Bergarbeitern ein.

Inmitten der dichten Reihen von Bergleuten erfaßte mich ein Zugehörigkeitsgefühl zu einer Tätigkeit, die etwas Respektvolles vermittelt, einen Eindruck, den ich auch später nie gänzlich verlor, als der Gang zur Zeche zur Gewohnheit geworden war.

Nach meiner Ankunft im Zechenhaus wurde ich zur Kaue gewiesen, einem vielleicht vier Meter hohen Raum, in dem man sich wusch und umzog. An der Decke waren unzählige Umlenkrollen angebracht, über die Drahtseile liefen. Man ließ das zugewiesene Seil herunter, um nach dem Wechsel in die Berufskleidung das Bündel mit Privatsachen, die über Tage bleiben, daran aufzuhängen. Das Bündel wird dann bis zur Decke des Raumes hochgezogen, mit dem Vorhängeschloß sicherte man das Seil vor unbefugtem Herunterlassen. Danach ging man zur Lampenstube, gab dort eine numerierte Marke ab und erhielt seine mit Karbid aufgefüllte Grubenlampe.

Derartig ausgestattet, ging ich zur Hängebank, dort, wo der Förderkorb zur Seilfahrt, das heißt zum Personentransport, bereitstand.

In rasender Fahrt riß es den aus mehreren Etagen bestehenden eisernen Förderkorb mit ohrenbetäubendem Lärm in die Tiefe, 850 Meter bis zur 12. Sohle, weiter ging es nicht, es war die letzte aufgefahrene Strecke. Zusammen mit den anderen Kumpeln verließ ich ziemlich verstört den Förderkorb. Nun stand ich in einem saalhohen ausgebauten steinernen Gewölbe, hell ausgeleuchtet und erstaunlich frisch und zugig. Von den rostbraunen glitschigen Wänden des Förderschachtes troff ununterbrochen Wasser, das mit klatschendem Geräusch im sogenannten Sumpf des Schachtes aufschlug. Meine Eindrücke waren verwirrend und erschwerten meine Orientierungsfähigkeit. »Wo ist der Neue?« rief jemand ungeduldig. Ich mußte mich gar nicht bemerkbar machen, an meinem hilflosen Verhalten erkannte er mich. »Glück auf! Ich bin der Steiger, ich zeig Dir Deine Arbeit, los, komm!« Keine umständliche Konversation, aber eingeleitet mit dem Bergmannsgruß. Eine für mich anfänglich ungewohnte Form der Begrüßung, die durch ständigen Gebrauch bald zur guten Gewohnheit wurde.

Ich machte mich also, gemeinsam mit weiteren Bergleuten unter Führung des Steigers auf den Weg. Der Steiger ist nicht schlechthin eine Aufsichtsperson im Schacht, er ist eine unumstrittene, von jedem Bergmann akzeptierte Autorität, kraft seiner Kenntnisse und Verantwortung, gewachsen auch in einer langen Tradition im Bergbau. »Der Steiger kommt ...« heißt es respektvoll in einem alten Bergmannslied.

Endlos und verwirrend erschien mir die Strecke, der wir folgten. Nach dem wir aus dem immer blasser werdenden Lichtkegel des Füllorts in die Schwärze des Ganges getreten waren, veränderte sich die Wetterführung, es wurde wärmer und die triefende Nässe ließ nach. Der Gang war nur noch mannshoch und ich bemühte mich um ein stolperfreies

Laufen über die Unebenheiten der Sohle und der unregelmäßig verlegten Schwellen der Gleise für die Grubenbahn. Als Schutz vor schmerzhaften Berührungen mit dem First des Ganges bewährte sich der ausgehändigte Leichtmetallhelm. Der Steiger trug einen Lederhelm, mit einer elektrischen Grubenlampe.

Es war gar nicht so einfach, sich nur nach der Leuchtkraft der eigenen Grubenlampe zu orientieren. Sie leuchtete etwa drei bis vier Meter einigermaßen sicher aus. War der Reflektor blank geputzt wie ein Spiegel und funktionierte die Düse, aus der die bläuliche bis hellgelbe Karbidflamme herauszischte, sah man einigermaßen gut, allerdings nur jenen kleinen Kreis, der damit ausgeleuchtet wurde.Im herkömmlichen Sinne versteht man unter »stockdunkel« eine Finsternis, in der man im wahrsten Sinne des Wortes nicht die Hand vor den Augen sieht. Keine Nuance von Dunkelheit ist zu vergleichen mit der absoluten Finsternis, die Untertage herrscht. Die Orientierung im Schacht setzte Erfahrung voraus. Der Bergmann sieht immer nur das ausgeleuchtete Stückchen Gesteinswand des Stollen vor sich. Er weiß nicht, was außerhalb des Lichtscheines kommt, zumal für den Neuling eine Strecke wie die andere aussieht. Manchmal gabelte sich der Stollen, für welche Strecke entscheide ich mich? Hinzu kommt die Schwierigkeit, daß der Rückweg eine andere Sicht bietet. Aber der Mensch ist lernfähige, recht bald merkt man sich Orientierungspunkte und findet sich wie blind in der Unterwelt zurecht.

Am Tage meiner ersten Schicht trottete ich dem Steiger einfach mit meiner Grubenlampe in der Hand hinterher. Hin und wieder rief mir einer aus der Truppe zu: »Vorsicht, Kopf einziehen!«, wenn der First der Strecke gefährlich niedrig hing. An manchen Stellen war ein sogenannter Türstock eingebaut, wenn sich eine Platte vom First zu lösen drohte. Manchmal begegneten wir anderen Bergleuten, die mit einem zwanglosen »Glück auf« gegrüßt wurden.

Nach einer gewissen Zeit erreichten wir eine zweiflüglige, mindestens zwei Meter hohe, mit Blech beschlagene Holztür. Schon ungefähr hundert Meter davor verspürte ich einen stärker werdenden Luftstrom und anschwellendes lautstarkes Rauschen. Zum Öffnen der Türen mußte man sich mit ganzem Körpergewicht dagegen stemmen. Wir waren an eine Wetterschleuse gelangt, mit der die Frischluftzirkulation in die Strecke gelenkt wurde. Gewaltige Ventilatoren jagten Luftströme durch die Hauptstrecken. Unmittelbar vor Ort, wo das Erz abgebaut wurde und vom Luftstrom unerreichbar blieb, wurde einfach die Preßluftleitung voll aufgedreht, um die Staubwolken zu vertreiben. Nach einem, wie es mir erschien, endlos langem Weg – wir waren vielleicht eine gute halbe Stunde gelaufen – hatten wir meinen Arbeitsplatz erreicht. Hier und dort hatten sich bereits andere Männer von der

Truppe abgesetzt, sie waren an ihrem jeweiligen Arbeitsplatz angekommen.

Selbst als Neuling spürte ich, daß wir nun am Ort des eigentlichen Erzabbaues angelangt waren. Man hörte das scharfe Hämmern von Preßluftgeräten, das Bohren und Schlagen, polternd krachten Erz und Stein auf Metall. Bald wußte ich, daß solche Geräusche vom Beladen der Förderwagen, auch Hunte genannt, herrührten. Wiederholt drückten wir uns flach an die Wand, wenn ein solcher Erzwagen an uns vorbei geschoben wurde. Glitschige rostbraune Brühe, schlammiger und unebener Untergrund behinderte mich am zügigen Vorwärtskommen. Dem Steiger machte das Terrain offenbar keine Mühe. Oben am First entlang liefen die eingebauten Luft- und Wasserleitungen.

»Gleich sind wir da«, beruhigte mich der Steiger, der wohl meine Schwierigkeiten bemerkte. Wir bogen in einem rechtwinklig abzweigenden Gang ein. Noch fünfzig Meter etwa, und wir standen vor einer fast senkrecht nach oben führenden, grob gezimmerten Leiter, eine Fahrt, sagt der Bergmann. Der Steiger kletterte zu einem stillgelegten Überhau hinauf und bedeutete mir, zu folgen. Der Überhau war ein leicht ansteigender anderthalb Meter hoher, dann aber seinem Ende zu immer niedriger werdender aufgefahrener Gang. Der tote Raum war mit tauber Masse, kleinen Gesteinsbrocken, auszufüllen. Der Steiger führte das mit ein paar Handgriffen vor und meinte, schon im Gehen begriffen, »zum Schichtende komm ich wieder vorbei. Glück auf.« In diesem Bergmannsgruß spürte ich Kameradschaftlichkeit und gegenseitige Wertschätzung. Es mag sein, daß ich in diese bergmännische Gepflogenheit zuviel hineinlege. Aber ich empfand das so. Ansonst herrschten bei der Arbeit wie in der Freizeit rauhe Sitten und derbe Töne. Für zartbesaitete Gemüter war das nichts. Die Härte und Gefahren bergmännischer Arbeit, aber auch die durch Krieg und Nachkriegszeit verwahrlosten Sitten brachten Ruppigkeit und rohe Umgangsformen mit sich. Die schweren Arbeitsgeräte und ihr Einsatz am Werkstoff machte alles laut, derb und ungeduldig. Auf nicht funktionierendes Werkzeug, Versagen der Kollegen, nicht gezündete Bohrladungen oder Schwierigkeiten mit der Übererfüllung der Normen folgten Flüche und zotige Bemerkungen. Allerdings, bei aller Derbheit habe ich niemals Gehässigkeiten oder unkameradschaftliches Verhalten erfahren. Jeder wußte, daß dort unten alle aufeinander angewiesen waren, und handelte danach.

Als ich zu meiner ersten Schicht einfuhr, fehlten mir elementarste Vorstellungen darüber, was acht Stunden Untertagearbeit bedeutet. Ich hatte völlig außer Acht gelassen, daß dort weder Kantinen noch andere Versorgungsmöglichkeiten existieren. Man kann nicht rasch über die Straße zum nächstgelegenen Bäcker laufen. Zur ersten Pause rief mich jemand nach unten: »Na, wills'te gleich durchmachen, komm runter aus Deiner Höhle, versau uns nicht die Norm.« Ich setzte mich zu den Kumpels und erkannte meine naive Sorglosigkeit, ohne mir etwas zum Essen und zum Trinken mitzunehmen, zur Schicht zu gehen. Das amüsierte die Runde und trug mir Spötteleien ein: »Hat Dir die Mama nichts mitgegeben, bist wohl ein Hungerkünstler, vielleicht bringt der Obersteiger Dir was vorbei.« Bis einer aus der Gruppe dazwischen fuhr: »Hört auf mit dem dämlichen Gequatsche, gebt'n lieber was zu Futtern.« Diese Sprache verstanden alle. Der Wortführer reichte mir ein Stück Brot, etwas Trinkbares fand sich auch. Mein braves »Danke« entsprach aber nicht dem Umgangston, der Brotspender brummte unwirsch, als sei er beleidigt worden, »Danke, was soll'n der Quatsch, iß und red' nich so viel, morgen brings'te selber was mit, denke nich', daß wir Dich ernähr'n.« Am nächsten Tag sprach mich jemand bereits während der Seilfahrt an: »Na, Hungerkünstler, haste heute was zu Futtern in der Tasche?« Ich merkte, wie schnell man im Schacht bekannt werden kann.

Die mir zur ersten Schicht zugeteilte Arbeit war mir nicht nur fremd, sie war ungewohnt schwer und erschöpfte bald meine Leistungsfähigkeit. Mit meiner Konfektionsgröße 44 war ich ohnehin kein Herkules. Allein die Hitze und sauerstoffarme, stickige Luft im engen Gewölbe war schwer erträglich. Stunde um Stunde schleppte ich Stein um Stein und füllte jede Höhlung aus. Gegen Schichtende stand der Steiger plötzlich hinter mir. Unbemerkt von mir war er hochgestiegen. Was wußte ich, wie lange er mich beobachtet hatte. Das beunruhigte mich nicht, denn ich arbeitete zügig. »Na, wie war die erste Schicht?« Er bestand auf keiner Antwort, sondern tröstete mich mit der geläufigen Floskel, daß man sich an alles gewöhnen kann. »Morgen geht's schon besser, wirst Dich d'ran gewöhnen.« Ich fühlte mich so zerschlagen, daß mich überhaupt nicht interessierte, wie es am Tag darauf sein könnte. »Komm, hör auf, die Schicht ist vorbei«, meinte der Steiger. Nicht als selbstbewußter Bergmann, sondern als ein von der rauhen Bergwerkswirklichkeit gezeichnetes müdes Menschlein schlurfte ich in meinen, mir bleischwer erscheinenden Gummistiefeln zum Füllort, um mich dort zu den Kumpeln zu gesellen, die auf die Ausfahrt warteten. Ich wußte nun aus eigener Erfahrung, die Arbeit im Schacht würde eine Schinderei für Leib und Seele sein. Wie der Steiger prophezeit hatte, gewöhnte ich mich in der Folgezeit an die Untertagearbeit. Irgendwann spürte ich auch wieder den Stolz des Bergmannes. Es gehört ja keinesfalls zum Alltäglichen, den gesamten Arbeitstag mehrere hundert Meter unter der Erdoberfläche zu verbringen, nur im kümmerlichen Schein einer Grubenlampe zu arbeiten und sich auf die geologischen Gesetzmäßigkeiten wie Unberechenbarkeiten einzulassen, was immer auch ein Wagnis ist. So paradox es erscheinen mag, aber der Kumpel sieht Untertage mehr als sein Kollege oben im Tageslicht. Wer sonst als der Bergmann sieht als erster das Millionen Jahre alte Gestein, die ebenso alten Erzadern und Schichten, die Mineralien oder Kristalle, so wie bei der Erdformung geschmolzen, geschichtet, verschoben, zusammengepreßt und gelagert? Manchmal sah ich in einen Felsspalt und sann darüber nach, daß vor mir noch niemand diesen Teil der Erde gesehen hatte, seit dieser Planet existiert! Derartige, zugegeben unnütze Gedanken, fanden aber nach meiner ersten Schicht keine Nahrung. Einfach nur erschöpft stieg ich aus der fremden Untertage-Welt empor. Aber auch die gestandenen Bergleute sprühten nicht vor Ausgelassenheit. Die Männer mit ihren vom Bergstaub und Pulverdampf gezeichneten grauschwarzen, verschwitzten Gesichtern, aus denen sich nur das Augenweiß hervorhob, waren wortkarg und müde. Erst unter dem belebenden heißen Wasser der Dusche in der Kaue erwachten die Lebensgeister, als würde mit der dampfenden Nässe nicht nur der Arbeitsdreck sondern auch jede Art von Müdigkeit abgespült. Die nackten, von Seife eingeschäumten Männer unterhielten sich lautstark, manche fast euphorisch. Hin und wieder wurden ein paar Ferkeleien und Zoten ausgetauscht.

Nachdem ich geduscht, die Kleider gewechselt und meine Grubenlampe wieder abgegeben hatte, ging es zum Speisesaal. Eine etwas schmeichelhafte Bezeichnung für diesen Raum, aber er erfüllte seinen Zweck. Gegen einen Talon erhielt jeder in einer Suppenschüssel ein warmes Essen und jeweils einen großen Löffel voll Zucker und ein kleines Stück Butter. Beides kam in die Schüssel, egal welches Essen gerade mal drin war. Je nach Lieferung oder Lagerbestand, gab es meist mehrere Wochen nacheinander Haferflocken, Gräupchen, Graupen oder Hirse. Das waren die Standardgerichte der Hauptmahlzeiten. Eine regelmäßige und vor allem reichliche Mahlzeit zu erhalten, war für die damalige Zeit der knappen Lebensmittelrationen ein großer Gewinn, weshalb sich auch niemand über den eintönigen Speiseplan mokierte. Von unschätzbarem Vorteil war die Lebensmittelkarte. Jeder, der Untertage arbeitete, erhielt eine Schwerstarbeiterkarte. Sie berechtigte zum umfangreichen Einkauf von allen Grundnahrungsmitteln in den Wismutgeschäften.

Mit meinem guten Willen allein war die schwere Arbeit nicht zu bewältigen. Das sah man in den leistungsorientierten Brigaden sehr wohl und riß sich nicht gerade um mich. Also mußte ich warten, bis mir eine andere Arbeit, als leeres Gehau zu verfüllen, zugeteilt wurde. Wie auch immer, jede Arbeit dort unten war kräftezehrend. Allerdings hätte ich mich für die Aufgaben des Magaziners erwärmen können. Meist am Ende einer toten Strecke war eine stabile Tür eingezogen und dahinter hatte man aus Brettern Regale eingebaut. Dort saß der Verwalter von Werkzeugen, Schaufeln, Hacken, Preßlufthämmern, Bohrmaschinen,

Bohrstangen und Bohrknechten, Bohrkronen und allem, was in achthundert Meter Tiefe zum Abbau des Uranerzes noch gebraucht wurde, wie ein ungekrönter König. Andererseits mußte der Magaziner bei jeder Schicht als Erster unten sein und kam nach der Schicht als Letzter an's Tageslicht. Gleichwohl hätte ich die Aufgaben schon gern übernommen, aber ich war wohl noch zu jung im Bergbau, um diesen Posten sachkundig ausfüllen zu können, denn dazu gehört ja mehr, als ein Werkzeug über den Ausgabetisch zu reichen.

Eines Tages sagte mir der Steiger, daß ich zukünftig als Fördermann eingesetzt würde. Ich hatte die leeren Hunte vom Bahnhof an den Ort des Erzabbaues zu schaffen und gefüllt zurück zu fahren. Der Bahnhof ist der zentrale Ort, von dem aus eine Elektrolok die zu Zügen zusammengestellten Hunte zum Füllort transportiert. Der Hauer, sein Lehrhauer, mehrere Sacker und Fördermänner bildeten ein Arbeitskollektiv. Der Hauer und sein Gehilfe bohrten und sprengten das Gebirge heraus, sie waren die Aristokraten unter den Bergmännern und fast jeder kannte sie mit Namen. Auf dem Schachtgelände war auf einer Sichttafel vom Ruhm ihrer Arbeitstaten zu lesen, um wieviel Prozent die Hauerbrigaden ihre Norm beim Streckenvortrieb erfüllten beziehungsweise überboten. Der Wettbewerb wurde ganz ernsthaft, zeitweise verbissen und selten so geführt, als gebe es einen Fair play-Pokal zu erwerben. Mich berührte diese Wettbewerbsproblematik jedoch kaum. Mit meinem monatlichen Verdienst von etwa 400 Mark gehörte ich wahrhaftig nicht zu den Spitzenverdienern. Im Vergleich zu meinem Lohn bei der Firma Kircheis, ungefähr 100 Mark im Monat, fühlte ich mich fürstlich bezahlt und war daher nicht unzufrieden.

Mit meinem Einsatz als Fördermann konnte ich leben. Gemessen an anderen Tätigkeiten im Schacht, war diese Arbeit so übel nicht und immer noch besser, als sich die Knie in niedrigen Hohlräumen wund zu scheuern. Außerdem meinte ich, in der Rangordnung der Bergarbeiter eine Stufe höher gestiegen zu sein. Einer besonderen Unterrichtung für meine neue Tätigkeit bedurfte es nicht, ich wußte inzwischen natürlich, wo die Hunte gefüllt wurden und wohin sie zu bringen waren. Wie schwer die Arbeit tatsächlich sein sollte, ahnte ich allerdings nicht.

Ich übernahm also zuversichtlich den vom Sacker beladenen Förderwagen, stemmte mich mit meinem Leichtgewicht dagegen, um das eiserne schwerfällige Gefährt aus dem Stand ins Rollen zu bringen. Haben die Gleisleger eine gute Arbeit geleistet, läßt sich das mit mäßigem Einsatz bewerkstelligen, vorausgesetzt, die Schienen sind frei von Gesteinsbrocken, die beim Beladen daneben fielen. Die Füße stemmen sich gegen die Holzschwellen oder suchen anderweitigen Halt, aber die Gummistiefel gleiten in der Nässe ab und um nicht zu stürzen klammere ich mich an das eiserne Ungetüm. Aber ich fasse wieder Tritt und beschleunige den Koloß. Sind die Schienen enger als der Radabstand, müssen die Gleise auf Abstand gedrückt werden. Solche Stellen blockieren die Räder. Verengte Schienenabstände sind aber manchmal gewollt, um ein Entgleisen der Lore zu verhindern. Ich bemühe mich um eine hohe Durchschnittsgeschwindigkeit, um dort und an Kurven nicht hängen zu bleiben. Es macht sehr viel Mühe, einen von der Schiene eingeklemmten Hunt wieder flott zu bekommen. Schienenverbindungen sind, ebenso wie Weichen, neuralgische Stellen. Haben sich diese Verbindungen gelockert und der Schienenstoß ist dadurch nicht parallel, springt der Wagen, wenn man Pech hat, aus dem Gleis. Bei beladenem Hunt kann dem Fördermann nichts Schlimmeres widerfahren. Die Eisenkiste auf Rädern wieder auf die Schienen zu heben, fordert den Einsatz aller Kräfte, verlangt Grundwissen über die Mechanik der Hebelgesetze, das beträchtliche Repertoire derber Flüche und Verwünschungen eines alten Fuhrknechts und das Vertrauen in sämtliche guten und bösen Geister auf der Welt.

Letztendlich war man aber auf den Kumpel angewiesen, der zufällig die Strecke entlang kam oder ebenso wie ich mit einem Förderwagen sein Ziel erreichen wollte. Keine Frage, daß einer dem anderen half.

Ein Teilstück der vielleicht dreihundert Meter langen Strecke wies leichtes Gefälle auf. Hier konnte ich mir etwas Erleichterung gönnen, indem ich mich auf den Hunt schwang und ihn frei rollen ließ. Mit einem leeren Wagen machte das in der engen Strecke einen donnernden Lärm, geradeso, als würde der Leibhaftige rumoren. Traf ich endlich wieder vor Ort ein, wartete man meist schon ungeduldig auf leere Hunte. Um Wartezeiten zu vermeiden, kehrte man möglichst mit mindestens zwei leere Wagen gleichzeitig zurück. Der Hauer wollte doch »Meter machen«, das brachte Geld, Warentalons und Prämien. Ach ja, und auch den ehrenvollen Vermerk an der Sichttafel vor der Zeche. Der mit dem Füllen der Loren beauftragte Kumpel, der Sacker, war um nichts besser gestellt als wir Förderleute. Das Ladegut war groß und schwer, ihm war mit dem Schaufelblatt oder der Steingabel nur mühsam beizukommen. Die größeren Brocken schmiß man mit den Händen in die Kippwanne. Überkopflader oder ähnliche Maschinen kann es gegeben haben, in meinem Arbeitsabschnitt sah ich jedoch keine.

Vor Ort war die Luft heiß und stickig und bestand zu neunzig Prozent aus Dreck, Rauch und Pulverstaub. Obwohl nur mit nacktem Oberkörper gearbeitet wurde, flossen Ströme von Schweiß. Die am Stoß arbeitenden Hauer und Sacker konnte man auch aus geringer Entfernung im schwachen Lampenlicht in den Staubwolken kaum erkennen.

»Meine Fresse, wo bleibst Du denn, eine Ewigkeit ist der Hunt schon voll, vielleicht soll ich'n fortschaffen, wie soll ich denn auf mein Geld komm«, raunzte mich der Meisterhauer schon von weitem an. Der Ton war mehr als grob. Doch hätte ich empfindlich reagiert, wäre die Situation nur noch angeheizt worden. Einmal abgesehen davon, daß ich einem Wortgefecht mit dem Hauer kaum gewachsen war. Kommentarlos schleppte ich meine schwere Plage an das dafür bestimmte Ziel, darauf bedacht, guten Willen zu demonstrieren.

So wurde während der Schicht Wagen um Wagen über die Gleise, Weichen und Drehscheiben nach vorn und zurück befördert.

Dort, wo ich arbeitete, wurde ein Querschlag aufgefahren, schätzungsweise zwei Meter hoch und drei Meter breit. Ein Querschlag verläuft quer zu den Schichten, von dort aus werden die Erzgänge erschlossen. Er kann aber auch der Verbindung von Nebenstrecken dienen. Vom Querschlag wurde in der Regel taubes Gestein gesprengt und nach Übertage gefördert, um die weithin sichtbaren Halden zu vergrößern. Regelmäßig kamen sogenannte Radiometristen vorbei und suchten mit Dosimeter oder Geigerzähler das Gestein nach strahlendem Material, Uranerz also, ab. Derartiges Material, kurzweg als »Aktives« bezeichnet, wurde in Holzkisten gefüllt und ausgefahren. Damals grübelte ich über das strahlende Erz nicht weiter nach, denn ich wußte überhaupt nicht, woran ich beteiligt war und welche schädliche Wirkung die Abstrahlung haben konnte.

Nach einem Mißgeschick, mir war ein Hunt über den Fuß gerollt und hatte die rechte große Zehe zerquetscht, veränderte sich die Situation. Der Steiger schien eine mitfühlende Seele zu haben. Als ich nach den Krankentagen wieder zu ihm ins Revier kam, wurde ich Schienenleger und avancierte zugleich zum verantwortlichen Chef der Gleislegerbrigade. Die Bedeutung meiner ersten »leitenden« Stellung hielt sich aber in Grenzen: Mir unterstand ein einziger Arbeiter. Ich hatte die Arbeitsanweisungen des Steigers entgegenzunehmen und unsere Arbeitsmittel zu beschaffen: Preßluftbetriebene Pickhämmer, eine Schienenlehre, Hacke und Schaufel, Schienenverbindungslaschen, Schwellennägel, Stemmeisen, Brechstange und das schwere Schienenbiegegerät. Natürlich auch Schienen, Weichenteile, Schwellen, alles, was mit einem Wagen auf dem Schienenweg vom Lager zu holen war. Ein Schienhobel war nicht dabei: Danach wurden einfältige Neulinge zum Magazin geschickt.

Unser Dauerauftrag bestand darin, im Querschlag den Schienenstrang in dem Maße zu verlängern, wie der Vortrieb erfolgte, um den Abtransport der herausgesprengten Masse zu ermöglichen. Ferner waren in unserem Revier die Gleisanlagen betriebsfähig zu halten. Die Gleisanlage war also ein wichtiger logistischer Teilbereich.

Gleisbau- und Reparaturarbeiten waren keine so schwere Arbeit, aber natürlich auch kein gemütlicher Posten. Wenn das erforderliche Material an Schwellen und Schienen bereit lag, begannen wir damit, für die Schwellen das Bett aus dem felsigen Untergrund zu hämmern. Das rüttelte gewaltig durch. Wir mußten die klobigen Preßlufthämmer mit unseren leichtgewichtigen Körpern belasten, um den Meißel in das Gestein zu treiben. Langsam entstand eine etwa fünfzehn Zentimeter tiefe Mulde, in die dann die Schwelle hineinpassen mußte. Lärmempfindlich durfte man bei diesen Arbeiten im Schacht nicht sein. Zum überlauten Schmettern der Pickhämmer gesellte sich das knatternde Bellen, Knirschen und Pfeifen der Bohrmaschinen und das Klirren, Rumpeln und Poltern der Grubenhunte. Der enge, tunnelartige Raum verstärkte den Lärm um ein mehrfaches, so daß Unterhaltungen sich nur auf arbeitsbedingte Zurufe und Kommandos beschränkten und auf laute deftige Flüche.

Besonders anstrengend und zeitaufwendig war das Verlegen der Schwellen, wenn die Sohle unter Wasser stand und das war nicht selten. Aus den Gesteinslagen sickerte ständig Wasser, manchmal tröpfchenweise, an anderer Stelle als Rinnsal. Auch vom Bohren kam Wasser, das durch die Bohrstange bis zur Krone gedrückt wurde, um beim Bohren den Gesteinsstaub zu binden und das Bohrloch freizuspülen. Das auf der Sohle stehende Wasser schwemmte die Holzschwellen aus der herausgearbeiteten Vertiefung und spülte diese immer wieder mit Geröllsplitt zu, so daß es sehr schwierig wurde, die Schwellen einer Schienenlänge auf gleicher Höhe zu halten, bevor sie mit den Schienen vernagelt werden konnten. Trotz alledem waren die Gleislegearbeiten ein erträglicher Job und bis zu einem gewissen Grad unabhängig von anderen Bereichen. Weisungsberechtigt war nur der Steiger, alle anderen waren auf unseren guten Willen angewiesen, irgend einen Arbeitsgang auszuführen, eine Reparatur zum Beispiel vorzuziehen oder eine Gleisverlängerung beschleunigt vorzunehmen. Bis auf einen kurzen Abstecher zur Haspel blieb ich im »David-Schacht« Schienenleger.

Im Bergbau hat die Haspel als Seilwinde eine lange Tradition. Sie wurde schon eingesetzt, als man im Erzgebirge an Silbererz fündig geworden war. Zuerst im Freiberger Raum und später an anderen Orten, wie im bereits erwähnten Joachimsthal, wo Bergleute um 1516 auf dem Grund des Grafen von Schlick auf eine sehr ergiebige Silberader stießen. Der ließ aus dem Silber Münzen schlagen und der »Joachimsthaler« war erstanden. Im Verlaufe der Zeit verkürzte sich das Wort zum »Thaler«, später verwandelte sich diese Bezeichnung in Dollar und wurde zur amerikanischen Währung. Die Erzgebirgler sind also die Urheber der geltenden Weltwährung!

Die bergmännische Haspel, mit der ich zu tun bekam, hätte gut aus der Zeit des Silberfundes in Joachimsthal stammen können. So primitiv, schwergängig aber auch sicherheitsgefährdend war dieses Gerät.

So arbeitete ich mich Untertage auf den verschiedensten Positionen ein. Es dauerte nicht lange, bis ich mit aller Selbstverständlichkeit im

Wechsel der Früh-, Mittel – und Spätschicht meine Tasche mit der Tagesverpflegung packte und mit den anderen Bergleuten zur Zeche ging, in den Schacht einfuhr und nach der Schicht verdreckt und verschwitzt wie ein altgedienter Bergwerkskumpel ein frohes »Glück auf« sagen konnte. Während ich also mit der Arbeit immer besser zurecht kam, fühlte ich mich in der Massenunterkunft zunehmend unbehaglich! Das Klima in einem solchen Quartier ist nicht schlechthin ungemütlich, ich fühlte mich dort wie zwischen die Mahlsteine fremder Einflüsse und äußerer Unordnung gekommen. Ich war nicht mehr Herr meiner Absichten und meines Eigentums. Liederlichkeit und mir fremde Moralauffassungen, gedanklich wie materiell, setzten ihre Duftmarken. Ich machte meine ersten Fehlschichten, weil mich die Kneipengänge und deren Nachwirkungen moralisch ankränkelten und die Schlampigkeit nach mir greifen wollte. Ich war zu unerfahren, um diese schleichend-demoralisierende Wirkung unbeschadet zu überstehen. Ich mußte heraus!

In einer kleinen Gasse in der Nähe des Bahnhofes fand ich bei einem alleinstehenden Schuhmacher ein winziges Zimmer im ersten Stock eines baufälligen Hauses. Ein Bett, ein Schrank und ein Stuhl, mehr war an Einrichtungsgegenständen nicht vorhanden. Die Tür hatte ein rostiges Schnappschloß und ließ sich lediglich absperren, wenn man den Schlüssel abzog, was jedoch bei meiner bescheidenen Habe ein völlig überflüssiger Aufwand gewesen wäre. Alles, drinnen wie draußen, machte einen abgewohnten, abgenutzten, schäbigen Eindruck. Mein Vermieter hatte seine Schusterwerkstatt im Erdgeschoß gegenüber dem Treppenaufgang mit Sicht zur Straße. Unbemerkt kam ich bei ihm nicht vorbei, zumal die Werkstattür meist offen stand. Ich ging gern zu ihm, um ein bißchen zu klönen. »Na, bissel spät geworden, letzte Nacht, Kumpel?« stocherte er im Nebel seiner und zugleich auch meiner eigenen Unkenntnis. »Keine Ahnung, ich war blau, der Wirt hat uns rausgeschmissen, da müßte es nach zwölf gewesen sein«, war für den Neugierigen eine hinreichend erschöpfende Antwort. Gewiß bemerkte der Alte die Ironie, was ihn aber nicht davon abhielt, sich weiter für meine nächtlichen Eskapaden zu interessieren. Vielleicht aber suchte er einfach nur zur Zerstreuung einen Gesprächspartner, denn sehr erlebnisreich war sein Werkstatt-Dasein wohl auch nicht. Der Schuhmachermeister war eigentlich mehr ein Flickschuster. Tag um Tag saß er auf seinem Schemel und bemühte sich mit dem Optimismus eines Schiffbrüchigen um die Wiederherstellung der Gebrauchsfähigkeit von Schuhwerk. Manchmal reichte er mir mit verzweifelter Geste eine solche »Gondel« zu, um, rein rhetorisch, meinen Rat einzuholen. »Na, was soll ich mit solchen Dingern machen?«

Viel brachte ihm das Handwerk nicht ein. Ich fand bald heraus, daß Meister Knieriem gern einen Schluck aus der Flasche nahm. Wer seine

Arbeitsbedingungen und Arbeitsgegenstände gesehen hatte, konnte dafür Verständnis aufbringen. Eines schönen Sommertages, ich war bei meinem Wirt auf einen kleinen Schwatz, sagte ich beiläufig, daß ich anschließend meinen Schnapstalon einlösen wolle. In Freiberg gab es zahlreiche Wismutgeschäfte, in denen die Bergarbeiter auf Talons und Wismutkarten Textilien, Industriewaren sowie Lebens – und Genußmittel einkaufen konnten. Das Schnapsdeputat erhielt man in einem Geschäft am Obermarkt. Dort wurde der Kumpeltod aus einem großen Holzfaß in Flaschen oder andere Behältnisse, die der Kunde mitbringen mußte, abgefüllt. Mein Schuster, der sich an diesem schönen Tag auch etwas gönnen wollte, meinte daraufhin: »Ich geh mit, die alten Latschen könn' warten«.

So machten wir uns auf den Weg. Über den Theodor-Körner-Platz und durch die enge Korngasse waren wir bald am Ziel. Ich reichte zwei leere Flaschen über den Ladentisch und ließ die mir zustehende Menge dieses Fusels abfüllen. Ja, Fusel war es, allerdings nicht schlecht genug, um nicht trinkbar zu sein. Wie sich herausstellte, faßten meine Flaschen die mir zustehende Menge nicht ganz. Die pflichtbewußte Verkäuferin, die ihren Kunden nichts vorenthalten wollte, goß den Rest in ein Bierglas und schob es über den Ladentisch. Was tun? Mein Wirt und ich teilten uns kurzentschlossen die Flüssigkeit. Wir schluckten das Zeug so, wie ein Glas Limonade. Dann verließen wir das Geschäft. Wie gesagt, es war ein herrlicher, heißer Sommertag, die Sonne strahlte auf den Obermarkt und auf uns. Die Folgen müssen hier nicht näher beschrieben werden. Außerdem können Gedächtnislücken zuweilen eine wohltuende Wirkung haben.

Wie so mancher Vertreter einer so uralten Zunft war auch mein Schuster ein ziemlich kauziger Mensch. Seine Arbeit ließ ihm viel Raum zum Philosophieren und Grübeln. Ein Hans Sachs, ein Schuhmacherpoet, war er zwar nicht, aber zum Meditieren über die Welt gab er gern den Anstoß.

Nur Tote und Geister vertrauen auf die Ewigkeit.

Kaum hatte ich mich im Freiberger »David-Schacht« mit dem Bergmannsleben so einigermaßen vertraut gemacht, sollte ich im Spätsommer 1949 schon wieder fort. Ich wurde in den Schacht Himmelfürst in St. Michaelis bei Brand-Erbisdorf, eine knappe halbe Stunde Autofahrt von Freiberg entfernt, versetzt. Auf der Suche nach abbaufähigem Uranerz griff man damals auf alte, längst stillgelegte Schächte wie diesen zurück. Zwar hatte ich mich im »David-Schacht« gewiß nicht für die Ewigkeit einrichten wollen, aber für allzu flüchtige Gastrollen bin ich nun auch nicht zu haben. Ich bin eher stetig, im Beruf wie im Privaten. Wäre ich über die Arbeitsbedingungen in Himmelfürst zuvor informiert gewesen, womöglich hätte ich die Umsetzung überhaupt verweigert. Nach Schneeberg oder Schwarzenberg wäre ich unter keinen Umständen gegangen. Seit dort die Wismut eingezogen war, nannte man diese Erzgebirgsgegend »Klein-Chicago«. Wie altgediente Bergleute berichteten, die sich dorthin verirrt hatten, sollen Anarchie und das blanke Chaos geherrscht haben. Entsprechende Geschichten ließen die Zuhörer erschauern: »Was, Weiber mit im Schacht und mit nacktem Oberkörper, Sodom und Gomorrha, das kann's doch nicht geben. Und einen Steiger haben sie erschlagen und einfach in'Hunt zwischen den Abraum geschmissen. Die haben oben geguckt, als ein toter Bergmann auf die Halde gekippt wurde. Die Russen sollen danach die ganze Schicht verhaftet haben. In den Kneipen gibt's Mord und Totschlag und wenn der Wirt keinen Schnaps gibt, wird er auf die Straße gesetzt und die Kumpel hol'n sich alles selber. Die Polizei ist machtlos und läßt sich gar nicht erst sehen.« Wenn nur ein Bruchteil stimmte, war es immer noch schlimm und Grund genug, solche Orte zu meiden.

Wer die soliden Bedingungen in Freiberg kannte, mußte von den Verhältnissen in Himmelfürst entsetzt sein. Die letzte Grube war 1913 geschlossen worden, der Schacht im Verlaufe der Jahre danach voll Wasser gelaufen. Als dort mein Einsatz begann, war die Schachtanlage zwar zum Teil ausgepumpt, verschiedene Gänge standen aber noch teilweise unter Wasser. Die gesamte Fördereinrichtung erschien mir recht provisorisch, alles andere als Präzisionsarbeit. Während der Seilfahrt schlug der Förderkorb rechts und links hart an die Leiteinrichtungen. Im Leben mußte ich häufig die Erfahrung machen, daß die Theorie zwar weiß, wie es gehen müßte, in der Praxis aber nicht funktioniert, die Praxis hingegen zeigt, daß es geht, aber niemand kann sagen warum! Jedenfalls wurde der Förderkorb in rasender Fahrt in die Tiefe gerissen und ich hielt es immer wieder für ein technisches Wunder, daß ich unten heil ankam. Man hätte bei Antritt der Fahrt aus Dantes »Göttlicher Komödie« den Spruch zitieren müssen, der sich am Eingang zur Hölle befinden soll: »Laßt, die ihr eingeht, alle Hoffnungen fahren«. Damals wußte ich nichts von Dante und so überließ ich mich ohne literarischen Beistand der sträflichst liederlich ausgeführten bergmännisch-technischen Einrichtung.

Im Schacht war es glitschig, kühl, naß. Die Gleise der Grubenbahn und der Streckenvortrieb standen stellenweise knöcheltief unter Wasser. Der Schacht war zwar ausgepumpt worden, aber da die Strecken nicht eben verliefen, blieb an den tieferliegenden Stellen der Sohle das Wasser stehen. Ich wurde wieder als Fördermann eingesetzt. Angesichts der dortigen Bedingungen und meiner körperlichen Verfassung das Härteste, was mir jemals an Arbeitseinsatz abverlangt wurde. Selbst einem kräftigen Menschen fiel diese Arbeit schwer. Um unter solchen Bedingungen eine normale Arbeit leisten zu können, muß man über ein entsprechendes Kräftepotential verfügen. Meine Kräfte waren nicht selten überfordert. Und dennoch, es gab kein zurück, kein Weh und Ach half mir da. Hätte ich zum Steiger gehen und erklären sollen, ich bin zu schwach? Jede von mir in Himmelfürst gefahrene Schicht war für mich eine Tortur.

Doch ich möchte den Gesamteindruck meiner Bergmann-Zeit nicht von diesem Bild schmerzhafter Schindereien überlagern lassen. Es beschreibt meine Gefühle und Erlebnisse während dieses Lebensabschnittes letzten Endes nicht zuverlässig. Ich möchte objektiv sein. Schnell glaubt man, die Wirklichkeit gezeigt zu haben, tatsächlich beurteilt man nur einen Ausschnitt oder gar nur den Schein, das Oberflächliche. Meine Zeit im Bergbau wurde keinesfalls von der Härte der Arbeit in Himmelfürst dominiert. Es gab vielmehr das bleibende faszinierende Erlebnis der Untertagearbeit überhaupt, die schnörkellose Kameradschaft der Bergleute, die bis dahin unbekannte Welt im Berg, die Suche nach den mit kristallisierten Mineralien besetzten Hohlräumen oder seltenen Gesteinsarten und Erzbrocken und die meinem Selbstwertgefühl schmeichelnde Position eines Bergmannes.

In dieser Zeit nahm mein Leben feste Konturen an. Gelöst von der ländlichen Enge und den begrenzten Arbeitsmöglichkeiten, bot die Wismut mir neue Bedingungen, was Weitsicht ermöglichte, aber auch den Irrtum erlaubte. Was ich tat oder unterließ, alles war bis zu einem bestimmten Grad von mir gewollt. Für die positiven und negativen Folgen meiner Entscheidungen war ich selbst verantwortlich. Aber ich spürte auch, daß man nie gänzlich frei in seinem Willen ist. Denn es läßt sich schlecht ignorieren, daß man nicht in einer Umwelt leben und zugleich frei von ihr sein kann.

Fontane äußerte sich zu diesen Widersprüchlichkeiten im Leben sehr eindrucksvoll: »Ein einzelner Mensch kann allein die Welt nicht begreifen und durchstehen. Der Irrtum ist das Leben. Man bleibt ein unvollkommenes Wesen und erfaßt seine Zeit mal durchaus richtig, dann wieder völlig unzureichend oder total falsch. Mit fortschreitendem Alter wächst eine Gewissheit und sie ist vielleicht schon das höchste Gut an möglicher Erkenntnis: Nimm dich in acht vor eilfertigen Urteilen über die Welt und die Menschen.«

Ich bin in dieser Zeit und später mit Umständen konfrontiert worden, die meinen Lebensweg bestimmten. Es waren auch die politische Entwicklung, die Kräftekonstellation von zwei politisch gegensätzlichen

Lagern, deren Ziele und Aktionen. Die politische Lageveränderung war im März 1946 von einer Churchill-Rede im Westminster-College in Fulton eingeleitet worden. Churchill favorisierte öffentlich ein einseitiges Militärbündnis zwischen Großbritannien und der USA gegen die Sowjetunion. »Wir haben das falsche Schwein geschlachtet«, lautete die drastische Formulierung des Gedankens, daß es nützlicher gewesen wäre, nicht Deutschland, sondern die Sowjetunion zu bekämpfen. Die während des Krieges entstandene Antihitlerkoalition wurde aufgekündigt, die Periode des Kalten Krieges eingeläutet. Mit aller Schärfe, mit allen politischen, wirtschaftlichen, diplomatischen, geheimdienstlichen und auch militärischen Mitteln wurde dieser Kalte Krieg von beiden Seiten geführt und drohte nicht nur einmal in einen heißen umzuschlagen. Zwangsläufig wurde damit die Spaltung Deutschlands für lange Zeit zementiert. In beiden deutschen Staaten entwickelten sich gegenseitig ausschließende Gesellschaftsordnungen und jede der beiden Führungsmächte beanspruchte Gefolgschaftstreue von »ihrem« jeweiligen Teil Deutschlands. Lange Zeit, bis zum Anfang der fünfziger Jahre mindestens, bemühte sich der unter sowjetischer Besatzung stehende östliche Teil, später die Deutsche Demokratische Republik, um die Einheit des Landes. Leider erfolglos. Die letzte Chance für die politische Einheit Deutschlands hatte sich durch die sogenannte »Stalin-Note« zu einem »Entwurf der Grundlagen des Friedensvertrages mit Deutschland« geboten, den die Regierung der UdSSR den Regierungen ihrer ehemaligen Verbündeten am 10. März 1952 unterbreitete. Darin hieß es unter anderem: »Deutschland wird als einheitlicher Staat wiederhergestellt. Damit wird der Spaltung Deutschlands ein Ende gemacht, und das geeinte Deutschland gewinnt die Möglichkeit, sich als unabhängiger, demokratischer, friedliebender Staat zu entwickeln.« Alle Besatzungsmächte sollten spätestens ein Jahr nach Unterzeichnung des Vertrages Deutschland verlassen. Zuvor sollten in ganz Deutschland unter Aufsicht einer Beobachterkommission freie Wahlen stattfinden. Leider kam bereits am 25. März die ablehnende Antwort der Westmächte. Die USA wollten auf den Machtfaktor Deutschland nicht verzichten. So blieb es bei der Spaltung. Die Folge war eine Zwei-Staaten-Politik mit allen Konsequenzen!

Unserem Deutschland und seiner politischen Führung stand ein großes Wagnis bevor. Gegen den Widerstand der kapitalistischen Welt (und möglicherweise historisch zu früh) sollten die im Privatbesitz befindlichen Produktionsmittel der sozialen Gerechtigkeit wegen in das Gemeineigentum der produzierenden Klassen und Schichten übergehen. Nicht Milch und Honig würden fließen, aber Frieden sollte endlich zum unverzichtbaren Gut gehören, denn zwei fürchterliche Weltkriege, die aus Macht- und Profitstreben von Deutschland angezettelt worden waren, sollten genug sein. Vollbeschäftigung, soziale Gerechtigkeit, Zugang zur Bildung für alle, kostenfreie medizinische Versorgung, Kultur für das Volk – dorthin sollte künftig der Reichtum der Gesellschaft fließen. Für eine solche Entwicklung und Zielstellung konnte ich mich mit voller Überzeugung einsetzen und wie sich ergab, befand ich mich damit in Übereinstimmung mit Millionen Menschen des Landes. Wir befanden uns politisch auf der gerechten Seite. Die Theorie und Praxis gab uns recht, davon war ich überzeugt und daran hat sich bis heute nichts geändert. Denn ich kann beim besten Willen auch jetzt noch nicht eine Spur von Gerechtigkeit daran entdecken, daß die Gesamtgesellschaft produziert und der erarbeitete Gewinn hingegen nicht der Bedürfnisbefriedigung der Gesellschaft dient beziehungsweise zum großen Teil auf die Privatkonten gelangt. Daß es sich hierbei um eine äußerst vereinfachte Darstellung des profitorientierten Reproduktionsprozesses handelt, sei zugegeben, aber dennoch zulässig, weil die Aussage prinzipiell wahr ist.

Die Umstände, die zur Teilung Deutschlands führten, einschließlich der Unlust des Westens, auf Gesprächsangebote des Ostens einzugehen, sind, falls Objektivität gewahrt wird, in Geschichtsbüchern genauer nachzulesen. Erwähnt wird diese Verweigerungspolitik lediglich als Indiz für den Irrsinn, vierzig Jahre später allein die Politik östlich der Elbe für die Spaltung verantwortlich machen zu wollen. Schlicht und einfach ist festzuhalten, daß auch die Menschen im ehemals sozialistischen Teil Deutschlands, einschließlich der verantwortlichen Politiker, die staatliche Trennung weder gewollt noch verursacht haben und nicht dafür zu diskriminieren sind, was sie im Verlaufe ihrer Lebenszeit aus Überzeugung leisteten.

Mein kurzer geschichtlicher Exkurs will nicht belehren, sondern ist als Hintergrundinformation, zum besseren Verständnis für den folgenden Teil meines Lebensweges gedacht. Ich ging ihn mit wachsendem Wissen und zunehmend bewußter.

Meine 1949 getroffene Entscheidung wird vielleicht verständlicher, wenn man weiß, daß die aus den drei Westzonen entstandene BRD sich als Nachfolgestaat des Dritten Reiches verstand und folgerichtig Funktionsträger des Nazireiches in den Staatsaufbau mit einbezog. Die sowjetische Besatzungszone und der östliche Teil Berlins sahen sich nach Gründung der BRD veranlaßt, eigene staatliche Strukturen zu schaffen. Zu dieser Zeit bewarb ich mich für den Polizeidienst, für die Deutsche Volkspolizei, so die exakte Bezeichnung. Das war keine Entscheidung, die mit meinen vorangegangenen beruflichen Veränderungen zu vergleichen gewesen wäre. Früher hätte ein junger Mann meines sozialen Standes kaum eine Laufbahn im höheren Polizeidienst einschlagen können. Aber die neuen politischen Verhältnisse hatten Zeichen gesetzt und auch mich erreicht. Ich hörte von der Werbeaktion der Polizei, auch Arbeitskollegen rieten mir zu. Meine Vorstellungen vom Polizeidienst waren von ganz herkömmlicher Art. Daß dieser Dienst später weniger mit polizeilichen Aufgaben zu tun haben sollte, sondern eher zu einer militärischen Laufbahn führte, war nicht vorauszusehen. Um nicht mißverstanden zu werden, ich sehe darin keine Täuschung derjenigen, dic mich für die Polizei warben. Denn ich habe später mit Überzeugung, im Schrittmaß der Zeit, meinen eingeschlagenen Weg verfolgt. Meine persönlichen Interessen befanden sich durchaus in Übereinstimmung mit den Erfordernissen meines Landes. Hingegen hätte ich keinen Sinn darin erkennen können, Waffendienst für ein mir politisch fern stehendes System zu leisten und ich lehne auch heute prinzipiell ab, einer profitorientierten, kapitalistischen Gesellschaftsordnung mit der Waffe zu dienen. Ganz davon abgesehen, daß mir in heutiger Zeit kein vernünftiger Grund einfallen könnte, der den Vernichtungswahnsinn und die Zerstörungswut aufeinander einschlagender Armeen oder Militärkoalitionen, auch wenn sie sich hochstaplerisch Verteidigungsbündnisse nennen, rechtfertigen könnte. Meiner festen Überzeugung nach erfüllten die verteidigungsfähigen sozialistischen Armeen eine friedenserhaltende Funktion. Aus heutiger Sicht bin ich froh darüber, daß ich nicht unter ehemaligen Hitlergeneralen und Ritterkreuzträgern der Bundeswehr Wehrdienst zu leisten hatte, sondern einem Land dienen durfte, dem ich politisch verbunden war. Denn was die Einbeziehung von Funktionsträgern des deutschen Faschismus in den Staatsaufbau der Bundesrepublik Deutschlands betrifft, so läßt sich nun eben nicht leugnen, daß über hundert Generale und Admirale der Hitlerwehrmacht am Aufbau der Bundeswehr beteiligt waren.

»Der Irrtum ist das Leben«?

Fontane

Als ich mit reichlich achtzehn Lebensjahren, blutjung, meine Bewerbungsunterlagen für den Polizeidienst abgab, war ich von ungetrübtem Optimismus erfüllt. Allerdings hatte ich nicht bedacht, daß mich die Wismut vielleicht nicht ohne weiteres ziehen lassen würde. Ein Arbeitsverhältnis mit der Wismut kam einer Dienstverpflichtung gleich, denn die Personalpolitik entschied letzten Endes der sowjetische Objektleiter. Die Personalabteilung lehnte die Aufhebung des Arbeitsvertrages ab, aber ohne korrekte Entlassung aus der

Wismut war eine Einstellung bei der Polizei undenkbar. Alles hing nun vom guten Willen des sowjetischen Objektleiters ab. Ich hatte über diesen Mann die widersprüchlichsten Meinungen gehört. Immerhin, auch bei einem vorangegangenen Nein konnte man den Gefürchteten täglich während seiner Sprechzeit aufsuchen und eines Tages bricht auch beim schärfsten Leiter der Widerstand. Mit viel Theaterdonner und Geschrei – da war man schnell einmal ein »verdammter Fritz« oder gar »Faschist« – wurde der Laufzettel abgezeichnet und der Betreffende mit einem donnernden »raus« verabschiedet.

Als nun ich mich im Vorzimmer meldete, lief alles viel unproblematischer ab als befürchtet. Der Schachtleiter musterte mich nur flüchtig und genehmigte meinen Entlassungswunsch, nachdem ich auf Befragen der Dolmetscherin den Grund genannt hatte. Ich denke, meine überaus schlanke Gestalt überzeugte ihn davon, daß dem Uranbergbau durch meinen Weggang kein großer Verlust entstand. Oder er sah in meinem Wunsch, Polizeidienst versehen zu wollen, eine patriotische Tat, der man sich nicht in den Weg stellen sollte. Wie dem auch sei, ich durchlief anschließend mit einem Laufzettel alle möglichen Instanzen und beendete meine Laufbahn als Bergmann.

Unerwartet kam bei der letzten Schicht doch leichte Wehmut auf. Den letzten Hunt schleppte ich noch keuchend über die ausgeschlagenen Grubengleise bis zum Füllort, als ich aber nun den Berg für immer verlassen sollte, verspürte ich wie ein weit entfernt flackerndes Grubenlicht einen Hauch von Traurigkeit. »Das war also alles zum letzten Mal« ging mir durchs Gemüt und den Sinn. Glück auf!

Der Start in die Polizeikarriere war alles andere als verheißungsvoll. Einer schriftlichen Order zufolge, sollte ich mich am 24. Oktober 1949, reichlich zwei Wochen nach Gründung der Deutschen Demokratischen Republik, in Döbeln, Theodor- Kunzemann-Straße 8, einfinden. Zuvor wollte ich mich mit meinem Freund Erich, der einige Monate später ebenfalls zur Volkspolizei ging, vom freien Zivilleben verabschieden. Also zogen wir nach Cämmerswalde zum Jugendball. Hätten wir uns nur so verhalten, wie es dem Namen der Veranstaltung entsprochen hätte ... Wir tanzten aber nicht nur ziemlich leidenschaftslos, so daß logischerweise kein nennenswerter Erfolg bei der Damenwelt zu erzielen war, sondern verbrauchten obendrein eine unvernünftig große Menge Branntwein, des Abschieds wegen! Dann ging es auf den beschwerlichen Heimweg. In normaler Verfassung wäre dafür etwa eine gute Stunde zu veranschlagen gewesen. Irgend ein schwaches Licht der Erkenntnis ließ die Einsicht aufblitzen, uns nicht mehr lange auf den Beinen halten zu können. Also sollten wir uns, so der Stachel der Verführung in unseren vernebelten Köpfen, irgendwo niederlassen. Vor einem der letzten Häuser am Dorfausgang stand eine Gartenbank, die für uns Versuchung war, so wie einst die Schlange im Paradies Evas Moral prüfte. Bekanntlich verloren Eva und Adam ihre Unschuld und damit das Privileg des paradiesischen Lebens. Wir nun tauschten unseren guten Leumund fast in ein Strafmandat ein, was die Polizeikarriere hätte beenden können, bevor sie überhaupt begann. Obwohl das wegen einer bedeutungslosen Gartenbank nicht gerechtfertigt gewesen wäre. Die Ruhebank diente einer längeren Rast, die uns so gut tat, daß wir auf dem weiteren Heimweg nicht darauf verzichten mochten. Wir banden daher an ihrem Eisengestell ein Seil fest und schleppten das schwere Stück laut polternd, klirrend und rasselnd durch die dörfliche Nachtstille, bergauf die Dorfstraße hoch. Das Gebell aus dem Schlaf gerissener Hofhunde und die lauten Beschimpfungen der Anwohner ignorierten wir. Immerhin, aus Rücksicht auf das Schlafbedürfnis der Dorfbewohner trugen wir die Gartenbank streckenweise. »Mensch, bin ich müde, laß uns noch mal ausruhen,« maulte Erich und auch ich brauchte wieder eine Verschnaufpause. Als wir schließlich den Gebirgskamm erreicht und nun den Abstieg zum Muldental vor uns hatten, hielten wir es für unnütz, uns weiterhin mit dem schweren Gerät zu belasten. Nachdem wir ein letztes Mal darauf gesessen hatten und dabei zeitweise eingenickt waren, ließen wir es einfach am Waldrand im Straßengraben stehen. Inzwischen zog am Horizont hinter dem »Schwartenberg« der Morgen herauf. Im Dorf war es längst wieder still geworden.

Recht und Gesetz, die Ordnung überhaupt verlangten, daß unsere Untat geahndet würde. Entsprechende Bemühungen blieben jedoch im Ansatz stecken, weil ich nicht mehr greifbar war und Erich uneinsichtig und ohne Reue die Ermittlungen blockierte. Hartnäckig bestritt er, selbst bei Gegenüberstellung von Zeugen, etwas mit diesem »Bankraub« zutun gehabt zu haben. Trotzdem wurde mein Freund später ein erfolgreicher Mitarbeiter der Kriminalpolizei und es war einer der vielen Zufälle, daß auch ich, allerdings zehn Jahre danach, Angehöriger des Untersuchungsorgans des Ministeriums für Staatssicherheit wurde und ebenfalls straftatverdächtige und strafrechtlich relevante Sachverhalte aufzuklären hatte. Von den Ermittlungen der örtlichen Polizeiorgane zur Klärung des Tatverdachtes eines begangenen Eigentumsdeliktes in Tatmehrheit von Ordnungswidrigkeiten erfuhr ich erst viele Jahre später von Erich. Natürlich hatten wir kein prinzipiell gestörtes Verhältnis zu Recht und Gesetz. Was wir uns geleistet hatten, war Kraftmeierei zweier alkoholberauschter junger Menschen. Und dennoch wäre bei Bekanntwerden dieser Albernheit, daran ist nicht zu zweifeln, die Aufnahme in den Polizeidienst abgelehnt worden.

Die umwerfende Abschiedsfeier am Sonnabend verhinderte meine pünktliche Ankunft in Döbeln. Ich verordnete mir zwar einen kurzen Haarschnitt und verabschiedete mich auch von den nächsten Verwandten, wie sich das so gehört, wenn man in die Welt ins Ungewisse zu ziehen gedenkt, aber Disziplin und ausgeprägtes Verantwortungsbewußtsein waren eben noch sehr unterentwickelt. So kam ich nach allem erst am Dienstag in Döbeln an. Dort wurde ich nicht einmal gefragt, weshalb ich mich um einen Tag verspätete.

Die nächsten Wochen und Monate hatte ich einen straff organisierten Tagesablauf und hohe Anforderungen bei Ausbildung und Schulung zu absolvieren. Es beeindruckte und strapazierte mich gleichermaßen, ich fühlte mich wie in eine neue Welt versetzt. Eingefangen von der gänzlich neuen Situation einer reifen, ideologisch motivierten Kameradschaft untereinander, aus denen sich Freundschaften entwickelten, und eingebunden in einen zwar ungewohnten, mir aber nicht lästigen Rhythmus disziplinierter Lebensweise, vergaß ich vollkommen, daß ich auch aus einer Gemeinschaft kam, die auf ein Lebenszeichen von mir wartete. Kein Brief, kein Kartengruß ging von mir ins »ferne« Erzgebirge, um wenigstens zu informieren, wo ich mich befand. Für Mutter, Großmutter und die anderen Verwandten wie auch für meine Freunde war ich geradezu verschollen. Ich ließ nichts von mir hören, bis ich im Januar 1950 erstmals Urlaub erhielt und nach Hause ins Erzgebirge fuhr. In der Uniform eines Polizeiangehörigen! Letzten Endes lag die Begründung für dieses Desinteresse in der lockeren Bindung an jenes Zuhause begründet, das mir selten eines gewesen war. Mit der Zugehörigkeit zur Diensteinheit in Döbeln hatte ich etwas gefunden, was mir mehr bedeutete. Bei genauer Betrachtung hatte das sogenannte Zuhause eigentlich nie existiert, die Zeit bei der Großmutter einmal ausgenommen.

Natürlich war ich zuvor, ohne das strenge Dienstreglement, ungebundener und freier in meinen Entscheidungen und Handlungen gewesen. Der so oft strapazierte Freiheitsbegriff mag wohl gut sein für die Seele oder die Propaganda, für's Leben allein taugt er nicht immer. »Frei wie ein Vogel« sagt man, aber welcher Vogel ist an keinerlei Lebensbedingungen gebunden? »Es gibt auf der ganzen Welt nirgendwo Freiheit, sondern nur unterschiedlichen Grad von Unfreiheit«, so der Philosoph Herbert Marcuse.

Das Polizeiobjekt Döbeln/Kunzemannstraße war ein Kasernenkomplex, in dem bis 1945 Wehrmachtseinheiten stationiert waren, soviel ich weiß Infanterietruppenteile.

Ich gehörte weder dem Politbüro an noch saß ich unter dem Schreibtisch eines für den Aufbau militärischer Strukturen zuständigen Funktionärs, weshalb ich – im Gegensatz mancher Besserwisser, die nur in der »Ostzone« pure Aufrüstungspolitik gesehen haben – nichts zur Aufklärung darüber beitragen kann, wie die Planung und Gründe zur Aufstellung militärischer Formationen aussahen. Die Remilitarisierung Westdeutschlands jedenfalls, das wiederum konnte jeder aufgeklärte

Bürger bemerken, war zu dieser Zeit längst über die Planungsphase hinaus. Nach den Regeln der Drohpolitik blieben Gegenreaktionen des Ostens nicht aus. Die Abläufe folgten einer Eigendynamik, die nicht aufzuhalten war.

Ich gehe davon aus, daß von Anfang an die Dienststelle Döbeln für die Ausbildung militärischer Kader der mittleren Führungsebene vorgesehen war, auch wenn die offizielle Bezeichnung »Volkspolizeischule Döbeln«, lautete. Später wurde sie Offiziersschule für allgemeine Truppenkommandeure genannt, das heißt, wir wurden als Offiziere für Infanterieeinheiten ausgebildet. Ich sollte Offizier werden, der militärische Einheiten zu führen hatte. Das wußte ich bei meinem Eintritt durchs Kasernentor und auch Wochen später noch nicht. Das war gut so. Mich für befähigt zu halten, eine Offizierslaufbahn einschlagen zu können, hätte ich bei meiner Bewerbung zum Polizeidienst als Hochstapelei eingestuft und daher gar nicht erst in Erwägung gezogen.

Ich kam zur 6. Kompanie und wurde dem 1. Zug zugeteilt und in eine Dreimannstube eingewiesen. Der Ausbildungszyklus lief schon Wochen und ich konnte nie in Erfahrung bringen, weshalb ich als Nachzügler zur Offiziersschule gelangte beziehungsweise überhaupt dafür in Betracht gekommen war. Ich verfügte weder über eine hervorstechende Bildung noch hatte ich irgendwelche politischen Aktivitäten aufzuweisen. Vielleicht waren es kaderpolitische Aspekte? Immerhin gehörte ich zur »Arbeiterklasse« und vor allem gab es weder bei mir noch unter meinen nächsten Angehörigen Mitgliedschaften in den Parteien und Organisationen des Naziregimes. Andererseits war ich aber auch nach 1945 nicht politisch organisiert. Von meinen neuen Kameraden hingegen hatten im zivilen Leben viele Funktionen in der Freien Deutschen Jugend bekleidet, waren im Beruf durch besonderes Engagement aufgefallen oder als Söhne aus antifaschistischen Elternhäusern für eine Offizierslaufbahn prädestiniert. Die meisten brachten politische Bildung oder Erfahrungen mit. Bei mir nichts von alledem. Manches bleibt im Leben eben rätselhaft.

Ich belegte im Zimmer das einzige noch freie Bett und räumte mein Spind ein. Meine Stubenkameraden kamen später von der Ausbildung, wir machten uns miteinander bekannt. Rolf Reusche, ein ehemaliger Neulehrer, und Hans Heubach aus Thüringen hatten schon vor Wochen ihren Dienst angetreten.

Meine Uniform – lange Hosen und Jacke von dunkelblauem Wollstoff, blaues Hemd, rote Krawatte, grüne Kragenspiegel mit dem Polizeistern als Kokarde, hohe Schnürstiefel mit Ledergamaschen und eine Winterschirmmütze hatte ich bereits in Empfang genommen. Während ich noch allein war, bewunderte ich mich gründlich im Spiegel des Waschraumes und fand, daß die Uniform mir gut stand, daß sie aus einem unscheinbaren Zivilisten eine ganz neue Persönlichkeit machen konnte. Um mich in meiner ganzen Größe betrachten zu können, stieg ich auf einen Holzschemel, der im Waschraum stand. Zum Glück beobachtete mich niemand. Die Uniform übte eine eigenartige Faszination auf mich aus. Eitel ist der Mensch, aber wenn es ihm zur Selbstbestätigung hilft, dann ist es für ihn auch gut.

Was hat sie eigentlich, die Uniform, was ein ziviles Nadelstreifentuch nicht hat? Selbst ein General im Maßanzug scheint Autoritätsverlust zu verspüren und der Bürger in bescheidener gesellschaftlicher Position glaubt an einen Zugewinn an Persönlichkeitswert, sobald er Uniformträger geworden ist. Auch auf mich wirkte das, obwohl ich kaum von irgendwelchen Machtgelüsten berührt sein konnte. Ein kurioses Beispiel für die respekterheischende Wirkung einer Uniform erlebte ich ein halbes Jahr später. Ich hatte Wochenendurlaub bekommen, fuhr ins heimische Erzgebirge und mußte auf dem Freiberger Bahnhof umsteigen. Wartend stand ich auf dem Bahnsteig, wo der Personenzug aus meinem Heimatort ankommen würde, um nach Bekannten Ausschau zu halten. Entsprechend den Vorschriften trug ich die Polizeischüler-Uniform. Nahezu jeder Fahrgast, darunter viele mir persönlich bekannte Leute, griff ganz automatisch in die Tasche, zückte den Personalausweis und hielt ihn mir unter die Nase. Mir blieb keine andere Wahl, als würdevoll hinzugucken und durch Kopfnicken zu bestätigen, daß nichts zu beanstanden sei. Dieser und jener war wohl ohne Ausweis unterwegs und versuchte, sich an der »Kontrolle« vorbeizumogeln. Ich konnte mir nicht verkneifen, die »Sünder« gnädig durchzuwinken. So war meine erste Bewährungsprobe als Amtsperson in der Öffentlichkeit leider nichts anderes als eine Amtsanmaßung!

Übrigens ist ein wichtiges Requisit meiner Ausrüstung noch nicht genannt: In der Bekleidungskammer wurde mir ein wadenlanges weißes Nachthemd mit schwarzem Stempelaufdruck »HVA«, soll heißen »Hauptverwaltung für Ausbildung«, ausgehändigt, welches nachts zu tragen polizeidienstliche Vorschrift war. Dieses Wäschestück stand mir nicht halb so gut wie die Uniform, ging aber in meinen Privatbesitz über und war später der einzige bedeutsame Gegenstand, mit dem ich 1953 die Mitgift meiner jungen Braut bereichern konnte.

Mit dem Empfang der Uniform und des Drillichzeugs für die Geländeausbildung nahm ich am allgemeinen Dienstbetrieb der Kompanie teil.

In Döbeln erfuhr ich erstmals im Leben politische Bildung. Ich wurde an wissenschaftliche Einsichten in gesellschaftlich-politische Strukturen und Bewegungsgesetze herangeführt. Mein Blick für politische Erscheinungen wurde geweckt und meine ansatzweise vorhandene antifaschistische Position bildete sich zu einer festen Überzeugung aus. Und schließlich, aber keineswegs zuletzt, erlebte ich die Kraft, die von einer Gemeinschaft politisch gleichgesinnter Menschen ausgehen kann. Der Gedanke, daß auch ich innerhalb dieser Gemeinschaft Politisches gestalten könne, motivierte mich stark.

Das Ausbildungsprogramm war bis Ende 1950 konzipiert und bestand aus einer Mischung allgemeinbildender Fächer samt der Fremdsprache Russisch, einer politischen Grundausbildung mit den Hauptfächern Politökonomie, Philosophie und Grundlagen des historischen und dialektischen Materialismus und schließlich einer militärtaktischen, infanteristischen Ausbildung für Zug- und Kompanieführer sowie einer Art Kommandeursausbildung. Ziel war es, Offiziere auszubilden, die dann zu gegebener Zeit für eine Militärstruktur der DDR gebraucht werden würden. Aus der »Hauptverwaltung für Ausbildung« mit Objekten der Polizeibereitschaften und eben unserer Offiziersschule Döbeln entstanden Dienststellen der Kasernierten Volkspolizei (KVP), die den Sockel für die 1956 geschaffene Nationale Volksarmee (NVA) bildeten.

War der Plan, vier Jahre nach Kriegsende neue Truppenoffiziere für eine noch zu schaffende Armee auszubilden, fragwürdig? »Nie wieder Krieg« oder »Nie wieder ein Gewehr anfassen!« sagte damals die Mehrheit der Menschen, das waren sehr populäre Losungen. Ich kann dieses Problem hier nur skizzieren, möchte aber meine Auffassung bekräftigen, daß ein anderer Weg wohl wünschenswert war, aber praktisch unmöglich erschien. Die internationale Entwicklung hatte an einen Punkt geführt, an dem man glaubte, ohne militärisches Kontingent der aktuellen Lage nicht zu genügen. Außerdem sollte man den weiteren Gang der Geschichte berücksichtigen: Immerhin erzwang das beidseitig geschaffene Drohpotential für vier Jahrzehnte in Europa einen kriegsfreien Zustand. Das ist nicht wenig.

Ich stand allem sehr aufgeschlossen gegenüber, war lernwillig und aufnahmebereit, nicht ohne Ehrgeiz, spürte aber, daß mir Führungsaufgaben nicht leicht fielen. Es brauchte seine Zeit, bis ich mich souveräner vor einem größeren Personenkreis als Leiter oder Verantwortlicher zu bewegen verstand. Die allererste Voraussetzung dafür erwächst aus Wissen und dem Beherrschen der Aufgabe, einen anderen Weg kann es dafür nicht geben.

Die Döbelner Schule war keine Politschule, aber sehr wohl für viele eine politische oder gar Lebensschule. Es waren ja erst reichlich vier Jahre seit dem Ende des barbarischen Weltkrieges mit dessen unermeßlichen materiellen Verlusten und geistig-moralischen Schäden vergangen. In Döbeln orientierte man uns auf einen menschlichen und gesellschaftlichen Neubeginn. Unter der Bevölkerung des Ortes nannte man uns »Stalinjünger«. Wir Kursanten der Offiziersschule sahen darin keine Diskriminierung sondern mehr die Feststellung, daß wir einen bestimmten politischen Standpunkt vertraten. Wir verkannten aber auch nicht, daß man teilweise gegenüber der von uns jungen Menschen repräsentierten antifaschistischen, prosozialistischen Gesinnung skeptisch blieb. Angesichts der zwölfjährigen Naziherrschaft und der bereits wieder einsetzenden antikommunistischen und DDR-feindlichen Propaganda des Westens mußte das nicht verwundern. Die Hitlerverehrer, Nazianhänger, ehemalige Mitglieder der Nazipartei, die großen und kleinen Funktionäre, diejenigen, die sich ehemals an den Siegesmeldungen berauscht und Großdeutschland bejubelt hatten, die mit Hakenkreuzfähnchen geschmückte Stecknadeln auf Landkarten die Eroberungen der deutschen Truppen markierten – sie waren ja alle noch da. Nicht jeder konnte oder wollte sich seinen politischen Irrglauben eingestehen.

Die Offiziersschule war Beginn und Voraussetzung einer neuen Lebenshaltung und eines anderen Leistungswillens. Schule des Lebens, so ein Begriff wird schnell einmal benutzt, ich will ihn hier für diese prinzipielle Neuorientierung in meinem Leben bewußt in Anspruch nehmen. Zum sprunghaften Wissenszuwachs in den Ausbildungsfächern kamen grundsätzliche Erkenntnisse. So begriff ich erst hier, wie sehr ich, meiner sozialen Herkunft wegen, mit meinem kurzen, schmalen Bildungsweg benachteiligt worden war. Was hatte ich da alles nachzuholen! Gleichzeitig begriff ich, daß man Wissenslücken und Bildungsdefizite systematisch tilgen mußte. Auf einen Nenner gebracht: Ich war fortan davon überzeugt, daß alles erlernbar ist, ein bedeutender Orientierungspunkt im Leben.

Hinzu kam die gute Erfahrung der Kameradschaft. Es geht die Legende, daß die seinerzeit vorgeschriebene Anrede »Kamerad« in der Offiziersschule Döbeln kreiert worden sei, also zum Beispiel »Kamerad Polizeirat«. Man habe die militärischen Anreden diskutiert, der Vorschlag »Herr Polizeirat« wurde von den Kursanten mit der Begründung abgelehnt, wo Herren sind, gäbe es auch Knechte. Mit dieser Argumentation setzten wir uns durch.

Die Offiziere und Ausbilder waren wohl in aller Regel ehemalige Wehrmachtsangehörige, jedoch Menschen, die wirklich mit der faschistischen Zeit gebrochen oder den Nazis von jeher ablehnend gegenüber gestanden hatten. Ein Großteil verantwortlicher Offiziere kamen aus antifaschistischer Widerstandstätigkeit oder hatten dem »Nationalkomitee Freies Deutschland« angehört, das von Wehrmachtsoffizieren, die in sowjetische Gefangenschaft gerieten, gegründet wurde und zum Widerstand gegen das Hitlerregime aufrief. Vom Politkommissar meiner Kompanie, PK genannt, weiß ich, daß er politischer Häftling in einem Konzentrationslager war. Der PK war für die politische Ausbildung und Erziehung zuständig und zugleich der Stellvertreter des militärischen Leiters.

Was die militärische Bedeutung der Polizeieinheiten anbetraf, so war diese eher harmlos und die Bewaffnung sowie Ausrüstung mehr als dürftig. Sie stellte, gemessen am Stand der Wiederaufrüstung im Westen Deutschlands, wahrhaftig kein Drohpotential dar. Wir waren zu Ausbildungszwecken sowie Wachaufgaben mit dem deutschen Karabiner K 98 und dem leichten Maschinengewehr (lmG) 42 ausgerüstet. Außerdem gehörten wohl einige mittlere Granatwerfer 82 mm zum Bestand. An dieser Waffe erhielten wir aber keine Ausbildung. Die militärtechnische Ausbildung war ohnehin nur theoretischer Natur.

Wichtig ist: Unser Weg zum Offizier hatte nichts mit einer sterilen, ausschließlich militärischen oder polizeidienstlichen Ausbildung zu tun. Eine soziale Profilierung und kulturelle Bildung gehörte gleichermaßen und notwendigerweise zum Ausbildungsziel, kamen doch die Anwärter auf eine künftige Militärelite nahezu ausnahmslos aus dem Stand der Arbeiter, Bauern, Handwerker. Daraus resultierend änderte sich der eigene Lebensstil, so manche Verhaltensweise und Gewohnheit entscheidend. Der Wille zum Lernen, die Einsicht, Wissen und Bildung zu brauchen, rückte an erste Stelle. Die Schulleitung mußte ihn nicht »verordnen«, sondern sie schuf Bedingungen, unter denen sich eine Persönlichkeit formen konnte.

Bei alledem war Rolf Reusche auf meiner Unterkunft eine Art Mentor für mich. Bis über Mitternacht hinaus saßen wir über den Büchern und bearbeiteten gemeinsam die Themen, denn bei mir bestand ja in doppelter Hinsicht ein Nachholbedarf. Zum einen war der bis zu meiner Ankunft in Döbeln bereits vermittelte Stoff anzueignen und zum anderen war ich grundsätzlich im Lernen ungeübt.

Wir ließen uns also Kenntnisse vermitteln, die das militärische Potential benötigte. Das heißt, taktisches Wissen und Kenntnisse über Führungsaufgaben für den Infanteriezug. Und zwischendurch Küchendienst und Wachdienst. Für letzteres wurde die Kompanie aus dem Ausbildungsdienst herausgelöst und gewährte vierundzwanzig Stunden die Sicherheit des Objektes. Torwache, Doppelposten oder Einzelposten an bestimmten Punkten des Kasernenobjektes und auf dem Schießplatz. Dieser befand sich etwa eine halbe Stunde vom Unterkunftsobjekt entfernt am Stadtrand, nahe an der vorbeifließenden Freiberger Mulde, die unweit von Moldau entspringt, sich durch meinen Geburtsort schlängelt und das Wasser auch von dort aus der Heimat nach Döbeln befördert. Zur Schießstandwache wurde ein Wachhabender und vier oder sechs Posten abgestellt. Dieses kleine Außenkommando war begehrt im Rahmen des Wachdienstes, weil es für die 24 Stunden ein relatives Eigenleben führen konnte. Außer einer Kontrolle durch den Offizier vom Dienst (OVD) blieb die Wache in aller Regel ungestört. Trotzdem war der Wachdienst nicht meine Welt. Genau genommen gab es nichts zu bewachen. Einzelposten an der Objektgrenze oder besonderen Standorten im Objekt, wie Küche, Kultursaal oder Munitionsbunker waren stinklangweilig. Nichts passierte, es sei denn, ein Posten löste beim Herumspielen am Abzug versehentlich einen Schuß aus.

Im Wechsel von militärischer Ausbildung, Wachdienst und Freizeit ging es dem Abschluß des Ausbildungsprogramms entgegen. Ende des Jahres 1950 sollte bei entsprechendem Leistungsnachweis unsere Ernennung zum ersten Offiziersdienstgrad, seinerzeit Volkspolizeimeister oder Polizeikommissar, erfolgen. Später wurden die VP-Meister, sofern sie eine Ausbildung an einer Offiziersschule absolvierten, zum Unterkommissar ernannt. Wir angehenden Zug- und Kompanieführer von Infanterieeinheiten durchliefen ein für damalige Ansprüche strenges und anstrengendes, sich über Wochen hinziehendes Prüfungsverfahren.

Aus der letzten Etappe der Ausbildung ist ein Ereignis zu erwähnen, das meine Offizierskarriere fast verhindert hätte, bevor sie überhaupt in Gang kam. Der Zwischenfall begann, wie die meisten Dramen, ziemlich harmlos. Nach Dienstende hockten wir zu viert in einer Unterkunftsstube zusammen und langweilten uns mit allerlei Blödeleien. Dieter Riecher, ein unter uns akzeptierter Wortführer, las Heiratsannoncen aus der Wochenzeitschrift »Grüne Post« vor. Eine davon erschien uns besonders attraktiv: »Mensch, da müßte man sich mal bewerben!« Gesagt, getan. Dieter setzte mit unserer Hilfe einen entsprechenden Brief auf und unterschrieb mit D. Riecher. »Du, das sieht ja fast wie Doktor aus, das – D- mit Punkt. Doktor Riecher!« Mit etwas Phantasie konnte man das so lesen. In unserem Übermut halfen wir leicht nach. Aus dem Punkt nach dem – D- wurde ein deutliches kleines – r-. Über mögliche Folgen machten wir uns keine tiefschürfenden Gedanken – wir Polizeioffiziere in spe!

Wir hatten diesen Ulk schon längst vergessen, als wir eines unguten Tages in das Vorzimmer des Schulleiters, Chefinspekteur Berthold, befohlen wurden. Mit gemischten Gefühlen fanden wir uns dort ein. Angesichts der Zusammensetzung der zur Audienz Geladenen fragte jeder still für sich sein Sündenregister ab und in uns stieg eine dumpfe Ahnung auf. Aber es konnte doch keine so große Sünde sein, eine Heiratsannonce zu beantworten? Und wie sollte die Schulleitung davon Wind bekommen haben? Einzeln wurden wir von einem gewichtigen Gremium, bestehend aus dem Schulleiter, seinem Politstellvertreter, Polizeioberrat Bräutigam, dem sowjetischen Berater sowie weiteren Vorgesetzten der Kompanieleitung, befragt. Das war nun beileibe kein Ulk mehr und der Liebscher war mit dabei. Wie sich herausstellte, hatte das Eheanbahnungsinstitut geantwortet. Aber die Poststelle der Polizeischule war ratlos, es gab keinen Riecher mit einem akademischen Grad. So hielt man sich an den Offiziersschüler dieses Namens. Der angemaßten

Titel war nicht das einzige Problem. Wirklich übel nahm man uns, daß es sich um eine Ehevermittlung aus dem westlichen Teil Berlins handelte. Das war aus der Annonce nicht hervorgegangen, aber das konnten wir nachträglich nicht mehr belegen. Wir hatten quasi »Westkontakte« geknüpft. Offenbar glaubte man uns zwar unsere Demut, nicht aber an unsere Unschuld. Der angemaßte Doktortitel ließ keine andere Auslegung zu, als uns Delinquenten weniger politisches Versagen denn charakterliche Unreife zu attestieren. Uns wurde gewaltig der Kopf gewaschen. Abschließend warnte man uns, daß der Verbleib an der Schule und die Ernennung zum Offizier von unserem künftigen untadeligen Verhalten abhängig gemacht würde. Wir waren glimpflich davon gekommen.

Mit Wirkung vom 1. Dezember 1950 wurde mir, gemeinsam mit weiteren Kursanten in einer Feierstunde der erste Offiziersdienstgrad, »Volkspolizeimeister«, verliehen. Ich will nicht verhehlen: Es war ein stolzes Gefühl für mich, die Offiziersschule erfolgreich absolviert zu haben. Noch vor gut einem Jahr hatte dergleichen außerhalb meiner Vorstellungskraft gelegen. Nun war ich also Polizeimeister, trug silberne Schulterstücke, von gleicher Farbe eine Mützenkordel und erhielt monatlich 450 Mark brutto. Lebenserinnerungen sollten nicht die Einkommensverhältnisse beleuchten, um jedoch Spekulationen und diffamierenden Verdächtigungen entgegenzutreten, soll dieser Blick in die Brieftasche erlaubt sein. Denn nach dem Ende des ostdeutschen Staates gehört es ja fast zum guten Ton, »staatsnahen« DDR-Bürgern nicht nur einen miesen Charakter und jede Art niederträchtigen Handelns zuzutrauen, sondern ihnen darüber hinausgehend alle möglichen Privilegien zuzuschreiben, so auch exorbitante Gehälter. Ob das gerechtfertigt ist, mag jeder, der über einen normalen Gerechtigkeitssinn verfügt, selbst beurteilen. Und zur Ergänzung vielleicht noch einen Blick auf die auffälligen Differenzen im Einkommensgefüge der Bundesrepublik werfen: Da geht es vom Sozialhilfebetrag bis hin zu über hunderttausend Mark Einkommen und entsprechend hohen Abfindungssummen für Wirtschaftsbosse, Prominente und Politiker. Ich möchte hinzufügen, daß wohl in jedem zivilisierten Staat vom Bürger Loyalität, Gesetzestreue erwartet und Staatsdienst entsprechend honoriert wird. Für ehemalige DDR-Staatsbürger soll das seit 1990 ausnahmslos ungerechtfertigt sein!

Doch zurück zu meinem Start als junger Offizier. Gemeinsam mit zehn anderen Absolventen bestieg ich in Döbeln einen zum Mannschaftstransportwagen umgerüsteten LKW und ab ging die Fahrt ins Unbekannte. Außer dem Transportbegleiter kannte niemand den Bestimmungsort. Welchem Zweck die Geheimhaltung unseres künftigen Dienstortes diente, bleibt wohl selbst das größte Geheimnis. Es entsprach dem sowjetischen Geheimhaltungsfanatismus, alles unter Geheimnisschutz zu stellen. Wem hätte es wohl geschadet, uns vor der Abfahrt darüber zu informieren, was wir am Ende der Fahrt ohnehin sahen: Wir waren in Frankenberg gelandet, einer Stadt, von der ich zuvor kaum etwas gehört hatte. In der Garnisonstadt Frankenberg begann nicht allein meine militärischen Laufbahn, dieser Ort sollte auch im Privaten Bedeutung erlangen. Ich lernte dort Renate kennen, ein gescheites und liebenswertes Mädchen aus einfachen Verhältnissen, in dessen Nähe ich mir zum ersten Mal darüber Gedanken machte, eine Familie zu gründen. Ich verliebte mich so gründlich, daß es für ein ganzes Leben ausreichte. Doch dazu später.

Offiziere vom Standort Frankenberg, also die künftigen Vorgesetzten, empfingen uns und machten uns mit den kommenden Aufgaben vertraut. Das Dienstobjekt der damaligen Volkspolizeibereitschaft Frankenberg, ein recht weiträumiges Areal an der Äußeren Freiberger Straße, unterstand Chefinspekteur Rentsch. In diesen Kasernen waren schon Truppenteile der Reichswehr und später der faschistischen Wehrmacht ausgebildet worden. Nun war dort die 8. Polizeibereitschaft stationiert. Damit war ich Berufsoffizier einer militärischen Struktur geworden, spürte aber keine besondere Leidenschaft dafür. Da es sich jedoch nun einmal so ergeben und ich darüberhinaus keine Schwierigkeiten hatte, zu erkennen, daß auch einem sozialistisch orientierten deutschen Staat ein Souveränitätsanspruch auf Landesverteidigung zuzugestehen ist, nahm ich den mir zugewiesenen Platz ein. Daß ich über sichere weltanschauliche Positionen verfügte, erleichterte mir die Pflichterfüllung. Weil mir aber der Sinn für das Martialische fehlte, sind meine Erinnerungen an den militärischen Tagesablauf weniger prägend als andere.

Wenige Tage nach unserer Ankunft in der Garnison wurden wir vom Stabschef der Dienststelle in unsere künftigen Aufgabenbereiche eingewiesen. Ich nahm die Planstelle des ersten Zugführers der Granatwerferabteilung im 2. Kommando ein. Ein Kommando entsprach gemäß der militärischen Struktur etwa einem Bataillon. Mir unterstanden drei Gruppen. Das eigentlich kuriose an dieser Besetzung war nicht der unerwartet hohe Stellenwert der übertragenen Aufgabe – die Gruppenführer waren gleichfalls Offiziere – sondern die Tatsache, daß keiner von uns weder über eine entsprechende waffentechnische Ausbildung verfügte noch mit einem Granatwerfer je in Berührung gekommen war. Um meiner Funktion einigermaßen gerecht werden zu können, mußte ich mich erst mit den Ausbildungsmaterialien und dem vorhandenen Tafelwerk beschäftigen. Aber alles blieb nur Theorie. Es dauerte noch sehr lange, ich denke bis Ende des Jahres 1951, bis mein Zug mit 82 mm Granatwerfern ausgerüstet wurde. Damit bin ich aber wieder einmal der Zeit voraus.

Meine Tätigkeit als Granatwerferzugführer verlief ohne erwähnenswerte Höhen und Tiefen. Ich wuchs in meinen neuen Status als Ausbilder und Erzieher, als Vorgesetzter von Offizieren und Soldaten hinein. Es gab die üblichen Freuden und auch Querelen, wie sie in der Regel in solchen militärischen Formation in Erscheinung treten. Bei aller Bescheidenheit darf ich sagen, daß ich vielleicht kein schneidiger Offizier, aber ein anerkannter Vorgesetzter war. Trotz meiner Jugend, ich war ja gerade einmal zwanzig Jahre alt geworden, genoß ich Vertrauen und wurde akzeptiert.

Dem Mangel an Kenntnissen über die Bewaffnung meines Zuges sollte im August 1951 durch meine Delegierung zu einem Sonderlehrgang auf dem Truppenübungsplatz Zeithain begegnet werden. Obwohl ich sonst ein eher distanziertes Verhältnis zum Militärischen spürte, gefiel mir dieser dreiwöchige Lehrgang. Ich lernte intensiv wie kaum zuvor, meine praktischen Fertigkeiten und fachtheoretischen Kenntnisse waren dementsprechend ganz passabel. Mit vermittelbarem, anwendungsbereitem Wissen reich ausgestattet, kehrte ich zu meiner Stammeinheit nach Frankenberg zurück. Natürlich war ich dann doch recht froh darüber, daß die erste Trennung von Renate vorüber war.

Von nun an unterrichtete ich in vielen Ausbildungsstunden sowohl die Männer meines Zuges als auch die anderen Angehörigen der Granatwerfereinheiten der Dienststelle Frankenberg über die waffentechnischen und komplizierten schießtaktischen Details ihrer Waffengattung.

Im übrigen gab es während meines Garnisonslebens keine besonders erwähnenswerten Ereignisse. Was sollte auch im Tagesablauf eines zwar pflichtbewußten, für eine militärische Laufbahn aber gar nicht so stark begeisterten jungen Offiziers schon Berichtenswertes geschehen? Das militärisch Schneidige lag mir nicht. Ich war mehr der versöhnliche, verständnisvolle, aber auch unsichere Typ, der die Probleme gern ruhig, nach gründlicher Überlegung aufgreifen wollte.

Wir Offiziere waren durchweg junge Menschen, die – mit und ohne Alkohol – manchmal auch über die Stränge schlugen. Es gab keine Allüren oder das Gehabe der alten militaristischen Offizierskaste, keinen stumpfsinnigen Drill und keinen Kadavergehorsam. Die Abwesenheit von blindem Gehorsam und Untertanengeist entsprach der Abkehr vom deutschen Militarismus, erschwerte aber die Positionierung des Vorgesetzten. Der Vorgesetzte, gleich ob Unterführer oder Offizier, kann sich nur durch Sachkenntnis und Vorbildwirkung behaupten oder er steht auf verlorenem Posten.

In Ausnahmefällen kam es zu groben Verletzungen der militärischen Ordnung und Disziplin, die geahndet wurden. Ich erinnere mich an Degradierungen von Offizieren vor dem gesamten Offiziersbestand, wo der Betreffende, nach offizieller Lesart, aus dem »Bestand der Kasernierten Volkspolizei ausgestoßen« wurde. Der Delinquent mußte aus der angetretenen Formation hervortreten. Nachdem der Befehl über die Aberkennung seines Offiziersdienstgrades und die Gründe des Vergehens verlesen worden waren, trat ein Offizier an ihn heran und riß ihm die Schulterstücke ab. Von zwei mit Karabinern bewaffneten Posten flankiert, wurde er dann zur Wache begleitet, um die Entlassungsformalitäten zu absolvieren. Ob diese bühnenreife Inszenierung den Dienstvorschriften entsprach, ist zu bezweifeln, aber sie verfehlte ihre Wirkung nicht. Sicherlich war in derartigen Fällen Konsequenz angebracht. Schwerwiegende Disziplinarverstöße mußten geahndet werden. Es gab ja seinerzeit noch kein Militärstrafrecht, um rechtswidrige Handlungen innerhalb militärischer Strukturen mit strafrechtlichen Sanktionen verfolgen zu können. Unter uns bezeichneten wir dieses Szenario etwas despektierlich als »Rentsch'sche Bühnenschau«. Nicht jeder Offizier war an der Laufbahn eines Berufsoffiziers interessiert. Eine begrenzte Dienstzeit war seinerzeit nicht vereinbart worden, ein rechtlich völlig unbefriedigender Zustand. Einige Offiziere waren in der Tat ungeeignet für diese Laufbahn, andere strebten aus persönlichen Gründen eine Entlassung an, die man ihnen jedoch nicht gewähren wollte. Um eine Entlassung zu erzwingen, begingen manche Offiziere, aber auch Unterführer und Soldaten, solange Disziplinverstöße, bis sie ihr Ziel mit einem »Rauswurf« erreicht hatten. Das war letztlich für beide Seiten ein unguter Zustand. Die Kasernierte Volkspolizei geriet durch schwerwiegendes Fehlverhalten ihrer Angehörigen in schlechten Ruf und die Betroffenen schufen sich mit ihren Aktionen oft große Probleme, die sie dann häufig mit einem »Seitenwechsel« in den anderen deutschen Staat zu bewältigen suchten.

Mich belasteten die Pflichten eines Offiziers nicht spürbar. Ich fand gute Kameradschaft. Politisch-ideologisch befand ich mich in Übereinstimmung mit dem Staat, es war auch »mein« Staat. Ich sah keine Veranlassung, mich von meinem Status und den von mir eingeschlagenen Weg zu distanzieren. Was nicht heißt, daß es bei mir ohne Kontroversen mit Vorgesetzten abging. Ich bin vom Charakter her wohl nicht der stille Dulder, eher innerlich renitent als devot. Das mag vielleicht von den Kindheitserfahrungen mit meinen verschiedenen Erziehungsberechtigten herrühren. Auf Unterordnungs- oder Unterwerfungsrituale reagierte ich häufig spröde. Stück für Stück mußte ich mir bewußt machen, daß nunmehr die Zeit der unbedachten jugendlichen Bocksprünge vorbei sei. Ich war Vorgesetzter geworden und zugleich Unterstellter in der Stufenleiter der Militärhierarchie geblieben. »Wer befehlen will, muß gehorchen lernen«. Der alter Spruch mußte erst durch meinen Kopf. Diesen Satz im persönlichen Verhalten zu akzeptieren, hat nichts mit Unterwerfung zutun. Dennoch führten Kontakte mit Vorgesetzten oft zu beiderseitigem Mißvergnügen. Einmal wollte ich diesem Übel durch besondere Aufmerksamkeit abhelfen – und das ging daneben: Ich fungierte als Wachhabender der Objektwache und war zugleich der Stellvertreter des Offiziers vom Dienst (OvD) und hatte dem Kommandeur der Garnison beim Betreten des Objektes beziehungsweise des Wachraumes Meldung zu erstatten. Vorgesetzte kommen immer ungelegen. Als Chefinspekteur Rentsch an diesem Morgen das Wachlokal betrat, überraschte er mich sozusagen auf dem falschen Bein. Mir gelang es nicht, die Meldung locker genug herunterzuschnurren, ich verhaspelte mich etwas. Er reagierte unwirsch und mißgestimmt. Als ich gar wagte, ihm ein freundliches »Guten Morgen, Genosse Chefinspekteur« zu wünschen, war ihm wohl seine gute Laune vergangen. Welcher Vorgesetzte reagiert nicht unzufrieden, wenn er schon vor Dienstbeginn untalentierten Unterstellten begegnet. Barsch wurde ich gerüffelt: »Ich lasse mir von Ihnen keinen guten Morgen aufzwingen, Unterkommissar!« Nun gut, beziehungsweise nicht gut, denn nun warf er einen mißbilligenden Blick auf meinen Schreibtisch und was er dort sah, vertrieb den Rest der guten Laune, wenn er denn mit einer solchen ins Dienstobjekt gekommen sein sollte. Auf dem Tisch lagen Zettel mit Notizen über die Vorkommnisse während der Nacht, die ich ins Wachbuch nachzutragen gedachte. Nach Vorschrift hätte ich sie sofort ins Buch schreiben müssen. Aber ich wollte alles einwandfrei ausformulieren. Meine gute Absicht wurde falsch verstanden. Der mit mir höchst unzufriedene Dienststellenleiter ergriff die Blätter, warf sie in die Luft und donnerte: »Was soll dieser Zettelkram?« In solchen Situationen lassen sich Vorgesetztenwünsche schlecht erfüllen. Dienstbeflissen sammelte ich die fliegenden Blätter wieder auf und hub zu einer lahmen Erklärung an. Ich hätte es wissen können, er wollte gar keine von mir, er konnte keine gebrauchen und ich bin überzeugt, daß er auch keine erwartete. Sowie ich die eingesammelten fliegenden Notizen auf den Schreibtisch zurückgelegt hatte, so schnell wurden sie von meinem Vorgesetzten erneut durch den Raum gewirbelt. Es schien ihm Vergnügen zu machen. In der Überzeugung, daß es falsch gewesen war, die vom Chefinspekteur höchstselbst verstreuten Zettel aufzuheben (weshalb sonst wohl hätte er sie ein weiteres Mal in den Raum werfen sollen), ließ ich alles auf dem Fußboden liegen und sah nun den aufgebrachten Vorgesetzten erwartungsvoll an. Aber auch jetzt hatte ich seine geheimen Gedanken nicht getroffen, denn er herrschte mich an: »Na, wollen Sie das Zeug nicht aufheben?« In diesem Moment hatte er meine Geduld und Einsicht überfordert: »Ich hatte sie schon aufgehoben, aber Sie haben sie wieder weggeworfen, Genosse Chefinspekteur!« Pause. Jetzt zeigte sich Chefinspekteur Rentsch als erfahrener Vorgesetzter, der im richtigen Moment das Richtige tat. Er reagierte nicht auf meine respektlose Bemerkung, fixierte mich lediglich forschend, drehte sich um und verließ mit seiner Begleitung wortlos die Objektwache. Es folgte dem weder eine Aussprache, Ermahnung noch Belehrung oder Bestrafung. Vielmehr wurde ich wenig später in den Stab versetzt, was einer Beförderung gleichkam. Ich muß gestehen, daß mich im nachhinein sehr beeindruckte, wie der Leiter der Dienststelle diese Situation in der Wachstube beherrschte. Er war ganz Vorgesetzter, der über den Dingen steht und sich von einer leichten Insubordination nicht irritieren ließ. Vielleicht nötigte es ihm gar ein wenig Respekt ab, daß ich mir nicht die Butter vom Brot nehmen ließ.

Erfolgssüchtig war ich zu keiner Zeit, was meine Karriere betraf eigentlich viel zu wenig ehrgeizig. Ich fühlte mich nie übergangen oder unterbewertet, wenn ich bei anstehenden Beförderungen oder Höherstufungen nicht ständig auf den entsprechenden Listen meiner Vorgesetzten stand. In der Tat wurde mir einmal eine anstehende Beförderung zum Leutnant versagt. Lange Zeit fand ich keine Erklärung dafür, bis ich nach meiner Versetzung in die Kaderabteilung, das ist die zuständige Stelle für die Registratur und administrative Bearbeitung des Offiziersbestandes, Gelegenheit bekam, in meine Personalakte Einblick zu nehmen. Als ich las, daß meine Beförderung zurückzustellen sei, weil ich in »kleinbürgerlichen Verhältnissen« verkehrte, kam ich ins Grübeln. Wo nur hatte der mich beurteilende Vorgesetzte in meinem Umfeld »Kleinbürgerliches« entdeckt? Die Familie meiner Schwiegermutter in spe konnte wohl kaum gemeint sein. Renates Mutter war eine schlichte, einfache Fabrikarbeiterin. Die häuslichen Verhältnisse waren mehr als bescheiden. Und meine eigene Herkunft? Ach du lieber Himmel. So schnell kann es also zu einem »Karriereknick« kommen. Hierzu fällt mir jene Anekdote von einem Offizier der Roten Armee ein, dessen Entwicklung viele Jahre stagnierte, während sein Bruder, der einst zu den »Weißen«, den Gegnern der Kommunisten gehörte, beruflich immer schneller vorwärts kam. Verwundert über diese ungerechte Behandlung fragte der Mann eines Tages seinen »konterrevolutionären« Bruder: »Jetzt sag mir bloß, Brüderchen, wie Du das machst, daß Du auf der Karriereleiter immer höher steigst, obwohl Du ein Feind der Sowjetmacht warst, während ich trotz meiner Verdienste auf der Stelle trete«. – »Das ist doch ganz einfach, Genosse Bruder«, erwiderte ihm der »Konterrevolutionär«, »was schreibst Du denn in Deinen Personalfragebogen, wenn Du nach der politischen Vergangenheit Deines Bruders gefragt wirst, he?« – »Na die Wahrheit, daß Du ein verfluchter »Weißer« warst!« – »Na siehste, bei einer so negativen Vergangenheit Deiner Verwandten kann die Sowjetmacht kein Vertrauen zu Dir haben, da kommst Du nur schwer voran. Ich schreibe in meinen Personalbogen, daß mein Bruder tapfer für die Revolution gekämpft hat und Offizier bei der Roten Armee ist. Damit genießt man Vertrauen, da geht's aufwärts. Du hast eben die falschen Verwandten!«

Auch wenn es nur eine Anekdote ist, so zeigt sie doch einen realistischen Blick auf die damalige Personalpolitik. Nebenbei bemerkt, gibt es in den heutigen Personalbüros nicht ebenso skurrile, alberne und lebensfremde Einstellungskriterien und entsprechende Entscheidungen?

Da nun einmal die Rede auf meine Schwiegermutter gekommen ist, will ich hier etwas näher auf unsere Familiengründung eingehen. Es fällt mir nicht so leicht, darüber zu schreiben, aber ich hoffe, ein guter Chronist zu sein, ohne mich in allzu internen Details zu verfangen.

Der Ursprung der Familie

Hatten wir frei, so bummelten wir jungen Offiziere gerne einmal durch das kleine Städtchen Frankenberg und dessen sehr schöne Umgebung, verständlicherweise mit besonderem Blick für die jüngeren Einwohnerinnen. Natürlich gingen wir auch gern zum Tanz in der Stadt. Die blauen Uniformen der Bereitschaftspolizei, später dann die der khakifarbenen der Kasernierten Volkspolizei (KVP) machten das Gros der Herrenbekleidung im Saal aus. Meine bislang gemachten Bekanntschaften blieben ohne tiefergehende Bedeutung und ohne Interesse an einer engeren Bindung. Bis zu meinem 21. Lebensjahr hatte ich unter den Töchtern des Landes tatsächlich noch keine gefunden, um die ich mich hätte eifriger bemühen wollen.

Das änderte sich am Sonntag, dem 1. April 1951. Warum das oft zitierte Schicksal ausgerechnet jenen Tag dafür bestimmte, der eigentlich der Aprilscherz-Narretei vorbehalten ist, beweist, daß dem Aberglauben »aber nicht geglaubt« werden sollte. Kurzum: In einer Lebenserinnerung nach einem halben Jahrhundert fließen mir an dieser Stelle die Worte für Gedanken und Gefühle nicht ganz so locker und salopp auf's Papier. In Romanen, wo der Autor neben der Handlung und den Gefühlen stehen kann, mag das viel leichter und ausdrucksvoll gelingen. Nun, was meine Renate und ich in diesem ersten Frühling erlebten, unterscheidet sich nicht von dem, was tausendfach in Gedichten und Romanen beschrieben und beschworen wurde und wird. Es war ein Roman und zugleich das Leben.

Renate und ich, wir lernten uns an diesem Abend auf einem großen Saal beim Tanz kennen. Das junge Mädchen war meine erste Wahl, an diesem Abend und für das ganze weitere Leben. Dieser Tag war der Ausgangspunkt für die Gründung einer eigenen Familie, die sich ein gutes Zuhause schaffen würde. Es ging uns wie den meisten jungen Liebesleuten, wir entdeckten unsere Gemeinsamkeiten, waren glücklich, wenn wir so oft wie möglich beieinander sein konnten und wollten zusammen leben.

Renates Mutter erhob Einspruch, sie war besorgt um ihre noch sehr junge Tochter, weil ich »das junge Ding« in Versuchung führen würde und verbot Renate den Ausgang. Natürlich hielt uns das nicht davon ab, uns zutreffen, nun eben in aller Heimlichkeit. Doch man muß meine damalige Schwiegermutter in spe verstehen. Ihr Mann, Renates und dreier weiterer Töchter Vater, war schon 1937 gestorben. Seither mußte sich die Frau mit ihren Kindern allein durchs Leben schlagen. War es schon schwer, in diesen Zeiten den Lebensunterhalt für die Familie zu beschaffen, so machte ihr natürlich auch die Zukunft Sorgen. Mittlerweile waren die beiden älteren Töchter freilich aus dem Haus, aber die Verantwortung für die beiden anderen wog immer noch schwer. Verständlich, daß auf die Jüngsten ganz besonders aufgepaßt wurde! Zumal, was ich nicht wußte – wer fragt auch nach dem Alter, wo dem Reiz der Jugend das Augenmerk gilt – meine Eroberung erst ihren 16. Geburtstag feierte. Natürlich ist Jungsein kein Makel, sondern ein Gewinn. Aber wenn man noch unter das nicht sehr ernst genommene Jugendschutzgesetz fällt und daher um 22.00 Uhr das Tanzvergnügen verlassen muß, tritt der seltene Umstand ein, daß so ein Mädchen gern ein paar Jahre älter sein möchte.

Also war ich schon in Schwierigkeiten geraten, bevor ich mich meiner künftigen Schwiegermutter überhaupt vorstellen konnte. Verständnis hatte ich dafür schon, denn diese Bedenken teilte Renates Mutter wohl mit allen Mütter von Töchtern. Dabei entsprang die Sorge um die Jüngste nicht etwa schlechten Erfahrungen mit den Älteren, im Gegenteil, keine von ihnen mußte die Erfahrung eines schlecht behüteten Mädchens machen. Trotzdem: »Der Kerl«, so wurde mir übermittelt, »kommt mir nicht in die Wohnung, sonst fliegt er achtkantig die Treppe runter!« Unsere Heimlichkeiten und Schwiegermutters sorgenvolle Ermahnungen ergaben auf Dauer für alle Beteiligten eine unbefriedigende Situation. Um die Spannungen zu mildern, bat ich Renate, mir einen Antrittsbesuch zu vermitteln. Es war der erste in meinem Leben. Zwar hielt ich mich selbstbewußt genug für diesen Gang, aber, wie sich zeigen sollte, fehlte es mir doch an Erfahrung. Und an Blumen. Auf die Idee, bei meiner Schwiegermutter in spe mit einem hübschen Strauß erste Punkte zu sammeln, war ich einfach nicht gekommen. Um es vorweg zu nehmen, auch mit Blumen hätte ich nie eine bessere Schwiegermutter bekommen können.

Soweit war es aber noch nicht, als ich bei ihr, auch im übertragenen Sinne des Wortes, an die Tür klopfte. Renates Mutter öffnete mir selbst. Da stand ich also vor einer eher kleinen Frau, zu der die harsche

Ankündigung, sie wolle mich die Treppe hinunterwerfen, gar nicht passen wollten. Renate hielt sich im Hintergrund und beobachtete die Szene von dort aus. Sicher wollte sie auch wissen, wie ich mich halte. Ich stellte mich vor, nannte den Grund meines Kommens und drechselte die üblichen Sätze, wie »... dem Namen nach kennen sie mich bestimmt schon, Frau Ulbricht, Renate wird wohl von mir gesprochen haben ...« und so weiter. Eigentlich ging alles ganz gut, viel besser, als ich es mir gedacht hatte. Natürlich war von dem angedrohten Treppensturz keine Rede, aber durchaus wieder von den Bedenken. »Ja, Sie wissen doch, die Renate ist noch sehr jung, sie muß auch an den Abschluß ihrer Lehre als Industriekaufmann denken. Ich habe nichts dagegen, wenn sie tanzen geht. Aber sie darf nicht so spät nach Hause kommen.« Die Rede war also nur von Lehre und Prüfungen. Die tiefersitzenden Ängste wurden nicht ausgesprochen, da behalf man sich seinerzeit mit einem vagen Hinweis auf die Gefahren des Jungseins. Unser erstes Gespräch war, so denke ich, für alle ein Gewinn. Immerhin lud mich Renates Mutter ein, wiederzukommen und wuchs so nach und mit in die Familie hinein.

Ja, die Mutter hatte recht, Renate war jung und ich auch und eben das war das Wundervolle an dieser Zeit. Über die Ehe redeten wir vorerst noch nicht konkret, lebten aber diesem Ziel entgegen. Bis zur Hochzeit sollten noch mehr als zwei Jahre vergehen. Dennoch bummelten wir gern an den Schaufenstern der Möbelgeschäfte entlang und träumten davon, wie wir einmal unsere Wohnung einrichten wollten. Daß wir gänzlich unvermögend waren und mit diesem Zustand auch lange Zeit leben mußten, beschränkte unsere Tagträumen nicht. Mich drückten zwar nicht die sprichwörtlichen Schulden eines Majors, aber mein Salär als Unterkommissar fiel nicht berauschend aus. Etwa 500 Mark im Monat ließen keine ausschweifende Lebensweise zu. Der junge Staat DDR verfügte aus einsichtigen Gründen nur über begrenzte Mittel und konnte nicht mit verlockenden Angeboten um die Gunst seiner Staatsdiener werben. Aber meine Löhnung war hinreichend, um Cafehaus- und Kinobesuche sowie die wöchentlichen, ausgesprochen vergnüglichen Tanzabende bestreiten zu können. Zum Sparen blieb nicht viel übrig.

Im Laufe der Zeit lernte ich auch Renates Schwestern und deren Ehemänner kennen, gebildete, lebenserfahrene Menschen, mit denen man sich vorzüglich verstehen konnte und die mich ohne Vorbehalte in den Kreis der Familien aufnahmen. So fand ich zum ersten Mal in meinem Leben Kontakt zu Familien, in denen ich mich wirklich wie zu Hause fühlte. Noch stärker als bislang schon spürte ich, wie sehr ich so etwas vermißt hatte. Meine Beziehungen zu Renates großer Familie wurden viel enger und herzlicher, als jemals zu meinen eigenen Angehörigen.

Im Spätsommer 1951 nahm ich Renate mit zur mütterlichen Familie nach Bienenmühle. Mutter hatte für Renate im Ort ein Zimmer besorgt.

Unter der Bedingung, daß für Renate eine eigene Ferienunterkunft in einem anderen Haus gemietet wurde, hatte Renates Mutter diesem gemeinsamen Urlaub zugestimmt. Auch wenn Tucholskys »Rheinsberg« mit unserem Erzgebirgsurlaub nicht vergleichbar war, wir erlebten wunderschöne Tage.

Mutter hatte im Juli 1949 wieder geheiratet und führte nun den Familiennamen Behr. Ehemann Albert Behr, mäßig gescheit, klein und von schwacher Konstitution, etwas wehleidig, aber mit einer guten Portion Bauernschläue ausgestattet, verstand es erstaunlich gut, mit dem geringsten Aufwand an Arbeit durch's Leben zu kommen. Ein harmloser kleiner Faulpelz, der keiner Fliege etwas zuleide tun konnte. Einer geregelten Arbeit ging Albert meist erfolgreich aus dem Weg. Ergab sich doch einmal ein festes Arbeitsverhältnis, so war das meist nicht von langer Dauer. Dennoch war Albert kein unangenehmer Geselle, freundlich, immer bereit für brauchbare oder unbrauchbare Ratschläge, nachgiebig bei sich anbahnendem Streit. Wenn er in einer Gaststätte ein bißchen schnorren konnte und man seine Erzählungen einigermaßen ernst nahm, war er eigentlich zufrieden. Wie gesagt, Albert war ein kleiner Filou. Allerdings auch ein leidenschaftlicher Kunde in Wettbüros der Trabrennbahnen. In diesem Milieu kannte er sich tatsächlich aus, hatte aber auch dort keine sehr glückliche Hand. Doch wer ist schon von Glücks- oder Wettspielen reich geworden? Mit seiner Wettleidenschaft hatte er in jüngeren Jahren sogar seinen Vater in Chemnitz in finanzielle Schwierigkeiten gebracht. Einmal wöchentlich fuhr Albert in die Kreisstadt und setzte beim Buchmacher kleine Geldbeträge. Auf Dauer mögen sich wohl Gewinn und Verlust die Waage gehalten haben. Jedenfalls hat niemals ein aus dem Wettbetrieb stammender höherer Geldbetrag den Haushalt meiner Mutter auffällig verändert, ganz zu schweigen davon, daß sich Reichtümer anhäuften. Eher wäre mit dem Gegenteil zu rechnen gewesen. Aber dem stand Mutters gesundes Mißtrauen entgegen. Noch bevor sie mit ihrem Albert den Bund fürs Leben schloß, hatte sie ihn bei einem Griff in ihr Sparbuch ertappt. Albert versuchte, eine »momentane« Geldflaute zu beheben. Wie jeder Spieler glaubte auch er an sein Glück und hoffte, den entwendeten Betrag mit einem ordentlichen Gewinn zurückzahlen zu können. Mutter verlangte von Albert, sich künftig von ihrem Geld und Sparbuch fernzuhalten. Andernfalls müßte sie ihm die in Aussicht gestellte Nestwärme verweigern. Albert wandelte sich zum reuigen Sünder und Mutter behielt dadurch ein Faustpfand in der Hand.

Albert verdiente sich in der Regel ein paar Mark durch Gefälligkeiten. Er hackte bei den Nachbarn Brennholz, erledigte Botengänge und half anderweitig aus. Er nahm das Leben leichter als mancher Zeitgenosse und hatte auch nichts dagegen einzuwenden, wenn Mutter mit Reinigungsarbeiten für den Lebensunterhalt sorgte, während er zu Hause ängstlich seine Gesundheit hütete. Andererseits konnte er geradezu selbstlos helfen: In irgendeinem Zusammenhang erwähnte ich, daß im Haushalt von Renates Mutter chronischer Brennholzmangel bestünde. Meine Bemerkung regte Albert zu einer unvermuteten Aktion an. Völlig überraschend stand er eines schönen Tages vor der Wohnungstür meiner künftigen Schwiegermutter und erklärte freudestrahlend der verblüfften Frau, daß er Manfreds Vater sei und einen Handwagen voll Brennholz mitgebracht habe. Es waren sogenannte Schwartenbretter, die im Sägewerk als Reste abfallen. Da hatte der ewig kränkelnde Mann zusammen mit meinem Bruder Hans einen reichlich beladenen Handwagen von Bienenmühle berg auf berg ab, durch Städtchen und Dörfer bis nach Frankenberg gezogen und dabei mindestens fünfzig Kilometer zurückgelegt. Ob er diese Strecke an einem Tag oder in mehreren Etappen bewältigte, weiß ich nicht mehr. Jedenfalls war es eine respektable Leistung, die sowohl von uns als auch von den Bienenmühler Einwohnern entsprechend gewürdigt, aber auch belästert wurde. Dank Alberts weitschweifender Berichte wurde sein Holztransport nach Frankenberg am Stammtisch seines Wirtshauses zum Tagesgespräch. Das eben war Albert, kein ausgesprochener Lebenskünstler, mehr ein gutmütiger Leichtfuß, der sich aber auch bescheidene Anerkennung und ein bißchen Erfolg wünschte. Er gehörte mit zu den Benachteiligten der Gesellschaft, ohne es zu wissen und das wiederum war gut für ihn. Und so führte er ein ganz zufriedenes Leben, bis er, vierundachtzigjährig, am 7. Oktober 1978 die Erde so unauffällig und ruhig verließ, wie er auf ihr gelebt hatte. Obgleich von Albert nichts Charismatisches ausging und er alles andere als ein erfolgreicher Vorzeigemann war, erlebte Mutter mit ihm wohl ihre beste Zeit. Von kleinen Alltagsquerelen abgesehen, fand Mutter wieder Freude am Leben, das einfach und bescheiden blieb, aber endlich Ruhe und Zufriedenheit brachte.

In meiner militärischen Laufbahn trat eine weitreichende Veränderung ein: Am 1. März 1953 wurde ich in die Personalabteilung, in die Kaderabteilung des Stabes – so die korrekte Bezeichnung – versetzt. Das kam für mich völlig unerwartet, ich hatte nicht darum ersucht. Möglicherweise war es eine Folge meiner Hüftbeschwerden die sich zu dieser Zeit spürbar bemerkbar machten. Es zeichnete sich ab, daß ich den operativen Dienst in einer militärischen Einheit nur noch mit Einschränkungen ausüben konnte. Bislang hatte ich für jegliche Tätigkeit, die nach Akten und Verwaltungsarbeit roch, keinerlei Neigung empfunden. Ich bezweifelte auch, überhaupt für so etwas geeignet zu sein. Nun sollte ich womöglich im Divisionsstab ein Amtsschimmel werden? Wie sich zeigte, waren meine Vorbehalte unbegründet. Schon bald wurde ich mit dieser administrativen Arbeit in der Personalpolitik vertraut und stieg damit in eine ganz neue Richtung ein. Daß sie letzten Endes einmal zu einer juristischen Ausbildung und entsprechender Arbeit führen würde, hätte ich mir damals nicht einmal in vagen Ansätzen vorstellen können.

Inzwischen war ich zum Leutnant befördert worden. Das hielt mich keineswegs davon ab, mir von der Abteilungssekretärin das Maschinenschreiben beibringen zu lassen. Ich mußte das in meiner Position nicht unbedingt können, aber ich wollte es eben lernen. Für die Aneignung neuer Kenntnisse und den Erwerb anderer Fertigkeiten war ich immer offen. Später lernte ich mit gleichem Eifer Stenografie, ein anderes Mal glaubte ich, mich unbedingt in die Entwicklungsgeschichte der Menschheit vertiefen und mir Kenntnisse der Religionsgeschichte aneignen zu müssen. »Denken ist das größte Vergnügen«, sagt Brecht. Noch ehe ich das Zitat kannte, war mir dieser Gedanken sehr nahe. Wir finden in der menschlichen Gesellschaft einen umfangreichen Wissensschatz und sollten keine Möglichkeit auslassen, uns seiner zu bedienen. Es ist nicht entscheidend, ob ich das Wissen immer einsetzen kann, sondern daß ich es, auch zur Selbstbestätigung und zum Weiterreichen, besitze. Wer über Bildung verfügt und sie stetig erweitert, wird den geistigen Auseinandersetzungen und den Anforderungen des Lebens besser gewachsen sein.

Die Kaderabteilung war strukturell mit vier Stellen plus einem Leiter ausgelegt. Der Leiter begegnete mir später als Chef des Wehrkreiskommandos Landkreis Karl-Marx-Stadt wieder. Die Arbeitsaufgaben erwiesen sich durchaus als lösbar. Es existierten für sämtliche Diensteinheiten Struktur- und Stellenpläne, die zu führen und zu verwalten waren. Dazu gab es eine Fülle von Dienstvorschriften über Dienstlaufbahnbestimmungen, Disziplinarvorschriften und anderweitiger Regelungen über Aktenführung und Attestationbestimmungen.

Meine steile Laufbahn in der Kaderabteilung hätte jedoch beinahe ein abruptes Ende gefunden, wenn mein Leiter nicht bereit gewesen wäre, Kopf und Kragen zu riskieren. Zum allgemeinen Verständnis ist vorauszuschicken, daß seinerzeit zu jedem Militärobjekt ein sowjetischer Berater oder Verbindungsoffizier gehörte. Dieser hatte weniger eine beratende denn eine kontrollierende Funktion und war weisungsberechtigt. Nun hatte ich im Dienst an einem heißen Sommertag vorschriftswidrig meine Uniformjacke abgelegt und mich hemdsärmelig an den Schreibtisch gesetzt. Ich konnte darin keinen wirklichen Verstoß gegen das Reglement erkennen. Der sowjetische »Berater«, der aus irgendwelchen Gründen das Dienstzimmer betrat, aber sehr wohl. Mit mir sprach er kein Wort, beorderte aber unverzüglich meinen Chef zu sich. So streng waren die ungeschriebenen Regeln. Denn nach militärischen Vorschriften war mein Leiter diesem Verbindungsoffizier nicht unmittelbar unterstellt, sondern dem Stabschef. Aber es empfahl sich nun einmal keine Aufmüpfigkeit gegenüber der Besatzungsmacht, und sei es eine »befreundete«. Sieger möchten zu allen Zeiten als solche behandelt werden!

Was mein Leiter an handfesten Vorhaltungen zu hören bekam, war nicht das Gebet einer Jungfrau. Mit hochroten Ohren erklärte er mir, natürlich in gemilderter Form, was ihm der sowjetische Offizier an den Kopf geworfen hatte. Vielleicht sollte ein Exempel statuiert werden, anders kann ich mir die Schärfe der Forderung nicht erklären. Kurz und knapp, der Berater hatte meine Entfernung aus der Abteilung verlangt. Nach einer bedeutungsvollen Pause meinte mein Vorgesetzter, daß er das Übel vermutlich habe abwenden können. Bei aller gebotenen Zurückhaltung habe er zu Bedenken gegeben, daß ich erst vor kurzem zum Stab versetzt wurde, die Vorbildfunktion eines Stabsoffiziers noch nicht voll erfaßt habe, aber sicher hineinwachsen werde. Allerdings, so mein Chef, wisse er nicht, ob das überzeugend genug gewesen. »Versuche in der nächsten Zeit, dem Oberst«, das war der Dienstgrad des Beraters, »aus dem Weg zu gehen.« Ich befolgte diesen Rat so gut wie möglich und benahm mich in den nachfolgenden Wochen wie der Hase im Kleefeld, ich zeigte mich nicht. Entweder war die Drohung ohnehin nicht ernst gemeint oder meine Vorsicht trug Früchte, jedenfalls hörte ich nichts mehr von der Sache.

Wie sich dann allerdings zeigen sollte, waren meine Tage in der Dienststelle Frankenberg ohnehin gezählt: Man plante die Einrichtung von Wehrersatzämtern, die für die Auffüllung bestehender bewaffneter Einheiten zuständig sein sollten. Ein für diese Aufgaben geeignet erscheinender Personenkreis wurde aus den bestehenden Militärstrukturen herausgelöst. Das waren verständlicherweise Menschen, die bereits mit Personalfragen oder anderen administrativen Aufgaben zu tun hatten. Im Ergebnis des Aufbaus dieser Wehrersatzeinrichtungen gelangte auch ich, ebenso wie mein bisheriger Vorgesetzter und weitere Angehörige der Dienststelle Frankenberg zu diesen neuen Strukturen. Für jeden Bezirk war eine Bezirksregistrierabteilung vorgesehen, der Kreisregistrierabteilungen (später Wehrkreiskommando der NVA) unterstellt wurden. Während die Bezirksregistrierabteilungen stabsmäßige verwaltungstechnische Strukturen waren, oblag den Kreisregistrierabteilungen die Werbung von Personen für die militärischen Einheiten. Bis zum Erlaß eines Wehrpflichtgesetzes 1962 wurden die bewaffneten Einheiten der KVP und nach Gründung der Nationalen Volksarmee am 1. März 1956 ausschließlich durch Werbeaktionen auf der Basis der Freiwilligkeit aufgefüllt, ergänzt oder auch erweitert.

Doch soweit war es für mich noch nicht. Zunächst einmal erlebte ich einen in verschiedener Hinsicht ereignisreichen Sommer 1953.

Heißer Sommer 1953

Anfang des Jahres 1953 waren wir uns einig geworden, im Sommer zu heiraten. Allerdings kamen uns noch die Ereignisse des 17. Juni dazwischen. Weil dieses Datum nun einmal genannt ist, sollen auch einige erklärende Worte dazu gesagt werden. Was hat es gegeben an diesem schon so oft erwähnten Tag, an dem nach Meinung der einen die Konterrevolution wütete und andere einen Arbeiteraufstand für Freiheit und Demokratie erkannt haben wollen? Wie bei allen geschichtlichen Vorgängen müssen die jeweiligen Geschehnisse in Raum und Zeit eingeordnet werden, wenn das Urteil möglichst objektiv ausfallen soll. Meiner Ansicht nach ging es im wesentlichen um Unmutsäußerungen unzufriedener Arbeiter, die durch Einflußnahme aus westlicher Richtung in politische Gegenreaktionen zur Regierungspolitik der DDR umfunktioniert werden sollten.

Die politischen Stürme, die in diesem so bewegten Jahr über das Land jagten, konnten unser wichtigstes privates Vorhaben nicht wesentlich beeinträchtigen. Etwas störend hingegen fanden wir, daß ich Anfang Juni mit meiner Diensteinheit für mehrere Wochen zu einem Sommermanöver nach Weißwasser-Boxberg verlegt wurde. Eine Trennung junger Liebesleute, noch dazu in der Zeit der Hochzeitsvorbereitungen, macht Kummer. Da kann auch ein reger Briefverkehr kein hinreichender Ersatz sein. Im Zusammenhang mit den Ereignissen um den 17. Juni wurden wir jedoch vorzeitig, ich glaube am 16. Juni, per Eisenbahn in offenen Güterwaggons zum Standort nach Frankenberg zurückgebracht. Von den politischen Turbulenzen wußten wir kaum etwas, wunderten uns aber, daß wir, wenn der Zug durch einen Bahnhof kam, erlebten, daß auf den Bahnsteigen wartende Leute auf unser Winken mit Drohgebärden antworteten. Eine Reaktion, die wir überhaupt noch nicht kannten.

Daß ich früher als geplant zurückkehrte, konnte mir und Renate nur allzu recht sein. Wir kümmerten uns voller Elan um die Hochzeitsvorbereitungen, was beileibe nicht einfach war. Zur damaligen Zeit, acht Jahre nach Kriegsende, hatte sich das Land von den Verwüstungen des Krieges noch nicht erholt. Angesichts von Lebensmittelrationierungen und allgemeinem Warenmangel alles für ein großes Fest zu beschaffen, das brachte schon Sorgen. Wunderschöne Sorgen, so fanden Renate und ich. Alles, was mit der Hochzeit und der kommende Ehe zusammenhing, wurde zum Ereignis. Ich brauchte einen dem Anlaß würdigen Anzug, Renate ihr Hochzeitskleid, eine Gästeliste war zusammenzustellen und der Polterabend zu organisieren. Die Krönung sollte unsere Hochzeitsreise sein. Wir wollten unmittelbar aus der Feier heraus an die Ostsee nach Sellin fahren. Ein für damalige Zeiten und in unseren Kreisen kein so selbstverständliches Vorhaben, um das uns alle Hochzeitsgäste wohl beneideten, aber nicht mißgönnten. Schwägerin Edith freute sich mit ihrer jüngsten Schwester, die bisher, sowenig wie ich, noch nie so weit gereits war: »Mensch, Kleene, an die Ostsee, Du lernst die Welt kennen!«

Trotz emsiger und sorgfältiger Vorbereitungen waren kleinere und größere Pannen nicht zu vermeiden, was ja von abergläubigen Seelen für ein gutes Omen genommen wird. So war der Festtagsbraten in akute Gefahr geraten, weil der Fleischer die rechtzeitig aufgegebene Bestellung vergessen hatte. In höchster Not eilte Schwägerin Edith direkt zum Schlachthof nach Karl-Marx-Stadt, wie die alte Industriestadt Chemnitz seit dem 10. Mai 1953 hieß. Ich weiß nicht, mit welcher List es ihr gelang, ein für die große Gesellschaft ausreichendes Bratenstück zu beschaffen. Wie auch immer, die festliche Tafel war gerettet.

Noch am Polterabend bot mir meine Schwiegermutter nach zweieinhalb Jahren unserer Bekanntschaft das – Du- an. Ja, so streng konnten die Bräuche sein, oder so groß die Unsicherheit. Daß wir mit der vertraulichen Anrede solange gewartet hatten, sprach nicht von Mißtrauen, sondern drückte gegenseitige Wertschätzung aus. Die künftige Schwiegermutter paßte einen günstigen Moment ab und sagte etwas hastig, als wolle sie die Angelegenheit endlich hinter sich bringen: »Also, Manfred, sagen wir nun – Du- zueinander, morgen sind wir sowieso miteinander verwandt.« Mit dieser einleuchtenden Bemerkung hatte sie sich diesen Schritt wohl erleichtern wollen und sicher nicht daran gedacht, daß die Begründung zwar logisch, aber für mich nicht unbedingt schmeichelhaft klang. Es war nicht böse gemeint. Renates Mutter hatte nur, in ihrer zurückhaltenden Art, dieses Problem immer vor sich hergeschoben und war jetzt froh, es gelöst zu haben.

Bevor wir nun tatsächlich Verwandte werden sollten, stand nur noch der Gang zum Standesamt an. Und da durfte es nach Meinung der mit im Haus wohnenden Tante Dora, Schwiegermutters Schwester, nicht an traditioneller Würde fehlen. Dora war resolut und mochte Widerspruch nicht gern.

Mit großem Aufwand an Zeit und Nerven festlich herausgeputzt, warteten die Braut und ich im Wohnzimmer auf das Taxi, das uns zum Standesamt bringen sollte. An uns war kaum noch etwas zu verbessern, glaubten wir. Dora, die alles kritisch begutachtete, mäkelte plötzlich: »Haste keinen Zylinderhut? Was, keinen Zylinder, nee, einen Zylinder mußte haben! Wie das aussieht, mit ohne Zylinder.« Sie eilte hinaus und kam kurz darauf mit der besagten Kopfbedeckung, dem Klapphut, zurück. Die Größe war unerheblich. »Brauchst ihn doch nicht aufzusetzen, nur in der Hand tragen, sieht doch vornehm aus!« Nun, wenn dieses Requisit für ein distinguiertes Auftreten unbedingt nötig war ... Ich fügte mich und nahm die Esse, den Chapeau Claque, wie der Zylinder im Volksmund auch genannt wird. Inzwischen wartete das Taxi vor dem Haus. Nun aber stellten Tante und Schwiegermutter fest, daß der stattlichste Zylinderhut nicht wirkt, wenn er von bloßen Händen gehalten wird. »Du brauchst unbedingt Handschuhe, weiße Handschuhe!« Der Taxifahrer hupte ungeduldig. Dora setzte sich erneut in Bewegung und kam mit weißen Handschuhen zurück. Weiß der Teufel, woher sie die so schnell herbeischaffe. Wir waren in arge Zeitnot gekommen, trafen aber noch rechtzeitig im Standesamt ein. Das alles geschah am 22. August 1953. Unsere Eheschließung wurde im Frankenberger Heiratsregister unter der Nummer 109/53 eingetragen.

Nach der Zeremonie, mit Tränen der Rührung, ging es zum Fotografen, in die Freiberger Straße. Das Brautpaar war jung und fotogen, die Arbeit des Meisters der Mühe wert. Um dem Ganzen einen Hauch des Mondänen zu verleihen, wollte ich mich dem Fotografen mit weißen Handschuhen und Zylinderhut stellen. Leider wurde nichts daraus. Denn ich bemerkte, daß ich in der Hektik, anstatt mit einem vollständigen Paar mit zwei linken Handschuhen versehen worden war. Diese hielt ich dann für die fotografischen Dokumentation mit lässiger Eleganz in der Hand, was nicht unschick wirkte. Am Ende waren sich die Hochzeitsgäste einig: nach derartigen Pannen mußte die Ehe glücklich werden! Recht hatten sie.

Ausgelassen gefeiert wurde dann bei Schwiegermutter in deren guter Stube, alle kamen in Stimmung, niemand hatte etwas auszusetzen, ein prächtiges Fest. Wir feierten bis in den Morgen hinein und warteten dann gemeinsam mit den Gästen auf das längst vorbestellte Taxi, das uns nach Karl-Marx-Stadt bringen sollte. Aber das sollte unser Reaktionsvermögen ein weiteres Mal auf die Probe stellen.

Die Hochzeitsreise

Wir mußten früh um halb Sechs am Karl-Marx-Städter Bahnhof sein, um dort unseren D-Zug zur Ostsee zu erreichen. Aber das Taxi kam und kam nicht. Es wurde immer kritischer, die Zeit lief uns davon. Letztendlich war es einem der Gäste gelungen, den Taxifahrer an's Telefon zu bekommen. Der Mann hatte den verabredeten Termin einfach verschlafen. Nun kam er mit quietschenden Rädern, und unter Mißachtung aller Verkehrsregeln schafften wir unseren Zug in allerletzter Minute doch noch. Geschafft! Wir hatten Platzkarten und ein Abteil für uns allein.

Im Reisen gänzlich unerfahren, benutzten wir ab Berlin nicht den zwar später abfahrenden, aber viel früher an's Ziel kommenden Schnellzug, sondern einen Personenzug, der an jeder Bahnstation hielt. Entnervt und zerschlagen kamen wir erst Sonntagnacht im Seebad Sellin an. Renate hatte es besonders mitgenommen – in Wirklichkeit waren wir ja schon zu dritt, denn reichlich sechs Monate später stellte sich unser Sohn Volker ein!

Am folgenden Morgen war Renate noch so erschöpft, daß sie nicht mit zum Frühstück gehen mochte. Das Personal des Urlauberheimes brachte ihr das Frühstück ans Bett, für die unbestritten jüngste Ehefrau des Hauses ein völlig ungewohnter Service. Man hatte bemerkt, wie jung wir verheiratet waren und bemühte sich daher mit besonderer Aufmerksamkeit um uns. Ja, das gab es damals auch schon.

Die Reisestrapazen waren schnell vergessen und dieser erste Ostseeurlaub wurde so herrlich, wie wir ihn uns erträumt hatten: Sonne, Wasser, Strandburg, Kontakte mit den Fischern des Ortes und aufmerksamer Service im Heim ... Wir erlebten das zum ersten Mal und fühlten uns wie Königin und König.

Nur unsere Finanzen sahen nicht gerade majestätisch aus. Wir hatten uns bis auf wenige Mark vollkommen verausgabt. Um unsere Einkünfte und Geldreserven stand es auch nicht besonders großartig. Deswegen blieben nicht nur die Wochen an der Ostsee, sondern auch unsere Rückreise unvergessen, letztere aus ganz anderen Gründen: Nachdem wir in Sellin die dafür nötigen Umwegkarten gelöst hatten, reichte das Geld nur noch für Schnellzugszuschlagkarten bis Berlin. Dann blieb uns keine müde Mark mehr. Unsere Fahrkarten hatten zwar bis Karl-Marx-Stadt Gültigkeit, aber den Schnellzug benutzten wir ab Berlin schwarz. Von Geld für Getränke oder etwas zu Essen unterwegs gar nicht zu reden. Natürlich waren wir besorgt, ob wir bei der nächsten Fahrkartenkontrolle wegen des nur teilweise bezahlten Zuschlages als Schwarzfahrer aus dem Zug gesetzt werden würden. Es ging gut, aber wir waren ziemlich geschafft von all den Widrigkeiten und Ängsten. Irgendwann erreichten wir schließlich Karl-Marx-Stadt und leisteten uns dort ein Taxi nach Frankenberg. Dort wurde die Schwiegermutter angepumpt. Aber wir waren wieder zu Hause und hatten »die Welt kennengelernt«.

Bei der damaligen Wohnungsknappheit gab es für uns noch keine eigene Wohnung, weshalb Schwiergermutter ihre Küche und die zwei anderen Räume mit uns teilte. Wie sich denken läßt, lebten wir dort unter ziemlich beengten Verhältnissen.

Am 1. Oktober 1953 wurde ich als Leutnant zur Kreisregistrierabteilung Zwickau versetzt. In der Konradstraße 7 bezog ich als Untermieter einer Familie Seifert ein Zimmer. Das strenge Militärleben, von Regelungen und Vorschriften eingeengt, trat nun immer mehr in den Hintergrund. Wir blieben wohl weiterhin Uniformträger, unterlagen den allgemeinen Dienstvorschriften und Disziplinarbestimmungen, der Dienstablauf regelte sich jedoch mehr nach Formen einer zivilen Behörde. Das war hauptsächlich bedingt durch die spezielle Art der Aufgabenstellung und der notwendigen engen Zusammenarbeit mit zivilen Institutionen. »Arbeitsgegenstand« waren männliche Jugendliche ab achtzehn Jahren, die wir in persönlichen Gesprächen für einen freiwillig zu leistenden Wehrdienst zu gewinnen suchten. Als Kontaktpartner und Helfer standen uns die Personal- und Kaderabteilungen der Betriebe und Institute und auch hauptamtliche Partei – und Jugendfunktionäre zur Seite. Im Grunde genommen war es keine uninteressante Aufgabe. Hier entwickelte sich mein Selbstbewußtsein, die Fähigkeit zu selbstsicherem Handeln und das Vermögen, logische und überzeugende Argumentationen zu konkreten wie auch komplexen Sachfragen zu führen.

Die für die Werbung verantwortlichen Mitarbeiter erhielten jeweils einen bestimmten Bereich zugeteilt und suchten die dort befindlichen Betriebe, Institutionen, Behörden und Einrichtungen auf. Von den Personalabteilungen erhielten wir Namen in Frage kommender Jugendlicher, mit denen wir dann sprachen. Die meisten jungen Menschen traten uns aufgeschlossen und gesprächsbereit entgegen. Wir, die »Werbeoffiziere«, waren meist nur wenig älter als sie, kamen in der Regel aus gleichen sozialen Verhältnissen, kannten die Probleme des Landes und waren politisch gebildet. Die Gründe und Möglichkeiten der Friedenssicherung wie auch der Landesverteidigung lagen offen zutage und die meisten jungen Leute waren politisch nicht gleichgültig. Das Interesse für einen freiwilligen Dienst in einem der Truppenteile der kasernierten Streitkräfte war erstaunlich hoch. Besonders, wenn man bedenkt, daß zu dieser Zeit jeder junge Mann auch im zivilen Bereich seine berufliche Perspektive hatte, und niemand aus Gründen der Existenzsicherung Soldat werden mußte. Sicherlich mag es auch ganz persönliche Motive gegeben haben, wie bessere Chancen für ein Hochschulstudium nach absolvierter Dienstzeit oder die Faszination der Militärtechnik. Vielfach aber lag dem freiwilligen Eintritt eine realistische politische Haltung zugrunde. Immer wieder sprach ich mit den jungen Männern darüber, daß ein wehrhafter Sozialismus angesichts der Drohgebärden des westlichen Bündnisses, die von Wirtschaftsboykotts, Handelsembargos, aggressiver Argumentation und geheimdienstlichen Unterwanderungen begleitet wurden, friedenserhaltend sei. In dieser Gesellschaftsordnung, zu der ich mich auch heute bekenne, gab es oft große Übereinstimmung, vielfach zumindestens eine starke Annäherung der persönlichen Interessen mit den Belangen der ganzen Gesellschaft. In diesem Sinne wurde von mir argumentiert. Oft brachten die Gesprächspartner freimütig kritische Hinweise auf betriebliche oder gesellschaftliche Mängel oder Unregelmäßigkeiten vor und erwarteten, daß die behoben würden. Im Betrieb sprach es sich schnell herum, wenn Werbegespräche anstanden. Die Jugendlichen waren daher auf solche Debatten eingestimmt und manche Gesprächspartner gaben von vornherein kategorisch zu verstehen, daß sie an einem Militärdienst nicht interessiert seien. »Wir können über alles reden, aber zur Fahne (zum Militär) gehe ich nicht«, hieß es dann. Die Gründe für eine solche Haltung waren beruflicher oder familiärer Natur. Natürlich spielten auch religiöse Bindungen eine Rolle. Oder die nicht unbegründete Sorge, als Soldat womöglich im Ernstfall auf Deutsche schießen zu müssen. Gegen all diese Vorbehalte ließen sich natürlich auch vernünftige Gegenargumente finden. Blieb der Betreffende bei seiner Ablehnung, verabschiedete ich mich mit einer unverbindlichen Bemerkung wie, »vielleicht reden wir später noch mal darüber«. Es kam auch vor, daß eben dieser junge Mann, mit dem ich ergebnislos diskutiert hatte, ein paar Tage später von sich aus in die Kreisregistrierabteilung kam und um Einstellung zu irgendeinem Truppenteil bat. Manche Entscheidung braucht eben ihre Zeit.

Die erste Wohnung – an eine Wohnung muß man »gewohnt« sein

Wie gesagt, bei Schwiegermutter hatten wir es sehr eng. Daher hofften wir nach meiner Versetzung nach Zwickau darauf, bald eine eigene Wohnung beziehen zu können. Und tatsächlich erhielt ich eine Zuweisung für eine Wohnung, die stark renovierungsbedürftig, daher schwer vermietbar und dennoch ein Gewinn für uns gewesen wäre. Als wir schon in den ersten Vorbereitungen für den Umzug nach Zwickau steckten, erreichte mich eine Nachricht, die wieder alle Pläne umstürzte: Ich wurde zur Kreisregistrierabteilung nach Karl-Marx-Stadt versetzt. Eine herbe Enttäuschung, die aber dadurch gemildert wurde, daß ich von nun an täglich nach Frankenberg zu Frau und Kind fahren konnte. Die Formulierung Frau und Kind traf seit dem 7. März 1954 zu, denn an diesem Tag kam Volker, unser erster Sohn zur Welt. Erst die Geburt unseres Jungen machte uns zu einer kompletten Familie, verlangte mehr Verantwortung und ließ alles, was wir taten sinnvoller erscheinen.

Nach Volkers Geburt mußte nun in der Zweiraumwohnung der Schwiegermutter noch für das Baby Platz geschaffen werden. Vater, Mutter, Kind, Oma, alles unter einem Dach. Für Renates Mutter gewiß schwierig, aber auch ein herzerwärmendes Gefühl, noch einmal ein kleines Enkelchen heranwachsen zu sehen.

Als uns mein Vorgesetzter in dieser Zeit besuchte, war er von den schwierigen Wohnbedingungen derart beeindruckt, daß er spontan zusicherte, sich persönlich für eine baldige Wohnungszuweisung einzusetzen.

Zum Jahresende 1954 löste er dieses Versprechen ein. Überglücklich besichtigten wir unsere erste eigene Wohnung, eine Neubauwohnung im Karl-Marx-Städter Lutherviertel, die sich in jeder Hinsicht als Hauptgewinn erwies: Wohnzimmer und Schlafzimmer, Platz für Ehebett, Kinderkörbchen, die Küche nicht groß, aber praktisch, und das Allerbeste das Bad mit Wanne, Badeofen. Wie glücklich wir uns fühlten, läßt sich daraus ersehen, daß wir buchstäblich vier Tage vor Weihnachten umzogen. Wir wollten nicht mehr länger warten. Eiskalt war die Wohnung. Der braune Kachelofen in der Wohnstube vermochte es auch beim besten Willen nicht, die fast arktische Kälte, die sich in allen Ecken und Winkeln des Hauses eingenistet hatte, zu vertreiben. Immer wieder gingen wir durch die Räume der Wohnung und konnten uns trotz der Winterkälte an unserem Heim, unserem zu Hause, erwärmen. Aus eigener Erfahrung kann ich sehr gut verstehen, welche hohe Bedeutung eine eigene Wohnung für Harmonie und soziales Wohlgefühl in der Familie haben kann. Den vielzitierten Rechtsanspruch vom Haus, das die eigene Burg sei, kannte schon das alte englische Recht und erlaubte ausdrücklich, das Heim vor Dieben und Räubern zu verteidigen. »Denn eines Mannes Haus ist seine Burg!« hat sich kein romantischer Dichter ausgedacht, sondern ist ein alter unveräußerlicher Rechtstitel, um 1600 vom englischen Rechtswissenschaftler Edward Coke formuliert. Eine noch ältere deutsche Version ist im Haimbucher Stadtrecht von 1244 zu finden: »Wir wollen auch, daß einem jeglichen Bürger sein Haus eine Feste sei.« Auch ich betrachtete die Wohnung, die unserer jungen Familie für die nächsten Jahre, bis zu unserem Umzug nach Berlin, Geborgenheit bieten sollte, symbolisch versteht sich, als solch eine »Feste«. Karl-Marx-Stadt, Rudolfstraße 33, das war von nun an unser Ort. Ein zuverlässiger Ort, an dem jeder aus der Familie Wärme, Harmonie und Ruhe findet.

Unter den freundlichen Wohnbedingungen konnten wir nun das Familienleben nach unseren Vorstellungen und Vermögen gestalten. Wir übten uns im Zusammenleben mit Hausbewohnern, Bekannten und Freunden und verkehrten als jüngste Familie selbstbewußt mit der Verwandtschaft, vor allem natürlich von Renates Seite. Erst jetzt bekamen Aufforderungen wie »besucht uns doch einmal« einen praktischen Sinn.

Hier habe ich eben die Formulierung, daß wir uns im Zusammenleben »übten«, mit vollem Bedacht gewählt. Denn auch dieses Feld war für uns junge Leute damals Neuland mit ganz eigenen Fettnäpfchen und Fallstricken. Da mußten Erfahrungen gemacht und verarbeitet werden. Freundschaften lassen sich nicht erzwingen und man sollte sie auch nicht aus bestimmten Zweckmäßigkeitserwägungen heraus anbahnen. Sie sollten auf natürliche Weise entstehen, wachsen und behutsam behandelt werden. In einer Freundschaft soll sich niemand auf Dauer dem anderen unterordnen, dann wäre es keine ehrliche Freundschaft. Ebensowenig sollte man unter Freunden darauf aus sein, nur sein eigenes Licht leuchten zu lassen, in jeder Debatte recht behalten zu wollen. Wer kann schon auf Dauer vertragen, wenn sich der andere als Oberlehrer aufführt, der alles besser weiß, auf jedes Argument eine belehrende Widerrede parat hält. »Gleichheit der Gesinnung erhält die Freundschaft«, das wußte schon der alte griechische Philosoph Demokrit. Unter Freunden sollte man ehrlich sein, was nicht heißt, daß man sich alles und jedes sagen und zumuten muß. Gefallen jemandem bestimmte Eigenarten oder Gewohnheiten seiner Freunde weniger, so sollte er sich überlegen, ob das nun unbedingt und womöglich noch mit erhobenem Zeigefinger kund getan werden muß. Warum soll man den Freund kränken? Vorausgesetzt, es handelt sich um Kleinigkeiten, die die Freundschaft nicht wirklich stören.

Nun, dergleichen Einsichten mußten auch wir erst gewinnen und dabei Lehrgeld zahlen. Zu manchen für das Leben wichtigen Erkenntnissen gelangt man leider erst im Alter. Oder anders und mit Winston Churchill gesagt: »Es ist ein großer Vorteil im Leben, die Fehler, aus denen man lernen kann, möglichst frühzeitig zu machen«.

Feiertage und Alltage einer jungen Familie

Dem Umzug im Dezember 1954 folgte das erste Weihnachtsfest in eigener Familie, fürsorglich und mit Hingabe organisiert. Daß die Wohnung in der Rudolfstraße erst spärlich möbliert war, trübte die Freude nicht. Viel wichtiger war, daß zum ersten Mal ein von uns ausgesuchter und liebevoll geschmückter Weihnachtsbaum in der eigenen Wohnstube stand. Volkers Stubenwagen wurde nahe an den Baum gerückt, damit das Söhnchen etwas vom Lichterglanz und der glücklichen Zufriedenheit seiner Eltern sehen und spüren konnte. Weihnachten, das Fest der Familie, war seither auch in den darauf folgenden Jahren immer ein besonderes Ereignis für unsere kleine Gemeinschaft, nicht nur oder gar am allerwenigsten der Geschenke wegen. Natürlich, Geschenke als Überraschung, das gehört schon zu der echten weihnachtlichen Stimmung, aber nicht weniger die Vorfreude, Heimlichkeiten, Kerzenschein und Weihnachtslieder mit den Kindern. Auch die Erwachsenen bleiben nicht unberührt von dem Treiben. Nicht zu vergessen der Weihnachtsbraten und die Weihnachtsstollen, Pfefferkuchen, Äpfel und Nüsse, Naschwerk aller Art und zu guter Letzt ein festlich gedeckter Tisch mit einigen Kostbarkeiten. Die Bürde der Verantwortung für das Gelingen des Weihnachtsfestes lag nun endlich in unseren eigenen Händen – und das hat uns unglaubliche Freude gemacht.

Nun machte es in jenen mageren Jahren schon einigen Aufwand, den richtigen Festtagsbraten, Gans oder Ente, zu beschaffen. Letzten Endes stand der Braten jedes Mal auf dem Tisch, aber die Angst, zu den Feiertagen vor leeren Pfannen und Schüsseln zu stehen, machte unruhig und trieb uns an. Renate und ich beauftragten uns gegenseitig, zuzugreifen, sobald einer ein Stück Geflügel erstehen konnte. Nun hatten wir, in der Festtagsorganisation noch etwas unerfahren, nicht bedacht, daß der Großhandel das Weihnachtsgeflügel gleichzeitig an alle Lebensmittelgeschäfte auslieferte. So kam es, wie es kommen mußte: Renate brachte die favorisierte Weihnachtsgans zum häuslichen Herd und ich kam am gleichen Abend, stolz wie der königliche Hofjägermeister nach erfolgreicher Jagd, mit einer schweren Pute nach Hause. Nein, selbst angesichts der unter den Deutschen alljährlich zum Weihnachtsfest grassierenden Furcht vorm Verhungern, soviel Bratgeflügel konnten wir beim besten Willen nicht verbrauchen. Und uns auch gar nicht leisten. Was tun? Auch damals waren Lebensmittel von der Rückgabe ausgeschlossen, aber versuchen wollte ich es. Demutsvoll trug ich die Pute am nächsten Tag in's Geschäft zurück. Die Verkäuferin brachte Verständnis für meine fatale Lage auf und nahm mir den Vogel wieder ab.

Stille Zufriedenheit und hektische Betriebsamkeit widersprechen sich zur Weihnachtszeit nicht, sondern bedingen sich gegenseitig. Die wiederkehrenden Abläufe der Vorbereitung und Gestaltung eines für die Menschen aus ganz unterschiedlichen Gründen bedeutungsvoll gewordenen Festes führte in der Familie im Laufe der Zeit zu einem mehr oder weniger festen Ritual, das ziemlich penibel eingehalten wird. Gute Traditionen sollte man pflegen, vielleicht auch weiterreichen. Dazu gehört auch, gemeinsam mit der Familie, mit Verwandten oder Freunden Zeit zu verbringen. Und sich diese Zeit auch zu nehmen. »Es ist nicht wenig Zeit, was wir nicht haben, sondern es ist viel, was wir nicht nutzen«, mahnte schon der römische Philosoph Seneca. Wir jedenfalls pflegten unsere Kontakte zu Arbeitskollegen, Bekannten im Wohngebiet, ein fester Freundeskreis entstand. Man traf sich zu den verschiedensten Anlässen bei uns, wir wurden so etwas wie ein fröhliches Zentrum. Liebschers veranstalteten manchmal einen Hausball, der in Erinnerung blieb.

Die Zeit in Karl-Marx-Stadt stellte für mich und die Familie eine sehr schöne, bestimmt auch entscheidende Etappe dar, in der die Weichen für die folgenden Jahre gestellt wurden. In diesen Zeitraum fällt auch die Geburt unseres jüngeren Sohnes Achim am 8. Dezember 1956. Ausgerechnet in jener Nacht zum Sonnabend sah der Dienstplan vor, daß ich als Offizier vom Dienst in der Dienststelle anwesend zu sein hatte. Nun muß ein Vater nicht unbedingt bei der Geburt seines Kindes dabei sein, schließlich spielt nicht er die Hauptrolle. Aber beruhigend wäre meine Anwesenheit vielleicht doch gewesen, zumindest für mich. Als mich Renate am frühen Morgen in der Dienststelle anrief und mir sagte, daß »... es nun wohl so weit sei«, geriet ich in ziemliche Panik. Dabei war das Ereignis seit neun Monaten vorauszusehen ... Anstatt unverzüglich bei der Entbindungsstation anzurufen, lief ich in Uniform aber ohne Mütze – laut Dienstreglement ein schwerwiegenderes Vergehen, als seinerzeit ohne Uniformjacke im Arbeitszimmer des Stabsgebäudes zu sitzen – quer durch die Stadt nach Hause, um von dort aus endlich das Krankenhaus zu verständigen. Man möge es mir nachsehen, ich hatte eben noch zu wenig Übung.

Der Familienzuwachs wurde, wie es in einer kinderfreundlichen Umwelt nicht anders sein kann, freudig begrüßt. Noch ahnte niemand, daß Achim leider mit einem von mir vererbten Hüftschaden zur Welt kam, der uns schwere Sorgen machen sollte und für ihn selbst große Belastungen bringen mußte.

Mit dem zweiten Sohn nahm die einst vielzitierte »kleinste Zelle im Staat« noch deutlicher eigene, unverwechselbare Gestalt an. Unsere Familie fand ihren Platz und organisierte sich nach eigenen Werten und Auffassungen. Das verlief nicht widerspruchsfrei, aber niemals und auch nicht ansatzweise gerieten wir in solche Niederungen roher und gemeiner Verhältnisse, wie ich sie in der würdelosen ersten Ehe meiner Mutter kennenlernen mußte. Es war mein fester Vorsatz, derartiges nie zuzulassen.

Nach und nach, und soweit es mein schmales Einkommen zuließ, vervollständigten wir unsere Wohnungseinrichtung. Wir lebten wirklich nicht fürstlich. Renate schaffte es bestenfalls, monatlich zehn Mark zur Seite zu legen, die dann zum Jahresende für die Weihnachtseinkäufe verbraucht werden konnten. So manches Mal war unser Etat schon kurz vor der Gehaltszahlung aufgebraucht und der Speiseschrank leer. Renate wartete dann am Gehaltstag auf mich, weil sie das Geld für die notwendigen Einkäufe brauchte.

Beim Umgang mit unserem »Vermögen« bewies ich nicht immer das erforderliche Augenmaß. Zum Grundstock unserer Familien-Anekdoten gehört die Geschichte um den Musikschrank. Ich hatte dieses Möbel eines Tages bei einer Regional-Messe entdeckt, die im Bezirk hergestellte Konsumgüter, vorwiegend für den Haushalt und Freizeitbereich, zeigte. Der Musikschrank »Lohengrin« hatte es mir sofort angetan: Das Rundfunkteil mit vier Lautsprechern sorgte für eine herausragende Klang-Qualität. Dazu kam ein Tonbandgerät vom Typ »Smaragd« mit Mikrophon sowie ein Schallplattenspieler. Die für damalige Verhältnisse modernste Technik war in einen beeindruckenden, einen Meter breiten und tischhohen Schrank eingebaut, dessen Vorderseite mit Edelholzfurnier verkleidet, auf Hochglanz poliert und mit Messingleisten versehen worden war, die Zierde eines jeden Hauses. In unserer noch spartanisch möblierten Wohnung hätte sich ein solches Prachtstück wie ein preisverdächtiger Goldfasan unter einer Schar Dorfspatzen ausgenommen. Außerdem kostete es 1200 Mark, in Worten eintausendzweihundert. Gleichwohl ging ich noch einige Male zu dieser Messe und umkreiste das Objekt meiner Begierde wie ein hungriger Fuchs den Hühnerstall. Um bei dem Vergleich mit einem Fuchs zu bleiben: die Trauben waren mir zu sauer. Ich versuchte mir einzureden, daß ich einen solchen Musikschrank gar nicht brauche und wollte ihn aus meinem Gedächtnis streichen. Aber jeder beklagt sein Gedächtnis, niemand jedoch seinen mangelnden Verstand – warum sollte es bei mir anders sein? Einige Zeit später stand ich bei einem gelegentlichen Bummel durchs Warenhaus der staatlichen Handelsorganisation (HO) plötzlich wieder vor »Lohengrin«. Provozierend stand auf dem Preisschild nicht nur die bekannte Summe, 1200 Mark, sondern auch der Hinweis, daß Ratenzahlung möglich sei! Man hatte das im DDR-Handel gerade erst für hochwertige Konsumgüter, wie man das damals nannte, eingeführt. Ich überlegte, ob es denn richtig sei, dieses schöne Stücks einfach so mit Mißachtung zu strafen und überschlug kurz meine Einkommensverhältnisse. Angesichts der vier Lautsprecher und des edlen Furniers vergaß ich alle familiären Pflichten, ignorierte unsere regelmäßige Negativbilanz und vermied es an Renates Reaktionen zu denken. So kam ich zu dem Schluß, eine Ratenzahlung von monatlich 50 Mark müßte unser Etat verkraften. Vor Vertragsabschluß waren allerdings noch einige Hürden zu nehmen. Im Kaufhaus füllte ich den Kreditvertrag aus, den ich in der Lohnbuchhaltung meiner Dienststelle als Nachweis meiner Kreditwürdigkeit bestätigen lassen mußte. Aber auch das ging nicht problemlos vonstatten, denn mein Chef fand, daß es einem Offizier nicht anstehe, sich einen Kredit einräumen zu lassen, also quasi Schulden zu machen. Das würde das Ansehen des Offiziersstandes schädigen. Ich beharrte auf meinem Vorhaben und überzeugte den »Moralisten«. Zurück im HO-Kaufhaus kaufte ich »Lohengrin«, ein Liefertermin wurde vereinbart. Um den Überraschungseffekt auszukosten und vor allem wohl, um Vorhaltungen aus dem Weg zu gehen, ließ ich zu Haus von alledem kein Wort hören. So staunte die vollkommen überrumpelte Renate nicht schlecht, als eines Tages Möbelträger den Musikschrank zu uns in den ersten Stock schleppten. Sie hielt das Ganze zunächst für ein Versehen und dann, als die Sache aufgeklärt war, mir eine ausführliche Gardinenpredigt. Von diesem Strafgericht einmal abgesehen, erlebten wir mit der wertvollen Neuerwerbung viele Jahre lang ausgesprochenes Vergnügen. Wir hatten keinen Fernseher, deswegen spielte in unserer Familie der Rundfunk eine große Rolle. Kaum ein Hörspiel ließen wir aus und verfolgten mit Hingabe Musik – und Unterhaltungssendungen, die wir mit einer für die damalige Zeit beachtlichen Qualität empfingen. Spaß machte es auch, mit dem Tonbandgerät die jeweils aktuellen Schlager aufzunehmen und bei unseren geselligen Abenden mit Freunden zu spielen.

Da wir nicht ans Fernsehen gefesselt waren, blieb uns ohnehin viel Raum für andere Freizeitinteressen. Das Lesen spielte eine wichtige Rolle und unsere Bücherregale füllten sich zusehends. Zumal Literatur erschwinglich war und blieb. Ein Theaterabonnement ermunterte uns zu monatlichen Besuchen des nahegelegenen Stadttheaters.

Alles in allem war die Karl-Marx-Städter Zeit meiner persönlichen Entwicklung sehr dienlich. Es traten immer wieder neue Aufgaben an mich heran, die nicht mit anderen zu teilen und dennoch zu lösen waren. Das geflügelte Wort: »Es wächst der Mensch mit seinen höheren Zwecken« trifft wohl zu. Vorausgesetzt, die eigene Leistungsfähigkeit wird weder unter-noch überschätzt.

Meine Aufgaben im Wehrkreiskommando erschöpften sich nicht in Werbegesprächen. Häufig beteiligten wir uns mit Redebeiträgen an Konferenzen, Versammlungen, Foren und anderweitigen Zusammenkünften von Parteien und Massenorganisationen oder organisierten selbst solche Veranstaltungen, um den bewaffneten Dienst populär zu machen. Anfänglich kostete es mich ziemliche Überwindung, vor einer großen Zahl von Menschen zu sprechen. Da kam es mir entgegen, daß unser Bezirkstonstudio einen Dia-Ton-Vortrag über historische Freiwilligenarmeen produzierte. Der Vortrag informierte professionell über die Bauernkriege, über Theodor Körners Kampf gegen Napoleon, die Lützowschen Jäger und so weiter. Zwischen den Textblöcken wurden musikalische Passagen aus »Notre Dame« eingespielt. Ich ging mit diesem Vortrag meist in Bürgerversammlungen der Wohngebiete. Noch heute werde ich daran erinnert, höre ich »Notre Dame«.

Leider kam es aber auch zu Auftritten, die besser vermieden worden wären. Aber so ist es halt, wenn man ohne das notwendige Fingerspitzengefühl agiert und Peinlichkeiten heraufbeschwört: Als Ansprechpartner und Agitator des Wehrkreiskommandos nahm ich auftragsgemäß an einer Elternversammlung in einer erweiterten Oberschule teil. Die Eltern sollten davon überzeugt werden, daß ihre Söhne nach dem Abitur und noch vor Studienbeginn freiwillig für drei Jahre Militärdienst leisteten. Ich fand das Argument, daß vor allem jene jungen Menschen, die großzügige Bildungsmöglichkeiten in Anspruch nahmen und später in wichtigen Positionen arbeiten würden, auch der Gesellschaft gegenüber verpflichtet seien. Zugegeben, eine etwas holzschnittartige Argumentation, eher ein Wink mit dem Zaunpfahl. In meinem Tatendrang übersah ich wohl die Grenzen des Fairplay und verunsicherte die Anwesenden einigermaßen. »Alle Wege führen nach Rom«, erklärte ich forsch den um einige Jahre älteren Vätern und Müttern. »Aber«, so setzte ich etwas ironisch fort, »zum Hochschulstudium führt nur ein Weg, nämlich der einer dreijährigen Armeezeit!« Kaum hatte ich das so drastisch ausgesprochen, war mir klar, daß ich die Zuhörer damit eher verprellt, als überzeugt hatte. Aber ein einmal dem Mund entflohenes Wort fängt keine Macht der Erde wieder ein. Gesagt ist gesagt, im Guten wie im Bösen. Niemand im Raum mochte nach dieser unbedachten Äußerung noch etwas zur Diskussion beitragen. Ich mußte erkennen, daß man jemanden, den man zum Schweigen bringt, noch lange nicht überzeugt hat.

Irgendwann spürte ich, daß ich für meine Arbeit im Wehrkreiskommando nicht mehr besonders motiviert war. Es kam nichts Neues mehr. Im Stillen wünschte ich mir neue Aufgaben, vielleicht auf einem vollkommen anderen Gebiet. Mit dem Gedanken, daß ich eigentlich gerne ein Förster wäre, hatte ich seit meiner Kindheit schon so manches Mal gespielt. Eine verlockende Vorstellung, seit ich mit Großmutter durch die Wälder des Erzgebirges gestreift war und von ihr jeden Vogel, jeden Pilz, jede Beere erklärt bekam. 1957 unternahm ich dann tatsächlich einige praktische Schritte in diese Richtung, erkundigte mich nach dem entsprechenden Studiengang auf einer Forstfachschule. Man war nicht abgeneigt, aber natürlich genügte für einen derartigen Bildungsweg mein Schulabschluß nicht mehr, ich brauchte zumindest ein Sonderreifezeugnis. Also suchte ich mir an der Arbeiter-und Bauern-Fakultät der Karl-Marx-Städter Hochschule für Maschinenbau einen entsprechenden Abendlehrgang und schloß den auch mit einer ordentlich bestandenen Sonderreifeprüfung ab. Aber ich brauchte auch den Nachweis einer Berufsausbildung als Forstfacharbeiter. (Wir nannten den Beruf früher schlicht Waldarbeiter.) Die entsprechende Ausbildung wäre nun nicht an der Abendschule, sondern in der Praxis zu absolvieren gewesen. Mit meiner Hüfte ging das nicht, Waldarbeiter müssen hart körperlich arbeiten. Letztlich sah ich ein, daß es wohl doch eine etwas krause Idee war, als junger Offizier mit Frau und Kind noch einmal drei Jahre lang im Wald lernen zu wollen.

Alles ist geheim!

So blieb mir zwar die Revierförster-Laufbahn versagt, dennoch brachte das Jahr 1958 eine deutliche berufliche Zäsur. Ohne, daß ich dafür einen Anstoß gegeben hätte, kam es zu einer Entscheidung, die meine (und damit auch der Familie) Lebensgestaltung gravierend verändern sollte. Im Februar war ich zum Oberleutnant befördert worden, nicht ahnend, daß es das letzte Jahr meiner Zugehörigkeit zur Nationalen Volksarmee werden sollte.

Begünstigend dafür waren strukturelle und damit verbunden personelle Maßnahmen innerhalb der Armee. Die Wehrbezirke der NVA reduzierten die Offiziersplanstellen und führten an deren Stelle Zivilplanstellen ein. Zwar zählte ich nicht zu dem Personenkreis, bei dem Entlassung anstanden, aber mir kam der Wirbel, der sich mit den Änderungen verband, nicht ungelegen. Gleichzeitig hatten offenbar bestimmte Stellen meinen Wunsch nach beruflicher Veränderung registriert. Ganz unspektakulär kam eines Tages ein Zivilist zum Wehrkreiskommando und bat mich um ein vertrauliches Gespräch. Das war an sich nichts Ungewöhnliches. Der Mann stellte sich mir als Mitarbeiter der Personalabteilung des Ministeriums für Staatssicherheit (MfS) vor.

Um den heute gängigen Verfälschungen und Kriminalisierungen des MfS entgegenzutreten, einfach um der Wahrheit willen, muß hier etwas Prinzipielles zu diesem staatlichen Organ der DDR gesagt werden. Ich kann hier nicht die Geschichte des Ministeriums detailliert beschreiben und dessen Platz bestimmen – das soll einer anderen, speziellen Literatur vorbehalten bleiben. Aber auch meine Erlebnisse können ein wenig zur Aufhellung beitragen. Es wird die Zeit kommen, wo dieser diffizile Ausschnitt aus der DDR-Geschichte mit weniger Aufgeregtheit erörtert werden kann und man vielleicht zu einem objektiveren Urteil gelangt. Heute, zwölf Jahre nach dem Anschluß der DDR an die BRD, sind wir davon allerdings immer noch weit entfernt.

Heute wird gern a priori behauptet, daß das MfS und seine Arbeit verfassungswidrig gewesen wären. Davon kann überhaupt nicht die Rede sein. Zumal die DDR seit ihrem Bestehen den hemmungslosen geheimdienstlichen Angriffen des Westens mit all ihren negativen sicherheitspolitischen Folgen ausgesetzt war: Spionage, Sabotage, Diversion, Brandstiftung – nichts wurde ausgelassen. Mit geheimdienstlicher Anleitung und Finanzierung konnten sich auch zahlreiche konspirativ tätige Organisationen, wie die »Kampfgruppe gegen Unmenschlichkeit (KGU)« oder das Ostbüro der SPD in Westberlin etablieren. Makaber besonders die Aktionen dieser »Kampfgruppe«, die sich angeblich dem Kampf gegen die Unmenschlichkeit verschrieben hatte, aber mit Brandstiftungen, Lebensmittelvergiftungen, Sprengstoffanschlägen so extrem kriminell handelte, daß sie schließlich sogar vom amerikanischen Geheimdienst zur Mäßigung angehalten werden mußte. Angesichts dieser Situation muß doch die Frage erlaubt sein, wie sich denn die DDR sonst solcher Angriffe hätte erwehren sollen? Etwa mit öffentlichen Appellen?

Als Antwort auf die westlichen nachrichtendienstlichen Aktivitäten wurde am 8. Februar 1950 das Ministerium für Staatssicherheit gegründet und im Gesetzblatt der DDR Nr. 15 vom 21. Februar 1950 hierzu veröffentlicht: »Die bisher dem Ministerium des Innern unterstellte Hauptverwaltung zum Schutze der Volkswirtschaft wird zu einem selbständigen Ministerium für Staatssicherheit umgebildet. Das Gesetz vom 7. Oktober 1949 über die provisorische Regierung der DDR wird entsprechend geändert.« Der Minister des Innern, Dr. Steinhoff, erklärte dazu: »... Die Hauptaufgaben dieses Ministeriums werden sein, die volkseigenen Betriebe und Werke, das Verkehrswesen und die volkseigenen Güter vor Anschlägen verbrecherischer Elemente sowie gegen alle Angriffe zu schützen, einen entschiedenen Kampf gegen die Tätigkeit feindlicher Agenturen, Diversanten, Saboteure und Spione zu führen, unsere demokratische Entwicklung zu schützen und unserer demokratischen Friedenswirtschaft eine ungestörte Erfüllung der Wirtschaftspläne zu sichern.« Soweit zum Gründungsakt des MfS. In den Statuten des MfS wurden die spezifischen Aufgaben, die rechtlichen Normative eindeutig umrissen. Die MfS-Dienststellen waren als solche gekennzeichnet und zu den Sprechstunden wurden sie sehr häufig von den Bürgern aufgesucht. Entsprechend seiner Aufgabenstellung hatte das MfS vom Gesetzgeber spezifische Arbeitsmittel und Methoden zugebilligt bekommen. Dazu gehörte, wie bei entsprechenden Diensten auf der ganzen Welt üblich, die Arbeit mit verdeckten oder geheimen Mitarbeitern oder Vertrauensmännern oder eben, wie im MfS, mit inoffiziellen Mitarbeitern (IM). Nicht »informelle«, also informierende oder mitteilende Mitarbeiter, wie heutzutage wider besseres Wissen IM eigensinnig bezeichnet werden in der Auffassung, so ließen sich Diskriminierungen besser an den Mann bringen. Inoffizielle Mitarbeiter waren Menschen, die in der Regel aus Überzeugung mit dem MfS diskret zusammenarbeiteten. Sie wurden zur Abwehr der Tätigkeit fremder Nachrichtendienste eingesetzt, zur Beobachtung staatsfeindlicher Gruppierungen und zur Sicherung von Geheimnisträgern. Daß sich darunter vereinzelt auch »Falschspieler« befanden, wird niemand bestreiten wollen. So etwas ist nicht zu vermeiden.

Wenn an dieser Stelle über den Charakter des MfS und dessen Reputation gesprochen wird, darf ein wichtiger Aspekt nicht ausgeblendet werden. Es ist nämlich ein besonderer Vorzug, daß sich die Gründergeneration und das Führungspersonal des MfS nahezu ausschließlich auf Personen stützte, welche die entschiedensten, konsequentesten Gegner des deutschen Faschismus waren, Menschen, die in der Zeit des Faschismus ihrer Gesinnung wegen ins Exil gingen oder sich in Konzentrationslagern und Zuchthäusern befanden. Im Westen hingegen rekrutierten sich die Verantwortlichen des Bundesamtes für Verfassungsschutz (BfV), des Bundesnachrichtendienstes (BND) und des Militärischen Abschirmdienstes zu einem Großteil aus Funktionsträgern des Dritten Reiches und Personen, die der faschistischen Eroberungspolitik gedient hatten. Der Vorläufer des BND war die »Organisation Gehlen«, benannt nach Generalleutnant Gehlen, einem leitenden Mitarbeiter der faschistischen Abwehrorganisation »Fremde Heere Ost« beim Oberkommando des Heeres. Reinhard Gehlen und Oberstleutnant Gerhard Wessel waren kurz vor Kriegsende mit ihrer Agentenkartei zu den amerikanischen Alliierten übergewechselt und bauten dann gemeinsam mit vielen ehemaligen Mitarbeitern die Nachrichtendienste in der BRD auf. Es ist unschwer zu erraten, von welchem Geist diese Dienste geprägt und für welche Zielen sie zu mobilisieren waren.

Das Ministerium für Staatssicherheit, heutzutage mit zurückhaltender Entrüstung oder peinlich berührt und dennoch gefühlvoll Stasi genannt, hatte im Verständnis eines DDR-Bürgers weder damals noch heute etwas Monsterhaftes, Dämonisches an sich. Für mich war es eine Einrichtung meines Staates, die ich für notwendig, legitim hielt. Nicht das MfS war und ist für mich illegitim, sondern die Aktivitäten westdeutscher und ausländischer Geheimdienste zur Destabilisierung der DDR!

Dennoch hätte ich mir bis zu diesem Gespräch mit dem MfS-Mitarbeiter nicht vorstellen können, einmal Angehöriger dieses Organs zu werden. Ich hätte gar nicht gewußt, auf welchem Wege man dahin gelangt. Schließlich konnte man sich beim MfS nicht einfach so bewerben. Natürlich hatte ich in dienstlichen Zusammenhängen schon mit einigen MfS-Leuten Kontakt, nie wäre mir aber in den Sinn gekommen, sie zu fragen, wie sie in dieses Ministerium gekommen waren. Einer von ihnen war der Ehemann einer Mitarbeiterin des Wehrkreiskommandos. Mit diesem Ehepaar waren Renate und ich lose befreundet. Ich denke mir, daß die Kaderabteilung von dort den Wink erhielt, mich anzusprechen. Zumal ich später überrascht feststellte, daß ich genau in jene Einheit eingestellt wurde, zu der auch unser Bekannter gehörte.

Doch zurück zum ersten Kontaktgespräch im Jahr 1958. Nun sollte ich also von einem autorisierten Mann Näheres über das geheimnisumwitterte MfS erfahren. Zunächst unterhielten wir uns nur allgemein über meine Tätigkeit im Wehrkreiskommando und meine dort zu erwartende Laufbahn. Schließlich fragte der Kaderoffizier, ob ich mir meinen weiteren Entwicklungsweg auch im MfS vorstellen könne und wie meine Ehefrau auf einen solchen Wechsel reagieren würde. Meiner politischen Einstellung entsprechend, war für mich eine MfS-Zugehörigkeit nicht undenkbar, zumal mich, wie beschrieben, die Aufgaben im Wehrkreiskommando nicht mehr fesselten. Ich war mir sicher, daß auch Renate keine ernsthaften Einwände erheben würde. Was im Gespräch überhaupt nicht erörtert wurde, war das vorgesehene Aufgabengebiet. Natürlich interessierte es mich, aber meine erste Lektion in Geheimhaltung lautete schlicht: »Darüber können wir uns später unterhalten, wenn die Überprüfungen zu Ihrer Person positiv verlaufen sind. Heute wollte ich Sie nur persönlich kennenlernen und Ihr Einverständnis für eine Übernahme in das MfS einholen. Sprechen Sie mit niemandem über dieses Gespräch, mit Ausnahme Ihrer Frau natürlich. Auch sie sollte mit niemandem darüber sprechen. Die Ermittlungen, die wir zu Ihrer Person führen müssen, werden sich einige Zeit lang hinziehen.« Das war's. Er gab mir noch einen Fragebogen, auf dem ich meine sämtlichen Verwandten eintragen und eventuelle »West-Kontakte« angeben sollte.

Ich den folgenden Wochen spürte ich schon, daß mein berufliches und familiäres Umfeld in Bewegung geriet, offenbar Nachforschungen zu meiner Person angestellt wurden. Ein ganz offizielles Gespräch fand mit Renate statt. Sie wurde zu Hause besucht und nach ihrer Meinung zu meinem eventuellen Wechsel von der NVA ins MfS gefragt. Sie erklärte, daß sie einen solchen Schritt akzeptieren würde, im übrigen müsse ich das selbst entscheiden. Daß mit meiner Frau geredet wurde, fand ich vollkommen in Ordnung, anderes allerdings ziemlich erheiternd: Als ich beispielsweise um diese Zeit herum meine Mutter im Erzgebirge besuchte, die damals bei der Reichsbahn als Reinigungskraft arbeitete, flüsterte sie mir mit der Miene einer Verschwörerin zu: »Ich hab' gehört, Du gehst zur Staatssicherheit, stimmt das? Mein Chef hat mir im Vertrauen erzählt, daß sich jemand bei ihm nach Dir erkundigt hat. Die werden Dich bestimmt nehm', die konnten nur Gutes von Dir hör'n.« Na, das war ja beruhigend zu wissen. Wenn sich die Nachricht über meinen möglichen Wechsel zum Geheimdienst selbst bis in den letzten Winkel des Erzgebirges verbreitete, konnte es um die Geheimhaltung nicht sonderlich gut bestellt sein. »Daß Du aber mit niemandem darüber sprichst, was ich Dir gesagt habe, die denken sonst, ich kann nichts für mich behalten!« – »Also Mutter, wer sollte denn auf so etwas kommen?« Mutter sah mich mißtrauisch an und wußte wohl nicht so recht, wie ich das meinte. Nun war ich also auch noch von meiner Mutter zu absoluter Verschwiegenheit verpflichtet worden. Überall Geheimnisse um mich herum, frei nach dem Motto: »Nicht weiter sagen, es wissen schon alle!« Das Gespräch am mütterlichen Küchentisch sollte nicht der einzige Fall bleiben, wo mir in dieser Angelegenheit unter dem Siegel strengster Verschwiegenheit »Geheimnisse« anvertraut wurden. Im Verlaufe einer feucht-fröhlichen Geburtstagsfeier in Frankenberg nahm mich einer der Gäste beiseite und offenbarte mir, ebenfalls im Vertrauen auf meine Verschwiegenheit, daß man sich bei ihm diskret um Auskünfte zu meiner Person bemüht habe. Ich gab mich unwissend und meinte allgemein, daß solche Fragen vielleicht etwas mit meiner Arbeit zu tun haben könnten. Eine solche Reaktion erschien mir unverfänglich. Es hätte ja gut sein können, daß man mir bewußt solche Informationen zuspielte, um meine Reaktion zu prüfen. Diese Geheimhaltungskrämerei einerseits und der Tratsch andererseits waren schon befremdlich und bewiesen, daß jede Satire immer noch von der Realität übertroffen werden kann. Ich möchte an dieser Stelle etwas zu der sensiblen Problematik der Personenüberwachung und der Aufklärung von ganz persönlichen Angelegenheiten sagen: Sowohl im Vorfeld meiner Übernahme in das MfS als auch später ging ich davon aus, daß mein Verhalten, meine Kontakte zu anderen Personen einer Beurteilung unterlagen, daß ich von Zeit zu Zeit etwas genauer »durchleuchtet« werde. Das konnte mich nie anfechten. Ich kannte ja die Praktiken der gegnerischen Geheimdienste, die versuchten, in unser Sicherheitssystem einzudringen. Das Abwerben, das Abschöpfen von Informationen, auch Erpressung waren nun einmal gängige Methoden. Ich konnte mir daher in dieser Hinsicht keine Empfindlichkeiten leisten. Ein Bäckermeister darf sich nicht darüber beklagen, daß er aus den Federn muß, wenn seine Kunden noch schlafen. Wenn ihm das nicht gefällt, hätte er diesen Beruf nicht ergreifen sollen. Ich hatte nichts zu verbergen, meine Gesinnung und meine Lebensführung waren klar wie Gebirgsbäche, ich brauchte das Licht nicht zu scheuen. Dennoch will ich nichts beschönigen – es ist nichts Berauschendes daran, daß das eigene Privatleben gar nicht mehr so privat ist.

Im Spätherbst wurde mir mitgeteilt, daß ich am 1. Januar 1959 mit dem Dienstgrad Oberleutnant in die Bezirksverwaltung des Ministerium für Staatssicherheit Karl-Marx-Stadt eingestellt werde, ich solle um meine Entlassung aus der NVA ersuchen. Welche Aufgaben auf mich zukommen sollten, wußte ich immer noch nicht. Jetzt, wo die Würfel gefallen waren, überkam mich plötzlich Unsicherheit. Immerhin sollte ich einen Arbeitsbereich aufgeben, zu dem ich neun Jahre gehörte, in dem ich manches geleistet, mir Lebenstüchtigkeit erworben hatte. Zweifel stellten sich ein, ob ich den neuen Aufgaben gewachsen sein werde. Dann traten Probleme auf, mit denen ich überhaupt nicht gerechnet hatte. Die Armee reagierte nämlich auf mein Entlassungsgesuch mit einer Art Gegen-Werbung und bot mir kurzentschlossen eine Hauptmanns-Planstelle an. Sollte ich die annehmen und bleiben, sollte ich gehen? Trotz zwiespältiger Gefühle blieb ich bei meiner Entscheidung für das MfS. Zum einen lockte mich die neue Bewährungssituation bei einem renommierten Staatsorgan und zum anderen schien mir die von der NVA offerierte Perspektive zu unsicher. Ich befürchtete weitere Strukturveränderungen im Wehrkreiskommando, die auch meine Planstelle betreffen könnten. Letztendlich akzeptierte man meinen Entschluß. Soll ich ihn heute, nach reichlich vierzig Jahren bedauern? Sicher, wir MfS-Mitarbeiter wurden und werden übel diskriminiert. Da jedoch kaum jemand aus Einrichtungen oder Institutionen der DDR im »Vereinigungsprozeß« von solchen herabwürdigenden Vorwürfen verschont blieb, ist es letztendlich ohne Belang, wie und weshalb man sich als Bürger eines Staates, der 1989/90 aus der Geschichte verabschiedet wurde, engagierte. Daß dabei die MfS-Mitarbeiter als Prügelknaben der Nation bevorzugt herzuhalten haben, verleiht dem immer wieder neu angefachten politischen Aktionismus keine höhere Weihe, sondern spricht mehr für die Diffamierten als gegen sie. Mancher, der für das MfS gerarbeitet hat, würde vielleicht heute offen und auch kritisch darüber reden. Es ist ja nicht ehrlos, wenn man im Alter, mit Abstand zur Vergangenheit, zu anderen Ansichten gelangt. Wer aber will das derzeit schon hören. Den Zeitgeist interessiert nur die Wahrheit der Sieger! Doch zurück in die Zeit von 1958/59.

Mit Wirkung vom 31. Dezember 1958 wurde ich in Ehren aus der Nationalen Volksarmee entlassen und am Morgen des 2. Januar 1959 fand ich mich beim Einlaßposten der Bezirksverwaltung des MfS Karl-Marx-Stadt auf dem Kaßberg ein. In der Kaderabteilung schrieb ich nochmals meinen Lebenslauf und eine eidesstattliche Erklärung über meine Geheimhaltungspflicht. Außerdem unterzeichnete ich ein Schriftstück, das einem Fahneneid glich. Danach erhielt ich einen Dienstausweis, der mich nicht nur zum Betreten der MfS-Dienstobjekte berechtigte, sondern gewöhnlich auch die Türen anderer Einrichtungen öffnete. Diese »Schlüssel«-Wirkung lernte ich jedoch erst später, bei meiner dienstlichen Pflichterfüllung kennen. Den Ausweis überreichte man mir mit den mahnenden Worten, ihn nie aus den Händen zu geben. Um ihn vor Verlust zu schützen, wurde die Ausweishülle mit einem Lederband an einem Kleidungsstück befestigt. Auch darin zeigte sich der Anspruch, alles höchst wichtig und übergenau zu nehmen. Das betraf aber nicht nur die Geheimhaltung, sondern auch die Einhaltung von Gesetzen, Regelungen und Bestimmungen. Ich komme noch darauf zurück.

Jetzt endlich wurde ich von einem Mitarbeiter zu meiner eigentlichen Diensteinheit gebracht. Man kann sich vorstellen, wie äußerst gespannt ich war. Da ich nicht die geringste Vorstellung hatte, schockierte mich der Gang in das betreffende Dienstobjekt, nur knapp zehn Minuten Fußweg von der Bezirksverwaltung entfernt, in unmittelbarer Nähe der Strafvollzugsanstalt. Dort also sollte ich zukünftig arbeiten? Was ich später kaum noch registrierte, beeindruckte mich an diesem Morgen enorm: Eisen- und Gittertüren, dahinter Wachposten, unbewaffnet zwar, dafür mit einem gewaltigen Schlüsselbund ausgestattet. Bei jedem Posten mußte man seinen Ausweis vorzeigen. Auf diesem Wege gelangte ich zur Untersuchungsabteilung der Bezirksverwaltung, die korrekte Bezeichnung lautete: Abteilung IX, Bezirksverwaltung Karl-Marx-Stadt. Ich wurde in das Zimmer des Abteilungsleiters geführt. Wie sich zeigen sollte, war er ein guter Mensch, aber wohl mäßiger Vorgesetzter, der mich in seinem gemütlichen schwäbischen Idiom begrüßte. Dann machte er mich mit den Referatsleitern und anderen Mitarbeitern bekannt. Der eine oder andere kam mir bekannt vor. Von der Überraschung, auch meinen Bekannten Herbert hier zu finden, jenen Ehemann der Arbeitskollegin vom Wehrkreiskommando, war schon die Rede.

Die Untersuchungsabteilung des MfS

Zum besseren Verständnis möchte ich einige Bemerkungen zur Untersuchungsabteilung vorausschicken. Das MfS, mit Sitz in der Berliner Normannenstraße, war in Hauptabteilungen, Abteilungen und Arbeitsgruppen untergliedert. In den fünfzehn Bezirken der DDR, einschließlich Berlin, befanden sich Bezirksverwaltungen mit fast analoger Struktur. Das Untersuchungsorgan des MfS war die Hauptabteilung IX, ihr letzter Chef Generalmajor Rolf Fister. Die Hauptabteilung IX arbeitete gleichberechtigt neben den Untersuchungsorganen der Volkspolizei und der Zollverwaltung. Ihre Tätigkeit regelte sich unter anderem nach den Paragraphen 88 und 89 der Strafprozeßordnung der DDR. Die Aufsicht über alle Ermittlungen oblag nach Paragraph 89 dem Staatsanwalt. Die Aufsicht des Staatsanwaltes sicherte die Gesetzlichkeit der Untersuchungen. In fachlich-operativer Hinsicht lag die Verantwortung beim Minister. Damit befanden sich sowohl die Hauptabteilung IX im Ministerium als auch die entsprechenden Abteilungen IX in den Bezirken in einem doppelten Unterstellungsverhältnis. Was heutige Sichten auf die Arbeitsweise dieser Abteilungen betrifft, so möchte ich hier aus dem Buch »Bis zum bitteren Ende« zitieren, daß Josef Schwarz, einst der Chef der Bezirksverwaltung Erfurt veröffentlicht hat. Zur Rolle des Untersuchungsorgans sagt er darin: »Wichtig erscheint mir in diesem Zusammenhang, daß das Strafrecht eindeutige Straftatbestände aufweist. Deshalb wundere ich mich über den Vorschlag eines Herrn Dr. Thieler, [...] einen Tatbestand 'Verlust der Lebensqualität' zu schaffen. Herr Dr. Thieler wünschte natürlich diesen Tatbestand auf die Verhältnisse der ehemaligen DDR anzuwenden. Aber wer will darüber urteilen? Bei wem sollen sich die vielen Arbeitslosen und die de facto mit »Berufsverbot« belegten Lehrer, Wissenschaftler und Staatsangestellten über den Verlust ihrer Lebensqualität beklagen? Ist das Strafrecht nicht schon dehnbar genug? Wie leicht kann es z.B. einem angetrunkenen Bürger passieren, daß er, bevor er auf dem Polizeirevier landet, bereits ein halbes Dutzend Paragraphen verletzt hat, wie Widerstand gegen die Polizei, Beamtenbeleidigung, Verleumdung des Staates. Das war nicht nur in der DDR so. Deshalb sind übersichtliche und für den Bürger begreifbare Straftatbestände so wichtig. Wie aber will ich »Verlust der Lebensqualität« erfassen, zumal sie für jeden Bürger anders aussieht und wen will ich dafür zur Verantwortung ziehen? Anders sieht die Sache schon aus, wenn jemand tatsächlich einen Untersuchungshäftling oder einen Gefangenen mißhandelt hat. Ich kann mich zwar nicht für jeden einzelnen Fall verbürgen, dennoch muß ich mich damit auseinandersetzen, weil es die gegenwärtige Praxis in den Medien ist, daß alle Übergriffe, die z.B. in Haftanstalten, wie Rummelsburg vorgekommen sein sollen und die nichts mit dem MfS zu tun haben, diesem zur Last gelegt werden. Dabei ist das zwar eine bedauerliche, aber bekannte Tatsache, daß es z.B. in amerikanischen, aber auch in deutschen Gefängnissen, manchmal von den Gefangenen selbst provozierte Übergriffe der Gefängniswärter gibt. Ich weiß nicht, in welchen Vorstellungen das Bürgerkomitee in Erfurt im Herbst 1989 befangen war, das sehr enttäuscht war, als es nach der Besetzung der Bezirksverwaltung des MfS weder »Tigerkäfige« noch Folterzellen fand. Interessant ist es in diesem Zusammenhang, daß es vor 1989 in der Westpresse kaum solche schrecklichen 'Stasi-Geschichten' gab. Dabei konnten Tausende von Häftlingen nach ihrer Entlassung in die Bundesrepublik ausreisen und damit auch erzählen, was sie in der Untersuchungshaft und im Strafvollzug erlebt hatten.« Weiter mit Schwarz: »... Ich versuchte meinen Mitarbeitern stets zu erklären, daß gerade die Untersuchungsabteilung eine Art offene Abteilung war, in die viele Menschen Einblick hatten: die Staatsanwaltschaft, das Gericht, der Verteidiger und schließlich der Beschuldigte selbst« (Ich füge hinzu: dessen Angehörigen, Zeugen, Gutachter, wenn es sich um einen Bundesbürger handelte, die Vertretung der BRD.) »Was dort vorging, konnte letzten Endes der Öffentlichkeit nicht verborgen bleiben. Also mußte nach der StPO sauber und exakt gearbeitet werden. (...) Jede Aussage wurde protokolliert. Bei wichtigen Vernehmungen, insbesondere der Erstvernehmung, wurden Schallaufzeichnungen angefertigt und der Beschuldigte darüber informiert. Jeder Jurist der Strafrechtspraxis der ehemaligen DDR wird bestätigen können, daß alle Verfahren unserer Untersuchungsabteilung rechtsstaatlich bearbeitet und aussagefähig mit Einlassungen und Beweisen an die Justizorgane gingen.(...) Viele Veröffentlichungen, die heute dazu erscheinen, sind tendenziös und auf politische Effekte ausgerichtet und sollen die These vom »Unrechtsstaat DDR« unterstützen. Es gab für diesen Bereich der Arbeit des Ministeriums nicht nur Gesetze, Dienstanweisungen und Vorschriften, sondern auch Kontrollorgane, die über deren Einhaltung wachten. Die Repressivfunktion spielte eine weit geringere Rolle und beeinflußte das Leben in der DDR weit weniger, als heute dargestellt wird. Im Gegenteil, das Leben war für die Bürger in der DDR – auch dank des MfS – sicherer. Es gab keine Hakenkreuze an den Mauern, keine verwüsteten Friedhöfe, keine Brandanschläge gegen Gedenkstätten des antifaschistischen Widerstandes, auch nicht solche brutale Kriminalität, die sich in bewaffneten Banküberfällen u.dgl. äußert. Ja, das MfS diente der Erhaltung der Macht, aber auch die bürgerlichen Staaten, wie die BRD, können (wollen) nicht ohne Geheimdienste auskommen. Dabei darf man nicht übersehen, 'daß der Antikommunismus, neben dem Antisemitismus, die zweite tragende Säule des Dritten Reiches, in die Kapitalismusideologie ohne Abzug eingegangen ist.' Ich kann da Erich Kuby, dem kritischen Beobachter der Verhältnisse in der Bundesrepublik, nur zustimmen.«

Soweit die Ausführungen von Joseph Schwarz. Ich meine, damit ist die Problematik des Untersuchungsorgans des MfS gut umrissen. Wenn diejenigen, die dem Untersuchungsorgan des MfS wider besseres Wissen oder in tatsächlicher Unkenntnis Menschenrechtsverletzungen unterstellen, sich wirklich Klarheit verschaffen möchten, sollten sie von der Gelegenheit Gebrauch machen, in die Berichte und Referate der Dienstvollversammlungen der Hauptabteilung IX Einblick zu nehmen. Sie könnten feststellen, daß gerade die Probleme der strengen, ja nahezu peniblen Beachtung gesetzlicher Bestimmungen und Reglungen unausgesetzt im Mittelpunkt von Versammlungen und Konferenzen standen. Auch in meiner Diplomarbeit, die sich mit Besonderheiten der Kommunikation und der Fragestellung in der Vernehmung beschäftigte, habe ich mich 1966 ausschließlich mit rechtlichen Aspekten der Vernehmungstätigkeit beschäftigt, um Gesetzeswidrigkeiten auszuschließen und dem Beschuldigten bezüglich des Zustandekommens und der Wertung von Aussagen Rechtssicherheit zu gewähren. Um diese Problematik vorerst abzuschließen: Nicht in einem einzigen Fall konnten bei dem Versuch der juristischen Aufarbeitung von »DDR-Unrecht« nach der Wende strafrechtsrelevante Verhaltensweisen von Mitarbeitern des Untersuchungsorgans des MfS glaubhaft nachgewiesen werden. Und das trotz zweifelhaftem Einsatz und bedenklicher Auslegung von Rechtsnormen durch die bundesdeutsche Justiz. So wurde beispielsweise versucht, die üblichen Hinweise eines Untersuchungsführers an den Beschuldigten, daß wahrheitsgemäße Aussagen oder ein Geständnis zu

Strafminderung führt, als strafrechtlich relevante Nötigung zu qualifizieren.

Als ich an jenem 2. Januar 1959 mit meinen achtundzwanzig Lebensjahren den anderen Mitarbeitern als »hoffnungsvoller Nachwuchs« vorgestellt wurde, überblickte ich kaum, was es im Detail mit dem »Untersuchungsorgan« auf sich hatte. Man wies mir ein Arbeitszimmer und einen Mitarbeiter als »Paten« zu, dem ich in den ersten Wochen bei seinen Untersuchungsarbeiten assistieren sollte, um mein Arbeitsgebiet kennenzulernen. Konkret hieß das zum Beispiel bei den Vernehmungen parallel zu ihm zu protokollieren. Die Protokolle waren in Fragen und Antworten untergliedert anzufertigen, wobei die Fragen entsprechend vernehmungstaktischer Varianten möglichst in logischen Schritten zur Sachverhaltsaufklärung, zur Klärung der Schuldfrage und der Beurteilung von Beweismitteln führen sollte. Suggestivfragen oder »Ja – Nein« Fragen waren zu vermeiden und tatrelevante Details, die allein nur der Täter wissen kann, durften nicht vorgehalten werden. Daß Kenntnisse zum Strafrecht und Strafprozeßrecht anzueignen waren, versteht sich. Zu den Aufgaben eines Untersuchungsführers gehörte auch das Anfertigen eines Schlußberichtes mit der rechtlichen Würdigung des erarbeiteten Sachverhaltes. Neben den neuen Anforderungen kamen auch recht simple Dinge auf mich zu. So hatte ich als Berufsoffizier kein Problem damit, in der Öffentlichkeit unbefangen Uniform zu tragen und ging nun also auch in der neuen Position wie gewohnt in Uniform zum Dienst. Nicht so die anderen Untersuchungsführer. Sie bevorzugten für den Weg in die Dienststelle Zivil und zogen sich die Uniform erst dort an. Zivilisten eben, denen das Uniformtragen unbequem oder zu auffällig war. Daß ich dieser Gewohnheit nicht folgte, wurde mit etwas Ironie honoriert und mir als Eitelkeit eines Militärs ausgelegt. Postwendend wurde ich als Neuling für die Schießausbildung verantwortlich gemacht, schließlich verfüge ich ja über eine professionelle militärische Ausbildung.

Im Mittelpunkt meiner Aufgaben stand von nun an die Bearbeitung von Ermittlungsverfahren. Soweit die Tatverdächtigen nicht auf frischer Tat festgenommen wurden, woraufhin bei begründetem Tatverdacht ein Ermittlungsverfahren eingeleitet und Haftbefehl beantragt werden konnten, basierte die Mehrzahl der Ermittlungsverfahren auf den Ergebnissen einer meist längeren operativen Bearbeitungsphase. Bei einem Verdacht auf Spionage zum Beispiel wurde durch die zuständige Abteilung ein operativer Vorgang eröffnet und die verdächtige Person konspirativ beobachtet. Begründete sich der Tatverdacht, kam der Vorgang zur Untersuchungsabteilung zur Prüfung strafrechtlicher Relevanz, der Beweislage und so weiter. War der Tatverdacht dringend begründet, die offiziellen Beweismittel ausreichend und standen operative Interessen dem nicht entgegen, konnte ein Ermittlungsverfahren eingeleitet und Haftbefehl erlassen werden. Meist wurde nach einer vorläufigen Festnahme – das ist ein strafprozeßualer Terminus nach Paragraph 125 der Strafprozeßordnung und bedeutet, daß spätestens am folgenden Tag über eine Verhaftung oder Freilassung zu entscheiden ist – in einer Erstvernehmung in groben Zügen der Tatverdacht geklärt. Bei nachfolgender Schilderung von Ermittlungsverfahren, die mir noch erinnerlich sind, bleibt Gelegenheit, über Details der Untersuchungsarbeit zu berichten, wobei ich mich hüten will, ein Fachbuch zu schreiben. Ich will vorausschicken, daß nüchterne Sachbeschreibung nicht bedeutet, es hätte an Einfühlungsvermögen für die Situation der beschuldigten Person fehlen können. Immer war mir bewußt, und da befand ich mich ausnahmslos in Übereinstimmung mit anderen Untersuchungsführern, daß viele Straftäter im Grunde genommen bedauernswerte Opfer der politischen Verhältnisse, der negativen Einwirkung von westlicher Seite und des erbarmungslos geführten Kalten Krieges geworden waren. Manchem Täter wäre es überhaupt nicht eingefallen, gegen die DDR gerichtete Straftaten zu begehen, wenn er nicht von westlicher Seite dazu ermuntert, aufgehetzt oder angestiftet worden wäre. Diese menschlich-tragische Seite habe ich nie übersehen und dies dem Beschuldigten oder dessen Angehörigen dort, wo es angebracht war, auch wissen lassen. Und ich weiß, daß meine Vorgesetzten in aller Regel ebenso dachten und uns dazu anhielten, die Zusammenhänge von Persönlichkeitsentwicklung, gesellschaftlichem Umfeld und Ursachen der Tat erkennbar zu machen. Andererseits wurde ich aber auch mit kriminellen Handlungen und Täterpersönlichkeiten konfrontiert, für die ich kaum Verständnis aufbringen konnte.

Theorie und Praxis

Das erste Ermittlungsverfahren, das ich zwar nicht von Anfang an bearbeitete aber in das ich dann eigenverantwortlich mit einbezogen wurde und das ich auch abschließen konnte, gehörte mit zu jenen Straftaten, die absolutes Unverständnis hervorrufen und zugleich bezeichnend waren für die Schärfe der damaligen politischer Auseinandersetzung. Das Tatmotiv bestätigte auch die Hinweise auf die Verführbarkeit zu gesellschaftswidrigen Straftaten. Wie ich erst viel später erfuhr, hatte mein Jugendfreund Erich, der unterdessen ein erfolgreicher Kriminalist geworden war, zu diesem Sachverhalt erste Ermittlungshandlungen geführt. Straftäter waren zwei Brüder, die gemeinsam ihren Großbauernhof bewirtschafteten. Es war die Zeit, in der es um die Gründung Landwirtschaftlicher Produktionsgenossenschaften, der LPG, ging. Der Nachbar der Brüder war in die LPG eingetreten. Um andere Bauern des Ortes vor diesem Schritt abzuschrecken, streuten die Großbauernbrüder dem Nachbarbauern Gift in's Viehfutter, Kalk-Arsen, das man zur Bekämpfung von Kartoffelkäfern benutzte. Etliche Kühe gingen davon ein. Bei der Hausdurchsuchung auf dem Großbauernhof wurden nicht nur aus dem Krieg stammende Waffen und Munition sichergestellt, sondern auch Flugblätter der erwähnten »Kampfgruppe gegen Unmenschlichkeit«, in denen die Bauern zum Widerstand gegen die »bolschewistische Kollektivierung« aufgehetzt wurden. Dieser erste Untersuchungsvorgang war für mich ziemlich lehrreich. Es ist sicher leicht zu begreifen, daß es für die politische Grundüberzeugung sehr prägend sein kann, wenn man nahezu tagtäglich die Umstände und Akteure gefährlicher krimineller und geheimdienstlicher Angriffe vor Augen bekam.

Nun kann ich nicht jeden von mir bearbeiteten Vorgang schildern. Zum einen würde es vielleicht ermüden, zum anderen hat mein Gedächtnis nach so vielen Jahren nicht mehr alle Details parat. Versuchen möchte ich aber, einige besonders interessante Verfahren und Erlebnisse zu beschreiben. Und sei es nur darum, die gegenwärtig so oft propagierte Mär zu widerlegen, es wären lediglich unschuldige politische Widerstandskämpfer oder sogenannte »Abweichler« verfolgt worden. Um diese Frage grundsätzlich zu beantworten, kann ich aus meinem Wissen heraus in voller Überzeugung sagen, daß in den mir bekannten Ermittlungsverfahren in jedem Fall die nachweisbare Verletzung konkret formulierter Straftatbestände vorlagen, die in jedem Land strafrechtliche Verfolgung nach sich gezogen hätten. Von keinem Beschuldigten wurde seinerzeit ihre strafrechtliche Schuld in Frage gestellt.

Zu meinen ersten Fällen gehörte auch die Bearbeitung einer Brandstiftung. Die Kriminalpolizei hatte einen Täter ermittelt, der geständig war, vorsätzlich einen Brauerei-Betriebsteil in Brand gesetzt zu haben. Da es sich um einen Schwerpunktvorgang handelte, wurde das Verfahren der Untersuchungsabteilung des MfS zur weiteren Bearbeitung übergeben. Der Täter hatte gestanden, es waren aber noch die Motive und die Schuldfragen sowie eventuelle Mittäter festzustellen. Ich erhielt den Vorgang zur abschließenden Bearbeitung. Auf die Frage nach dem Tatmotiv erklärte der Verdächtige, aus Protest über die Zusammenlegung von mehreren Betrieben zu einem Kombinat und dem damit verbundenen Verlust des traditionellen Firmennamens den Brand gelegt zu haben. Ich fand diese Erklärung sei ziemlich weit hergeholt. Ich wußte noch nicht, daß gerade von Brandstiftern die ausgefallensten Motive und Gründe genannt werden und bohrte immer hartnäckiger nach einem einleuchtenden Tatmotiv. Entweder spürte der Mann meine Unerfahrenheit und wußte um die dünne Beweislage oder er war tatsächlich nicht der Täter – auf jedem Fall widerrief er plötzlich sein Geständnis. Ich war zu unerfahren, um auf diesen Widerruf vernehmungstaktisch richtig zu reagieren, zum Beispiel das Täterwissen zu prüfen. Ich kann nicht behaupten, daß ich mich damals als erfolgreicher Untersuchungsführer empfahl. Der Untersuchungsvorgang wurde der Kriminalpolizei zurückgegeben, deren Mitarbeiter mit ihrem Spott nicht hinter dem Berg hielten. Sie warfen mir sträfliche Leichtgläubigkeit vor. Mein unmittelbarer Vorgesetzter nahm es gelassen: »Da kannste nichts machen. Vor einem Widerruf ist niemand gefeit. Vielleicht war er wirklich nicht der Täter«, versuchte er zu trösten. Immerhin nahm ich die Erkenntnis aus der Sache mit, daß es besser ist, einen Schuldigen, dem man die Tat nicht nachweisen kann, ungestraft ziehen zu lassen, als einen Unschuldigen zu verurteilen.

Auch ein weiterer Fall sollte mich mit meinen gerade achtundzwanzig Lebensjahren auf ganz andere Weise auf die Probe stellen. Nicht ohne mitfühlendes Bedauern ging ich an die Vernehmungen einer Person, die sich anonymer Morddrohungen schuldig gemacht hatte. Es handelte sich um einen etwa sechzigjährigen Mann aus Plauen, der in jungen Jahren in die Kommunistische Partei eingetreten war und nach 1945 der SED angehörte. Er hatte in einem Textilbetrieb gearbeitet, ein ruhiger und einfacher Mensch. Nun erhielten damals in Plauen Staats-und Wirtschaftsfunktionäre aller Parteien anonyme Postkarten und Briefe, die ziemlich massive und zugleich primitiv formulierte Morddrohungen enthielten, etwa in der Art: »Du Schwein, Du wirst aufgehängt, wenn es wieder andersherum kommt« und so ähnlich. Beunruhigend waren diese Schreiben für die Adressaten, weil der Inhalt eigentlich auf Nazi-Täter schließen ließ. Wie überrascht war man, daß jenes altes KPD- bzw. SED-Mitglied als Täter ermittelt wurde. Auch ich konnte es beim ersten Kontakt mit dem Mann kaum fassen, daß ausgerechnet er diese Morddrohungen geschickt haben sollte. Er war der Täter, die Schriftenvergleiche und sein umfassendes Geständnis räumten jeden Zweifel aus. Warum in aller Welt kam ein lebenserfahrener Mann, Parteimitglied, ein angesehener Arbeiter dazu, derartige Morddrohungen zu schreiben. Das wollte ich von ihm wissen. Er erging sich in einer geradezu erbarmungslosen Selbstzerfleischung, dem Ausdruck und Wortschatz nach ähnlich seinen schriftlichen Morddrohungen. »Ach, was bin ich für ein dämlicher Hund, so was zu schreiben, das sind doch alles anständige Leute, den ich solche Karten geschickt habe, ich habe das doch gar nicht so gemeint, ich wollte denen bloß ein bissel Angst einjagen. Ich habe mich über die Politik geärgert, ich bin nicht einverstanden mit der Vereinigung mit den Sozialdemokraten, die jetzigen Funktionäre sind überhaupt keine richtigen Kommunisten mehr. Wie soll ich das alles wieder gut machen, was ich angestellt habe?« Wenn man von seiner Unzufriedenheit mit bestimmten politischen Entwicklungen beziehungsweise den Plauener Funktionären absah, gab es genau genommen keinen einsichtigen Grund für seine Handlungen. Eine merkwürdige Geschichte. Nicht ohne Kalkül versuchte er mir zu schmeicheln. Wenn er am Ende der Vernehmung das Protokoll las, hielt er von Zeit zu Zeit inne und meinte in etwa: »... wie Sie das so geschickt und genau, so wie ich es gesagt, aufgeschrieben haben, ich würde das nicht bringen.« Trotz solcher Anbiederungsversuche und seines heuchlerischen Gehabes tat er mir im Grunde genommen leid. Was hatte er als Mitglied der KPD nicht alles erlebt, wie ergebnislos waren für ihn die Jahre in der Weimarer Zeit gewesen, von den Verfolgungen in der Hitlerzeit gar nicht zu sprechen und nun hatte er mit seinen verworrenen Ansichten sich selbst Schaden zugefügt.

Mit der Schilderung des Verlaufs einer recht kuriosen, aber nicht erfolglosen Vernehmung will ich meine Ausführungen zur Untersuchungstätigkeit in Karl-Marx-Stadt beenden: Mir war das Ermittlungsverfahren zu einer Person übergeben worden, die beim Versuch, die Staatsgrenze nach der CSSR illegal zu übertreten, festgenommen worden war. Zuvor war es dem Mann noch gelungen, beim Toilettengang seine Ausweispapiere zu beseitigen. Die ersten Vernehmungen hatte ein erfahrener Untersuchungsführer vorgenommen. Der Verhaftete hatte zunächst Aussagen zur Person verweigert, später jedoch ziemlich diffuse Angaben gemacht. Letztendlich erklärte er, als BRD-Bürger im niederländischen Raum gearbeitet zu haben, von irgendeinem Geheimdienst zur Zusammenarbeit angesprochen worden zu sein, der er sich nach formeller Zusage durch eine Flucht in die Tschechoslowakei entziehen wollte. Man mußte nicht besonders voreingenommen sein, um den Wahrheitsgehalt dieser Geschichte anzuzweifeln. Warum vernichtete er seine Personaldokumente und weshalb stellte er sich nicht den Behörden der DDR, wenn er mit Geheimdiensten nichts zu tun haben wollte. Seine Aussagen zur Person widerrief er wiederholt und verlieh sich immer wieder andere Namen. Nach der zweiten oder dritten Version legte er sich schließlich auf einen Namen fest. Handfeste Straftaten konnten ihm nicht nachgewiesen werden. Es gab zwar einen schwerwiegenden Verdacht, aber beweisen konnten wir zu diesem Zeitpunkt im Grunde genommen nur Bagatellen. Auch die Haftgründe waren dünn. Also mußten wir irgendwie zum Ende kommen. Ich sollte in einer abschließenden Vernehmung nochmals den gesamten Komplex protokollieren. Als ich in der Vernehmung zum Punkt des mehrfachen Namenswechsels kam und er seine letzte Version »alias« nannte, erwiderte ich in Anspielung darauf nebenher, »ja, vorläufig heißen Sie noch so, wie Sie in der nächsten Viertelstunde heißen werden, ist noch nicht gewiß!« Der Zufall wollte es, daß ich in diesem Moment für mein Protokoll unauffällig wegen irgendeiner Rechtschreib-Frage im Duden nachschlagen wollte. Für solche Fälle lag das Wörterbuch, ein wenig verdeckt, stets im Schreibtischfach parat. Der Beschuldigte interpretierte meinen unauffälligen Blick ins Schreibtischfach vollkommen anders. Er nahm offenbar an, ich hätte irgendwelche ihn betreffenden Ermittlungsergebnisse in der Schublade. Vermutlich befürchtete er, ein weiteres Mal der Lüge überführt zu werden und wollte dem zuvorkommen. »Also gut, Sie wissen Bescheid, dann will ich die Wahrheit sagen, wie es war, aber im Protokoll muß es so stehen, daß ich unaufgefordert ein Geständnis abgelegt habe.« Darauf konnte ich mich einlassen. Er nannte mir seinen richtigen (?) Namen, schilderte seine Anwerbung durch den Bundesnachrichtendienst und seinen Auftrag als Kurier. Nun war damals mein Wissen über die Praktiken der Geheimdienste, deren Dienststellen und Arbeitsweisen noch gleich null. Unter diesen Umständen war es schwierig, den allwissenden Vernehmer vorzutäuschen. Mir wurde ziemlich heiß. Da war ich also drauf und dran, einen Spion zu entlarven, bei dem sich altgediente Untersuchungsführer den Mund fusselig geredet hatten. Der Mann durfte auf keinen Fall argwöhnen, wie unerfahren ich war. Der Mann war kein heuriger Hase. Würde er merken, daß er sich mir ohne Not offenbarte? Womöglich würde er dann sein Geständnis noch während der Vernehmung widerrufen. Ich verfiel auf folgenden Trick: »Sie möchten also den Staatsanwalt davon überzeugen, von sich aus ein Geständnis abgelegt zu haben. Einverstanden, dann erzählen Sie, ich werde Sie nicht unterbrechen, egal, ob Sie die Wahrheit sagen oder nicht!« Damit war ich fein heraus. Ich brauchte nur noch bei bestimmten Passagen die Augenbrauen hochzuziehen, die Stirn gewichtig zu runzeln und alles korrekt aufzuschreiben. Dennoch war ich erleichtert, als die Vernehmung beendet werden und ich meinen Referatsleiter informieren konnte.

Dieser Vorfall zeigte, daß es an der Zeit war, mir fundierte theoretische Kenntnisse der Untersuchungsarbeit anzueignen. Von September 1959 an nahm ich an einem dreimonatigen Lehrgang für Untersuchungsführer teil, der von der Hauptabteilung Untersuchung organisiert und von erfahrenen Praktikern, Juristen, Kriminalisten und Kriminaltechnikern geleitet wurde. Zum Umfang und Inhalt des gebotenen Lehrstoff gibt es nichts Sensationelles zu berichten. Wieder eröffneten sich mir gänzlich neue Wissensbereiche: Grundlagen des Strafprozeßrechts und der Strafrechtslehre, kriminalistische Grundkenntnisse, Beweissicherungsmaßnahmen, erkennungsdienstliche Arbeit, Tatortarbeit, Umfang und Grenzen kriminaltechnischer Untersuchungen sowie vernehmungstaktischer und politisch-operativer Aspekte. Der Lehrgang sollte aber Folgen haben, die mir so nicht unbedingt gefielen.

Die Kursanten kamen aus verschiedenen Bezirken, auch aus Berlin war einer dabei. Der Berliner gehörte zu einer Abteilung, die für die Bearbeitung von Militärstraftaten und strafbaren Handlungen gegen militärische Objekte und Personen zuständig war. Irgendwann erzählte ich ihm von meiner früheren Zeit als Armeeoffizier. Von diesem Moment an versuchte er mich davon zu überzeugen, daß mein Platz in Berlin, bei seiner Abteilung sei: »Wir bearbeiten Militärverbrechen. Du kennst Dich mit militärischen Einheiten und Strukturen bestens aus. Ich werde mit meinem Chef reden, der kann Dich nach Berlin holen.« – »Mensch, mach keinen Quatsch, was will ich in Berlin, ich bin noch unerfahren in der Untersuchungsarbeit, laßt mich erst vertrauter werden mit dieser Problematik. Ich gehe nicht nach Berlin, kommt nicht in Frage!« Mein Berliner guckte mich etwas spöttisch an.

Berlin war für mich nicht nur ganz weit weg und eine fremde große Stadt. Dort war die Zentrale des Ministeriums, etwas für erfahrene Könner auf ihrem Gebiet. Ich sah mich schon in der Fremde herumirren und wegen erwiesener Unfähigkeit einem ungewissen Schicksal entgegengehen. Nie strotzte ich vor Selbstbewußtsein, war dünnhäutig und bei jeder neuen Aufgabe vom Zweifel zerrissen, ob ich ihr gewachsen wäre. Außerdem brauche ich zum Wohlfühlen meine Familie. Nur sie bietet mir jenen Ruhepunkt, aus dem ich meine Leistungsfähigkeit gewinne. So sehr es mir gefallen hatte beim Lehrgang viel Neues zu lernen, so skeptisch stand ich dem Angebot gegenüber, nach Berlin zu wechseln.

Mitte Dezember 1959 ging der Lehrgang zu Ende. Zurück im Dienst wurde ich tatsächlich zu einem Gespräch in die Kaderabteilung bestellt: »Wie denken Sie über eine Versetzung nach Berlin? Hauptabteilung Untersuchung, Abteilung 6?« Der Sachbearbeiter strahlte, als hätte ich einen Hauptgewinn gezogen. Nein, ich wollte trotzdem nicht nach Berlin und führte eine umfangreiche Liste stichhaltiger Gegenargumente an. Ich zog alle Register, erklärte, daß ich mich der Aufgabe nicht gewachsen fühle, mich mit der Familie in Karl-Marx-Stadt gut eingelebt hätte, unser ältester Sohn bereits für den Schulbesuch angemeldet sei und Achim, der jüngere, sich eines Hüftschaden wegen in besonderer ärztlicher Betreuung befinde und überhaupt wolle ich mich nicht von meiner Familie trennen. Alles umsonst. Auf jedes Argument reagierte der Mann mit der emotionslosen Gelassenheit eines Gebrauchtwarenhändlers: »Berlin ist für Deine Entwicklung eine große Sache. Übrigens hast auch Du unterschrieben, daß Du bereit bist, an jedem Ort der Republik Deinen Dienst zu verrichten! Und jetzt wirst Du in Berlin gebraucht! Wir kommandieren

Dich erst einmal, wirst sehen, es gefällt Dir. Und wenn Du dann versetzt bist, holst Du Deine Familie nach.«

So war das nun. Wir hatten uns mit der neuen Situation anzufreunden. Weihnachten feierten wir mit den Kindern und Renates Mutter so wie jedes Jahr besinnlich und in Harmonie. Es waren wie immer Tage einer besonderen familiären Nähe und Wärme und ruhiger Festlichkeit, die durch die ungekünstelte Freude der Kinder ihren Wert erfährt. Aber trotzdem war dieses Mal die Stimmung durch die bevorstehende Versetzung gedrückt.

Wenn ich bedenke, mit welchen finanziellen, materiellen und anderweitigen Vorteilen Bundesbeamte nach der »Wiedervereinigung« in den Osten gelockt wurden – man sprach ganz offiziell von einer »Buschzulage« – und daß sogenannten »Staatsnahen« der DDR in geheuchelter Entrüstung und fetter Überzeichnung besondere Privilegien angedichtet wurden, kann ich nur mit großer Beherrschung gemäßigte Ausdrücke dafür finden.

Berlin, ich komme!

Am Montag, dem 11. Januar 1960, fuhr ich mit dem Frühzug nach Berlin und meldete mich mit meinem Dienstauftrag in der Kaderabteilung »im Haus«. So nannte man allgemein unter uns den Sitz des Ministeriums in Berlin-Lichtenberg, Normannenstraße. Seinerzeit bestand das Objekt einschließlich des Ministerbereiches noch aus einem überschaubaren Gebäudekomplex. Später, im Ergebnis der ausufernden Sicherheitspolitik und umsichgreifenden Sicherheitsneurose der Partei war alles überdimensioniert.

Die Kaderabteilung war nur mein Anlaufpunkt, von dem aus ich zu meinem künftigen Arbeitsbereich, zur Untersuchungsabteilung der Hauptabteilung IX/6 gelangte. Das Dienstobjekt befand sich direkt gegenüber dem Ministerium zwischen der Magdalenenstraße und der Alfredstraße. Dazu gehörten die Untersuchungshaftanstalt, ein kleiner Küchentrakt und der Vernehmerkomplex, also die Diensträume der Vernehmer und der Leitung der Untersuchungsabteilung, im Dienst-Deutsch von uns verkürzt »neunsechs« genannt. Insgesamt, mit dem Sekretariat und den Schreibkräften zusammen waren es vielleicht 25 Mitarbeiter, aufgeteilt in drei Referate.

Während der Zeit des Hitlerfaschismus diente diese Haftanstalt als Frauenjugendgefängnis, in das Erich Honecker im Frühjahr 1945 aus dem Zuchthaus Brandenburg verlegt worden war. Am 6. März 1945 gelang ihm, gemeinsam mit Erich Hanke, die Flucht. Honecker, bis 1989 Generalsekretär der SED und Staatsratsvorsitzender der DDR, war am 8. Juni 1937 vom zweiten Senat des »Volksgerichtshofes« zu zehn Jahren Zuchthaus wegen illegaler antifaschistischer Arbeit verurteilt worden.

Der Zugang zur Untersuchungshaftanstalt beziehungsweise den Arbeitsräumen meiner neuen Diensteinheit befand sich in der Magdalenenstraße und führte über einen großen Hof zum Gebäudekomplex längs der Alfredstraße. Wie es sich für derartige Einrichtungen gehört, waren die Fenster vergittert und die vergitterten Türen zweimal verschlossen. Der Vernehmerbau war mit der Untersuchungshaftanstalt mit einem Durchgang verbunden. Zum sogenannten Zellenbau hatten wir Untersuchungsführer keinen Zugang. Einige Verwahrräume, so die korrekte Bezeichnung für eine Zelle, waren von weiblichen und männlichen Strafvollzugsgefangenen belegt, die in der Kaffeeküche arbeiteten beziehungsweise die anfallenden Instandhaltungsarbeiten ausführten. Der Vollzug ihrer Strafe regelte sich hier meinen Wahrnehmungen zufolge nach einem sicherlich weniger strengen Reglement als in den eigentlichen Strafvollzugseinrichtungen. Sie konnten sich ihre Verwahrräume, in bestimmten Grenzen, nach persönlichen Wünschen mit Pflanzen, Rundfunk- und Fernsehgeräten einrichten. Häufig wurden die Arbeitspausen zum Tischtennisspiel im Hof genutzt.

Als ich nun im Januar 1960 in Begleitung eines Postens zum ersten Mal über den Hof zum Vernehmergebäude geleitet wurde und dann vor dem Schreibtisch meines künftigen Chefs, Oberstleutnant Neumann stand, ahnte ich nicht, daß ich von nun an mehr als zwanzig Jahre meines Lebens hier und damit quasi hinter Gittern zubringen würde. An dieser Stelle sei eine kleine Bemerkung dazu gestatte: Der Untersuchungsführer wurde tagtäglich und hautnah mit negativen Erscheinungsformen menschlichen Verhaltens konfrontiert, mit Rechtsverletzungen, Ignoranz allgemeingültiger Normen und Regeln des Zusammenlebens, rücksichtslosem Verhalten, Egoismus, Unredlichkeit, Charakterlosigkeit bis hin zu Brutalität und Verrat. Das setzt für den Untersuchungsführer Selbstbeherrschung, Nachsicht, charakterliche Festigkeit, aber auch Urteilsfähigkeit voraus.

Die Begrüßung des Abteilungsleiters war kurz und hinterließ keinen nachhaltigen Eindruck. Beunruhigend war die Ankündigung, daß ich zunächst nur drei bis vier Ermittlungsvorgänge übernehmen soll, bis ich Erfahrungen gesammelt und mich eingearbeitet habe. Mein scheuer Einwand, bisher überhaupt noch keinen Untersuchungsvorgang von der Einleitung des Verfahrens bis zur Übergabe an den Staatsanwalt in eigener Verantwortung bearbeitet zu haben, wurde mit der stereotypen Erwiderung, »das schaffen wir schon, Sie werden sich schon einarbeiten«

vom Tisch gewischt. Ich war deprimiert. Mir würde, so mein von unerschütterlichem Optimismus strotzender Chef, ein erfahrener Untersuchungsführer zur Seite gestellt, von dem ich jede Hilfe erhalten sollte. Damit war meine erste Audienz beim Leiter der Untersuchungsabteilung für Militärstraftaten beendet. Es steht mir nicht an, meine Vorgesetzten zu beurteilen, dennoch einige Bemerkungen aus meiner Sicht, andere mögen abweichende Auffassungen haben. Willi Neumann war ein Arbeitsmensch von gradliniger Korrektheit. Für ihn gab es keinen regulären Dienstschluß und er erwartete von seinen Mitarbeitern mit der größten Selbstverständlichkeit den gleichen Einsatz. Angesichts der vielen Fälle und des komplizierten Arbeitsfeldes blieb uns ohnehin nichts anderes übrig. Verschiedener Eigenarten wegen, Neumann wirkte, soweit es nicht den fachlichen Bereich betraf, etwas lebensfern, und wegen seiner betont artikulierten gutturalen Sprechweise wurde er, bei allem Respekt, gern parodiert. Ansonsten will ich für mich feststellen, daß Willi Neumann zwar den Eindruck eines herben, strengen Vorgesetzten machte, tatsächlich eher eine mitfühlende, gerechte Autorität war, die ihre Meinung auch korrigieren konnte. Jahre später, als ich auch privat mit ihm verkehrte, fiel mir sein herzlicher Umgang im Kreis der Familie auf.

Noch vor meiner Zeit in der Abteilung, wurde von einem Untersuchungsgefangenen auf ihn ein Mordversuch unternommen. Der Häftling hatte sich aus der Blechabdeckung des Heizkörpers seiner Zelle eine Waffe gefertigt. Als er an einem Wochenende vorgeführt wurde, um ein Protokoll zu unterschreiben, versteckte er die unter der Kleidung. In einem Moment der Unaufmerksamkeit schlug der Gefangene, der eine Sicherheitslücke seit langem beobachtete, meinen Leiter nieder und versuchte sich der bei ihm vermuteten Pistole zu bemächtigen. Entsprechend der Vorschrift war jedoch keine Waffe im Raum. Das hatte der Täter nicht erwartet. Mit Hilfe eines noch im Hause befindlichen Mitarbeiters, der auf den Tumult aufmerksam geworden war, konnte der Häftling schließlich überwältigt werden.

Zurück aber zu meiner eigenen Situation im Januar 1960. Nun war ich also ohne eigenes Zutun in die Hauptstadt gelangt! Eine Trennung von der Familie war mir schon immer unangenehm. In Berlin wies man mir im Biesdorfer Ledigenheim in der Nordpromenade 3 eine Unterkunft mit Gemeinschaftsküche zu. Für mich stand fest: Jedes Wochenende wird nach Hause gefahren und ein Antrag für baldmöglichste Wohnungszuweisung gestellt. Bekomme ich nicht bald eine Wohnung, dringe ich auf meine Rückversetzung. Dies tat ich auch meinen neuen Arbeitskollegen ohne Umschweife kund und konnte darauf vertrauen, daß die Leitung davon erfuhr! Mit einigem Unmut nahm man zur Kenntnis, daß ich freitags nach dem Dienst nicht mehr ansprechbar war, sondern zur Familie fuhr. Tatsächlich wurde mir bald eine Wohnung in einem

Zweifamilienhaus in Hohenschönhausen angeboten. Mit dieser Botschaft, samt den Aufmaßen der Zimmer und Fenster löste ich bei meiner nächsten Heimfahrt große Freude aus. Leider hieß es dann schon wenige Tage später in Berlin, daß daraus nichts würde. Mir war klar, daß die Hauptabteilung viele Wohnungssuchende hatte und daß ich Neuling in der Warteschlange nicht an erster Stelle stehen konnte. »Aber ich habe für Dich schon eine andere, wirst staunen, im Sperrgebiet in Karlshorst, Willi Stoph und andere große Chefs wohnen dort.« Achim, der Wohnungsverantwortliche, tat so, als hätte er eigens meinetwegen die »großen Chefs« dort angesiedelt. In Berlin-Karlshorst war ein Wohnviertel südlich des Tierparks zwischen der Treskowallee, der Stolzenfelsstraße und der Köpenicker Allee zum Sperrgebiet der sowjetischen Kommandantur und Verwaltung in Deutschland erklärt und eingezäunt worden. Man konnte es nur mit Sonderausweis oder Sondergenehmigung betreten. Dort befand sich auch das Kapitulations-Museum, die schon erwähnte ehemalige Pionierschule der deutschen Wehrmacht, in der Marschall Shukow am 9. Mai 1945 die bedingungslose Kapitulation Deutschlands vom Oberkommando der Wehrmacht, vertreten durch Generalfeldmarschall Keitel entgegennahm.

In dieses Sperrgebiet, Drachenfelsstraße 1, 2. Etage, zogen wir am 26. Februar 1960 in eine Wohnung mit drei großen, über drei Meter hohen Räumen ein. Es handelte sich um eine Altbauwohnung mit Ofenheizung, fensterlosem Bad und sonstigen Mängeln, die einen hohen Pflegeaufwand erforderte. Nicht schlecht, aber keineswegs komfortabel und schon gar nicht privilegiert. Aber ruhig lebte es sich in diesem Gebiet mit einem Park und Geschäften, die von sowjetischem Personal geführt wurden. In den Häusern wohnten vorwiegend sowjetische Offiziere mit ihren Familien. Man grüßte die Nachbarn, aber es entstanden keine näheren Kontakte.

Karlshorst ist eine vorzügliche Wohnlage mit besten Anschlüssen an die öffentlichen Verkehrsmittel. Die Trabrennbahn, der Tierpark und ein Kreiskulturhaus, zahlreiche Gaststätten und Cafes boten gute Bedingungen für die meist sehr knapp bemessene Freizeit und die wunderbaren Ausflugsgebiete in Erkner oder zum Müggelsee zum Beispiel waren schnell erreichbar. Unsere Kinder verlebten in der Drachenfelsstraße eine gute und behütete Kindheit. Wir blieben dort fast siebzehn Jahre lang, bis wir im Dezember 1976 in Hohenschönhausen, Josef-Höhn-Straße, unsere erste Berliner Neubauwohnung bezogen.

Von Karl-Marx-Stadt her war ich es gewohnt, mich an so manchem Wochenende an freiwilligen Arbeitseinsätzen im Nationalen Aufbauwerk, kurz NAW genannt, zu beteiligen. So wie vielen anderen Bürgern lag mir daran, die Trümmer zu beseitigen, die der Krieg hinterlassen hatte. Anders als durch eine massenhafte Initiative der Menschen wäre wohl der Wiederaufbau der zerstörten Städte nicht denkbar gewesen. Ich hatte gesunde Hände und erkundigte mich in Karlshorst, wo man Aufbaustunden leisten könne. Man schickte mich zum Tierpark. Komme ich dort am »Bärenschaufenster« vorbei, so erinnere ich mich an die vielen Wochenenden, die ich dort beim Sandschippen verbrachte, um Platz für das Eisbärenfreigehege zu schaffen.

Hauptabteilung neun/sechs – mein Arbeitsfeld

In meinem neuen Tätigkeitsbereich arbeitete ich mich trotz mancher Zweifel und Bedenken bald ein. Nach einer gewissen Gewöhnungszeit war ich ein verläßliches und daher akzeptiertes Mitglied des Arbeitskollektivs. Es bestand unter uns ein ausnehmend gutes, kameradschaftliches Verhältnis mit teilweise freundschaftlichen Beziehungen. Nicht ganz problemlos gestalteten sich die Verhältnisse zu einigen Vorgesetzten und Leitungsmitgliedern. Gewisse Reibungsflächen mag mein Charakter geboten haben. Andererseits scheint es ein Attribut ehrgeiziger oder unsicherer Vorgesetzter zu sein, den Mitarbeitern besonders durch ihr Mißtrauen und ihre Pedanterie Wissen und Anspruchsniveau vermitteln zu wollen. Welche reiche Ernte an gutem Willen und Einsatzfreude hätte mein damaliger Referatsleiter in die Scheuer eines erfolgreichen Vorgesetzten einfahren können, wenn er begriffen hätte, daß ich zwar in der Untersuchungsarbeit unerfahren war, aber mit meinen fast dreißig Lebensjahren (davon neun NVA-Dienstjahren) kein Objekt seiner Profilierungssucht sein wollte. Stattdessen bauten sich nur unsere gegenseitigen Aversionen auf. So kam es, wie es in solchen Fällen kommen mußte, unser Verhältnis kulminierte in einer heftigen, dann allerdings die Atmosphäre reinigenden Auseinandersetzung. Mein Referatsleiter hatte offenbar »Verbündete« gefunden. Eines Tages hörte ich zufällig, wie er mich einem anderen Leitungsmitglied gegenüber schnoddrig, überheblich als seinen »speziellen Freund« bezeichnete. Zuvor hatte ich von ihm eine Rüge erhalten, weil ich meinen Papierkorb nicht im Panzerschrank, sondern im verschlossenen Schreibtisch untergebracht hatte. Das war vorschriftswidrig, was mir aber niemand erklärt hatte. Ich glaubte, im versiegelten Schrankfach sei der Papierkorb mit seinem Inhalt sicher genug aufbewahrt. Nun mußte ich eine schriftliche Stellungnahme mit einer selbstkritischen Einschätzung zur »vernachlässigten Wachsamkeit« abgeben. Sie erschien dem Referatsleiter nicht selbstkritisch genug und wollte sie in dieser Fassung nicht entgegennehmen. Ich hingegen weigerte mich kategorisch, den Text nach seinen Vorstellungen umzuformulieren. Sollte die Leitung mit meiner Stellungnahme nicht einverstanden sein, so ließ ich wissen, dann wollte ich zum Rapport beim Hauptabteilungsleiter angemeldet werden. Ich würde dort mündlich über den Vorfall berichten. So einfach wollte man es dem aufsässigen neuen Mitarbeiter nicht machen. Also wurde ich zu einer Aussprache vor der Abteilungsleitung geladen, dazu kamen alle Referatsleiter und der Parteisekretär. Rein arithmetisch stand es also vor Beginn des Tribunals 1:8 gegen mich. Mein Referatsleiter informierte die Versammelten von meinen Missetaten. Aus der Runde kamen daraufhin nur einige spärliche, leidenschaftslose Beiträge. Alle hielten sich zurück, das sprach eigentlich für mich. Ich meldete mich nicht zu Wort. Das wurde vom stellvertretenden Leiter mit wachsendem Unmut registriert. Was das denn für ein Verhalten sei, an meiner Person würde Kritik geübt, ich würde mich nicht dazu äußern, wolle hingegen mit dem Hauptabteilungsleiter sprechen und so weiter. Sein Ton wurde schärfer und zugleich unsachlich. Ich sei überheblich, vielleicht wäre ich zu Höherem geboren und würde mich an der jetzigen Stelle nicht ausgefüllt sehen, dann müßte ich Minister werden oder in eine andere höhere Position aufrücken. Die Runde empfand diesen Sarkasmus wohl als der Situation völlig unangemessen, ich spürte förmlich, wie die Stimmung zu meinen Gunsten umschlug. Nun machte ich das, wozu ich aufgefordert worden war, ich bezog Stellung und zwar sehr ausführlich. Zudem hatte ich ja noch einen Trumpf im Ärmel: »Warum sollte ich mich eigentlich zu den Vorhaltungen äußern, wenn ich weiß, daß ich auf eine Wand von Voreingenommenheit mir gegenüber stoße?« Verdutztes Staunen. »Was habe ich von einem Vorgesetzten zu halten, der mich an die Aufgaben verantwortungsvoll heranführen soll, der von mir alle Tugenden verlangt und vortäuscht, um meine Entwicklung besorgt zu sein, mich aber im Arbeitskollektiv abfällig als seinen »speziellen Freund« bezeichnet! Als ich nach Berlin versetzt wurde, habe ich mir nicht vorstellen können, daß ich hier hinter meinem Rücken von Vorgesetzten derartig lächerlich gemacht und herabsetzend beurteilt werden würde. Anstatt mir die Einarbeitungsphase und das Einleben in das Kollektiv zu erleichtern, gibt der verantwortliche Vorgesetzte negative Signale.« So ungefähr die Einleitung zu meiner Erwiderung. Was ich im weiteren vorbringen konnte, war nicht zu widerlegen. Ich kritisierte, daß sich kaum ein Vorgesetzter ernstlich dafür interessierte, welchen fachlichen Probleme ich in Berlin gegenüberstand. Auch daß man vorwiegend überheblich im Ton und unsachlich im Inhalt mit mir verfuhr. »Und« so schloß ich meine Ausführungen, »die heutige Dienstversammlung ist offensichtlich die logische Fortsetzung dieses kränkenden Umganges mit mir!« Ich konnte mir nicht verkneifen zu sagen, daß ich nicht auf eigenen Wunsch nach Berlin kam und daß mir der Abteilungsleiter bei der Begrüßung Verständnis und Hilfe zugesichert hatte. Ich schilderte die Sache mit dem Papierkorb. Anstatt mir schlicht zu sagen, daß er im Panzerschrank einzuschließen sei, wurde daraus der Fall eines schweren Disziplinverstoßes konstruiert. Ich bestand auch weiterhin auf einem Rapport beim Hauptabteilungsleiter, wenn meine schriftliche Erklärung nicht genügte. In der anschließenden Diskussion waren die Wortmeldungen für mich positiv, bestätigten ausdrücklich, daß bei mir keine Spur von Überheblichkeit zu erkennen sei und daß die Mitarbeiter der Abteilung die Position meines Referatsleiters nicht teilten. Letzten Endes ging ich aus diesem Zusammenstoß vollkommen rehabilitiert hervor. Guten Gewissens kann ich sagen, daß ich von diesem Tag an nicht nur vollkommen gleichberechtigt zum Kollektiv gehörte, sondern mir einen festen, geachteten Platz erwarb.

Ich habe diese Geschichte etwas detaillierter geschildert, als es ihrer Banalität wegen nötig gewesen wäre. Ich wollte eine Erscheinung, die wohl auch in anderen Arbeitsbereichen zu finden wäre, weder dramatisieren noch mich selbst ins Blickfeld rücken, sondern ein wenig in den Dienstbetrieb hineinleuchten, um darauf zu verweisen, daß es dort, wohin ich versetzt worden war, »ganz normal« zuging. Ist man im Recht, sollte man sich zur Wehr setzen und das war auch dort möglich, wo militärische Regeln, Normen und Gewohnheiten den Dienstablauf bestimmten. Schließlich ist es auch eine Frage, zu welchen Einsichten die »Kontrahenten« fähig sind und welche Grundregeln das Leben im Kollektiv bestimmen. Und die waren bei uns in Ordnung.

Militärstraftaten

Die in der Abteilung zu bearbeitenden Ermittlungsverfahren betrafen im wesentlichen Militärstraftaten oder Straftaten, die von Militärpersonen begangen wurden. Das konnten also auch Tötungsverbrechen, Gewalttätigkeiten, schwere Eigentums- und Betrugsdelikte wie überhaupt Tatbestände des Strafgesetzbuches der DDR sein. Militärstraftaten sind in dessen 9. Kapitel unter Paragraph 251 beschrieben. Dort heißt es: »(1) Militärstraftaten sind von Militärpersonen schuldhaft begangene gesellschaftswidrige oder gesellschaftsgefährliche Handlungen, die als Vergehen oder Verbrechen strafrechtliche Verantwortlichkeit nach den Bestimmungen dieses Kapitels begründen.

(2) Militärperson im Sinne des Gesetzes ist, wer aktiven Wehrdienst, Wehrersatzdienst oder Reservistenwehrdienst leistet. (3) Wegen Anstiftung und Beihilfe zu einer Militärstraftat wird auch bestraft, wer nicht Militärperson ist. (4) Die Bestimmungen dieses Kapitels gelten auch für Straftaten, die sich gegen die Armeen der verbündeten Staaten richten.« Wer Gesetzestexte zu lesen hat, der wird die klare, auch für Nichtjuristen verständliche Formulierung erkennen. Ich will auch hier über einige mir noch erinnerliche Untersuchungsvorgänge berichten. Wer willens und fähig ist, jene Zeiten der politischen Systemauseinandersetzungen nicht einseitig zu beurteilt, wird die strafrechtliche Relevanz bestimmter Handlungen, die in der Phase der deutschen Spaltung begangen wurden, nicht bestreiten können. Spionage, Desertion (Fahnenflucht), Waffen- oder Tötungsdelikte können doch wohl nicht deshalb zu straffreien Widerstandshandlungen mutieren, nur weil »lediglich« die Sicherheit der DDR das angegriffene Objekt war!

Wir hatten es damals, eingangs der sechziger Jahre, vielfach mit dem Tatbestand der Fahnenflucht zu tun. Bevor ich auf konkrete Ermittlungsverfahren eingehe, ein Wort zu dem Weg, den geflüchtete NVA-Angehörige nahmen. Bis zum 13. August 1961 setzten sich potentielle Fahnenflüchtige einfach in die S-Bahn und fuhren für zwanzig Pfennige nach Westberlin. Viele der Geflüchteten kehrten jedoch bis zur Schließung der Staatsgrenze trotz der zu erwartenden Strafe wieder in die DDR zurück. Sie fanden zur BRD-Gesellschaft einfach keine ausreichende Bindung.

Andererseits nahm damals die Zahl der Deserteure eher zu als daß sie geringer wurde. Die Verlockungen des wirtschaftlich erdrückend starken Westdeutschlands waren für viele, denen das spartanisch reglementierte Soldatenleben lästig erschien, zu anziehend und leicht erreichbar. Auch andere Fluchtgründe spielten eine Rolle, wie untreue Freundinnen und Ehefrauen, Ärger und Auseinandersetzungen in der Familie, Alimenten-Forderungen oder Flucht vor der Verantwortung für anderweitig begangene Straftaten. Hingegen traf ich niemanden, der ausschließlich eines gravierenden Demokratie- oder Freiheitsdefizites wegen in die BRD desertiert sein wollte. Bei manchen mag das eine Rolle mit gespielt haben, aber man nannte es nie als das zentrale Motiv.

Was erwartete einen Fahnenflüchtigen der NVA in der Bundesrepublik? Ganz gleich, wo sich ein Deserteur in Westberlin oder Westdeutschland meldete – meist bei einem Polizei- oder Grenzposten, aber auch dann, wenn er bei Verwandten eintraf – er wurde in das für den Grenzübertritt zuständige Flüchtlingslager verwiesen, wo er ein sogenanntes »Notaufnahmeverfahren« durchlief. Es ging in der Regel um die Anerkennung als »Politischer Flüchtling«. In Westberlin befand sich das »Notaufnahmelager« in Marienfelde, in Westdeutschland gab es solche Einrichtungen z.B. in Uelzen, Gießen, Sandbostel und Unna. In den Lagern befanden sich Sichtungsstellen des amerikanischen, englischen und französischen sowie des bundesdeutschen Geheimdienstes. Ausnahmslos und in der genannten Reihenfolge mußten die Deserteure (auch Zivilpersonen, falls von denen besondere Informationen erhofft wurden) diese Sichtungsstellen durchlaufen. Es mag verwundern, daß die deutschen Dienste zuletzt »dran« waren, nachdem die ausländischen Geheimdienste ihre Informationen abgeschöpft hatten, aber es kennzeichnete die damalige Position der deutschen Dienste. In der aufgeregten Vereinigungsphase nach 1989, wo es vorzugsweise um die Diskriminierung der DDR und ihrer Institutionen ging, konnte man sich mit ungebremster Hingabe gar nicht genüßlich genug über die »Überwachung und Bespitzelung« durch das MfS auslassen. Jede Abwehrmaßnahme gegen ausländische Geheimdienste wurde und wird als üble Schikane der DDR-Sicherheitsorgane verunglimpft. Ein IM, ein inoffizieller Mitarbeiter des MfS ist nach wie vor mit das Übelste, was die Medien der armen Volksseele vorwerfen. In diesem blinden Eifer interessierte die zehntausendfach praktizierten, lückenlose Abschöpfung westlicher Geheimdienste bei geflüchteten und desertierten DDR-Bürgern schlichtweg niemanden. Die Frage sollte schon erlaubt sein, wer die fremden Geheimdienste legitimierte, DDR-Bürger als nachrichtendienstliche Quellen zu nutzen. Um die Dinge beim Namen zu nennen: Da wurde nicht nur nach Waffen und Ausrüstung und militärischen Standorten gefragt. Der Fragespiegel der Geheimdienste enthielt auch Fragen zu ganz persönlichen Angelegenheiten, wie zum Beispiel nach der beruflichen Situation, der Parteizugehörigkeit und der politischen Gesinnung nächster Freunde und Angehörigen.

Aber zurück zum weiteren Ablauf. Je nach Kenntnisstand des Deserteurs, der Bedeutung seiner ehemaligen Dienststelle und entsprechend seines Dienstgrades und Dienststellung folgte auf eine Überblicksbefragung in den Sichtungsstellen seine Weiterleitung zu den außerhalb des Flüchtlingslagers gelegenen Geheimdienststellen. Amerikanische Geheimdienststellen befanden sich in Westberlin unter anderem in der Podbielskiallee sowie in der Clayallee. Die Befragungen in solchen Dienststellen konnten sich tagelang hinziehen. Als Belohnung gab es Zigaretten und Geld. Waren die Angaben ergiebig, kam es auch vor, daß der »betreuende« Geheimdienstmitarbeiter mit dem Deserteur ein Warenhaus aufsuchte und ihn einkleiden ließ. Personen, Offiziere oder Unterführer, von denen man sich besonders wichtige oder umfangreiche Angaben erhoffte, wurden, ohne das Aufnahmeverfahren abzuschließen, in das Hauptquartier des amerikanischen Geheimdienstes CIA in Deutschland »Camp King« nach Oberursel ausgeflogen. Dort erfolgten wochenlange Befragungen und auch Anwerbungen für geheimdienstliche Zusammenarbeit. Auch in anderen westdeutschen Städten, wie München, Nürnberg, Frankfurt, fanden derartige Befragungen statt.

Waren die Befragungen – man kommt der Wahrheit näher, wenn diese Tätigkeit als das bezeichnet wird, was sie in der Tat auch war, als Beschaffung von Spionageinformationen – beim amerikanischen Geheimdienst in Westberlin zu Ende, wurde die Prozedur in der englischen (Am Olympiastadion) und dann in der französischen Geheimdienststelle (Quartier Napoleon) fortgesetzt. Jedoch war das Interesse der beiden letztgenannten Geheimdienste nicht so lebhaft. Unverständlich war eigentlich, daß diese Befragungen, wenn auch nicht mehr so intensiv, in jedem weiteren Lager, in das der Deserteur noch gelangte, fortgesetzt wurden. Es kam auch vor, daß der Betreffende erneut zu Befragungsdienststellen bestellt wurde, wenn er bereits einen festen Wohnsitz hatte.

Seit den sechziger Jahre wurde eigens zur »Betreuung« geflüchteter NVA-Angehöriger und Grenzer eine von Geheimdiensten kontrollierte Organisation geschaffen, die den unverfänglichen Namen »Deutsche Gesellschaft für Sozialbeziehung e.V« Duisdorf bei Bonn trug. Als Begrüßungsgeschenk erhielten die Ankömmlinge einen Shell-Atlas. Mitarbeiter der Gesellschaft wollten angeblich den neuen Bundesbürger helfen, sich im bundesdeutschen Alltag zurechtzufinden. Anzunehmen ist jedoch, daß eine bestimmte Kontrolle ausgeübt werden sollte, denn die ehemaligen NVA-Angehörigen wurden von ihren Betreuern angehalten, ihnen die aus der DDR erhaltene Post zu zeigen beziehungsweise über Rückverbindungen in die DDR zu berichten. Vorgeblich sollte das dem Schutz der Geflüchteten vor Rückführungsversuchen in die DDR dienen. Einige Rückkehrer berichteten davon, daß sie von den Betreuern dazu ermuntert wurden, zu ehemaligen Dienstkameraden Briefkontakte aufzunehmen. Mir ist ein Fall erinnerlich, wo ein »Betreuer« mit einem Deserteur zum Abschnitt seiner ehemaligen Grenzkompanie fuhr, um direkte Kontakte mit Grenzposten aufzunehmen und zur Fahnenflucht aufzufordern.

Mit den aus der DDR geflüchteten Militärpersonen erschloß sich für die westlichen Geheimdienste eine anhaltend sprudelnde Informationsquelle zu sämtlichen Bereichen der DDR und ein unerschöpfliches Reservoir zur Agentenwerbung. Diese bedenkenlose Vereinnahmung war zugleich ein schweres Hindernis für jene, die in die DDR zurückkehren wollten. Die Geheimdienste wußten sehr wohl, welche strafrechtlichen Folgen daraus für die Betroffenen erwachsen konnten. Den Fahnenflüchtigen wurde zwar formell von den Geheimdienstmitarbeitern freigestellt, Angaben zu machen. Aber wer konnte und wollte das schon in dieser Zwangslage, in die man sich natürlich – das soll nicht ausgeblendet bleiben – selbst gebracht hatte? Jeder befürchtete für sich Nachteile, wenn er sich den Geheimdiensten nicht kooperativ zeigte. Nicht wenige dieser jungen Menschen erhofften sich, nach dem sie sich hinreichend an der BRD-Realität orientiert und vielfach herbe Enttäuschungen im Vergleich zum Leben in der DDR erfahren hatten, eine straffreie Rückkehr. Wenn keine Strafausschließungsgründe vorlagen, mußten solche Anfragen, die meist von den Angehörigen an die Militärstaatsanwälte oder an MfS-Dienststellen gerichtet wurden, abschlägig beantwortet werden. Außer einer eventuell strafmildernden Wirkung der freiwilligen Rückkehr konnten der Strafgerechtigkeit wegen weitergehende Zusicherungen nicht gemacht werden. Dennoch zogen nicht wenige es vor, die Strafe mit dem löblichen Vorsatz, ein neues Leben anzufangen, auf sich zunehmen.

Die Frage, wie es überhaupt zur Geständnisbereitschaft der Beschuldigten kam, ist schnell beantwortet. Die meisten waren überrascht von der Sachlichkeit der Vernehmungsführung. Wer sich auf Konfrontation eingestellt hatte, war schlecht beraten und mußte sich von seiner demensprechenden Taktik verabschieden. Insbesondere betraf das jene Untersuchungsgefangenen, die aus freiem Willen in die DDR zurückkehrten. Es machte ja keinen Sinn, sich den Strafverfolgungsorganen zu stellen, aber Aussagen zu verweigern. Schließlich veranlaßten gesicherte Sachkenntnis der Untersuchungsführer zu Aussagebereitschaft und Aussagetreue.

Die Bestrafung von Fahnenfluchten war keine Spezifität des DDR-Strafrechts. Ich lese in der »Berliner Zeitung« vom 3./4.Februar 2001, daß ein Alexander T. mit sechs Monaten Gefängnis bestraft wurde, weil er der Einberufung zum 2. Jägerbataillon nicht Folge leistete. Der Richter zum um Nachsicht bittenden Angeklagten: »Mensch, Herr T., Sie wissen doch, wenn so was passiert, daß Sie ergriffen werden. Sie können sich vorstellen, daß der Inhalt des Gesetzes nicht zur Disposition steht!« Der Herr T. wollte aber in keinen anderen Staat und zu keinem Geheimdienst, er wollte nur zu Hause bei seiner kranken Freundin bleiben! Die Straftatbestände des Strafgesetzbuches der DDR standen ebenfalls nicht zur Disposition!

Doch nun sollen einige Ermittlungsvorgänge etwas detaillierter und konkreter geschildert werden: Ich hatte mit einem Beschuldigten zu tun, dem es gelungen war, lange Zeit unter falschem Namen in der DDR zu leben. Er stammte aus der sächsischen Kleinstadt Dippoldiswalde. Um nicht als Fahnenflüchtiger bestraft werden zu können, war er unter falschem Namen als BRD-Bürger in die DDR »übergesiedelt« und zog nach Dresden, also in die Nähe seines Heimatortes, wo seine Eltern lebten. Bei dem Versuch, über die CSSR erneut in die BRD zu gelangen, war er festgenommen und unter dem falschen Namen zu einer Gefängnisstrafe verurteilt worden. Im Strafvollzug kam der Verdacht auf, daß mit dem Mann irgendetwas nicht stimmte. Die Nachermittlung wurde mir übertragen. Nach Auswertung eines Bilderkennungsprotokolls legte der Betreffende ein Geständnis ab. Sein Weg in Westdeutschland und die Aufenthalte in Geheimdienststellen unterschieden sich nicht von den Erlebnissen anderer Deserteure. Von der Geschichte mit dem falschen Namen abgesehen, war nichts Sensationelles zu berichten. Als Erzgebirgler kamen wir problemlos miteinander zurecht, was auch die Bearbeitung des Ermittlungsverfahrens vereinfachte. Gelegentlich sprachen wir nicht nur über den zu untersuchenden Sachverhalt sondern auch zwanglos über alle möglichen Dinge im Leben. Mehrfach bekam dieser Untersuchungsgefangene von seiner Mutter aus Dippoldiswalde Besuch. Hier sei eingefügt, daß wir bei der Gewährung von Angehörigen-Besuchen nicht kleinlich verfuhren. Es kam vor, daß die Angehörigen spontan nach Berlin zum Militärstaatsanwalt kamen, um sich über das Vorgefallene unterrichten zu lassen. Meist war das mit der Bitte um eine Besuchserlaubnis verbunden, der in der Regel stattgegeben wurde, ohne daß eine schriftliche Genehmigung vorlag.

Im erwähnten Fall nun versuchten Sohn wie Mutter den Eindruck zu erwecken, als sei dies das erste Wiedersehen seit langem. In den Vernehmungen und bei der Befragung der Mutter hatte ich die Frage, ob sie den Sohn während dessen Dresdener Zeit gesehen hätte, nicht gestellt. Zwar zweifelte ich nicht daran, daß der junge Mann seine Eltern besucht hatte, aber da dieses Detail für den Vorgang nebensächlich war, habe ich es nicht hartnäckig erörtert. Auch jetzt wäre diese Sache kaum erwähnenswert, wenn sie nicht später nochmals eine Rolle gespielt hätte: Jahre später wurde der junge Mann mit dem bewegten Leben für eine Zeugenvernehmung benötigt. Ich führte sie in einer Dresdner Dienststelle durch. Wir erkannten uns sofort wieder, sprachen aufgeschlossen, fast freundschaftlich miteinander. Er berichtete, daß er nach seiner Haftentlassung den elterlichen Betrieb übernommen habe. Ich bot ihm an, ihn anschließend mit dem Dienst-PKW nach Dippoldiswalde zu fahren. Dort angekommen bat er mich zu einer Tasse Kaffee ins Haus. Auch seine Mutter erkannte mich wieder und so kam es zu einer angeregten Unterhaltung. Der Mann sprach über seine faire Behandlung und die Mutter erwähnte die tolerante Auslegung der Besuchserlaubnis. »Sie haben damals von mir alles erfahren, außer einer Sache«, sagte mein Zeuge. Ich wollte ihm den Triumph nicht gönnen und kam ihm zuvor: »Ich weiß, Sie haben in der Zeit, als Sie unter falschem Namen in Dresden lebten, Ihre Eltern besucht. Sie werden sich doch nicht als Wohnsitz Dresden auswählen und Ihre zwanzig Kilometer entfernt wohnenden Eltern nicht besuchen.« – «Und warum haben Sie mich nicht danach gefragt?« – »Na«, erwiderte ich, »Sie hätten mir ja doch nicht die Wahrheit gesagt und Ihre Mutter hätte ich nur in Verlegenheit gebracht.« Das war einleuchtend und so schieden wir im guten Gefühl, uns verstanden zu haben und uns gegenseitig nichts nachtragen zu müssen.

Diese Stelle scheint mir nochmals geeignet festzustellen, daß wirklich feindselige, kaum auflösbare Konfrontationen zwischen Vernehmer und Beschuldigten zu den absoluten Ausnahmen gehörte. Rüde, rücksichtslose Grobheiten gab es nicht und sie wären unterbunden worden. Psychische oder physische Gewalt oder Schikanen von seiten der Untersuchungsführer gegen Untersuchungsgefangenen waren entgegen heutigen Behauptungen in jeder Beziehung ausgeschlossen. Verwendbare Aussagen lassen sich dadurch nämlich nicht erlangen. Einer unüberbrückbare Konfrontation entstand als Ausnahmefall bei einem Verfahren gegen einen Päderasten. Die mich abstoßende Veranlagung homosexueller Kontakte zu Kindern und noch dazu die arroganten Rechtfertigungsversuche dieses Menschen waren mir so zuwider, daß die Vernehmungen fast immer in heftigen Streitgesprächen mündeten. Im Grunde hatten wir mit solchen Rechtsbrüchen nichts zu tun, aber im Zusammenhang von Gewalttätigkeiten gegen staatliche Ordnungskräfte war dieses Ermittlungsverfahren zu uns gelangt. Solche Konfrontationserscheinungen waren aber untypisch, die Sachlichkeit entsprach der Normalität, was sich auch in nicht alltäglichen Erlebnissen bestätigte. Während eines Urlaubsaufenthaltes in meinem Geburtsort spürte ich bei einem Gaststättenbesuch, daß jemand meinen Blick suchte. Ein Mann mittleren Alters wandte sich an mich und ich erkannte ihn als ehemaligen Beschuldigten, der als Grenzsoldat straffällig geworden war. Er hatte mich wiedererkannt und wir begrüßten uns mit den üblichen Fragen nach dem Woher und Wohin. Unbefangen machte er mich mit seiner Frau bekannt, die auch wußte, mit wem sie es zu tun hatte.

Betroffen machte mich die schwere Straftat eines jungen Grenzsoldaten, der meiner Erinnerung nach in oder bei Aue im Erzgebirge beheimatet war und im Raum Berlin Dienst versah. Er war mit seinem Streifenposten übereingekommen, aus Langeweile eine Grenzverletzung vorzutäuschen. Jeder sollte einige Schüsse aus der Maschinenpistole abgeben, um dann mit Signalpatronen einen Offizier zur Grenze zu beordern und zu melden, daß sie einen Grenzdurchbruch hätten verhindern wollen, der Grenzverletzer aber nicht gestellt werden konnte. Die beide stellten sich gegenüber und schossen, das war als Mutprobe gedacht, nah aneinander vorbei. Nachdem der Postenführer als zweiter geschossen hatte, stürzte sein Gegenüber getroffen zu Boden. Er geriet in Panik und entschloß sich, den Kameraden zu töten. Der Postenführer richtete die Waffe auf seinen Kameraden und schoß das Magazin mit Dauerfeuer leer. Der am Boden Liegende bekam mehrere Treffer ab, auch seine Waffe wurde von Schüssen durchschlagen. Wie durch ein Wunder kam er mit dem Leben davon. Wahrscheinlich verfehlte ihn der Täter in der Aufregung. Dem eintreffenden Diensthabenden erklärte er, daß sein Kamerad fahnenflüchtig werden wollte, was er zu verhindern versucht habe. Diese Version hielt er solange aufrecht, bis er erfuhr, daß das Opfer noch lebte. Daraufhin legte er ein Geständnis ab und beschrieb den tatsächlichen Hergang. Meine Ermittlungen zur Person des Täters in dessen Heimatort brachten durchweg positive Aussagen und paßten überhaupt nicht zum Persönlichkeitsbild eines Mörders. Es blieb für Eltern, Freunde und Bekannte unverständlich, wie es zu dieser Tat kommen konnte.

Ich erwähnte bereits den Nutzen gediegener Sachkenntnisse, um wahrheitsgetreue Aussagen zu bekommen. Daß dabei auch Zufall hilfreich sein kann, belegt nachfolgender Fall: Nach operativer Bearbeitung war eine Militärspionage soweit aufgeklärt, daß beim nächsten Kontakt mit einem Kurier, der ein Funkgerät zu überbringen hatte, die Festnahme erfolgen sollte. Nach gedeckter Observation konnte die Aushändigung des Funkgerätes festgestellt und der Kurier, in diesem Fall eine Frau, vor der Rückkehr nach Westberlin festgenommen werden. Einem allgemeinen Grundsatz folgend, sollten in der Erstvernehmung möglichst keine Beweismittel vorgelegt oder anderweitige Erkenntnisse vorgehalten werden. Vor allem, um mit erlangtem Täterwissen einem eventuellen Widerrufsversuch begegnen zu können. Die Tatverdächtige bestritt jede geheimdienstliche Verbindung und erklärte, einen Bekannten, nämlich den Spion, besucht und ihm aus Gefälligkeit für einen anderen Bekannten aus Westberlin ein Päckchen überbracht zu haben. Keine Ahnung habe sie, was das Päckchen enthalte. Sie wohne in der BRD, in Kassel – sie nannte die Anschrift die im Ausweis stand – und sei lediglich zu Besuch nach Westberlin gekommen. Zufälligerweise kannte ich aus einem vorangegangenen Ermittlungsverfahren den Stadtkern von Kassel ziemlich genau, vor allem den Weg vom Hauptbahnhof zur Oberen und Unteren Königsstraße, wo sich eine sogenannte Befragungsstelle befand. Von einem zurückgekehrten Deserteur, der dorthin bestellt worden war, hatte ich mir diese Straßen, die dortigen Geschäfte und öffentlichen Gebäude so gründlich beschreiben lassen, daß ich mich fast wie ein Reiseführer hätte zurechtfinden können. Das sollte der Frau zum Verhängnis werden. Bald mußte sie einräumen, daß sie die Stadt, in der sie ihren Papieren nach gewohnt haben wollte, gar nicht kannte. Eine plausible Erklärung, wie sie als Westberlinerin zu einem Ausweis für Bundesbürger kam – Westberliner hatten einen sogenannten »Vorläufigen« Ausweis – ließ sich natürlich nicht finden. So war ein umfassendes Geständnis die logische Folge. Eine Peinlichkeit am Rande dieser Vernehmung erinnert mich daran, daß es nicht immer gelingt, vernehmungstaktische Grundsätze einzuhalten. Parallel zur Vernehmung der Kurierin wurde der Spion vernommen. Ihm war die Nutzlosigkeit des Leugnens vorgehalten worden, weil das Untersuchungsorgan ohnehin »alles von seiner

Spionagetätigkeit wisse«. In diese Vernehmung kam kurzzeitig ein Mitarbeiter der zuständigen operativen Abteilung hinzu, um sich sozusagen vom Erfolg seiner vielleicht jahrelangen Abwehrarbeit zu überzeugen. Der Vernehmer wollte ihn vom neuesten Stand der Vernehmung informieren und schrieb auf einen Zettel: »Hat den Erhalt des Funkgerätes zugegeben!« Und was machte der operative Mitarbeiter mit dieser vertraulichen Nachricht? Er las die Botschaft, rief aufgeräumt: »Da muß ich gleich meinen General informieren« und verschwand. Der geständige Spion schaute etwas ironisch seinen Untersuchungsführer an und meinte: »Na, alles haben Sie vermutlich doch nicht gewußt!«

Natürlich haben wir nicht alles gewußt und es gehört auch heute noch zu den allgemeinen vernehmungstaktischen Gepflogenheiten, die Beschuldigten darauf hinzuweisen, daß sich ein Geständnis strafmildernd auswirken kann. Das aber als strafbare Nötigung auszulegen, konnte nach der »Wende« nur einer politisch motivierten bundesdeutschen Siegerjustiz bei ihren Strafverfolgungsabsichten gegen Untersuchungsführer des MfS einfallen, wozu an anderer Stelle auch in eigener Sache noch mehr zu sagen sein wird.

Das Zustandekommen von Geständnissen ist manchmal tatsächlich selbst für den Untersuchungsführer überraschend. Ich erinnere mich hier an eine weitere Erstvernehmung, ebenfalls die eines Kuriers des BND. Ich hatte Bereitschaftsdienst und wurde außerhalb der regulären Dienstzeit zur Dienststelle beordert, um die Vernehmung durchzuführen. Von der Fachabteilung erhielt ich aus taktischen Gründen nur wenige Informationen. Es handelte sich danach um einen ehemaligen Angehörigen der Waffen-SS, der aus Westberlin nach Ostberlin einreiste. Der Festgenommene macht relativ schnell Aussagen darüber, daß er als Kurier zu einer Bekannten eingereist war, um ihr mündliche Informationen zu überbringen. Bei einem vorangegangenen Besuch habe er bereits schriftliches Material mitgebracht und es in ihrer Wohnung versteckt, weil seine »Bekannte« persönlich nicht anwesend gewesen sei. Es war alles ein bißchen verworren. Zur SS-Zugehörigkeit machte er auch nur sehr sparsame Angaben. Ich beschränkte mich auf allgemeine, emotionslose Ermahnungen zur Wahrheit. Auch mit der verbalen Beschreibung des angeblichen Verstecks gab ich mich vorerst zufrieden und schrieb das Protokoll, das mit den üblichen Standartsätzen endete: »Ich habe das Protokoll selbst gelesen. Der Inhalt entspricht in allen Teilen den von mir gemachten Aussagen. Meine Worte sind darin richtig wiedergegeben.« Nachdem er es durchgelesen und unterschrieben hatte, fiel mir ein, daß es besser sei, vom erwähnten Versteck der Unterlagen eine Skizze fertigen zu lassen. Mit den Worten: »Damit wir Ihr Versteck auch finden, sollten Sie noch eine Skizze anfertigen, damit Sie später nicht behaupten, falsch verstanden worden zu sein«, schob ich ihm ein Blatt Papier zu. Er guckte mich prüfend an, schnitt eine Grimasse, die alles Mögliche bedeuten konnte und zog seinen rechten Schuh aus. Ich schaute stillschweigend amüsiert zu. Er manipulierte dann am Absatz herum und zog aus einer dort eingearbeiteten Öffnung einen Gegenstand heraus. Es waren mikroverfilmte Spionageanweisungen. Ohne Kommentar fertigte ich einen Zusatz zum Protokoll und beendete die Vernehmung. Der Beschuldigte wurde in die Zelle zurückgeführt. Ganz knapp war ich an einer gewaltigen Blamage vorbeigerauscht! Nicht vorzustellen, daß der Kurier stundenlang vor mir saß und anschließend Gelegenheit erhalten hätte, seelenruhig die wichtigsten Beweismittel zu vernichten.

»Ermittlung« in eigener Sache

Ich will meine Beispiel-Reihe mit einem nicht alltäglichen Vorgang abschließen. Dabei muß ich etwas ins Detail gehen. Die betreffende, unter meiner Verantwortung im Referat in einem Ermittlungsverfahren bearbeitete Person gehörte den DDR-Grenztruppen an und wurde nach zehnjähriger Dienstzeit als Oberleutnant entlassen. Der Mann zog in die Nähe von Berlin und arbeitete in einem Großbetrieb als Verantwortlicher für Sicherheitsfragen. Er war verheiratet und hatte zwei Söhne. Die Eheleute ließen sich pro forma scheiden, um eine Flucht nach Westberlin getrennt vorbereiten und durchführen zu können. Wie verantwortungslos das gegenüber der Entwicklung ihrer Kinder war, will ich hier nicht weiter erörtern. Im Mai 1975 ließ sich die Mutter mit ihrem sechs Jahre alten Sohn von einer Fluchhelferorganisation für 15 000 Mark nach Westberlin ausschleusen. Von dort aus organisierte sie über einen der Berliner Polizei bekannten »Fluchthelfer« die Ausschleusung ihres geschiedenen Ehemannes und des zurückgelassenen achtjährigen Sohnes. 5000 Mark Anzahlung soll sie dafür geleistet haben. Ende April 1976 sollte die Ausschleusung vorgenommen werden. Auf einem Waldweg stiegen der ehemalige Oberleutnant und sein Sohn, der zur Ruhigstellung von seinem Vater eine Tablette »Faustan« (eine Art Narkotikum) verabreicht bekam, in den Kofferraum eines für das Unternehmen präparierten PKW. Bei der Fahrzeugkontrolle an der Grenzübergangsstelle Staaken entdeckte man sie. Der Westberliner Fahrer wie auch der ehemalige Grenztruppenoffizier wurden festgenommen, der Sohn ärztlich betreut und zunächst in einem Kinderheim untergebracht.

Der Fahrer des Fluchtautos wurde 1978 nach Westberlin entlassen, wo bekanntlich »Fluchthelfer« straffrei blieben und bei einer Verurteilung in der DDR Anspruch auf Haftentschädigung geltend machen konnten. (Wie rasch sich die Rechtslage ändern kann, geht aus einer Meldung der Zeitung Neues Deutschland vom 27. Juli 2001 hervor, wonach das »... Landgericht Leipzig gegen drei Mitglieder einer internationalen Schleuserbande« ermittelt, die seit 1999 etwa 1000 Personen über Italien, Österreich und die Schweiz nach Deutschland einschleusten und am Menschenhandel rund eine Million Mark verdienten.)

Der ehemalige Oberleutnant formulierte schriftlich den Wunsch, daß sein Sohn an eine bestimmt Familie zur Betreuung übergeben werden sollte. Vermutlich war eine solche Maßnahme vor der Aktion für den Fall eines Fehlschlages mit dieser Familie erörtert worden. Der Beschuldigte bat bereits nach der Festnahme, diese Familie zu benachrichtigen. Vierzehn Tage nach dem Ausschleusungsversuch kam der Junge dorthin.

Das Ermittlungsverfahren wurde entsprechend den Straftatbeständen, unter anderem ging es auch um Spionage, bearbeitet und der Militäroberstaatsanwaltschaft zur Anklageerhebung übergeben. Nach Verbüßung einer achtjährigen Freiheitsstrafe wurde der Verurteilte im April 1984 mit Aberkennung seiner Staatsbürgerschaft der DDR in die Bundesrepublik entlassen. Eine Erwähnung dieses Vorganges, schon gar nicht in dieser Ausführlichkeit, wäre kaum notwendig gewesen, wenn nicht deswegen von der Zentralen Ermittlungsstelle für Regierungs- und Vereinigungskriminalität (ZERV) am 2. Dezember 1997 gegen mich ein Ermittlungsverfahren eingeleitet worden wäre. Mir und anderen damals beteiligten Personen wurde zum Vorwurf gemacht, Zwangsmittel zum Erlangen von Aussagen angewandt beziehungsweise, meine Person betreffend, dazu angestiftet zu haben. Der das Verfahren bearbeitende Sachbearbeiter war ein außerordentlich korrekter, gebildeter Untersuchungsführer mit gepflegten Umgangsformen, der zu keiner Zeit nicht einmal mit scharfen Wortgefechten Vernehmungen führte. Dem Ermittlungsverfahren der ZERV lag eine Anzeige des ehemaligen Grenzoffiziers zugrunde. Es soll dem Mann zugute gehalten werden, daß er nicht aus eigenem Antrieb handelte. Er hatte ein Informationsblatt einer sogenannten Opferorganisation mit einschlägigen Aufforderungen bekommen und daraufhin im August 1995 die Ermittlungsstelle in Berlin angeschrieben. Ansonsten wäre es schon recht ungewöhnlich, daß es ihm erst siebzehn Jahre nach dem Ereignis bewußt wurde, zu Aussagen genötigt worden zu sein. Dennoch enthält ein solcher Vorwurf ein gutes Stück Infamie: Menschen, die sich lebenslang, auch nach dem Anschluß an die Bundesrepublik, in jeder Hinsicht gesetzestreu verhalten, werden ausgerechnet von Personen, die mit unsicheren Rechts- und Moralauffassungen auffällig geworden waren, der Rechtsverletzungen beschuldigt. Ich schildere den Sachverhalt nicht, um mich zu rechtfertigen, sondern weil auch dieser Abschnitt zu meinem Lebensweg gehört. Ich kann dazu stehen! Inwieweit der Vorwurf einer Aussageerpressung substantiell überhaupt gerechtfertigt sein könnte, will ich weitestgehend unkommentiert lassen, denn die bereits erwähnten Details und die noch folgenden Fakten machen von sich aus diese Beschuldigung haltlos. Die vorgebliche Nötigung zu einer Aussage reduzierte sich auf die Unterstellung, dem Beschuldigten angedroht zu haben, daß er seinen Sohn nicht wiedersehen dürfe, wenn er keine Aussagen zum beabsichtigten Geheimnisverrat mache. Man fand dafür nicht den geringsten Beleg, nicht einmal eine begründete Mutmaßung für diesen Vorwurf. Zudem gibt es überzeugende Gründe, die eine solch primitive Argumentation im Ermittlungsverfahren von vornherein ausschließen. Zum einen könnte der Betreffende spätestens zur gerichtlichen Hauptverhandlung widerrufen. Jeder Verteidiger hätte mit Begeisterung ein solches Argument aufgenommen. Tatsächlich war der Verurteilte nach der Urteilsverkündung im Dezember 1976 in Berufung gegangen, aber selbst bei dieser Gelegenheit war nicht von einer vorgeblichen Nötigung die Rede. Außerdem steht dieser Beschuldigung die Tatsache entgegen, daß unmittelbar nach der Festnahme des Beschuldigten, auf dessen Wunsch hin, also ausdrücklich in seinem Sinne, über den weiteren Verbleib seines Sohnes entschieden wurde. Es gab also überhaupt keinen Ansatzpunkt für die angebliche Drohung. Nach seiner Ankunft in der BRD im April 1984 war der ehemalige Offizier in zahlreichen Einrichtungen und Dienststellen. Nirgendwo, auch nicht im Rahmen des Notaufnahmeverfahrens, hatte er über eine solche Form der Nötigung berichtet, obgleich er wiederholt nach Rechtsverletzungen jeglicher Art befragt wurde. Auf Ersuchen der Zentralen Erfassungsstelle der Landesjustizverwaltung Salzgitter zur »Erfassung von Rechtsbrüchen in der DDR«, wurde in Hamburg im Juli 1984 von der »Behörde für Inneres, Polizei-Fachdirektion 7« nach einem zugestellten Fragespiegel eine Befragung durchgeführt. Die Zentrale Erfassungsstelle schrieb im Mai 1984 an das Landeskriminalamt: »Der Obengenannte soll in der DDR aus politischen Gründen abgeurteilt worden sein. Zur Prüfung der Frage, ob während der Ermittlungen, im Zusammenhang mit der Verurteilung selbst und während des Strafvollzuges von der Zentralen Erfassungsstelle zu registrierende Unrechtshandlungen begangen worden sind, bitte ich, den Obengenannten als Zeuge zu vernehmen:« (Die Aburteilung erfolgte keineswegs aus politischen Gründen, sondern wegen konkret begangener Straftaten!) Dazu sagte der Betreffende: »Verfahrensverstöße erkenne ich darin, daß mir die Anklageschrift erst einen Tag vor der Verhandlung zur genauen Kenntnis gegeben wurde.« Weitere Bemerkungen wurden hierzu nicht gemacht, von einer Aussageerpressung war keine Rede, obgleich an anderer Stelle ausdrücklich danach gefragt wurde. Seine Angaben zum zu späten Erhalt der Anklageschrift sind im übrigen wahrheitswidrig. Im Protokoll der Verhandlung vor dem Militärobergericht Berlin wird nämlich festgestellt, daß seinerzeit der Angeklagte an zwei verschiedenen Tagen vor der Hauptverhandlung die Anklageschrift ausgehändigt bekam und Gelegenheit erhielt, sich Aufzeichnungen zu machen. Darüber hinaus enthält aber der erwähnte Fragespiegel ein anderweitiges aufschlußreiches Detail. Es wurde danach gefragt, ob »der Zeuge Opfer einer Denunziation« geworden sei. Der Zeuge wurde quasi selbst zum denunzieren ermutigt, indem er die Frage beantworten sollte, ob und welche MfS-Angehörigen er kennengelernt habe. In der ausdrücklich auf etwaige Rechtsverletzungen durch DDR-Justizorgane orientierenden Befragung 1984 in Hamburg wurde nicht der geringste Hinweis erarbeitet, der den Verdacht von Gesetzesverletzungen durch Mitarbeiter des Untersuchungsorgans des MfS hätte begründen können und schon gar nicht bezüglich einer Aussagenötigung durch Drohungen, seinen Sohn nicht wiedersehen zu dürfen. Daß sich die Familie auflöste, die Geschwister voneinander getrennt wurden, der ältere Sohn durch den Transport im Kofferraum des Fluchtfahrzeuges und Verabreichung eines starken pharmazeutischen Beruhigungsmittels traumatischer Gefährdung ausgesetzt war, haben die Eltern zu verantworten und hätte in der BRD von den ansonsten so selbstgerechten Juristen gerügt werden müssen.

Um für eine etwaige Gerichtsverhandlung gewappnet zu sein, hatte ich mich zu meiner Verteidigung mit dem Faktenmaterial beschäftigt und Notizen gefertigt, weshalb mir diese Details noch so konkret erinnerlich sind. Es sollte jedoch nicht dazu kommen. Im Ergebnis der gesamten Aktenlage war es nur konsequent und – das will ich hier ausdrücklich festhalten – auch das Resultat funktionierender Rechtsstaatlichkeit, daß ich von der Staatsanwaltschaft II beim Landgericht Berlin mit Datum vom 21. September 1998 folgende Mitteilung erhielt: »Betrifft: Ermittlungsverfahren gegen Sie u.a. wegen Aussageerpressung ... Sehr geehrter Herr Liebscher, es wird mitgeteilt, daß o.g. Ermittlungsverfahren gemäß Paragraph 170 Abs. 2 StPO eingestellt worden ist. Hochachtungsvoll« und so weiter. Am 7. Oktober 1998 erhielt ich von derselben Behörde ein ähnliches Schreiben, wonach ein weiteres Ermittlungsverfahren wegen Rechtsbeugung gegen mich ebenfalls eingestellt worden war. Sonderbarerweise war mir von diesem Ermittlungsverfahren überhaupt noch nichts bekannt und ich erfuhr auch nie, wer da gegem mich geklagt hatte. Daß ich darüber nicht in Kenntnis gesetzt worden war, ist eine grobe Gesetzesverletzung. Jeder Bürger muß von Rechts wegen darüber informiert werden, wenn gegen ihn ermittelt wird, er muß ja seine Rechtslage kennen, um darauf reagieren zu können. Aber Schwamm drüber.

Zum Ende des Jahres 2000 wurde die Tätigkeit der ZERV eingestellt. Ich will diese Maßnahme als Betroffener weder kommentieren noch die Arbeitsergebnisse dieser nach der »Vereinigung« der DDR mit der BRD geschaffenen politischen Strafverfolgungsbehörde bewerten, um jeden Verdacht von Voreingenommenheit zu vermeiden. Verwiesen sei auf die Zeitung »Junge Welt«, die am 28. Dezember 2000 unter der sarkastischen Überschrift »Kommunistenjagdabteilung des Tages« schrieb: »Die Bundesrepublik hat mit dem Jahreswechsel eine Institution weniger, die für ruhigen Schlaf der Bürger sorgte: die 'Zentrale Ermittlungsstelle für Regierungs- und Vereinigungskriminalität'. Am Donnerstag schraubte der letzte Chef des Sonderjustizkommandos das Behördenschild in Berlin- Tempelhof ab. In Agenturen ist die Rede von 'Mauerschützen' und 'Schreibtischtätern', die von seinen 700 Beamten geschnappt wurden. Ähnlich frei von politischer Vorverurteilung und ohne jeden ideologischen Furor, vor allem ohne Rücksicht auf allgemeinübliche Justizstandards wie Rückwirkungsverbot oder Verjährung bemühten sich die Greif- und Ermittlungstrüppler neun Jahre lang, herauszubekommen, was den DDR-Staat im innersten zusammenhielt. Wer in Polizeiuniform 1950 im Osten ein Huhn geklaut, war bei ihnen fällig. Unter Regierungskriminalität verstand die Truppe nämlich ausschließlich Ost und zwar puren Ost. Jene Regierungskriminalität, deren Wirken Millionen Menschen arbeitslos machte, Millionen ruinierte und die Enteignung ganzer Landstriche organisierte, die zweifellos mehr Tote kostete als jemals die Grenze zwischen DDR und BRD, fiel ihr nicht weiter auf. Mehr als 20 000 Ermittlungsverfahren wurden von den Vereinigungsbütteln eingeleitet, 877 Personen angeklagt, 211 dann auch verurteilt, 22 davon zu Haftstrafen. Resümee des über das magere Strafergebnis etwas verstimmten Berliner Justizsenators Erhard Körting: 'Die große Leistung der Ermittlungs- und Strafverfahren liegt darin, den Unrechtscharakter des DDR-Regimes kenntlich gemacht zu haben.' So bekommt der Endsieg endlich seinen Namen. Daß Sozialismus Unrecht ist, war schon seit Stalingrad und dem 8. Mai 1945 klar.«

Am Ende möchte ich, nur hypothetisch, die Frage stellen, ob es ein Indiz für den »Unrechtsstaat DDR« sein kann, wenn von 20 327 Ermittlungsverfahren der »ZERV« über 19 000 Verfahren eingestellt werden mußten, weil trotz extensiver Rechtsauslegung und zweifelhafter Rechtmäßigkeit der Schuldvorwürfe keine relevanten Straftaten nachzuweisen waren!?

Im übrigen: Auch wenn ich mir meine Integrität nicht vom politischen Gegner bestätigen lassen muß, will ich auf eine Aktennotiz des BND

Ende der 50er Jahre verweisen: »Nach langjährig gesicherten Erkenntnissen werden Vernehmungen durch MfS-Mitarbeiter korrekt geführt. Sie halten sich an die gesetzlichen Bestimmungen; Mißhandlungen oder Folterungen gibt es nicht.« (Vgl. Karli Coburger, Dieter Skiba: Die Sicherheit. Zur Abwehrarbeit des MfS, Bd. 2, S. 449.)

Der gewöhnliche Alltag

Zurück zu unseren Anfängen in Berlin. Während der Sommerferien im August 1961 fuhr Renate mit den beiden Jungs zu ihrer Mutter nach Frankenberg. Niemand konnte ahnen, was für erregende Tage folgen sollten! An einem schönen Sonntagmorgen wurde ich zeitig durch anhaltendes Läuten aus dem Schlaf gerissen. Vor der Tür stand Alfred Müller, ein Mitarbeiter meiner Abteilung, mit dem wir auch privat verkehrten. »Mensch, hörst Du kein Radio? Du mußt sofort zur Dienststelle, höchste Einsatzbereitschaft ist befohlen. Ich war schon in der Nacht bei Dir, hast aber nicht aufgemacht, wo warst Du denn?« Natürlich war ich zu Hause, aber Alfred war davon nicht zu überzeugen. »Ich habe geklopft und geklingelt wie verrückt, Du hättest mich hören müssen.« »Was ist denn überhaupt los, warum muß ich denn zur Dienststelle?« »Mach's Radio an, da wirst Du es hören, wir haben die Grenze nach Westberlin dicht gemacht!«

Auf dem Kalender stand der 13. August 1961, ein geschichtsträchtiges Datum, zu dem seither viele und lange, richtige und falsche Texte geschrieben worden sind. In der Tat war die Welt am Morgen des 13. August überrascht, aber keinesfalls nur im negativen Sinne. Es gab zwar beidseitig des »Eisernen Vorhanges« die verschiedensten Emotionen und entsprechende Äußerungen, doch in Regierungen und Parlamenten in Ost und West schien man erleichtert zu sein. Man wußte von den zugespitzten Konflikten, angesichts derer eine gefährliche Auseinandersetzung mit atomaren Waffen nicht mehr auszuschließen war. USA-Präsident Kennedy äußerte: »Soweit ich in Frage komme, ist die Krise ausgestanden. Wenn die Russen die Absicht gehabt hätten, uns anzugreifen, würden sie keine Stacheldrahtbarrikaden errichten ...« Auf alle Fälle war mit dem 13. August in beiden deutschen Staaten eine neue Lage entstanden, die eine Neubestimmung der Politik erforderte.

Mit der Straßenbahn fuhr ich unverzüglich zur Dienststelle, die ich nicht mehr verließ, bis nach Wochen die erhöhte Einsatzbereitschaft aufgehoben wurde. Da die Züge nach Berlin einige Tage unregelmäßig verkehrten, kamen Renate und die Kinder erst später nach Hause zurück. Sie fanden die Wohnung so vor, wie ich sie in der Eile verlassen hatte, nämlich ohne die Fenster zu schließen. Da waren die Räume nun sowohl mit frischer Luft als auch mit Straßenstaub bestens versorgt.

Im Dienst kam ich jetzt zum ersten Mal mit sogenannten »Fluchthelfern« in Verbindung, die sich auf einem Europatrip befanden und glaubten, sich in die große Politik einmischen zu müssen. Sie hatten in Ostberlin ein junges Mädchen im Kofferraum ihres PKW versteckt, um es nach Westberlin auszuschleusen. Bei der Grenzpassage flog das Vorhaben auf. Meines Wissens wurden beide nach Klärung des Sachverhaltes nach Westberlin ausgewiesen.

Im folgenden Jahr spielte sich in unserem Berliner Alltag vieles ein. Seit November 1962 arbeitete Renate als Sekretärin im Ministerium für Bauwesen. Unsere Söhne machten sich mit dem Berliner Leben vertraut, wurden »Berliner«.

Meine Eingewöhnungsphase in der Abteilung samt der Anlaufschwierigkeiten war überwunden. Die Anforderungen an Leistungsbereitschaft und Leistungsfähigkeit blieben unverändert enorm hoch. Ein zwölfstündiger Arbeitstag war die Regel, anders war das Arbeitspensum an Untersuchungstätigkeit, schriftlicher Arbeit, Aktenstudium nicht zu bewältigen. Die Spezifik des Arbeitsgegenstandes, die Untersuchung besonderer Vorkommnisse, Zeugenvernehmungen, unaufschiebbare Bearbeitungsfristen und Termine brachten häufig Nachtarbeit und tagelange Abwesenheit von der Familie mit sich. Die Belastung war logischerweise auch für Renate und die Jungen beträchtlich, woraus sich eine gewisse spartanische Lebensführung ergab. Um so mehr genossen wir alljährlich unseren gemeinsamen Urlaub, zunächst an der Ostsee und später meist im heimatlichen Erzgebirge.

Im Jahr 1965 wurde mir vorgeschlagen, oder sagen wir besser nahegelegt, die Juristische Hochschule des Ministeriums für Staatssicherheit in Potsdam-Eiche zu absolvieren. Das Studium würde über sechs Semester gehen. Nun ja. Ich war inzwischen 35 Jahre alt, ohne Abitur, jene Sonderreifeprüfung aus den fünfziger Jahren längst verjährt. Andererseits reizte mich eine solche Bewährungsprobe. Zum ersten Mal bot sich mir die Chance zu einem Studium an einer wissenschaftlichen Einrichtung.

Mein nicht übermäßig stark ausgeprägtes Selbstbewußtsein konnte das vertragen. Dennoch, würde die Aufgabe für mich lösbar sein? Eine Exmatrikulation wegen fachlicher Unfähigkeit wollte ich nicht riskieren. Mir war klar, daß ein Jura-Studium meiner Karriere nützlich sein würde, aber was die Karriere betraf, war ich ziemlich ehrgeizarm. So entgegnete ich in einer dieser Aussprachen auf den Hinweis, mein eventueller Einsatz als Leiter sei nur nach absolviertem Studium möglich, daß ich eigentlich mit meiner Dienststellung als Hauptsachbearbeiter ganz zufrieden wäre und keine weitergehenden Ambitionen besäße. Ich spürte, daß das wohl keinen guten Eindruck machte und trat den Rückzug an. Meine Bedenken waren verbraucht und die unstillbare Lust, mir neues Wissen zu erobern, spürte ich sowieso. Nach einem vorbereitenden Lehrgang mit Abschlußprüfung nahm ich am 1. September 1966 das Studium auf. Von den Studenten meines Seminars war ich der älteste. Wie mußte ich mich plagen. Steil und steinig sind die Wege der Wissenschaft! Trotzdem verließ mich das Verlangen, mehr zu lernen, nie. Wissenschaftliche Lehre und Methodik der Wissensvermittlung öffneten mir neue Welten und ein weiteres Mal wurde mir die enorme Bedeutung der Beseitigung des Bildungsprivilegs in der DDR bewußt.

Das Eindringen in die Wissenschaften war ja nicht das Problem – aber die Prüfungen! Ich war wohl nicht der Primus, habe aber jede Prüfung nach regelmäßigen Prüfungsängsten, so im ersten Leistungsdrittel liegend, im ersten Anlauf geschafft. Einmal aber wurde ich heftig geschockt. Zur schriftlichen Prüfungsarbeit im Fachgebiet formale Logik waren Aufgaben mit unterschiedlichen Schwierigkeitsgraden zu lösen. Ich legte meine Armbanduhr auf den Tisch und machte mich zunächst an die Lösung der einfacher erscheinenden Aufgaben. Ein Blick auf die Uhr sagte mir, ich lag noch gut in der Zeit aber ein zweiter Blick – meine Uhr war stehengeblieben. Ich hatte keine Zeitreserven mehr und beeilte mich, eine Kontrolle der Lösungen mußte unterbleiben. Ich ahnte nichts Gutes. Freitagnachmittag kurz vor der Heimfahrt kam der Seminarleiter zu mir und bedauerte, daß ich die Arbeit verrissen habe. Ich hätte Gelegenheit, sie am Montag zu wiederholen. Wieder einmal mußten Renate und die Kinder auf mich verzichten, denn ich büffelte übers Wochenende die einschlägigen Matrizen und Lösungswege ... Voller Tatendrang fuhr ich am Montag zum Ort meines Versagens, wo mir der Seminarleiter lächelnd mitteilte, er habe meine Arbeit mit der eines Kommilitonen verwechselt. Meine Arbeit konnte er »gerade noch so« mit Gut bewerten.

Mehr Freude als stressige Leistungstests machten mir die schriftlichen Arbeiten. Nach einer Arbeit, in der ich die Wirkung und Zuverlässigkeit des psychologischen Phänomens des »Ersten Eindrucks« in der zwischenmenschlichen Kommunikation untersuchte, orientierte ich mich auf die Diplomarbeit. Sie erforschte und bewertete den Informationsgehalt und Wirkungsmechanismus der Fragestellung in der Vernehmungstätigkeit.

Am 31. Mai 1969 verabschiedete ich mich von der Hochschule und am 15. April 1970 wurde mir in einer festlichen Veranstaltung der akademischen Grad eines »Diplom-Juristen« verliehen und die entsprechende Urkunde ausgehändigt. Hierzu abermals ein Blick voraus auf das Jahr 1990. Im Bericht zur 11. Tagung der Volkskammer der DDR schreibt das Neue Deutschland vom 8. Juni: »... Dem offensichtlichen Ansinnen des SPD-Abgeordneten Rolf Schwanitz, alle jene akademischen Grade abzuerkennen, die von Bildungseinrichtungen der Parteien und Massenorganisationen sowie des MfS verliehen wurden, erteilte der Bildungsminister Prof. Dr. Hans-Joachim Meyer (parteilos) eine Abfuhr. Auf der Grundlage der geltenden Rechtsvorschriften sei das nicht möglich. Zudem wäre eine solche Aktion international ohne Beispiel.« Unabhängig von dieser Entscheidung hätte ich mir ohnehin den Titel »Diplom-Jurist« in und von der »größeren Bundesrepublik« nicht aberkennen lassen, ebensowenig wie ich mir das Recht streitig machen lasse, meinen letzten militärischen Dienstgrad, Oberstleutnant a.D., dann zu nennen, wenn ich es für opportun halte.

Nicht der akademische Grad, aber das erlangte Wissen und die erworbenen Einsichten, die neue Qualität meines Erkenntnisstandes, hatten einen spürbaren positiven Einfluß auf mich, auf mein Selbstwertgefühl und meine weitere Entwicklung überhaupt. Bei der bevorstehenden Übernahme von Leitungsaufgaben trat an die Stelle früherer Bedenken ein vorteilhafter Optimismus. Ich kehrte zur früheren Diensteinheit zurück und wurde nach kurzer Einarbeitungszeit als Referatsleiter eingesetzt und am 1. Oktober 1970 in dieser Funktion bestätigt.

Jeder Lebensabschnitt prägt und hat seine Besonderheiten. Was für ein Aufbruch war es, als ich 1948 auf die Bequemlichkeit des gewohnten Alltags verzichtete, berufliche Einseitigkeit wie familiäre Enge zurückließ und in den Bergbau ging. Dann der Schritt zu den bewaffneten Organen, später der Einstieg in eine kriminalistisch-juristische Laufbahn. Wie ich meine, war von all diesen Etappen meine Zeit als Referatsleiter zwar nicht die leichteste, aber meine kreativste, leistungsstärkste. Ich empfand die Verantwortung für die Arbeitsergebnisse befähigter Mitarbeiter und deren Anleitung nicht als Bürde, sondern spürte das Gefühl für kollektive Leistungsfähigkeit, was meinen eigenen Leistungsanspruch förderte. Insofern kommt den Mitarbeitern meines Verantwortungsbereiches ein unschätzbares Verdienst für meine eigen Entwicklung zu.

Freilich brachten auch die Referatsleiter-Jahre nicht nur eitel Sonnenschein. Es gab berechtigte herbe Kritik, aber auch grundlose Beanstandungen oder Zurechtweisungen und heftige Kontroversen. Das mußte man einfach aushalten. Das größere Maß an Verantwortung bot eben Angriffsflächen für Tadel aus der höheren Leitungsebene. Dort wehte der Wind auch rauher. Nicht jedes in einer hitzig geführten Debatte gesprochene scharfe Wort darf da auf die Goldwaage gelegt werden und ist schon gar nicht tauglich, es nunmehr als Indiz für die »Ungerechtigkeit der SED-Diktatur« zu verwenden, eine beliebte Übung mancher

Wendehälse. Das liegt auch nicht in meiner Absicht, wenn ich ein Beispiel anführe. Eher will ich auf eine Charakterschwäche von mir hinweisen – ich kann nachtragend sein!

Folgendes war geschehen: In den Abendstunden des 4. November 1980 wurde ich mit Mitarbeitern meines Referates in das Dienstobjekt des Grenzregimentes Blankenfelde befohlen. Ein vierundzwanzigjähriger Gefreiter war während des Grenzdienstes als Postenführer von seinem Begleitposten mit einer Maschinenpistolensalve heimtückisch hinterrücks ermordet worden. Unsere Untersuchungen bestätigten diesen grauenhaften Tatbestand. Ein solcher Kameradenmord gehört zu den besonders verabscheuungswürdigen, mit nichts zu rechtfertigenden Verbrechen und läßt sich nur mit einer absoluten Gefühlsverrohung und rücksichtslosen Verfolgung egoistischer Ziele des Straftäters erklären – aber nicht verstehen. Der Mörder, alles andere als ein nach Freiheit und Demokratie suchender Bürger, flüchtete anschließend unter das schützende Dach Westberlins, wo er eine Bagatellestrafe erhielt, die zu Nachahmungshandlungen mehr ermunterte denn abschreckte.

Während sich meine Ermittlungen auf die Feststellung eines Gesamtüberblicks über das Verbrechen zur Erarbeitung eines Sachstandsberichtes an den Leiter der Hauptabteilung respektive Minister richtete, untersuchte ein Angehöriger der Morduntersuchungskommission unmittelbar an der Grenze den Tat- und Ereignisort. Bevor ich mit dem bis dahin erarbeiteten Ermittlungsergebnis zurückkehrte, wollte ich am Morgen des 5. November auch den Tatort persönlich in Augenschein nehmen. Es gab vor allem noch keinen zuverlässigen Überblick zur Anzahl und Lage der Einschüsse am Körper des Opfers. Während eines Telefonats mit dem Mitarbeiter am Tatort riet der mir jedoch davon ab, da der betreffende Grenzabschnitt von Westberliner Seite aus von einem gewaltigen Medienaufgebot mit allen möglichen technischen Geräten regelrecht belagert würde, was eine qualifizierte Tatortarbeit beeinträchtige. – Als ich dann meinem Hauptabteilungsleiter den Bericht übergab, konnte ich zwar die Fragen nach dem Tathergang beantworten, aber nicht die exakte Lage und Anzahl der Treffer benennen. Ich schilderte ihm die Situation an der Grenze und verwies darauf, daß der den Tatort untersuchende Mitarbeiter, der wohl auch die Autopsie des Opfers einleitete, noch im Verlaufe des Tages meinen Bericht präzisieren würde. Der General rückte mit dem Zeigefinger seine Brille zurecht, sah mich nachdenklich, forschend an und sagte vorwurfsvoll und sehr unzufrieden: »Du bist eben viel zu sehr Militär und zu wenig Tschekist!« In diesen Worten lag ein schwerer Vorwurf. Ich hätte mich also nicht an die Empfehlung, dem Tatort fernzubleiben, halten sollen. Was daran so falsch gewesen sein konnte, war mir unklar, denn dort war doch ein Mitarbeiter der Morduntersuchungskommission. Hätte ich dessen Rat in den Wind geschlagen, wäre das zweifellos zu Recht kritisiert worden. Mich kränkte dieser Vorwurf und ich wünschte einen Anlaß herbei, wo ich mich dazu äußern könnte.

Eine solche Gelegenheit schien bald einzutreten. Zwei Wochen nach diesem Ereignis wurde ich fünfzig Jahre alt. Die Geburtstagsfeier wurde wie üblich von der Leitung der Hauptabteilung organisiert und materiell ausgestaltet. Eine großzügige Geste der Leitung gegenüber Jubilaren, auch wenn der oder die Betreffende die finanziellen Kosten zu einem bestimmten Teil zu tragen hatte. (Es war noch nicht die bundesrepublikanische Zeit der Schwarzkassen, illegalen Auslandskonten und fulminanten Bestechungsgelder!) Ich empfand es als hohe Wertschätzung, daß das Arbeitskollektiv und Abordnungen der Abteilungen, der Zivil- wie auch Militärstaatsanwaltschaften und Vertreter anderer Kollektive zur Gratulationscour kamen und mich meist mit ganz persönlichen Worten die menschliche Nähe, Freundschaft und Anerkennung spüren ließen. Die ersten Gratulanten waren die Leitungsmitglieder der Hauptabteilung. Der Hauptabteilungsleiter ließ sich entschuldigen. Er mußte einen wichtigen Termin wahrnehmen und hatte einen seiner Stellvertreter, General Gerhard Niebling, beauftragt, die Glückwünsche der Leitung zu überbringen. Der fand sehr herzliche Worte, würdigte meine Arbeit, wünschte Erfolg, Leistungskraft und so weiter. In meiner Erwiderung bedankte ich mich, vergaß aber nicht, am Schluß hinzuzufügen, »... daß ich mich künftig so verhalten werde, daß ich als Militär und Tschekist gleichermaßen akzeptiert werden kann.« Diese Bemerkung hätte ich mir sparen können, das wurde mir anschließend bewußt. Ob Gerhard Niebling vom entsprechenden Vorwurf überhaupt wußte und meine Retourkutsche einordnen konnte, sei dahingestellt und ist auch nicht das Problem. Das Problem war, daß ich meine Empfindlichkeit nicht unter Kontrolle hatte.

Neuland als Archivar

Ende der siebziger Jahre machten sich meine Hüftgelenkbeschwerden immer heftiger bemerkbar. Es fiel mir zunehmend schwerer, so mobil zu agieren, wie es in meiner Funktion notwendigerweise erwartet wurde. Über zwanzig Jahre war ich nun in einer Untersuchungsabteilung tätig und hielt es für ratsam, daß jüngere Menschen mit unverbrauchter Leistungskraft in Leitungsfunktionen nachrücken konnten. Ich stellte mir vor, zukünftig besser in einer administrativen Abteilung zu arbeiten. Nachdem meine Nachfolge geklärt war, wurde diesem Wunsch entsprochen. Ich blieb in meiner Hauptabteilung IX, wurde aber Anfang des Jahres 1981 zur Abteilung 11 nach Berlin-Hohenschönhausen, Freienwalderstraße, Haus 3 versetzt. Das war insofern günstig, als wir mit der Familie im Dezember 1976 von Karlshorst nach Hohenschönhausen gezogen waren. Jetzt verkürzte sich mein Arbeitsweg erheblich.

Die Abteilung 11 war nach einem Ministerratsbeschluß mit Befehl 39/67 des Ministers des MfS mit Wirkung vom 1. Februar 1968 geschaffen worden. Als Leiter fungierte viele Jahre Dr. Oberst Lothar Stolze. Das Dienstgebäude wurde sinnigerweise »Stolzenburg« genannt.

Ich meldete mich beim Abteilungsleiter. Die Situation war natürlich eine gänzlich andere als bei meiner Versetzung nach Berlin vor reichlich zwanzig Jahren. Ich gehörte nun zum alteingesessenen Bestand der Hauptabteilung, wir kannten und duzten uns. Durfte ich seinerzeit als absoluter Anfänger in der Untersuchungsarbeit bei fachlichen Fehlleistungen eine gewisse Nachsicht erwarten, mußte ich nun als Referatsleiter ein mir völlig fremdes Sachgebiet beherrschen können, ohne das Gesicht zu verlieren.

Lothar Stolze beauftragte seinen Stellvertreter, Oberstleutnant Horst Bauer, mich den Mitarbeitern meines künftigen Referates vorzustellen. Horst Bauer war ein gebildeter, mit hohem Sachwissen versehener Vorgesetzter, aber eines Magenleidens wegen oft griesgrämig und launisch. Davon abgesehen, brachte er mit seinem spröden Charakter und seiner schulmeisterlichen Genauigkeit manchen Mitarbeiter zur Verzweiflung. Nun muß es in der Arbeit nicht nachteilig sein, wenn jedes Wort stimmt und verläßlich ist, trotzdem ... Dazu meinte der Philosoph Wolfgang Harich in einem Gespräch »Magenkranke sind verdrießlich, Herzkranke ängstlich«. Also, Horst Bauer rief den kommissarischen Referatsleiter an und beauftragte ihn: »Hol' Deine Leute zusammen, in fünf Minuten sind wir da!« Prompt standen dann im größten Arbeitsraum des Referats »meine« nunmehrigen Mitarbeiter und zwei Mitarbeiterinnen aufgereiht wie Raben auf der Stange. »Also, das ist Euer Referatsleiter, Oberstleutnant Liebscher, die meisten kennen ihn, das Arbeitsgebiet ist für ihn neu, helft ihm wo es geht und notwendig ist.« Völlig neu, ja gänzlich unbekannt war sowohl der Arbeitsgegenstand als auch die Arbeitsorganisation. Aber niemand ließ mich hängen oder ins Messer laufen, sondern man half mir, das fremde Aufgabenbereich beherrschen zu können.

Vorrangige Aufgabe der Abteilung war es, Nazi- und Kriegsverbrechen aufzuklären, dazu Archivrecherchen und strafprozessuale Prüfungshandlungen bis zur Einleitung von Ermittlungsverfahren durchzuführen. Daneben ging es um bestimmte Nachweise zu Personen und Sachverhalten aus der Zeit des Faschismus, also um die Beschaffung, Aufbereitung und Erhaltung von Dokumenten, Akten und Filmmaterial sowie um Recherchen und Überprüfungen zu einzelnen Personen. Außerdem war die Abteilung für die Erfassung von Materialien und Sachverhalten des antifaschistischen Widerstandes zuständig, ebenso für die Betreuung von ehemaligen deutschen Kundschaftern des sowjetischen Aufklärungsdienstes. So zum Beispiel Ursula Beurton, geborene Kuczynski, bekannt unter dem Pseudonym Ruth Werner, Oberst der Roten Armee und Funkerin für Richard Sorge, über die der britische Geheimdienstexperte, Chapman Pincher, achtungsvoll urteilte: »Sie war eine brillante Spionin, sie wurde nie entdeckt.«

Im weiteren wurden Materialien zu Nazi- und Kriegsverbrechen erarbeitet und über den Generalstaatsanwalt der DDR an die Bundesrepublik Deutschland und an andere europäische Staaten im Rahmen von Rechtshilfeverfahren übergeben. »Waschkörbeweise«, wie der dafür zuständige Staatsanwalt Günter Wieland sich einmal dazu äußerte.

Das Kernstück der Abteilung bestand in 9000 laufenden Metern Akten aus der Zeit von 1933 bis 1945. Es handelte sich dabei unter anderem um Akten des Reichsjustizministeriums, des berüchtigten Volksgerichtshofes und anderer Sondergerichte, der Gestapo, der SS-Verbände und der faschistischen Polizei wie auch der Euthanasieaktion. Der Personen – und Sachdatenspeicher umfaßte zirka 1.8 Millionen Karteikarten und die Fachbibliothek enthielt ungefähr 7000 Titel. Schließlich waren Materialien zu den in der sowjetischen Besatzungszone und der DDR bis Sommer 1987 etwa 12 880 verurteilten Nazi- und Kriegsverbrechern archiviert.

Das Betätigungsfeld verlangte fundiertes Wissen. Es entsprach zutiefst meiner Interessenlage, weil es eng mit meiner politischen Grundhaltung korrespondierte. Für mich öffnete sich nun ein neuer, authentischer Zugriff auf die Geschichte und das Spannungsfeld der Geschichtsschreibung. Für mich war es erregend, Archivalien lesen, auswerten und analysieren und davon konstruktive Arbeitsaufgaben ableiten zu können. Ich erkannte aber auch den Nachteil, so spät in dieses Aufgabengebiet eingeführt worden zu sein. Die Archivarbeit und damit die Möglichkeit der

Einsicht in Originalunterlagen und Dokumente hatte etwas Faszinierendes für mich. Ich fühlte mich geradezu in die Umstände und Entstehungszeit der Dokumente zurückversetzt. Es hat mich beispielsweise beeindruckt, als sich die Meldung des 1c Offiziers eines Divisionsstabes über die Gefangennahme von Stalins Sohn, sowie der Bericht über dessen Erschießung im Konzentrationslager, vorgeblich bei einem Fluchtversuch, anfand. Ich hielt die Originalschriftstücke in der Hand und fühlte mich fast als Zeitzeuge. Ebenso fesselnd war, als ich die gleichfalls vom 1c Offizier geschriebene handschriftliche Meldung vor Augen hatte, wonach sich am 12. Juli 1942 der Oberbefehlshaber der 2. Stoßarmee, General Wlassow, im Walchow-Kessel, südlich von Leningrad, in die Hände der 18. deutschen Armee der Heeresgruppe Nord begeben hatte. Anhand von Unterlagen konnte ich den weiteren Weg des Verräters verfolgen, so die Gründung des sogenannten »Smolensker Komitees« am 27. Dezember 1942, von dem sowjetische Überläufer und Kriegsgefangene gewonnen werden sollten, mit denen man zwei Divisionen aufstellen wollte, die für Hitlerdeutschland gegen die Sowjetunion kämpfen sollten. Nach der Niederlage des faschistischen Deutschlands 1945 ergab sich Wlassow einem amerikanischen Kampfverband, was ihm jedoch keinen Vorteil einbrachte, da er vereinbarungsgemäß den sowjetischen Truppen ausgeliefert wurde. Bei der Übergabe riß sich Wlassow mit beiden Händen die Uniformjacke auf und schrie, man möge ihn erschießen. Ein Hauptmann der Roten Armee, der ihn übernahm, reagierte auf diese theatralische Geste lediglich mit einem: »Väterchen Stalin wird Dich richten!«

Unerträglich, fast körperlich schmerzhaft, erschien mir die Lektüre von Berichten über die Grausamkeiten, die an der Zivilbevölkerung in den von den Deutschen okkupierten Gebiete begangenen wurden. Die Authentizität solcher Unterlagen ging mir beklemmend nahe. Es macht einen spürbaren Unterschied, ob der Sachverhalt Büchern zu entnehmen ist, oder ob man die Meldung der handelnden Personen im Original und im Detail vor Augen hat. So berichtete am 1. November 1941 der Kompaniechef der 9. Kompanie des Infanterie-Regiments 433, Oberleutnant Walther, über die Erschießung von Geiseln bei Jakuba in Serbien in einer Detailtreue, die auf eine hochgradige Gefühlsverrohung schließen läßt: »Nach Vereinbarung mit der Dienststelle der SS holte ich die ausgesuchten Juden bzw. Zigeuner vom Gefangenenlager Belgrad ab. Der Platz, an dem die Erschießung vollzogen wurde, ist sehr günstig ... Nach Ankunft etwa 1,5-2 Kilometer vor dem ausgesuchten Platz stiegen die Gefangenen aus, erreichten im Fußmarsch diesen, während die Lkw mit den Zivilfahrern sofort zurückgeschickt wurden, um ihnen möglichst wenig Anhaltspunkte zu einem Verdacht zu geben ... Die Richtstätte wurde durch 3 LMG und 12 Schützen gesichert: 1. gegen Fluchtversuche der Gefangenen. 2. zum Selbstschutz gegen etwaige Überfälle serbischer Banden. Das Ausheben der Gruben nimmt den größten Teil der Zeit in Anspruch, während das Erschießen selbst sehr schnell geht (100 Mann in 40 Minuten). Gepäckstücke und Wertsachen wurden vorher eingesammelt und in meinem Lkw mitgenommen, um sie dann der NSV (Nationalsozialistischen Volkswohlfahrt) zu übergeben. Das Erschießen der Juden ist einfacher als das der Zigeuner. Man muß zugeben, daß die Juden sehr gefaßt in den Tod gehen – sie stehen sehr ruhig – , während die Zigeuner heulen, schreien und sich dauernd bewegen, wenn sie schon auf den Erschießungsplatz stehen. Einige sprangen sogar vor der Salve in die Grube und versuchten sich tot zu stellen.«

Es war eine mein Gefühl belastende Notwendigkeit, Dokumente und Unterlagen diesen Inhalts durchzuarbeiten und zu analysieren, wenn nach Nazi- und Kriegsverbrechen zu recherchieren war. Diese Lektüre machte zornig. Noch dazu, wenn man weiß, daß Teile der nazistischen Elite, Juristen, Militaristen, Lehrer, Wissenschaftler und Beamte nach 1945 in der Bundesrepublik Deutschland behütet und in den Staatsaufbau einbezogen worden waren.

Über die Archivarbeit lernte ich auch Dr. Norbert Podewin kennen, der unter anderem am 1965 veröffentlichten »Braunbuch« mitarbeitete. Am 21. November 2000 schrieb Norbert Podewin in Erwiderung auf die Behauptung, in der DDR wären ehemalige Nazis geschützt worden, im »Neuen Deutschland«: »... viele Jahre meines Lebens waren geprägt vom aktiven Wirken gegen Kriegs- und Naziverbrechen ... Namen wie Hans Globke, Theodor Oberländer, Wolfgang Fränkel, Karl Friedrich Vialon und Heinrich Lübke erhielten dabei – dokumentarisch belegt- im Wortsinn blutige Konturen.« Die Überschrift dieses Artikels hieß: »Nach versteckten ›DDR-Globkes‹ sucht man vergebens«.

Im Vorwort zum »Braunbuch« kann man lesen: »Das Braunbuch weist nach, zu den Stützen der Hitler-Diktatur, den Wegbereitern und Nutznießern der Judenverfolgung, ... zu den überführten Mördern von Antifaschisten und Widerstandskämpfern, die heute in Westdeutschland wieder tätig sind, zählen allein: 15 Minister und Staatssekretäre der Bundesrepublik, 100 Generale und Admirale der Bundeswehr, 828 hohe Justizbeamte, Staatsanwälte und Richter, 245 leitende Beamte des Auswärtigen Amtes, 297 hohe Beamte der Polizei und des Verfassungsschutzes.« In Ergänzung dessen von mir ein Detail: Der ehemalige Regierungsrat im NS-Reichsjustizministerium, Josef Schafheutle, arbeitete mit NS-Justizminister Gürtner und den Volksgerichtshof- Präsidenten Freisler und Thurak zusammen, Nach 1945 wurde Schafheutle im Bundesjustizministerium Hauptabteilungsleiter, wo er zwanzig Jahre lang die Gesetzgebungsarbeiten leitete! Welcher Geist dadurch dominierte, auch hinsichtlich der Politik gegenüber der DDR, liegt auf der Hand.

Ein erschütternder Einblick bot sich bei der Durchsicht der Verfahrensakten des »Volksgerichtshofes« und des Reichsjustizministeriums. Die Tatsache, daß am »Volksgerichtshof« von 1937 bis 1944 in ungefähr 16 000 Verfahren insgesamt 5 191 Todesurteile gefällt wurden, vermittelt das Bild einer mörderisch-grausamen Justiz und drückt genau die Gesinnung des erwähnten Schafheutle aus, der die Strafgesetznovellen von 1933 und 1934 folgendermaßen kommentierte: »Die wichtigste Änderung ist die Verschärfung der Strafen«. (Braunbuch S. 96) Die Anzahl der Todesurteile der NS-Justiz wird einschließlich der Urteile der Kriegsgerichte auf 80 000 geschätzt, die sogenannten Standgerichtsurteile sind hierbei nicht mit enthalten.

Mehr als tausend Akten gingen durch meine Hand, aber nicht eine war zu finden, in der einem Gnadengesuch stattgegeben worden wäre, selbst wenn das mit Strafe bedrohte Delikt belanglos war – ein politischer Witz oder »Feindsenderempfang«, oder wenn sich eine Begnadigung aus familiären- oder Altersgründen angeboten hätte. Die faschistische Justiz war geradezu berauscht von der Möglichkeit gnadenloser Urteile und deren Vollstreckung!

Zwei Akten-Funde beeindruckten mich ganz besonders: Zum einen eine Anweisung des Reichsjustizministeriums, wonach die jeweiligen Gestapo-Dienststellen von einem bevorstehenden Strafende zu informieren waren, um die betreffenden Strafvollzugsgefangenen anschließend in ein Konzentrationslager überstellen zu können. So folgte auf die verbüßte Haftstrafe in der Regel keine Entlassung in die Freiheit sondern die Einweisung in ein KZ. Ein anderes Dokument belegte die offizielle Zustimmung des Justizministers dazu, daß, außer der ohnehin erlaubten »verschärften Vernehmung« mit bis zu 30 Stockschlägen, in besonderen Fällen von »Führerattentätern« zur Erzielung von Geständnissen das als Rauschgift wirkende Alkaloid »Meskalin« eingesetzt werden konnte.

Die Bestrafung von Kriegsverbrechern in der DDR hatte viel mit der Arbeit der Abteilung 11 zu tun. Aus verständlichen Gründen natürlich im größeren Umfange vor meiner Zugehörigkeit zu dieser Abteilung. Die Suche nach Nazi- und Kriegsverbrechern und die entsprechende Beweisführung gestalteten sich im Verlaufe der Jahre immer komplizierter. Es war nicht einfach, noch Zeit- und Tatzeugen zu finden, deren Aussagen in die Ermittlungen eingeführt werden konnten. Und dennoch, obwohl mehr als vierzig Jahre ins Land gegangen waren, wurden immer noch Personen entdeckt, die Naziverbrechen begangen hatten. So zum Beispiel Mitte der achtziger Jahre den SS-Offizier Heinz Barth, der an der Ermordung der Einwohner von Oradour beteiligt war. Wie konnten nach so langer Zeit überhaupt noch solche Täter gefunden werden? Lag dem Anfangsverdacht eine Anzeige zu Grunde, gab es meist recht konkrete Hinweise und es kam dann darauf an, vom Anzeigeerstatter möglichst ausführliche und umfangreiche Informationen zu erlangen und die Personen- und Sachspeicher abzufragen. Ansonsten dominierten Ermittlungen auf zwei Ebenen. Zum einen wurden gezielt solche SS-, Polizei- sowie Wehrmachtseinheiten bearbeitet, die offenkundig an Verbrechen beteiligt gewesen waren, wie zum Beispiel das Polizeibataillon 304, das im September 1941 in der Ukraine in den Städten Winniza, Gaisin und Kirowograd 5000 Juden, darunter Frauen und Kinder ermordete. Anhand von Strukturlisten konnte geprüft werden, wer vom Personalbestand noch in der DDR wohnte. Die Anfangsermittlungen wurden mit Hilfe zuständiger operativer Einheiten geführt. Die Ermittlungshandlungen richteten sich in der Regel zuerst auf die Einheitsführungen. Durch Vergleichsarbeiten mit Feldpostnummernverzeichnissen, Kriegstagebüchern, Beförderungs- und Auszeichnungslisten, Verlegungsplänen, Erlebnisberichten und zahllosen anderweitigen Unterlagen, Dokumenten und Findhilfsmittel begann eine schwierige, sehr zeitaufwendige Arbeit. Ein anderer Weg zur Täterermittlung konnte sich aus Aufträgen zur Personenüberprüfung ergeben. Entweder auf Grund vager Verdachtshinweise oder im Ergebnis anderer Sicherheitsüberprüfungen, zum Beispiel, wenn Personen in Sicherheitsbereichen eingesetzt werden sollten. Dann wurde darum ersucht, in den Speichern der Abteilung 11 zu prüfen, ob die entsprechende Person in Unterlagen aus der Zeit von 1933 bis 1945 »erfaßt« ist. Nicht selten war aber der Suchauftrag mit einer konkreten Aufgabenstellung verbunden, wenn zum Beispiel um Auskunft über die Existenz und die Einsatzbereiche oder den Personalbestand und speziellen Aufgabengebiete bestimmter Einheiten, Organisationen oder Einrichtungen gebeten wurde.

Eine überflüssige Grabpflege

Prüfungsaufträge führten nicht mit Notwendigkeit zu strafprozeßualen Ermittlungen. Mitte der achtziger Jahre lag ein Auftrag auf dem Tisch, nach einer Person zu suchen, die möglicherweise der Waffen-SS angehörte und nach dem Krieg für tot erklärt worden war. Es betraf den Bruder zweier Schwestern, von denen eine beiBerlin wohnte und die andere in der BRD. Jährlich, zum Geburtstag des Bruders, besuchte die Westdeutsche ihre Schwester in der DDR, die in ihrem Hausgarten eine fiktive Grabstätte für ihren Bruder angelegt hatte. Dort legten sie Blumen ab und gedachten ihres vermißten Bruders und der vergangenen Zeiten. Die Familie stammte aus Ostpreußen und hatte durch die Kriegsereignisse ihre Heimat verloren. Durch irgendwelche Umstände waren die Schwestern von einander getrennt worden. Wenn ich mich richtig erinnere, teilte ein ehemaliger Kriegskamerad einer der Schwestern seine Vermutung mit, daß jener Bruder nicht gefallen wäre, sondern irgendwo in Ostdeutschland leben könnte. Daraufhin wandte man sich an die Behörden der DDR und der Suchauftrag kam zu uns. Nach aufwendigen Ermittlungen, hilfreich war hierbei die Suchzentrale des Deutschen Roten Kreuzes, fanden wir den für tot erklärten Bruder, der unter falschem Namen in einem kleinen Dorf in der Nähe von Frankfurt/Oder lebte. Nach Ende der Kriegshandlungen hatte er sich einem Wehrmachtssoldaten, der sich nach Hause durchschlagen wollte, angeschlossen und ihm seine Waffen-SS-Zugehörigkeit gestanden. Der Soldat zeigte Verständnis und nahm den Mann mit in sein Heimatdorf. Dort gingen sie zum Bürgermeister, dem sie erklärten, daß bei Kampfhandlungen die persönlichen Unterlagen verloren gegangen wären. Der Bürgermeister stellte dem SS-Mann auf einen erfundenen Namen (alle anderen Personendaten waren beibehalten worden) einen vorläufigen Ausweis aus. Der ehemalige Wehrmachtssoldat bürgte für die Richtigkeit der Angaben. Später wurde ein gültiger Personalausweis ausgestellt und niemand dachte mehr an die angeblich verlorengegangenen Unterlagen, bis wir nach etwa vierzig Jahren nachfragten. Strafrechtlich war der Tatbestand zu vernachlässigen, aber beide Schwestern fühlten sich gekränkt und waren entrüstet, jahrzehntelang zum Narren gehalten worden zu sein.

Späte Sühne

Am 15. September 1987 begann im Dresdner Justizgebäude im Saal 250 die Hauptverhandlung gegen den ehemaligen Leiter des Judenreferates bei der Dresdner Gestapo, Obersturmführer Henry Schmidt. Schmidt stand der Dienststelle mit der Bezeichnung »Referat IV 4« vor, eine nachgeordnete Stelle der vom SS-Obersturmbannführer Adolf Eichmann geleiteten Abteilung IV A 4 im Reichssicherheitshauptamt. Wie war man Schmidt auf die Spur gekommen? Auf dem üblichen Weg ersuchte 1985/86 eine Kreisdienststelle des MfS um Auskunft, inwieweit ein gewisser Henry Schmidt aus Altenburg, geboren am 2. Oktober 1912 in Chemnitz, im Personenspeicher der HA IX/11 erfaßt sei. Den Auftrag erhielt ein erfahrener Mitarbeiter meines Referats, dessen Stärke wohl die geduldige und hartnäckige Recherche, aber leider nicht immer die schriftliche Dokumentierung der Arbeitsergebnisse war. Wie sich denken läßt, befanden sich in der Personenkartei Hunderte Karteikarten mit dem Namen Schmidt unterschiedlicher Schreibweise, meist mit unvollständigen Personendaten und Hinweisen auf die vielfältigsten Unterlagen. In einer Akte des »Volksgerichtshofes« fanden wir aber ein Vernehmungsprotokoll, das ein Kriminalassistent Schmidt der Gestapodienststelle Oppeln unterschrieben hatte. Der bloße Familienname genügte natürlich für eine Identifizierung nicht. In einem weiteren Schreiben des Oberreichsanwalts beim »Volksgerichtshof« nach Krakau wurde nun ein Kriminalassistent Henry Schmidt als Zeuge geladen. Es konnte sich eventuell um ein und dieselbe Person handeln, gleicher Dienstgrad und Einsatzbereich ließen eine solche Mutmaßung zu. Henry hieß ja auch der gesuchte Schmidt! Für diese Version sprachen auch Unterlagen der Führerschule der Sicherheitspolizei Berlin-Charlottenburg, wonach dort im Jahre 1941 ein Henry Schmidt – SS-Nummer 9926 – einen Lehrgang für Kriminalkommissare absolviert hatte. Wir suchten weiter. Ein Befehlsblatt des Chefs der Sicherheitspolizei und des SD vom 28. November 1942 enthielt den Hinweis, daß ein SS-Untersturmführer und Kriminalkommissar Henry Schmidt nach Dresden versetzt worden war. Das führte die Recherche wohl weiter, brachte aber noch keine Gewißheit. Dann fand sich eine Auszeichnungsliste, in der zum ersten Mal zum Namen Henry Schmidt ein Geburtsdatum angeführt war: Auf Vorschlag der Staatspolizeileitstelle Dresden wurde am 1. September 1943 ein SS-Obersturmführer und Kriminalkommissar Henry Schmidt, geboren am 2. Oktober 1912 in Chemnitz, mit dem Kriegsverdienstkreuz 2. Klasse ausgezeichnet. Damit waren wir den entscheidenden Schritt weitergekommen, denn Name, Vorname, Geburtstag und Geburtsort waren identisch mit den Personendaten des Prüfungsersuchens. Ein Schriftenvergleich beseitigte auch den letzten Zweifel an der Identität des in Altenburg wohnhaften Schmidt. In einem offenen Gespräch mit dem Präsidenten der Jüdischen Gemeinden in der DDR, Helmut Aris, erhielten wir bestätigt, daß es sich bei Schmidt um den Leiter des Judenreferates der Dresdner Gestapo handelt. Am Morgen des 9. April 1986 konnte Schmidt verhaftet werden. Der Kreisstaatsanwalt von Altenburg legte ihm den Haftbefehl vor. »Was im Haftbefehl steht, stimmt«, gab Schmidt dem Haftrichter zu Protokoll. Die weitere Bearbeitung des Ermittlungsverfahrens zur Untersuchung der von Schmidt begangenen Verbrechen an der jüdischen Bevölkerung erfolgte nun von der untersuchungsführenden Abteilung IX/10, im weitern Zusammenwirken mit unserer Abteilung. Am 28. September 1987 wurde das Urteil verkündet, es lautete: Lebenslänglich! Das Bezirksgericht sah die besonders Schwere der Schuld des Angeklagten darin, daß der Plan der Vernichtung der jüdischen Bevölkerung im Zuständigkeitsbereich der Staatspolizeileitstelle Dresden weit fortgeschritten war. Nahezu 400 jüdische Bürger wurden im Ergebnis der funktionellen Tätigkeit des Schmidt ermordet und ebenso viele kehrten nicht zurück, nachdem sie auf dessen Betreiben nach Auschwitz deportiert worden waren.

Wie aber war es Schmidt nach dem Kriege gelungen, unterzutauchen? In der Nacht des 13. Februar 1945 zerstörte eine Fliegerbombe das Gebäude der Staatspolizeileitstelle Dresden in der Bismarckstraße, der heutigen Bayerischen Straße, wobei die Unterlagen der letzten Dresdner Juden mit vernichtet wurden. Schmidt verließ die Stadt. Zunächst unterrichtete er in Hellerau 14- bis 16jährige Hitlerjungen »staatspolitisch« als »Werwölfe« für deren vorgesehenen Einsatz im Untergrund. Eine Zeitlang trieb er sich dann in den Wäldern bei Altenberg/Erzgebirge herum, um »Werwolf«-Stützpunkte anzulegen und verschwand schließlich über die Grenze in die Tschechoslowakei, wo er sich vereinbarungsgemäß in Teplice mit seiner Familie traf. Von einer Behörde erschlich er sich eine Bescheinigung für die Rückkehr nach Deutschland. Am 8. Mai 1945 traf die Familie Schmidt – wahrscheinlich verborgen im Flüchtlingsstrom entlang der Talstraße der Freiberger Mulde – in Chemnitz ein, wo sie Zuflucht bei einer Schwägerin fanden. Dort bekam Schmidt Kontakt zu einer Krankenschwester, die ihm die SS-Blutgruppentätowierung entfernte. Chemnitz war aber für Schmidt kein sicherer Aufenthalt, hatte er doch seit 1930 im dortigen SA-Sturm 104 gedient und mußte befürchten, erkannt zu werden. Die Familie zog nach Oelsnitz/Erzgebirge) In den Frohnsdorfer Sandgruben arbeitet Schmidt und verzog später nach Altenburg. Er machte in seinen Personalunterlagen unverfängliche Angaben und benahm sich betont unauffällig, bis er durch die erwähnte, routinemäßige Personenüberprüfung enttarnt werden konnte.

Ungesühnte Verbrechen

Ende der achtziger Jahre ersucht ein gewisser Martin Meisel aus Mainz, Jahrgang 1904, um Einreise in die DDR. Er wollte seine im Erzgebirge wohnenden Verwandten besuchen. Die zuständige Kreisdienststelle nahm eine Speicherüberprüfung bei der Abteilung 11 vor. Auch diesen Auftrag erhielt mein Referat. Wir wurden fündig! Zu Meisel gab es Originalunterlagen der Gestapo Leipzig sowie, als Kopie,

Teile eines Ermittlungsvorganges der Leipziger Kriminalpolizei aus der Zeit von 1945 bis 1950, aus denen folgender wesentlicher Sachverhalt hervorging: Meisel war 1933 als Angehöriger der Schutzpolizei Leipzig von der faschistischen Polizei übernommen worden. 1939 wurde er Vollzugsbeamter der Gestapo/Staatspolizeidienststelle Leipzig und 1941 zum Kriminaloberassistenten ernannt. Nach 1945 von der Kriminalpolizei geführte Ermittlungen ergaben, daß Meisel mit mindestens 15 weiteren Gestapo-Beamten am 12. April 1945 in Leipzig-Lindenthal an einer Massenexekution von Untersuchungshäftlingen der Gestapo beteiligt war und zum Erschießungskommando gehörte. Dieser Massenmord geht auf eine Anordnung des Reichsjustizministeriums zurück, wonach »... Haftanstalten bei Feindannäherung zu räumen und bestimmte Häftlingskategorien der Polizei zur Beseitigung zu überstellen sind«. Der Verantwortliche dieser Exekution, Kriminal-Obersekretär Karl Rieth, wurde 1946 von den amerikanischen Besatzungstruppen den tschechoslowakischen Behörden übergeben. Rieth sagte vor den Sicherheitsorganen in Prag 1947 aus: »... Zu den Erschießungen von 57 Häftlingen 1945 in Leipzig Lindenthal, an der ich als Kommandeur des Exekutionskommandos teilgenommen habe, gebe ich folgendes an: Über diese Angelegenheit habe ich in meinem Lebenslauf geschrieben und außerdem habe ich diese Exekution bereits im Internierungslager Ziegenheim beschrieben und den amerikanischen Militärbehörden übergeben. Das Original dieses Schriftstückes wurde ebenfalls übersandt und mir heute vorgelegt. Es ist ein Elaborat von 5 Seiten. (...) Etwa gegen 15.00 Uhr am 12. 4. 1945 kamen zwei Autobusse der städtischen Betriebe mit allen Delinquenten auf diesen Exerzierplatz und alle lagen auf Weisung der Wache im Autobus. Als Begleiter dieser Häftlinge fungierten folgende Angehörige der Gestapo: Fritz Anselmi, Polizei-Obersekretär, der die Liste der Delinquenten überbrachte, Willi Blom, Kriminalsekretär, (...), Martin Meisel. (...) Immer zwei Angestellte führten den Mann, der zur Hinrichtung bestimmt und nicht gefesselt war, bis an den Rand der Grube, wo er niederknien mußte. Sobald der Häftling niederkniete, wurde von einem der obengenannten drei Schützen mit der Pistole in den Rücken geschossen, so daß er in die Grube fiel.« Gleichlautende Aussagen lagen auch vom Gestapobeamten Willy Blom vor.

Die Gestapoleute hatten sich vor dem Einrücken der Amerikaner in Leipzig falsche Ausweise beschafft. Meisel stellte sich Dokumente auf den Namen Konrad Peter aus. Vermutlich Ende 1945 setzte er sich in eine Westzone ab.

Das von Meisel beantragte Einreiseersuchen in die DDR wurde nach Beratung mit dem Staatsanwalt abgelehnt. Aufgrund des dringenden Verdachtes, NS-Verbrechen begangen zu haben, wäre eine Verhaftung Meisels bei seiner Einreise nicht zu umgehen gewesen. Diese Maßnahme hätte jedoch zweifelsohne zu Querelen mit der BRD-Vertretung und einer Medienkampagne gegen die DDR geführt, da ja nach einer Festnahme die Frage gestellt worden wäre, weshalb man eine Besuchserlaubnis trotz einer vorgesehenen Verhaftung erteilte. Uns wäre vorgehalten worden, den BRD-Bürger vorsätzlich getäuscht zu haben, um ihn verhaften zu können. Man weiß nicht, was Meisel überhaupt zu einer Reise in die DDR bewogen haben mag. War es mangelndes Unrechtsbewußtsein oder die Dreistigkeit eines unbelehrbaren Straftäters? Etwas verunsichert muß er aber wohl doch gewesen sein, denn er suchte in der BRD um Auskunft, ob eine Reise in die DDR ratsam sei. Ihm wurde davon abgeraten, da er eine Festnahme befürchten müsse. Abgesehen von einem 1948 in Gießen gegen Meisel durchgeführten Spruchkammerverfahrens blieb er von weiteren Strafverfolgungsmaßnahmen unbehelligt, obwohl seinerzeit der Leipziger Polizeipräsident einen ausführlichen Sachstandsbericht nach Gießen übersandt hatte. Wie man sieht, reiht sich dieser Vorgang würdig in die säumige juristische Vergangenheitsbewältigung der NS-Zeit in der BRD ein. Aber genau von dort kamen nach der »Wende« die eifrigsten Anschuldigungen gegenüber dem untergegangenen deutschen Staat, Naziverbrecher verschont zu haben. Warum das ausgerechnet in der Absicht antifaschistischer Funktionäre und Politiker der DDR gelegen haben sollte, ist wohl mit logischen Argumenten nicht zu belegen.

Die Taufliege Drosophila

Es ist kaum zu glauben, wofür die Mitarbeiter in der »Stolzenburg« alles zuständig sein konnten. 1987 erhielt die Abteilung ein Rechtshilfeersuchen des Komitees für Staatssicherheit der UdSSR. Man wünschte festzustellen, inwieweit der sowjetische Genforscher Nikolai Timofejew-Ressowsky Kollaborateur der Nazis gewesen sei. Timofejew-Ressowsky war 1925 nach Berlin gekommen und befaßte sich am früheren Kaiser-Wilhelm-Institut für Hirnforschung in Berlin-Buch mit Genforschung, unter anderem anhand der Taufliege Drosophila. Der russische Wissenschaftler lehnte zwar die ihm damals angetragene deutsche Staatsbürgerschaft ab, kehrte allerdings, als er 1937 von der sowjetischen Vertretung nachdrücklich dazu aufgefordert wurde, auch nicht in die Sowjetunion zurück. Er blieb auch noch während des Krieges in Deutschland und forschte weiter zu Gen-Problemen. Im August 1945 wurde er verhaftet und später in der Sowjetunion wegen Vaterlandsverrat zu zehn Jahren Freiheitsentzug verurteilt. Jedes andere Land, das sich mit Deutschland im Kriegszustand befand, hätte wohl ebenso auf das Verhalten seines Staatsbürgers reagiert. Auch als Häftling forschte er und wurde nach fünf Jahren aufgrund »großer Verdienste bei der wissenschaftlichen Arbeit« entlassen. Er gründete dann in Swerdlowsk ein Biophysikalisches Laboratorium. 1981 starb Timofejew-Ressowsky.

Die Rolle dieses Genforschers ist nicht unumstritten. Manche kritisieren lediglich, daß er auch noch nach dem Überfall der Nazis auf die Sowjetunion weiter in Nazideutschland arbeitete. Andere halten seine Arbeiten für einen Beitrag zur menschenfeindlichen Forschungstätigkeit der Nazis. Zu dem Ermittlungsauftrag an die DDR war es gekommen, weil es in der Sowjetunion Bestrebungen gab, den Wissenschaftler zu rehabilitieren und weil eine Roman-Biographie Daniil Granins über Timofejew-Ressowsky zur Veröffentlichung anstand. Ein Mitarbeiter der Abteilung 11, der diesen Auftrages so engagiert bearbeitete, daß er sich damit unter uns den Spitznamen Drosophila erwarb, recherchierte nach Personen- und Sachfakten und regte im Ergebnis dessen eine Begutachtung der Forschungsarbeiten an. Die Gutachter kamen zu dem Schluß, »... daß die Forschungen des sowjetischen Wissenschaftlers Nikolai Wladimirowitsch Timofejew- Ressowsky zu keiner Zeit dazu beitrug, die faschistische Diktatur in Deutschland bewußt zu unterstützen oder ihr Mittel der Kriegsführung zu liefern.«

Daniil Granins Roman über den Genforscher erschien unter dem Titel »Sie nannten ihn Ur« 1988 im DDR-Verlag Volk und Welt. Als der Genforscher Ende 1991 rehabilitiert wurde, existierte unsere Abteilung schon nicht mehr, aber dafür jede Menge falsche, dumme und feindselige, diskriminierende Behauptungen zu deren Existenz und der Tätigkeit ihrer Mitarbeiter.

Spuren führen ins Erzgebirge

Bei Archiv-Recherchen entdeckte ich auch zufällig Protokolle, die meine engere Heimat betrafen. Von dem Nazi in Sayda, der im Frühjahr 1945 SS-Wachsoldaten aufforderte, KZ-Häftlinge zu erschlagen, war bereits die Rede. Nicht wenig überraschte mich auch ein Fahndungsersuchen der Gestapo vom 19. Oktober 1937 zu einem gewissen Rudolf Wetzel aus meinem Heimatort Rechenberg, entdeckt in einer Akte des Sondergerichts Freiberg. Rudi, Sohn des »Wetzelmalers«, war Mitbegründer der KPD-Ortsgruppe. Seine Mutter, Alma Wetzel, kassierte noch bis 1934 KPD-Mitgliedsbeiträge. In den fünfziger Jahren war Rudi Chefredakteur der »Wochenpost« und lebte seitdem in Berlin. Im Fahndungsaufruf ist angeführt. »... Wetzel hat als führender Funktionär in der illegalen Bezirksleitung der KPD gearbeitet. Wegen Vorbereitung zum Hochverrat hat er eine längere Zuchthausstrafe verbüßt. Wetzel und seine Ehefrau sind fanatische Kommunisten. Sie verkehrten in der Hauptsache mit kommunistisch eingestellten Juden und Intellektuellen. Die Ehefrau des W. steht in Verbindung mit Kommunisten in Ungarn.«

Da Rudi Wetzel aus meiner Heimat stammte – in der »Fischerbaude« in Oberholzhau konnte er sich gar einmal mit dem Ruhm des Schützenkönigs schmücken – machte ich vom Original-Fahndungsauftrag des Amtshauptmanns von Meißen Kopien und ließ eine davon über meinen Jugendfreund Erich Leiteritz Rudis Schwester zukommen, die noch in Rechenberg wohnte. Eine weitere Kopie gab ich Karl-Eduard von Schnitzler, dem ehemaligen Chefkommentator beim Fernsehfunk der DDR, als wir uns Anfang der neunziger Jahre anläßlich einer Buchlesung in Berlin-Hohenschönhausen begegneten. Ich wußte, daß Schnitzlers Ehefrau Marta Rafael, ebenso wie Rudi Wetzels Frau, aus Ungarn stammt und gleichfalls Jüdin ist. Nicht unbegründet nahm ich daher an, daß sich beide kennen und sie sich für ein Dokument der Verfolgung ihr nahestehender Menschen im »Dritten Reich« interessieren würden. Wie allen standhaften und politisch kämpferischen Menschen bringe ich auch heute noch Karl Eduard von Schnitzler, der seiner großbürgerlichen Familie den Rücken kehrte und eine marxistische Weltanschauung gewann, meine Wertschätzung entgegen. Das offen auszusprechen erscheint geboten zu sein in einer Zeit, wo bedenkenloser politischer Positionswechsel und Opportunismus als vernünftige Einsicht gelobt wird, obwohl eher das Wort vom Gesinnungslumpen passender wäre. Und wo ein Liedersänger wie Biermann, dem es nicht nur an Anstand und Charakter fehlt, im Fernsehen einen mutigen Menschen als Sudel-Ede diffamieren darf. Zum Lebensweg von Karl-Eduard von Schnitzler weiß ich, daß er als Sohn einer großbürgerlich-adligen Familie im antifaschistischen Widerstand als Soldat an verschiedenen Kriegsschauplätzen war, während der Internierung in England erste Rundfunkarbeiten in London machte, dann führende Funktionen beim NWDR in Hamburg und Köln erhielt und später zum Berlin Rundfunk kam.

Die Arbeit im Archiv prägte und vertiefte meine antifaschistische Überzeugung und schärfte meine Sicht auf historische Ereignisse. Besonders beeindruckten mich die vielen Dokumente des antifaschistischen Widerstandes, der nach 1933 aus allen Schichten, Glaubensrichtungen und Ständen des deutschen Volkes kam, von den Kommunisten und Sozialdemokraten aber die größten Opfer forderte. Die Archivalien reflektierten die endlose Kette unbeschreiblicher Verbrechen in der Nazizeit. Und ebenso die faktische wie auch moralische Mitschuld vieler Menschen. Es ist ausnahmslos das Verdienst der im antifaschistischen Widerstand aktiven Menschen, daß Deutschland nach dem Zweiten Weltkrieg von der Völkergemeinschaft wieder Vertrauen erhielt und in sie zurückkehren konnte.

Meine Position als Referatsleiter konsolidierte sich in dem Maße, wie sich mein Erkenntnisstand unter den neuen Bedingungen erweiterte.

Familiär gab es manche Veränderungen. Die Söhne wuchsen heran und wollten sich auf eigene Füße stellen. Erfolgreich erprobten sie ihre Fähigkeiten und prüften ihre Leistungskraft. Sie gingen außer Haus und gründeten Familien. Unsere Vierraumwohnung brauchten wir bald nicht mehr. Außerdem wurde mir mit meinem Hüftleiden der Aufstieg in die fünfte Etage zu beschwerlich. 1985 bezogen wir eine schöne Zweieinhalb-Zimmer-Wohnung im ersten Stock in der Gembitzerstraße, nahe des Naturschutzgebietes am »Faulen See«. Meine Hüftgelenkschmerzen aber wurden unerträglich und belasteten mich immer heftiger. Kaum, daß ich noch den zehnminütigen Weg zur Dienststelle ohne Ruhepausen schaffte. Ende Februar 1988, wir wollten in den nächsten Tagen in unseren alljährlichen Winterurlaub im Erzgebirge starten, ging ich deswegen wieder einmal zu dem mich seit vielen Jahren betreuenden Orthopäden Dr. Pawlak. Ich stand bei ihm auf der Warteliste für eine Hüftendoprothese, also ein künstliches Hüftgelenk aus Plaste und Metall. Eigentlich hatte ich mir bei diesem Arztbesuch nur die üblichen schmerzlindernden Mittel verschreiben lassen wollen, aber anstatt der Tabletten erhielt ich die Einweisung in die Charité. Obgleich ich seit Jahren mit dem Gedanken an die unumgängliche Operation vertraut war, traf mich die Botschaft wie der berüchtigte Blitz aus heiterem Himmel. »Wir wollten doch in den Urlaub fahren« versuchte ich zaghaft einzuwenden. »Was denn, wollen Sie nun ein neues Hüftgelenk haben oder nicht?« Natürlich wollte ich, aber so plötzlich? Ich spürte, wie sich Schweißflecken unter den Achseln bildeten. Nach dem ersten Schock war ich dann doch froh, daß es endlich soweit war.

Am 2. März 1988 fuhr ich in die Charité, am 9. März wurde in einer zweistündigen Operation unter Leitung der Stationsärztin, Frau Dr. Büttner-Janz, der ehemaligen Spitzensportlerin im Kunstturnen, mein deformiertes linkes Hüftgelenk entfernt und durch eine zementierte Totalendoprothese ersetzt. Sie hat mich über zwölf Jahre begleitet, dann traten erneut Schmerzen auf. Man diagnostizierte Lockerungserscheinungen. Daher wurde am 16. März 2000 im Krankenhaus Berlin-Kaulsdorf, in der von Dr. Karin Büttner-Janz geleiteten orthopädischen Station das alte Hüftgelenk entfernt und ein neues zementfrei implantiert. Diese Operation dauerte vier Stunden und war wohl erfolgreich, wenn auch die postoperative Phase nicht ganz komplikationsfrei verlief.

»Wir bezweifeln, daß jemals außerhalb von Kriegs – und Nachkriegszeiten das Leben so vieler Menschen in so kurzer Zeit in solcher Ungewißheit, Ratlosigkeit und Not gestürzt worden ist.«

Dieter Frielinghaus, Vorwort zu:
Unfrieden in Deutschland, Weißbuch,
herausgegeben von Wolfgang Richter

Wie viele andere Bürger »meines« Landes (bewußt verwende ich das besitzergreifende Wort), spürten wir Ende der achtziger Jahre das Wetterleuchten am politischen Horizont, das eruptive politische, gesellschaftliche und staatliche Veränderungen signalisierte. Zutreffender wäre vielleicht die Formulierung vom »Rumoren im Untergrund«. Vielen Menschen war damals der Generalsekretär der Kommunistischen Partei der Sowjetunion M. S. Gorbatschow ein Hoffnungsträger. Von ihm erwarteten sie die Erneuerung verkrusteter gesellschaftlich-politischer Strukturen der sozialistischen Staaten. Die auf ihn hofften, ihm vertrauten, ahnten nichts von Gorbatschows Plan, zu dem er sich während eines Seminars der Amerikanischen Universitäten in der Türkei im Juli 2000 freimütig äußerte: »Das Ziel meines Lebens war die Vernichtung des Kommunismus«. (Zitiert nach U.Z. vom 8. September 2000, nach »Prawda Rossij«) Wie konnte man ihm aber einen solchen Verrat am Sozialismus zutrauen, schrieb er doch noch am 16. April 1986 bei seinem Besuch am Brandenburger Tor in das Gästebuch der DDR-Grenztruppen: »Am Brandenburger Tor kann man sich anschaulich davon überzeugen, wieviel Kraft und wahrer Heldenmut der Schutz des ersten sozialistischen Staates auf deutschem Boden vor den Anschlägen des Klassenfeindes erfordert. Die Rechnung der Feinde des Sozialismus wird nicht aufgehen. Das Unterpfand dessen sind das unerschütterliche Bündnis zwischen der DDR und der UdSSR sowie das enge Zusammenrücken der Brudervölker im Rahmen des Warschauer Vertrages. Ewiges Andenken den Grenzsoldaten, die ihr Leben für die DDR gegeben haben.« Jahre später schaute Gorbatschow als Ehrenbürger der Stadt Berlin ungerührt zu, als Grenzsoldaten, die nur ihre Pflicht erfüllt hatten, von der Justiz des »Klassenfeindes« kriminalisiert wurden. Wie bezeichnet man treffend solche Politiker? Ich finde nur schwer angemessene Worte ... Ich erinnere mich aber an einen Spruch aus der Bibel: »... es war ein Mann, der ging von Jerusalem herab und fiel unter die Mörder. Es begab sich aber ungefähr, daß ein Priester dieselbe Straße hinabging, und da er ihn sah, ging er vorüber.« (Lukas 10,30) Der Unterschied zwischen dem Priester und Gorbatschow besteht darin, daß der Priester vorbeiging, aber nicht dem Täter die Hand reichte!

Natürlich weiß ich, daß es keinen Sinn macht, geschichtliche Kraftfelder negieren zu wollen. Das Ende der DDR war nicht abzuwenden. Die gezinkten Karten waren gemischt, die Feinde der DDR kannten den Skat und guckten sich gar noch gegenseitig in die Karten. Wir kannten nicht einmal die Spielregeln.

Der erste Versuch einer sozialistischen Gesellschaftsordnung ist gescheitert. Es ist nicht mein Thema und ich verfüge auch nicht über belegbares Detailwissen, um mich zu den Ursachen, den Verantwortlichen und den Hintermännern des Untergangs der DDR treffsicher äußern zu können. Aus eigenen Erfahrungen weiß ich aber, daß seit dessen Existenz von übermächtigen Gegnern an der Beseitigung des nichtkapitalistischen deutschen Staates mit allen legitimen und illlegitimen politischen, propagandistischen, wirtschaftlichen, diplomatischen, militärischen und nicht zuletzt geheimdienstlichen Mitteln gearbeitet wurde. Die Bedingungen für überzeugende Leistungen einer sozialistischen Gesellschaft waren denkbar ungünstig und die Schwierigkeiten enorm. Die Bündnispartner der DDR waren die wirtschaftlich schwächsten Staaten und die Führungsmacht Sowjetunion trug zu schwer an den Lasten der Kriegszerstörungen und des Rüstungswettlaufes. Die DDR trug nahezu allein die Reparationskosten und wurde mit Embargomaßnahmen des Westens, auch der Bundesrepublik, stranguliert. Da war man gar nicht so fein gegenüber den »Brüdern und Schwestern« im zweiten deutschen Staat.

Über die möglichen Gründe und Ursachen des Endes eines deutschen Staates mit sozialistischen Strukturen läßt sich nicht mit dem politischen Gegner, nicht mit jenen Kräften, die diesen Staat nicht wollten und daher bekämpften, argumentieren. Das sind keine ehrlichen Kritiker, das sind die Sieger. Den Sieger interessiert nicht meine Suche nach Fehlern und meine Selbstkritik, er akzeptiert nur meine Unterwerfung unter seine Argumente. Der Sieger hat überhaupt kein Interesse daran, wissen zu wollen, was wohl richtig war aber nur falsch gemacht wurde. Der Schriftsteller Stephan Hermlin beschrieb diese Situation treffend: »Nur scheinbar leben wir in einer Zeit der Diskussionen: in Wahrheit handelt es sich um eine Epoche peremtorischer (vernichtender) Behauptungen.«

Ich finde keine befriedigende Antwort auf die quälende Frage, wie konnte es geschehen?! Es war die Summe vieler Umstände und Ursachen. Eigenes Verschulden und Verrat, falsche Konzepte und untreue »Freunde«, fehlende Wirtschaftskraft und Angriffe von außen. Und daraus resultierend, wachsende Unzufriedenheit der Menschen.

Im September 1989 fuhren wir, wie eh und je, nach Holzhau ins heimatliche Erzgebirge. Die Stimmung der Menschen war gedrückt. Die trüben Aussichten warfen dunkle Schatten auf unseren Urlaub. Und dabei hätten wir so froh gestimmt sein können. Unser vierjähriger Enkel Markus war mit seinen Eltern gemeinsam mit uns im Gebirge und machte auch den Großeltern so viel Freude. In jenen Tagen erwarteten wir die Ankunft eines weiteren Enkelkindes. Täglich riefen wir den werdenden Vater Volker in Berlin an. Endlich, am Morgen des 22. September, kam die erlösende Botschaft, unser Enkel Rauf war da und die Mutti Maja gesund. Der Name Rauf sollte an seinen in Baku lebenden Onkel erinnern. Vor Begeisterung leerten wir schon zum Frühstück in unserer Stammgaststätte »Fischerbaude« eine Flasche Sekt und luden auch das anwesende Personal dazu ein. Vergessen waren für kurze Zeit unsere Sorgen und Bedenken um die Zukunft des Landes, die zugleich unsere eigene und die Zukunft unserer Kinder und Enkel bedeutete. Ich war einigermaßen illusionslos. Daß uns demnächst eine so schwerwiegende soziale Last und Ausgrenzung wie haßerfüllte politische Anfeindung treffen könnte, war wohl zu befürchten, glauben wollte ich es aber nicht.

Von den konservativsten politischen Köpfen der BRD war das längst so gedacht, wie es später systematisch umgesetzt wurde. »Wir werden sie nicht in Lager sperren, das haben wir nicht nötig. Wir werden sie an den sozialen Rand drängen.« So äußerten sich im Frühjahr 1991 hinter verschlossenen Türen CDU-Vertreter auf einer Tagung in Wildbad-Kreuth über die Zukunft der DDR-Intellektuellen. (Unfrieden in Deutschland. 2. Weißbuch, Berlin 1993, S. 7) Für die leichtgläubige Öffentlichkeit indes war der fromme Spruch von den »blühenden Landschaften« bestimmt, die der Bundeskanzler Kohl in Dresden versprach.

Noch war es nicht so weit, aber es ging rasend bergab. Rein formell bestand die DDR noch, aber schon wurden manche Gemeindeämter, öffentliche Gebäude und gar DDR-Grenzpolizeistationen mit den schwarz-rot-goldenen Fahnen der BRD beflaggt. Das »Neue Forum« wurde aktiv und zu den Montagsdemonstrationen in Leipzig tauchten immer neue, die DDR unter Druck setzende Losungen auf. Vom »Wir sind das Volk« zum »Wir sind ein Volk«. Die Stichwortgeber saßen außerhalb der DDR, von ihnen kamen die Reichskriegsflaggen und die

Autoaufkleber mit den Losungen. »Wer die SED wählt, wählt den Bürgerkrieg« las ich im Frühjahr 1990 in Dorfchemnitz auf einem Wahlplakat! Politische Schlammschlacht und ein Vorgeschmack auf die Wahlkämpfe in den folgenden Jahren! BRD-Politiker schwärmten in die DDR aus.

Am 4. November fand auf dem Alexanderplatz eine Massenkundgebung statt. Dort wurde die Beseitigung der Mauer, der Verzicht auf die Führungsrolle der SED sowie die Auflösung des MfS und eine Gesetzesreform gefordert. Mit dem Reisegesetz am 9. November bestand die Grenze zur BRD nur noch dem Schein nach. Am 7. November 1989 trat die DDR-Regierung geschlossen zurück und mit ihr auch der Minister des MfS, Erich Mielke. Am Tag zuvor hatte er noch die Kreis- und Objektdienststellen angewiesen, Unterlagen und Dokumente zu vernichten. Eine notwendige, berechtigte Maßnahme zum Quellenschutz. Was sich in der Leitung des MfS tat, wußte ich natürlich nicht, aber am 13. November während der 11. Volkskammertagung, verspielte Mielke mit den albernen Formulierungen seiner Rede das letzte bißchen Renommee des MfS.

Am 17. November wurde mit der Regierungserklärung des neuen Ministerpräsidenten Hans Modrow die Umwandlung des MfS in das Amt für Nationale Sicherheit (AfNS) bekanntgegeben. An dessen Spitze stand Generalleutnant Dr. Wolfgang Schwanitz.

In dieser schwierigsten aller Zeiten wurde meine Diensteinheit, die Abteilung 11, von Oberstleutnant Dieter Skiba geführt, ein mit der Materie, den Aufgaben der Abteilung bestens vertrauter und sehr befähigter, zuverlässiger und menschlich hochanständiger Mann. Wir haben auch heute noch familiären Kontakt miteinander. Von den äußeren Turbulenzen scheinbar unbeeinflußt, arbeiteten wir fast normal weiter. Was sollte denn auch an unseren, vorwiegend antifaschistischen Aufgabenstellungen Verwerfliches sein? Ich sichtete, bearbeitete und analysierte Aktenbestände des Reichsjustizministeriums und des Volksgerichtshofes. Ich war immer wieder erschüttert vom unmenschlichen Wüten der Justiz als gnadenloser Büttel des Hitlerregimes. Mir fiel auf, daß alle vor 1933 in der Weimarer Republik von den »Nationalsozialisten« und sonstigen hitlertreuen Leuten begangenen und strafrechtlich geahndeten Delikte, meist Tötungsstrafsachen, mit zweifelhaften Begründungen von der NSJustiz aufgehoben und die Verurteilten rehabilitiert wurden. War schuldhaftes Handeln der Täter selbst mit einer absurden Rechtskonstruktion nicht aus der Welt zu schaffen, dann wurden eine durch »patriotische Gesinnung verständliche Überreaktion« oder »Verdienste in der Kampfzeit« als Strafbefreiungsgründe eingeführt. Meist wurde aber einfach behauptet, daß befangene jüdische oder kommunistische Juristen der »Systemzeit« wissentlich Unrechtsurteile gegen

Nationalsozialisten ausgesprochen hätten. Solches Aktenmaterial war außer dem betreffenden Geschäftszeichen mit einem »W« gekennzeichnet und vielfach mit dem Vermerk versehen, diese Strafsachen gesondert zu archivieren. Was soll man davon halten, daß es nach dem Anschluß der DDR an die Bundesrepublik ähnliche Erscheinungen gab? Was in der DDR Recht war, das wurde zum Unrecht umqualifiziert, gegen Juristen und Mitarbeiter des Untersuchungsorgans wurden Ermittlungsverfahren eingeleitet.

In der Abteilung wurde in dieser Zeit nach Personen recherchiert, die verdächtig waren, als Angehörige einer Polizeieinheit in Lettland Kriegsverbrechen begangen zu haben. Später, nachdem die Zuständigkeit für unser Archiv an das Bundesarchiv Koblenz übergegangen war, interessierte sich niemand mehr für die entsprechenden Arbeitsergebnisse. Dagegen wurden in die Medien unsinnige Verdächtigungen lanciert, wonach NS-Täter vom MfS geschützt worden seien. So wurde tatsächlich behauptet, strafrechtliche Ermittlungen zum stellvertretenden Lagerführer des KZ Buchenwald, SS-Obersturmführer Erich Gust, mutmaßlich einer der Mörder von Ernst Thälmann, seien unterlassen worden, weil das MfS diesen Mann operativ nutzen wollte. Dabei wurde von Bernd Heller von der Freien Universität Berlin, der sich in der Tagespresse an dieser Diffamierungskampagne als vorgeblicher Sachkenner mit Eifer beteiligte, prinzipiell ignoriert, daß Gust nicht in der DDR, sondern in Niedersachsen unter dem Namen Giese lebte und dort ein Nobelhotel unterhielt, in dem vor allem Politprominenz verkehrten. Davon erhielt der ehemalige Buchenwaldhäftling Fred Löwenberg Anfang der fünfziger Jahre von einem Beamten des Bundesverfassungsschutzamtes München Kenntnis. Obwohl der Verfassungsschutz bereits seit mindestens 1952 von der Existenz des Gust alias Giese wußte und ihn dennoch unbehelligt ließ, wurde Heller aus durchsichtigen Gründen nicht müde, das MfS der vorsätzlich unterlassenen Recherche zu Gust zu beschuldigen. Weshalb die DDR, nicht aber die Bundesrepublik für die unterlassene Strafverfolgung in die Pflicht zunehmen sei, konnte Heller niemandem erklären. 1994 waren Heller und ich Teilnehmer eines Diskurses über den DDR-Umgang mit der NS-Vergangenheit. Außerdem nahmen daran die langjährigen KZ-Häftlinge Helmut Bock, Fred Löwenberg und Karl Stenzel, die Historiker Dr. Norbert Madloch, Dr. Wilfriede Otto, Prof. Dr. Wolfgang Wippermann, der Mitarbeiter der Gauck-Behörde Henry Leide sowie die ehemaligen MfS-Mitarbeiter Klaus Eichner und Dieter Skiba teil. Fred Löwenberg berichtete dort, wie er sagte, zum ersten Mal in der Öffentlichkeit darüber, was ihm 1952 zu Gust bekannt geworden war. (»Disput« 12/94) Als Bernd Heller in der Presse seine haltlosen Schuldzuweisungen an das MfS stur wiederholte, versuchte ich in mehreren Beiträgen in der »Berliner Zeitung« und im

»Neuen Deutschland« die tatsächlichen Zusammenhänge etwas aufzuhellen. Da jedoch offenbar jene Leute Deutungshoheit besitzen, die weniger an der Wahrheit als am Gebrauch der Stasi-Keule interessiert sind, brachte meine »Öffentlichkeitsarbeit« nicht mehr ein als die Genugtuung, sich gewehrt zu haben.

Im November 1989 fand auf dem Hof des Ministeriums eine spontan organisierte Versammlung von MfS-Angehörigen statt. Ich nahm daran teil, möglicherweise der einzige Mitarbeiter meiner Abteilung. Es wurde eine Erklärung verlesen, in der die Ablösung der alten Leitung und Reformen innerhalb des Ministeriums und seiner Parteiorganisation gefordert wurden. Andere Stimmen wiesen das als Anfänge von Auflösungserscheinungen zurück. Ehrlich gesagt, wußte ich nicht, welches Ziel man mit diesem Treffen überhaupt verfolgt, was man wollte oder konnte. Im Grunde genommen reflektierte die Versammlung die allgemeine Situation des Landes: einerseits fehlten vernünftige Konzepte für vernünftiges Handeln, andererseits begannen sich schon viele Dinge aufzulösen. Ich fuhr nach Hause, enttäuscht und ratlos. Es war schmerzlich zu sehen, daß unser Land unterging, daß die sozialistische Gesellschaft nicht mehr zu retten war.

Werner Großmann, letzter Chef der Hauptverwaltung Aufklärung, benennt in seinem Buch »Bonn im Blick« Mitarbeiter, die zum Gegner übergelaufen sind und Verrat begingen. Das ist ehrlos und durch nichts zu rechtfertigen! Solche Erscheinungen machten in unserer Abteilung keinen Sinn – es gab nichts zu verraten. Aber auch bei uns bemerkte ich vorteilserheischende Anpassungs- und Unterwerfungsgesten. Es kam im Einzelfall schon vor, daß sich jemand als Zuträger entpuppte und Mitarbeiter bei der neuen Leitung anschwärzte. Als ich in diesen Tagen den Reißwolf mit Papier fütterte, wurde ich von jemandem ängstlich darauf hingewiesen, daß dergleichen im Moment unpassend sei. Den meisten Mitarbeitern aber konnte man vertrauen, sie blieben absolut zuverlässig und hilfreich, wie ich in einem konkreten Fall mit Genugtuung feststellen durfte.

Am 14. Dezember 1989 beschloß die Modrow-Regierung die Auflösung des AfNS mit dem Vorschlag, zwei voneinander unabhängige Dienste zu schaffen. Einen Auslandsnachrichtendienst unter Generaloberst Werner Großmann und einen Verfassungsschutz unter Generalmajor Heinz Engelhardt. Die folgenden Ereignisse machten jedoch deutlich, daß stark von außen gesteuert wurde und die Regierung nicht mehr Herr ihrer Entscheidungen war. Am 14. Januar 1990 wurde die Bildung eines Verfassungsschutzes ausgesetzt und man setzte die Auflösung des MfS auf die Tagesordnung. Am darauffolgenden Tag drangen vom »Neuen Forum« und einem sogenannten Bürgerkomitee zum Protest aufgerufene Bürger auf das Gelände des MfS in der Berliner Normannenstraße vor. Sie verwüsteten und plünderten vor allem den Verwaltungs- und Versorgungstrakt. Was später gern wortreich und heroisch als mutiger »Sturm auf die verhaßte Stasi-Zentrale« beschrieben wurde, war in Wirklichkeit eine ziemlich mühevoll organisierte Randale, in deren Schatten sich fremde Geheimdienste schadlos hielten. »Kommt zur Demo, bringt Steine und Mörtel mit, seid phantasievoll« war eine der Losungen des »Neuen Forums«. Das Ministerium wurde in diesen Tagen nur von wenigen Angehörigen der Volkspolizei »bewacht!« Weil Konfrontationen vermieden werden sollten, hielten sich zum Zeitpunkt des Eindringens, um 18.00 Uhr, kaum MfS-Mitarbeiter in den Diensträumen auf. In Pullach, beim Bundesnachrichtendienst, rieb man sich die Hände. Der damalige Innenminister Peter Michael Diestel schrieb später: »Etwas belustigt hat mich beispielsweise die Darstellung, aufgebrachte Bürger hätten am 15. Januar 1990 spontan die frühere MfS-Zentrale gestürmt. Da können sogenannte Bürgerrechtler, solange sie wollen, von einem verständlichen Volkszorn reden, der sich Bahn gebrochen habe. Tatsächlich handelte es sich um eine langfristig geplante Aktion zahlreicher ausländischer Geheimdienste. Dies erfuhr ich aus erster Hand. MfS-Aufklärer hatten den geplanten Coup bereits drei, vier Wochen vor dem 15. Januar ausgekundschaftet und entsprechende Vorsorge getroffen.« (Neues Deutschland vom 15. Juni 2001, S.13) Diese »Bürgerrechtler« degradierten sich lediglich zu Erfüllungsgehilfen von Geheimdiensten.

Meine Dienststelle in Hohenschönhausen blieb zwar von solchen Randale-Aktionen unberührt, aber die politischen Veränderungen gingen an niemandem von uns spurlos vorüber. Der Absturz der Gesellschaftsordnung, an deren Gestaltung ich leidenschaftlich mitgewirkt hatte, erschütterte mich schwer.

Trotz der hysterischen, teils dümmlichen Angriffe der Medien auf das MfS, weder Datenschutz noch Persönlichkeitsrechte galten noch, jede Art von Unmenschlichkeit wurde dem Sicherheitsorgan angedichtet, keine Schandtat gab es, die dem MfS nicht unterstellt werden durfte – habe ich auch in jenen Monaten meine Zugehörigkeit nie verleugnet. Selten stieß ich auf offene Ablehnung, viel häufiger auf Verständnis, auch Solidarität. Wiederholt mußte der ärztliche Notdienst zu mir ins Haus kommen. Als die diensthabende Ärztin sich nach meinem Hausarzt erkundigte, sagte ich ihr, »... daß ich zu dem aktuellen Liebling der Nation gehöre und keinen behandelnden Arzt mehr habe«. Sie verstand mich und reagierte einfühlend darauf. Später war sie meine Hausärztin. Allerdings war ich in dieser Zeit auch in einer physiotherapeutischen Einrichtung zur Behandlung, an deren Tür ein Zettel mit der hastig-handgeschriebenen Notiz »Wir sind Stasifrei!« befestigt war. Nachdem ich die Leiterin dort fragte, ob wir jetzt Praktiken zu fürchten hätten, ähnlich den faschistischen Ausschreitungen, die einst Deutschland »Judenfrei« machten, wurde das Schild entfernt.

Eines Tages gab ich dann meine Pistole, ich war als Offizier ständiger Waffenträger, weisungsgemäß in der Waffenkammer ab. Sie lag ohnehin als nutzloses Requisit in der Dienststelle in meinem Panzerschrank. Damals hörte ich in einem Interview von einer wohl recht einfältigen Bürgerrechtlerin, wie sehr sie die Menge der in der zentralen Waffenkammer vorgefundenen Waffen entsetzt habe. Ach du heilige Einfalt, kann ich da nur sagen. Viel berechtigter wäre doch die Frage gewesen, weshalb eigentlich diese Waffen von den angeblich so fanatischen Stasi-Leuten nicht eingesetzt wurden?

Als ich hörte, daß möglicherweise inkompetente Personen Zugriff auf meine Gesundheitsunterlagen bekommen würden, fuhr ich ins »Haus«, in das Objekt Normannenstraße. Die Auflösungsmaßnahmen waren im vollen Gange, die Ausweiskontrollen hatte bereits das Bürgerkomitee übernommen. Ein junger Mann, dem man die Begeisterung ansah, sich von den MfS-Mitarbeitern die Ausweise zeigen zu lassen, verlangt auch mein Dokument. »Wer sind Sie denn, wer hat Sie denn legitimiert, mich zu kontrollieren?« frage ich unwirsch. »Ich bin vom Bürgerkomitee, ich muß nach den Ausweisen fragen«, erwidert er etwas unsicher. Auf meine Frage, ob er sich denn selbst ausweisen könne, griff er beflissen in seine Tasche. Ich wartete aber nicht solange, bis er seinen »Legitimation« gefunden hatte, sondern ging wortlos weiter.

Ich bat dann meinen Arzt, mir die Gesundheitsakte auszuhändigen. Ich wollte einfach nicht, daß sie in fremde Hände gerät. Er war einverstanden, warnte aber: »Ich kann Ihnen die Akte mitgeben, aber »die« machen Taschenkontrollen, lassen Sie sich etwas einfallen!« Nun das wollte ich doch sehen! Wenn jemand auf meine Gesundheits-Unterlagen Anspruch erheben konnte, so war ich es, sonst niemand. Ich ging wieder zu dem jungen Mann am Tor. Der winkte mit herablassender Geste schon von weiten ab, er wollte jetzt weder meinen Ausweis noch den Inhalt meiner Aktentasche sehen.

An dieser Stelle erinnere ich mich an ein erheiterndes Erlebnis am selben Ort, Mitte der neunziger Jahre. Im ehemaligen Objekt des Ministeriums für Staatssicherheit befindet sich inzwischen eine »Gedenkstätte« der Gauck-Behörde. In der Regel werden Besuchergruppen von Schulen und Bundesbehörden und auch von Reiseunternehmen mit Autobussen herangefahren. Sie sollen sich dort ein Bild von den Schaurigkeiten der Stasi machen. (Nur nebenbei erwähnt: Der DDR wird jetzt vorgeworfen, daß Jugendliche zu Besuchen in ehemaligen Konzentrationslagern veranlaßt wurden – wie nötig wäre das heutzutage!) Ich jedenfalls wollte an diesem Tag in das auf dem Gelände befindliche Ärztehaus. Vor dem einstigen Ministereingang sah ich eine

Gruppe junger Menschen, Oberschüler wohl. Ich gesellte mich hinzu, interessiert, was dort unters Volk gebracht werden sollte. Ich hörte dann, wie eine Angestellte des »Museums« mit gewichtiger Miene den Jugendlichen erklärte, »... daß dieses Objekt der Stasi strengstens bewacht wurde, niemand durfte ohne Kontrolle das Gelände betreten oder verlassen.« Was für eine Banalität! Sie veranlaßte mich zu dem lauten Einwurf, daß man wohl beim Bundesnachrichtendienst in Pullach auch nicht nach Herzenslust herumspazieren könne. Mißbilligend schaute mich die Dame an, die Schüler eher erwartungsvoll. Ich aber verspürte keine Lust auf Konfrontation. Unmittelbar neben dieser Besuchergruppe hatte ein etwa dreißigjähriger Mann einen kleinen Stand mit Prospekten und Broschüren aufgebaut. Neugierig ging ich zu dieser Auslage. Etwas wichtigtuend trat der Mann an mich heran und fragte unaufgefordert: »Wollen Sie lesen, wie es mir im Stasiknast erging? Ich habe darüber geschrieben«. Dazu wedelte er mit einer Broschüre vor meinem Gesicht herum. Kurz angebunden erwiderte ich: »Nein, warum sollte mich das interessieren?« Er reagierte etwas konsterniert. Ich wollte mich schon wieder der Schülergruppe zuwenden, überlegte es mir aber plötzlich anders und sprach den Mann an: »Was mich interessiert, weshalb waren sie denn inhaftiert?« Jetzt wurde er lebhaft und laut: »Warum ich in Bautzen war? Weil ich die Wahrheit gesagt habe!« Die Strafvollzugseinrichtung in Bautzen gilt heutzutage als Synonym für erlittenes Unrecht und wird dem MfS, obwohl es gar nicht zuständig war, schnell mit untergeschoben. Im Strafrecht kenne ich mich hinreichend aus, um zu wissen, daß niemand verurteilt wurde, »weil er die Wahrheit gesagt hat«. Ich wußte, daß an die Tatbestandsmerkmale der in Frage kommenden Rechtsnormen wie Verleumdung, Hetze oder öffentliche Herabwürdigung konkrete Anforderungen gestellt wurden. Guten Gewissens konnte ich entgegenhalten, daß »die Wahrheit sagen« als solches kein strafverfolgungswürdiger Straftatbestand war. Der Betreffende war offensichtlich über den Widerspruch verblüfft und suchte lautstark bei den jugendlichen Gedenkstättenbesuchern Unterstützung: »Hier ist einer von den Ewiggestrigen, der glaubt nicht, daß man in der DDR ins Zuchthaus kam, wenn man die Wahrheit gesagt hat, daß man bestraft wurde, wenn man was gesagt hat!« Die Andacht war gestört und alle Schüler blickten zu uns herüber. Ein älterer Herr, vielleicht war es der Klassenlehrer, forderte den aufgeregten Mann auf, doch ruhig zu sein. Man habe schließlich Eintrittsgeld bezahlt und wolle etwas von dem Vortrag hören! Eine solche Reaktion hatte der Agitator nicht erwartet. »Sehn Sie«, sage ich leise und gar nicht schadenfroh zu ihm, »auch in der freiheitlichen Demokratie kann man selbst vor der

Stasi-Gedenkstätte nicht alles sagen, wann und wie man will!« Er wendet mir abrupt den Rücken zu.

Wie ging es aber in meinem Arbeitsbereich weiter? Eine gewisse Zeit wurden wir Mitarbeiter der Abteilung 11 vom Dienst »beurlaubt«. Da die Zukunft ungewiß war, begab ich mich vorsorglich auf die Suche nach einer anderen Arbeitsstelle. Die »Bürgerbewegung« hatte die Losung »Stasi in die Produktion« kreiert. Nun, mit produktiver Arbeit konnte man mich nicht schrecken, wohl eher manchen von der Bürgerbewegung selbst. Abgesehen davon begann bereits die berufliche Ausgrenzung. Trotzdem hätte ich zwei Pförtnerstellen antreten können, eine in einem Altersheim und eine andere im Institut für Immunbiologie. Ganz im Gegensatz zu dem Bild, das die Medien zu vermitteln suchten, warf mir keiner meine MfS-Zugehörigkeit vor. Lediglich in dem Institut wollte ein leitender Professor in einer Art Einstellungsgespräch wissen, »ob ich mir nichts zu schulden habe kommen lassen«. Ich reagierte darauf gereizt. »Sollte ihre Frage ernsthaft gemeint sein, will ich mit Ihnen und Ihrem Institut auch nicht um den Preis einer gut bezahlten Arbeitsstelle etwas zu tun haben!« – »Gut, gut, war nicht so gemeint, man hört eben jetzt so viel«, erwiderte er beschwichtigend.

Im Zuge der eingeleiteten Auflösung des MfS wurden verschiedene Konzeptionen über die Weiterführung unserer Archivarbeit vorgeschlagen. Letztendlich wurde eine Übernahme durch die Staatliche Archivverwaltung der DDR akzeptiert.

Am Donnerstag, dem 8. Februar 1990, fand im Gebäude meines Dienstobjektes eine Sitzung statt, an der außer vier Mitgliedern des Bürgerkomitees und vom »Zentralen Runden Tisch« die Direktorin des Zentralen Staatsarchivs, Frau Brachmann-Teubner, der noch amtierende Leiter der Abteilung 11, Oberstleutnant Skiba, sein Stellvertreter, Major Dieter Muregger, Major Wolfgang Barth, Hauptmann Helmut Reichel, Mitarbeiter des Leiters, Hauptmann Wolfgang Winkler, Leiter des Archivs und die Sekretärin der Abteilung als Protokollantin teilnahmen. Entscheidender Konsens dieser Beratung war, das Archiv der Hauptabteilung IX/11 in die Rechtsträgerschaft des Zentralen Staatsarchivs zu überführen. Weiter wurde festgelegt, daß ehemalige Mitarbeiter der Abteilung in ein Arbeitsrechtsverhältnis des Staatsarchivs übernommen werden könnten und daß ein Leiter vom Zentralen Staatsarchiv zu stellen sei. Diese Funktion wurde Frau Sigrun Mühl-Benninghaus übertragen, die sich wohl redlich mühte, im Grunde genommen aber unsicher und hilflos wirkte. Nicht einmal eine offizielle Verabschiedung wagte sie vorzunehmen, als ich am 30. April 1991 aus dem Bundesarchiv ausschied.

Am Montag, dem 12. Februar 1990 unterschrieb ich nach einem kurzen informativen Gespräch einen Arbeitsvertrag als Archivar der Außenstelle des Zentralen Staatsarchivs Potsdam. Ich behielt meinen bisherigen

Arbeitsplatz, mir gegenüber saß, wie schon zuvor, Manfred Diener, ein intelligenter, angenehmer Arbeitskollege, der den Vorgang der Taufliege »Drosophila« zu bearbeiten hatte. Auch ihn ereilte ein Jahr später die Entlassung aus dem Bundesarchiv und damit das Berfusverbot.

Meine Zugehörigkeit zum Ministerium für Staatssicherheit beziehungsweise Amt für Nationale Sicherheit endete mit der Auflösung dieses staatlichen Organs am 28. Februar 1990. Nach reichlich neun Dienstjahren bei der Kasernierten Volkspolizei beziehungsweise Nationalen Volksarmee gehörte ich anschließend einunddreißig Jahre und zwei Monate dem Sicherheitsorgan der DDR an. Mein letzter Dienstgrad war Oberstleutnant. Als ich der Kasernierten Volkspolizei beitrat, wurde der ehemalige Nazigeneral Graf von Schwerin Sicherheitsbeauftragter des Bundeskanzlers Adenauer. Am 17.August 1950 bot Adenauer den Hohen Kommissaren der Westmächte in einem vertraulichen Memorandum an, eine deutsche Freiwilligentruppe bis 150 000 Mann aufzustellen. Hingegen wurde eine geplante Volksbefragung: »Sind Sie gegen die Remilitarisierung Deutschlands und für den Abschluß eines Friedensvertrages mit Deutschland noch im Jahre 1951« am 24. April 1951 durch die Adenauer-Regierung verboten. Auch diese Entwicklung darf man nicht ausblenden, wenn man Rückschau hält!

Am Ende meines Weges in den Sicherheitsorganen der DDR kann ich bekräftigen, daß mir nicht ein einziger Fall, eine Handlung oder ein Sachverhalt während dieser Zeit zur Kenntnis gelangte, der die dauerhaften, oftmals ungeheuerlichen Vorwürfe und unfaßbaren Unterstellungen auch nur im Ansatz rechtfertigen könnte. Regelverstöße, Fehlverhalten und Kritikwürdiges wird es dort nicht mehr gegeben haben, als in ähnlichen Strukturen der BRD. Eher weniger!

Ich persönlich habe mich als Mitarbeiter des Untersuchungsorgans keiner Vergehen oder schuldhafter Verstöße gegen menschliche, zivilisatorische Normen und Gesetze schuldig gemacht. Hätte ich derartiges getan, angeordnet oder zugelassen, wären dienstliche oder gesetzliche Sanktionen die Folgen gewesen. Hingegen gab es Erscheinungen in der größer gewordenen Bundesrepublik, die mehr als ein Indiz dafür stehen, daß im Ergebnis der Vereinigung in echter Siegermanier bestimmte Personengruppen der ehemaligen DDR abgestraft und ausgegrenzt wurden und noch werden. Davon ist keine Berufskategorie ausgenommen. Viele Vorgänge gleichen einer feindlichen Übernahme.

Daß die Informationspolitik in allen Medien auch im Zusammenhang der aufgelösten Strukturen des MfS ohne Rücksicht auf den Wahrheitsgehalt unglaubliche Formen annahm, sei nochmals betont. Es gab buchstäblich nichts, was dem MfS und dessen Mitarbeitern nicht angelastet wurde. Ob es sich um Doping, Organentnahme für Funktionäre, Folter, Mord und Totschlag, Entführung, Strafvereitelung bei NS-Verbrechen(!), Devisenbeschaffung, Fälschungen, Zwangsadoptionen oder was sonst noch handelte – es spielte keine Rolle. Es waren ja oft unglaubliche, haltlose Behauptungen, die zur Untersuchungstätigkeit des MfS verbreitet wurden. Es schien überhaupt nicht zu interessieren, daß es sich bei den Ermittlungsverfahren um konkrete und bewiesene Straftaten handelte, die auch in jedem anderen Land strafrechtliche Verfolgung nach sich gezogen hätten. »Es wurde gemordet und gefoltert« war zum Totschlagargument geworden, ohne auch nur einen Deut an belegbaren Fakten für diese ungeheuerliche Behauptung zu besitzen. Ein Notstand an Wahrheitspflicht war eingetreten. Sollte bisher jemand die Theorie vom Kampf der Klassen als eine philosophische Plauderei am Kamin belächelt haben, so konnte er jetzt an der ungeschönten Realität zu echtem Erkenntnisgewinn gelangen.

Sich der ungeheueren Flut der Verleumdungen, der niederträchtigen Behauptungen und Beschimpfungen zu erwehren, war schier unmöglich. Viele Mitarbeiter wurden ungefragt in ihren Wohnungen von Medienvertretern oder Personen, die sich als solche ausgaben, aufgesucht, bedrängt, genötigt, getäuscht und beschimpft. Meinungsäußerungen von MfS-Angehörigen zur Klarstellung von Vorwürfen wurden oftmals derartig verzerrt in den Medien wiedergegeben, daß mancher seinen eigenen Beitrag nicht wiedererkannte. Wir hatten keine Lobby und keinen fairen Zugang zu den Medien. Im Verlaufe der Zeit verloren jedoch die Menschen zunehmend das Interesse an derartigen Horrormeldungen, zumal deren Glaubhaftigkeit viele aus eigenen Erfahrungen widerlegen können.

Unaufhaltsam und rapide ging es dem Ende der DDR entgegen. Die am 18. März 1990 gewählte letzte Regierung de Maiziere hatte nur noch die Aufgabe, die Vereinnahmung durch die BRD vorzubereiten. Die Maßnahmen zur Umgestaltung der DDR zu einer Anschlußzone liefen wie am Schnürchen. Auch bei uns. Die organisatorischen Maßnahmen zur Übernahme des Zentralen Staatsarchivs mit seiner »Außenstelle Berlin, Freienwalder Straße« durch das Bundesarchiv Koblenz waren im vollen Gange, wie der Entwurf einer Organisationsübersicht vom 12. September, noch Wochen vor dem Vereinigungstag, zeigt. Als Leiter war Dr. Oldenhagen vorgesehen.

Im Vorfeld dessen wurden sogenannte Personalgespräche durchgeführt, an denen der Präsident des Bundesarchivs, Professor Friedrich Kahlenberg, persönlich teilnahm. Vermutlich sollte damit eine gewisse korrekte Vorgehensweise für eine scheinbar zu prüfende personelle Übernahme vorgetäuscht werden. Tatsächlich war für uns Mitarbeiter zu keiner Zeit eine dauernde Anstellung beim Bundesarchiv vorgesehen. Was wäre auch anderes zu erwarten gewesen? Da sei noch einmal an den festen politischen Vorsatz erinnert, uns ins soziale Abseits drängen zu wollen. Ehemaligen MfS-Angehörigen verwehrte man daher gar die Tätigkeit eines Fahrkartenverkäufers oder Pförtners.

Das Bundesarchiv war zwar vorerst noch auf uns sachkundige Mitarbeiter angewiesen, um sich in der komplizierten Speichernutzung und Archivierung von mehr als zwanzig Registrierkomplexen zurechtzufinden. Im Grunde genommen gab es keine zwingenden Gründe, weder fachliche, moralische, noch arbeitsrechtliche, sich von sachkundigen und auch integrationsbereiten MfS-Mitarbeitern zu trennen. Diese Auffassung vertraten auch Beamte des Bundesarchivs, die im Einzelgespräch beklagten, keine andere Lösung als eine Entlassung anbieten zu können. Sie bedauerten, an Weisungen des Innenministers gebunden zu sein. Einzig und allein politische Aspekte führten die Hand für solche Personalentscheidungen. Eiskaltes Berufsverbot also!

Zu meinem Personalgespräch erhielt ich eine schriftliche Einladung mit dem irreführenden Hinweis, daß Fragen eines künftigen fachgerechten Einsatzes im Bundesarchiv erörtert werden sollten. In dem Gesprächsangebot sah ich aber eine Chance, über meine persönlichen Erfahrungen berichten und den zur öffentlichen Meinung gemachten Diffamierungen der MfS-Mitarbeiter entgegentreten zu können.

Der Präsident des Bundesarchivs Koblenz, Professor Kahlenberg, eröffnete die Gesprächsrunde und stellte die Anwesenden vor. Am Tisch saßen Dr. Oldenhage sowie ein frisch gewendeter Mitarbeiter mit Doktortitel vom Zentralen Staatsarchiv Potsdam, dessen Namen zu behalten sich nicht lohnte, eine Vertreterin der Gewerkschaft und wohl auch Frau Sigrun Hellmund (Mühl-Benninghaus), die vom Staatsarchiv eingesetzte Leiterin der Außenstelle Freienwalder Straße. Unsere langjährige Chefsekretärin führte das Protokoll.

Ich knüpfte an die einleitenden Worte von Professor Kahlenberg an und gab zu verstehen, daß ich mich zu meinem Lebensweg und meiner Tätigkeit ausführlich äußern wolle, um zugleich verleumderische Behauptungen zu korrigieren: »Vieles, was heutzutage als öffentliche Meinung in Umlauf gesetzt wird, ist weit von der Wahrheit entfernt und denunzierend. Ich finde es gut, wenn ich mit meiner Lebensbeschreibung eine Sicht vermitteln kann, die der Wirklichkeit näher kommt.« – »Ja«, meinte der Professor, »wenn Sie über Ihr Leben berichten, können wir uns ein Bild machen.« Und ich erzählte von meinem Leben, meiner Kindheit in der Landwirtschaft, der Arbeit im Bergwerk, den Gründen und Umständen meines Eintritts in die bewaffneten Kräfte und schließlich über die Zeit meiner Zugehörigkeit zum MfS. Jetzt erwachte Aufmerksamkeit in der Runde, man hatte mich bisher nicht unterbrochen. Ich berichtete über die Untersuchungsarbeit von Militärstraftaten und der Aufsichtstätigkeit des Militärstaatsanwaltes und darüber, daß im

Gegensatz zum vermittelten Meinungsbild mutwillige Verstöße gegen strafprozessuale Normen unzulässig waren. Hier hakte der Professor ein. Er verstehe nicht, warum es im einheitlichen Strafverfolgungsrecht überhaupt eine Militärstaatsanwaltschaft hätte geben müssen beziehungsweise eine Untersuchungsabteilung eigens für Militärstrafsachen. »Bei uns gibt es das nicht«, und meint natürlich die BRD. (Von den Militärgerichten der USA wußte er wohl nichts!) Zum anderen wäre zu bezweifeln, ob alles so korrekt gewesen wäre, wie ich es schildere. Es kam zur ersten Verstimmung, als ich erwiderte: »Herr Professor, es war Sache der DDR-Regierung, das Justizwesen zu organisieren, das lag nicht in meiner Verantwortung und schon gar nicht in der Zuständigkeit der BRD. Meines Wissens wird das in der Welt recht unterschiedlich bestimmt, Frankreich zum Beispiel hat ebenfalls eine Militärjustiz.« (Ich wußte das nicht hundertprozentig) »Und was Ihre Zweifel hinsichtlich der korrekten Verhaltensweisen der Untersuchungsführer betrifft, so bin ich der einzige Sachkundige in dieser Runde, ich spreche aus langjähriger Erfahrung und wenn Gegenteiliges behauptet wird, dann können das nur Unterstellungen sein. Anzweifeln kann man alles, wenn einem das Ergebnis nicht gefällt, aber kann man den Zweifel auch belegen?« Hier fiel mir plötzlich, ich weiß nicht warum, ein Zitat von Ernst Moritz Arndt ein: »Nur die Gesinnung, womit der Mensch handelt, macht alles groß oder klein!« Und ergänzte diese Worte: »Ich muß mich meiner Gesinnung nicht schämen und nicht meiner Handlungen!« – »Über das Zitat muß ich nachdenken, ich kenne es nicht, das kann richtig oder auch falsch sein.« erwiderte der Professor ausweichend. Ausgelöst wurde der Disput eigentlich mehr mit einem laxen Einwurf des Doktors vom Staatsarchiv, der vielleicht seine Brauchbarkeit für den neuen Arbeitgeber herausstellen wollte. Als ich erklärte, daß die Ermittlungstätigkeit nach Recht und Gesetz erfolgte, unterbrach er mich hochfahrend, was allein mich schon reizte: »Na, na, was Sie hier erzählen, da habe ich ganz andere Sachen gehört, die da vorgekommen sind!« Etwas hitzig vermutlich erwiderte ich: »Herr Doktor, Sie können vielleicht etwas gehört haben, aber Sie können nichts wissen. Zu dieser Problematik bin ich hier der Fachmann, Sie aber wissen davon gar nichts!« Ich guckte in die Runde. Die Gewerkschaftsvertreterin nickte mir zu. Beifällig, wie mir schien. Ich wandte mich wieder direkt an den Vertreter der Zentralen Archivverwaltung. »Ich verstehe Ihr Mißtrauen nicht, Herr Doktor. Sie haben doch mit uns gut zusammengearbeitet. Sie haben uns doch darauf aufmerksam gemacht, wenn Sie interessantes Aktenmaterial fanden und meinten, es könnte uns interessieren.« Die Gewerkschaftlerin nickte ein weiteres Mal. Ich räume ein, mir war das mit den Hinweisen persönlich nicht bekannt. Das erfuhr ich von einem leitenden Mitarbeiter. Er wußte, daß uns dieser

Mann im Rahmen der kooperativen Zusammenarbeit mit dem Zentralen Staatsarchiv tatsächlich so zuvorkommend auf diese und jene Akte hingewiesen hatte und jetzt plötzlich bei den Personalgesprächen ganz andere Lieder sang. »Jetzt tritt er auf, als hätte er nie etwas mit uns zu tun haben wollen. Dieses ...« Es folgte ein schlechtes Wort. Ein sehr schlechtes. Nach etwa einer Stunde war das Gespräch beendet. In den kommenden Tagen sollte eine Auswertung erfolgen. Im Vorzimmer warteten schon die nächsten Mitarbeiter.

Die angekündigte nächste Aussprache war kürzer, der Doktor vom Zentralarchiv dieses Mal nicht dabei. Angeblich krank. Professor Kahlenberg begrüßte mich freundlich, der Mann hatte Stil, das kann man nicht bestreiten. Aber auch ich war nicht unfreundlich und lächelte mild. »Na, Herr Liebscher, heute lachen Sie wieder, vergessen ist der Streit, ja?« Zum Ende meiner »Laufbahn« beim Bundesarchiv war ich illusionslos. Daher fiel meine Reaktion nicht ganz so versöhnlich aus: »Herr Professor, ich bin gewiß der Letzte, der hier in diesem Raum Grund zum Lachen haben kann.« Kein bißchen kooperativ, mag der Herr Professor gedacht haben. Eigentlich gab es keine klare Antwort, was mit mir geschehen sollte. Von einer baldigen Entlassung war keine Rede, aber auch nicht von einer Übernahme als Beamter. Er versicherte jedoch, daß über den 3. Oktober 1990 hinaus, dem Vereinigungstag, den Personalbestand betreffend vorerst keine Veränderung erfolge. Er erging sich dann in vagen Andeutungen: »Nun, Sie wissen ja selbst, Herr Liebscher, wie Ihre Chancen stehen. Ihr Dienstgrad – Oberstleutnant – , Ihre lange Zugehörigkeit, und so weiter und so weiter, aber Sie könnten ja auch später, privat sozusagen, mit dem Material im Bundesarchiv forschen oder anderweitig wissenschaftlich arbeiten, Sie kennen sich aus, haben Erfahrungen, nicht war.« Dunkel war der Rede Sinn, was sollte ich daraus entnehmen? Es waren halt nur Floskeln zum Abgang.

Zu diesem Zeitpunkt wurde bereits der Antrag meiner Hausärztin auf Invalidisierung bearbeitet. Die Ärztin hatte mir diesen Vorschlag unterbreitet, obgleich ich skeptisch war, ob er Erfolg haben würde. »Versuchen könnten wir es doch«, meinte sie. Irgendwann Mitte des Jahres 1990 lud mich eine ärztliche Kommission in Berlin-Hohenschönhausen vor. Auch hier sollte es nicht ohne Querelen abgehen. Im Vorbereitungsgespräch mit dem Professor der Bezirksgutachterstelle wurde mir vorgehalten, daß eine Hüftendoprothese kein Grund für eine Invalidisierung wäre. Ich verwies auf den Antrag meiner Hausärztin und erklärte, daß ich auf eine Begutachtung verzichte, sollte mir unterstellt werden, eine Frühberentung erschleichen zu wollen. »Wir wollen mal sehn, was bei der Untersuchung heraus kommt«, meinte beschwichtigend der Professor, »Sie bekommen am Ende der Begutachtung Bescheid.«

Ich wurde nun nacheinander den Ärzten verschiedener Fachbereiche vorgestellt, hörte aber auch nach der abschließenden Untersuchung in Adlershof nichts zur Entscheidung.

Der Wald ist voller Leute

Zum Tag des Beitritts der Deutschen Demokratischen Republik in den Geltungsbereich des Grundgesetzes der Bundesrepublik Deutschland wurde der 3. Oktober 1990 bestimmt, ein Mittwoch. Anstatt Vereinigung würde ich gern das Wort »Vereinnahmung« setzen!

In diesem zweiten deutschen Staat, der einen gesellschaftlichen Gegenversuch wagte und sich das Recht des Widerspruchs gegen alte Klassenschranken herausnahm, hatte ich meine glücklichste Zeit. Nicht, weil es besonders bequem und ich gar privilegiert gewesen wäre, sondern weil das Land zu mir gerecht war. Zu mir und meiner Familie. Der Sozialismus schafft die Bedingung, zu jedermann gerecht zu sein, aber nicht im Selbstlauf! Meinen Lebensweg biete ich als vielsagendes Zeugnis dafür an. Dieses Land führte Millionen Menschen aus den Verstrickungen der katastrophalen Entwicklung vor 1945 und ermöglichte Generationen bisher Unterprivilegierten soziale Gleichberechtigung. Den Bürgern bot sich eine von Existenzängsten befreite Gegenwart und eine für alle gesicherte Zukunft. Aber jeder kann nur für sich entscheiden, was er für dieses Land fühlte und empfand.

Was mich im Ergebnis der Liquidierung der DDR und dem Übergang in der vergrößerten Bundesrepublik mit der »stabilsten Währung« auch immer erwarten sollte – ich wußte, daß ich mein Land vermissen würde. Nichts, nicht verschwenderischer Konsum oder unbegrenzte Reisefreiheit, weder schnelle Autos ohne Wartezeiten noch eine neue Nationalhymne konnten ersetzen, was ich verlieren würde. Was ich hingegen gewinnen konnte – ein größeres Deutschland – war nicht für mich.

Große Feierlichkeiten sollten den Staatsakt begleiten. Was aber für die Mehrheit ein Grund zum Jubeln sein mochte, uns bedrückte es. Renate und ich beschlossen, den Tag fernab von Berlin zu verbringen, nichts sehen und nichts hören. Wir fuhren in das große Waldgebiet zwischen Bernau und Wandlitz in die Pilze. Als wir eine Parkmöglichkeit am Eingang eines Waldweges gefunden hatten, stellten wir fest: Wir waren nicht einsam, der Wald war voller Menschen. Familien mit Kindern, Leute, die das gleiche wie wir gedacht und gewollt hatten. Das erleichterte uns und baute uns auf, war ermutigend. Wir schauten uns an, blickten uns in die Augen und verstanden uns ohne große Worte.

Nun konnte ich abends, zurück in Berlin, gelassen die Übertragungen im Fernsehen zu den Festlichkeiten empfangen und hörte, eher erstaunt als mit Häme, daß der Bundeskanzler mit seinen Begleitern am Brandenburger Tor ausgepfiffen wurde.

Als das Höhenfeuerwerk in Stadtmitte den Nachthimmel beleuchtete – bei uns in Hohenschönhausen war es kaum noch als Wetterleuchten wahrzunehmen – erklang plötzlich in der nächtlichen Stille aus dem Nachbarhaus die vertraute Melodie der Nationalhymne meines, von diesem Tag an nicht mehr existenten Landes. »Auferstanden aus Ruinen, und der Zukunft zugewandt …« Still war's geworden in der Umgebung der Wohnblocks. Hier und da wurden die Fenster geöffnet. Noch nie hörten wir so andächtig auf die von Hanns Eisler geschaffene Hymne!

Viel kann man verlieren, nicht aber die Würde eines anständigen Lebens und nicht das Glück der Erinnerung daran. Ich schleppe nicht die ehrlose Last einer Lebenslüge. Ich heiße nicht Schabowski! Und daher bleiben alle an mich gerichteten Erwartungen nach irgendwelchen Entschuldigungen ohne Wirkung. Einst rebellierte ich als eine den Bauern geschenkte Kinderarbeitskraft – das untergegangene, heute gedemütigte Land jedoch lehrte mich, meinen Wert zu erkennen, der weder zu verschenken noch käuflich ist!

Das Leben geht weiter. Auch im übertragenen Sinne des Wortes.

Seit dem 3. Oktober 1990 war ich gemäß eines Schreibens Archivar des Bundesarchivs der Bundesrepublik Deutschlands, Sitz Koblenz, im Dokumentationszentrum Berlin, Freienwalder Straße. Ich unterzeichnete ein Merkblatt, wonach ich das Grundgesetz und die freiheitlich-demokratische Rechtsordnung anerkannte. Mit diesem Schreiben wurde ich im Schnellgang über die Grundlagen eines Rechtsstaates unterrichtet. Dazu gehörten aber offenkundig nicht die Reglungen und Orientierungen, die seit dem Vereinigungstag für mich und bestimmte Personengruppen gelten. Ich denke an Berufsverbot, Ausschluß vom Kündigungsverbot und von Regeln des Datenschutzes, Rentenstrafrecht, Verletzung des Rückwirkungsverbots im Strafrecht und manches andere. In diesem Schreiben war davon nichts erwähnt worden, was aber niemanden daran hinderte, bei »Staatsnahen« mit Fleiß und grundgesetzwidrig danach zu verfahren. Als belehrendes Präsent hatte ich eine Ausgabe des Grundgesetzes der Bundesrepublik Deutschland überreicht bekommen. Dessen Artikel 3 lautet: »Alle Menschen sind vor dem Gesetz gleich. Absatz (3): Niemand darf wegen seines Geschlechtes, seiner Abstammung, seiner Rasse, seiner Sprache, seiner Heimat und seiner Herkunft, seines Glaubens, seiner religiösen oder politischen Anschauungen benachteiligt oder bevorzugt werden.«!

Für meine Personalunterlagen füllte ich im Nachgang zu meiner Einstellung in das Bundesarchiv am 8. Oktober gewissenhaft einen fünfseitigen Fragebogen aus, mit Angaben zu meinem beruflichen und politischen Werdegang, meiner Dienstlaufbahn und über die erhaltenen »Ehrungen und Auszeichnungen«. Sorgfältig zählte ich alle Treue – und Verdienstmedaillen, den »Kampforden für Verdienste um Volk und Vaterland«, die DDR – Verdienstmedaille und den Orden »Banner der Arbeit« auf. Verdienste um Volk und Vaterland, dachte ich, können ja nichts schaden. Noch ahnte ich nichts vom höheren Wert des Ritterkreuzes aus der faschistischen Zeit, das man besitzen sollte, um wenigsten nach dem Tod ein Ehrengebinde zu erhalten. Unter Punkt 15 war die Frage zu beantworten: »Haben sie vor dem 9. November 1989 ein Amt oder eine Funktion in der SED, in Massenorganisationen/gesellschaftlichen Organisationen oder eine sonstige herausgehobene Funktion im System der DDR innegehabt?« Die folgende Frage lautete: »Waren Sie Mitarbeiter des Ministeriums für Staatssicherheit oder beim Amt für Nationale Sicherheit?« Weshalb wollte man wohl wissen, ob ich in einer besonderen Verantwortung und Loyalität zu meinem Land gestanden hatte?

Unsere Arbeitsverhältnisse im Bundesarchiv waren ganz und gar unsicher. Das einzige verläßliche war die Gewißheit über das Ende. Ich wartete auf einen Bescheid meines Antrags auf Invalidisierung. So verging das Jahr 1990. Ich hoffte, vorerst noch von Entlassung verschont zu werden. Als »staatsnahe Sekretärin« hatte Renate ihre Arbeit im Ministerium für Bauwesen bereits verloren, sie bekam 760 DM Vorruhestandsgeld.

Merkwürdiges bemerkte ich im Januar 1991 auf meinem Kontoauszug. Außer dem Gehalt von 1141 Mark waren weitere 990 Mark auf mein Konto gelangt. Laut Kontovermerk hatte mir »Bundesverwaltungsamt-Kasse West« Invalidenrente überwiesen, ohne jede Vorinformation! Eine Rückfrage bei dieser Behörde ergab, daß meinem Invalidisierungsantrag stattgegeben worden war und ich nunmehr Rente erhalten würde. Einige Monate später wurde die Summe allerdings auf die 802 Mark Strafrente zurückgestuft. Aber immerhin, eine Rente ist ein regelmäßig zu erwartender Betrag, eine Entlassung konnte mich nicht mehr überraschen. Im Gegenteil, ich mußte nunmehr auf die Beendigung meines Arbeitsverhältnisses drängen. Inwieweit Teilzeitarbeit möglich sei, darüber wurde ich trotz Anfrage im Unklaren gelassen. Regierungsamtsrat Schierz in Koblenz schwieg sich trotz meiner schriftlichen Anfragen darüber aus. Somit befand ich mich in einer ziemlich paradoxen Situation: Zu einer Zeit, in der Hunderttausende um ihren Arbeitsplatz besorgt waren oder ihn bereits verloren hatten, mußte ich dringend die Auflösung meines Arbeitsverhältnisses in die Wege leiten. Nach einer

Aussprache wurde mir schließlich vorgeschlagen, mittels eines Auflösungsvertrages das Arbeitsverhältnis zu beenden. »Zwischen der Bundesrepublik Deutschland, vertreten durch den Bundesminister des Inneren, dieser vertreten durch den Präsidenten des Bundesarchivs, und Herrn Manfred Liebscher wird im gegenseitigen Einvernehmen mit Wirkung vom 30. April 1991 das Arbeitsverhältnis wegen Personalabbau aufgelöst.« Selbst der angeführte Entlassungsgrund entsprach nicht der Wahrheit. Mit diesen mageren Worten wurde mein bewegtes sechsundvierzigjähriges Arbeitsleben, in das ich am 3. April 1945 eingetreten war, abgeschlossen. Ein völlig neuer Lebensabschnitt begann – das Leben eines Rentners.

Am Anfang war die Idee und das Wort

Ich will noch einmal in den Juni 1987 zurückgehen. Damals, ein Jahr vor meiner ersten Hüftoperation, hatten mich die Ärzte nach Bad Brambach zur Kur geschickt. Ich wohnte in einem Heim, das den Namen des von der Gestapo ermordeten Journalisten Julius Fucik trug. Gelangweilt von den üblichen Kur-Gesprächen und den einfältigen Versuchen einiger Mitpatienten, sich einen Kurschatten zuzulegen, erinnerte ich mich an meine Gedanken vor dem »Fürstenzug« am Dresdner Schloß. Kurzerhand nahm ich mir vor, über mein Leben zu schreiben, legte mir ein A-5-Heft zu und hielt darin meine Gedanken fest. Ich schrieb einfach darauf los. Zu Hause setzte ich in großen Zeitabständen heimlich meine Aufzeichnungen fort. Nach und nach fand ich zu einer Gliederung und es kam langsam System in meine Arbeit. Manchmal mußte ich gezielt recherchieren, wie beispielsweise in der Angelegenheit mit dem Gestapoagenten Paul Tümmel aus Neuhausen. Fand ich Hinweise zu geschichtlichen Ereignissen, mit denen mich bestimmte Erlebnisse verbinden, machte ich mir Notizen, die ich zu gegebener Zeit verarbeiten wollte. Anfänglich stellte ich mir vor, einst mit den heimlichen Aufzeichnungen, einer ganz besonderen »Hinterlassenschaft«, meine Nachkommen überraschen zu können. Ich merkte aber, daß sich mein Vorhaben nicht geheimhalten ließ. Schon als ich während meines Aufenthaltes in der Charité etwas über die Hüftgelenk-Operation notierte, wollte die mißtrauisch gewordene Stationsschwester Gerlinde wissen, ob ich wohl ein Buch schreibe und sie auch mit darin vorkommen würde. »Aber ja, Schwester, ganz gewiß.«

»Wir übernehmen aus der Vergangenheit das Feuer, nicht die Asche«

Jean Jaurés, 1859 – 1914, Gründer der Humanité

Zeitlich endet die Beschreibung meiner Lebensgeschichte mit dem Untergang der DDR. Mit diesem Staat fühlte ich mich aufs engste verbunden. Wer die DDR ehrlich bewerten und verstehen will, muß sie und die Menschen in das jeweilige Zeitgeschehen einordnen und nicht Maßstäbe anlegen, denen massive Vorurteile zugrunde liegen. Man muß auch die Frage erlauben, was und wie man es anders hätte machen können. Die DDR war nicht fehlerlos. Sie war aber auch das Ergebnis eines weltweiten Machtkampfes – und ich, wie Millionen anderer, mitten drin und mit dabei.

Man hat uns das spüren lassen. Manchmal waren es buchstäbliche Hetzjagden. Da ist die willkürliche Rentenkürzug zur Strafrente geradezu harmlos. So gab es Anfang der neunziger Jahre eine öffentliche Aufforderung, unter Verwendung einer entsprechenden Telefonnummer über »Menschenrechtsverletzungen« und Personen zu informieren, die für das MfS gearbeitet hatten. Ausdrücklich wurde auf die Möglichkeit einer anonymen Denunziation hingewiesen. Offensichtlich um dem »gesunden Volkszorn« auf die Sprünge zu helfen – Pogrome lassen grüßen – wurden in der, von der angeblichen »Bürgerbewegung« herausgegebenen, Wochenzeitschrift »Die Andere« die Gehaltslisten der MfS-Mitarbeiter veröffentlicht. Die beabsichtigte Reaktion blieb jedoch aus, weil sich die Bürger zivilisierter verhielten als die Initiatoren dieser hinterhältigen Aktion.

Auch der, als Kandidat für das Amt des Bundespräsidenten kläglich gescheiterte, ehemalige sächsische Justizminister Steffen Heitmann war nicht zimperlich, als er gelegentlich bedauernd erklärte, 1989 sei es versäumt worden, in einem »revolutionären Akt« die Unterdrücker an den Laternen aufzuhängen. Der Rechtsstaat könne nicht nachholen, »wozu man in der DDR-Zeit oder in der Revolutionszeit sich nicht in der Lage sah oder zu feige war.«

In dieser Zeit, 1992, telefonierte ich mit der Journalistin und Schriftstellerin Gisela Karau. Gerade war ihr Buch »Grenzerprotokolle« erschienen. Nach den böswilligen und nicht nachlassenden Verleumdungen gegen uns, ließ mich der Gedanke nicht los, daß wir mehr in die Öffentlichkeit treten sollten. Ich stellte mich für eine Befragung zur Verfügung und regte eine literarische Verarbeitung an. Gisela Karau lud mich daraufhin zu einem Gespräch in ihre Wohnung ein. Sie stand schon mit anderen ehemaligen MfS-Angehörigen in Verbindung, die bereit waren, über ihr Leben und ihre Tätigkeit im MfS zu berichten. In einer Art Interview erzähle ich in mehreren Sitzungen von meinem Leben und der Arbeit des MfS. Insgesamt vierzehn Personen, darunter auch unser Sohn Volker, kommen in dem 1992 herausgegeben Buch »Stasiprotokolle, Gespräche mit ehemaligen Mitarbeitern des Ministeriums für Staatssicherheit der DDR« zu Wort. Es war ein verzweifelter Versuch, sich der Flut von diskriminierenden und diffamierenden Behauptungen entgegenzustellen. Welche Wirkung wir damit erzielten, kann man nicht beurteilen.

Schwieriges Erinnern

Es war ein glücklicher Einfall, Gisela Karau anzusprechen, und es war in dieser Zeit mutig von ihr, sich dieser undankbaren Problematik anzunehmen. Ihr einfühlsamer Vorspann zum Inhalt des Buches beginnt mit den Worten: »Es ist schwer, im Trommelfeuer den Kopf zu heben. Wer würde bereit sein, die Geheimnisse seines Lebens, Staatsgeheimnisse aufzudecken, jetzt, nach dem die Sache aufgeflogen ist? ... Es ist einfach unerträglich geworden, sich als Verbrecher abstempeln zu lassen. Die Zeit ist reif, von sich selbst zu berichten. Für BND, MAD und Verfassungsschutz sicher eine interessante Lektüre, vielleicht sogar als Schulungsmaterial zu gebrauchen ... Wenn ab und zu einmal ein General im Fernsehen zu besichtigen ist, hat er die kritischsten Zuschauer unter den ehemals eigenen Leuten. Haben sie früher andere wachsam beäugt, so beäugen sie jetzt jeden, der an die Öffentlichkeit tritt, ob er ein Wendehals, ein Arschloch, ein Verräter oder aber auch ein Betonkopp, ein Stalinist, ein Verkalkter ist ... Der letzte Satz ihres Eides (der MfS-Mitarbeiter) lautete: »Sollte ich jemals diesen meinen feierlichen Fahneneid verletzen, so möge mich die harte Strafe der Gesetze unserer Republik und die Verachtung des werktätigen Volkes treffen.«

Zu meinem Land habe ich mich jeder Zeit so verhalten, daß mich nicht Schande und Verachtung der Menschen treffen kann. Und so stimme ich dem Rezensenten des Buches »Stasiprotokolle«, Walter Flegel, lebhaft zu: »Vierzehnmal wird versucht, das eigene Leben zu analysieren, es sich zu bewahren, denn jeder hat nur ein einziges. Die vierzehn Versuche sind, wie Gisela Karau im Vorwort schreibt, unter anhaltendem Trommelfeuer' unternommen worden. Vielleicht ist der eine oder andere, sind manche bereit, eine Feuerpause einzulegen, nachzudenken, zuzuhören, zu lesen, zu reden mit dem anderen. Irgendwann kommt der Tag. Er muß kommen, sonst kommen wir nicht zu uns. Vierzehn Schritte und wohl viele mehr, sind gemacht. Das ist der Nutzen solcher Protokolle.«

Und vielleicht der Nutzen meiner Lebenserinnerungen, füge ich nun hinzu.

Was ich mir vor Jahren vornahm, habe ich jetzt zu Ende gebracht. Auch wenn ich mir einen optimistischeren Abschluß hätte vorstellen können. Aber jede Generation hat ihre Hoffnungen, Erfüllungen aber auch Enttäuschungen und Niederlagen. Wie viele Aufstände gegen die Sklavenhaltergesellschaft waren notwendig und wieviel Kämpfe gegen die Leibeigenschaft des Feudaladels! Auch unsere Geschichte ist noch nicht am Ende – aber der Ausgang ist offen!